AF617324

***ACCESO GRATIS** a la Lectura en la Nube*

Para visualizar el libro electrónico en la nube de lectura envíe junto a su nombre y apellidos una fotografía del código de barras situado en la contraportada del libro y otra del ticket de compra a la dirección:

ebooktirant@tirant.com

En un máximo de 72 horas laborables le enviaremos el código de acceso con sus instrucciones.

PROCEDIMIENTOS DE FAMILIA, APOYO A DISCAPACES Y PROTECCIÓN DE MENORES

(Ajustado a la L.O. 1/2025)

PROCEDIMIENTOS DE FAMILIA, APOYO A DISCAPACES Y PROTECCIÓN DE MENORES

(Ajustado a la L.O. 1/2025)

José Flors Matíes
Ana Rodrigo Fernández

tirant lo blanch
Valencia, 2025

EDITA: TIRANT LO BLANCH
C/ Artes Gráficas, 14 - 46010 - Valencia
TELFS.: 96/361 00 48 - 50
FAX: 96/369 41 51
Email: tlb@tirant.com
www.tirant.com
Librería virtual: www.tirant.es
DEPÓSITO LEGAL: V-2256-2025
ISBN: 978-84-1130-520-4
MAQUETA: Innovatext

Índice

Capítulo preliminar

LA IMPLANTACIÓN DE LOS TRIBUNALES DE INSTANCIA Y LA ATRIBUCIÓN DE COMPETENCIA A LAS SECCIONES DE FAMILIA, INFANCIA Y CAPACIDAD POR LA LEY ORGÁNICA 1/2025

PARTE PRIMERA

LOS PROCESOS CIVILES ESPECIALES NO DISPOSITIVOS

Capítulo Primero

DISPOSICIONES COMUNES

Capítulo Segundo

PROCESO SOBRE ADOPCIÓN DE MEDIDAS JUDICIALES DE APOYO A PERSONAS CON DISCAPACIDAD

Capítulo Tercero

PROCESOS SOBRE FILIACIÓN, PATERNIDAD Y MATERNIDAD

Capítulo Cuarto

PROCESOS MATRIMONIALES Y DE FAMILIA (1) DISPOSICIONES GENERALES. PROCEDIMENTO CONTENCIOSO

Capítulo Quinto

PROCESOS MATRIMONIALES Y DE FAMILIA (2)
MEDIDAS DE CARÁCTER PERSONAL O PATRIMONIAL EN RELACIÓN CON LOS CÓNYUGES O CON LOS HIJOS. MEDIDAS SOBRE LOS ANIMALES DE COMPAÑÍA. EJECUCIÓN FORZOSA DE LAS MEDIDAS

Capítulo Sexto

PROCESOS MATRIMONIALES Y DE FAMILIA (3) EL PROCEDIMIENTO DE COMÚN ACUERDO

Capítulo Séptimo

PROCESOS MATRIMONIALES Y DE FAMILIA (4) OTROS PROCESOS Y PROCEDIMIENTOS

Capítulo Octavo

PROCEDIMIENTOS PARA LIQUIDACIÓN DEL RÉGIMEN ECONÓMICO MATRIMONIAL

Capítulo Noveno

PROCESOS SOBRE MENORES

Capítulo Décimo

PROCESO SOBRE OPOSICIÓN A RESOLUCIONES DE LA DIRECCIÓN GENERAL DE SEGURIDAD JURÍDICA Y FE PÚBLICA EN MATERIA DE REGISTRO CIVIL

SEGUNDA PARTE

PROCEDIMIENTOS DE JURISDICCIÓN VOLUNTARIA

Capítulo Undécimo

DISPOSICIONES GENERALES Y NORMAS COMUNES

Capítulo Duodécimo

PROCEDIMIENTOS PARA LA PROTECCIÓN DE PERSONAS DISCAPACES Y DE SU PATRIMONIO

Capítulo Decimotercero

PROCEDIMIENTOS EN MATERIA DE FILIACIÓN Y ADOPCIÓN

Capítulo Decimocuarto

PROCEDIMIENTOS EN MATERIA DE FAMILIA

Capítulo Decimoquinto

PROCEDIMIENTOS PARA LA PROTECCIÓN DE MENORES

Capítulo preliminar

La implantación de los Tribunales de Instancia y la atribución de competencia a las Secciones de Familia, Infancia y Capacidad por la Ley Orgánica 1/2025

La Ley Orgánica 1/2025, de 2 de enero, de medidas en materia de eficiencia del Servicio Público de Justicia, publicada en el BOE del siguiente día 3 *(Tol 10.322.156)*, implanta un nuevo modelo de organización judicial basado, sustancialmente, en la sustitución de los Juzgados de Primera Instancia, que se configuraban en nuestro sistema como órganos jurisdiccionales unipersonales dotados de su propia oficina judicial, por los denominados Tribunales de Instancia, concebidos como órganos colegiados a efectos organizativos, implantados en cada Partido judicial e integrados por los jueces o magistrados destinados en ellos que sean necesarios, según lo determinado en la Ley Demarcación y de Planta Judicial, a quienes corresponderá individualmente el ejercicio de la función jurisdiccional en cada asunto del que conozcan, pudiendo dividirse aquellos Tribunales en distintas secciones, conforme a criterios de racionalización del trabajo, cuando sea necesario para su más eficaz funcionamiento. Dichos Tribunales de Instancia funcionarán con el apoyo de una única organización que le dará soporte: unas Oficinas judiciales que se redefinen y reestructuran en servicios comunes dedicados a la tramitación y a las demás funciones o cometidos que sean necesarios, pudiendo subdividirse en áreas y equipos para su mejor operatividad.

1. La explicación de la reforma según el Preámbulo de la Ley

Según el Preámbulo o exposición de motivos de la Ley, el modelo de organización judicial basado en el tradicional juzgado unipersonal, que ya estaba presente en el siglo XIX, respondía a las necesidades de una sociedad que podía describirse como esencialmente agraria, dispersa, poco comunicada y con grandes limitaciones de movilidad que nada tiene que ver con la sociedad española de hoy.

Esa organización ha provocado, con el paso del tiempo, una serie de disfunciones en el ámbito de la Administración de Justicia, como pueden ser la falta de especialización de los juzgados, la proliferación de órganos con idéntica competencia en cada partido judicial, conllevando una innecesaria dispersión de medios y esfuerzo, el favorecimiento de la justicia interina y las desigualdades en la carga de trabajo y en el tiempo de resolución de asuntos, entre otras.

La respuesta legislativa a las necesidades surgidas por el incremento de la litigiosidad y la consiguiente carga de los juzgados y tribunales ha sido siempre el establecimiento de nuevos órganos judiciales y de medidas de refuerzo. Sin embargo, estos aumentos en la dotación de medios personales y materiales no han dado el fruto esperado. Ese continuo incremento de la creación de órganos judiciales, sin intervención simultánea sobre su organización, ha supuesto una multiplicación de órganos con idéntica competencia y la misma inversión en medios en cada uno de ellos, con independencia de las necesidades reales de la carga de trabajo que deben atender, lo que ha favorecido, a su vez, el nombramiento de jueces sustitutos, no pertenecientes a la carrera judicial, para poder cubrir de manera inmediata necesidades inaplazables y que no admitían la espera a los mecanismos ordinarios de provisión.

Con objeto de lograr la racionalización del modelo y su mayor eficiencia, la ley afronta la transformación de los Juzgados en Tribunales de Instancia, configurando, así, un primer nivel de organización judicial que opere de forma colegiada, en la misma línea que otros países de nuestro entorno, pero sin alterar el ejercicio de la función jurisdiccional y de enjuiciamiento, que seguirá siendo unipersonal.

Los Tribunales de Instancia se configuran como órganos judiciales colegiados, desde el punto de vista organizativo. Se establece un Tribunal de Instancia en cada partido judicial que estará integrado: Por una Sección Única, de Civil y de Instrucción, en aquellos partidos en que no esté dividida la jurisdicción conforme a lo previsto en la Ley de Demarcación y Planta Judicial; por una Sección Civil y otra de Instrucción, en aquellos partidos en los que esté dividida la jurisdicción conforme a la citada Ley; en los partidos judiciales que lo requieran, los Tribunales de Instancia podrán estar integrados, conforme a lo previsto en la ley citada, por Secciones de Familia, Infancia y Capacidad, de lo Mercantil, de Violencia sobre la Mujer, de Violencia contra la Infancia y la Adolescencia, de lo Penal, de Menores, de

Vigilancia Penitenciaria, de lo Contencioso-Administrativo y de lo Social, regulándose el ámbito territorial al que extenderán su jurisdicción cada una de las Secciones, su estructura, su composición y sus competencias. Al margen de la creación de estas Secciones especializadas, se mantiene la posibilidad de que en cualquiera de las Secciones de los Tribunales de Instancia se especialicen también algunas plazas para el conocimiento de determinadas clases de asuntos o las ejecuciones propias del orden jurisdiccional de que se trate.

Otras modificaciones que afectan a los órganos judiciales son las operadas en materia de competencias atribuidas a las Secciones de Familia, Infancia y Capacidad. En atención a la diversidad de competencias asumidas por los actuales Juzgados de Familia y por jueces especializados en esta materia, se ha optado por homogeneizarlas. En la disposición transitoria séptima se establece el régimen transitorio que operará una vez haya sido constituido el Tribunal de Instancia, garantizando así que, a partir de ese momento, todos los jueces y las juezas especializados en materia de familia y todas las Secciones de Familia, Infancia y Capacidad asuman idénticas competencias

Como complemento de las modificaciones que afectan a la organización de los órganos judiciales y a la planta judicial, la ley redefine la Oficina judicial, estableciendo que su actividad se desarrollará a través de los servicios comunes, que comprenderán a los de tramitación y, en su caso, aquellos otros servicios que se determine. Todos los servicios comunes se configuran como integrantes de una estructura instrumental al servicio de la función jurisdiccional, de manera que todos ellos, cada uno en su ámbito de actuación, asisten a jueces y juezas en el ejercicio de las funciones que les son propias, realizando las actuaciones necesarias para el exacto y eficaz cumplimiento de cuantas resoluciones dicten. Los servicios comunes estarán dirigidos por un letrado de la Administración de Justicia a quien la ley atribuye la dirección técnico-procesal y coordinación de los letrados y las letradas que la integran. A fin de flexibilizar su funcionalidad y adaptación a cada órgano judicial, los servicios comunes podrán subdividirse en áreas y equipos para facilitar el ejercicio de la función jurisdiccional.

El servicio común de tramitación se configura como un servicio común necesario de la Oficina judicial, que puede concurrir o no con otros servicios comunes. Cuando concurra con otros servicios comunes se reserva, en todo caso, a este servicio común la ordenación de procedimientos declarativos y, en este ámbito, la asistencia a jueces y juezas, pudiendo derivarse a los demás servicios comunes otras funciones.

Junto a estos servicios comunes de tramitación que prestarán apoyo a los órganos judiciales, se mantiene la regulación de los servicios comunes procesales, que también se podrán subdividir en áreas, si bien en estos servicios no realizarán funciones de ordenación del procedimiento. Se añade, dentro de las funciones asignadas a los servicios comunes distintos del de la tramitación, las relativas a la prestación de auxilio judicial en el marco de la cooperación jurídica internacional, de apoyo y de ordenación de procesos de ejecución. Se permite atribuir a las «unidades administrativas» funciones para prestación de servicios de medios adecuados de solución de controversias, y se contempla la posible integración en estas, en los términos que se prevén, de los letrados de la Administración de Justicia.

La nueva organización se acompaña de las reformas procesales tendentes a una mayor agilización en la tramitación de los procedimientos judiciales.

En lo que respecta al orden jurisdiccional civil, se modifican varios aspectos de la Ley 1/2000, de 7 de enero, con la finalidad de agilizar alguno de sus trámites, reforzar las garantías de sus procesos y adaptarla tanto a las necesidades de la sociedad actual como a las de la propia Administración de Justicia.

La disposición transitoria primera regula la constitución de los Tribunales de Instancia y el régimen transitorio derivado de la misma. Esta constitución se establece en varias fases que afectarán a los diversos órganos unipersonales y, dado que ésta se prolongará en el tiempo, se determina la vigencia del régimen de organización anterior a la entrada en vigor de esta ley en los juzgados unipersonales hasta el establecimiento de los Tribunales de Instancia y su transformación en las Secciones que los integran.

La disposición transitoria quinta regula la implantación de la Oficina judicial, determina la fecha máxima en que debe estar implantada la Oficina judicial en los Tribunales de Instancia y establece el régimen supletorio para el caso de que, llegada aquella fecha, los trabajos de desarrollo e implantación de la Oficina judicial no hubieren finalizado. Para este supuesto, se prevé la transformación de las plantillas de Juzgados en relaciones de puestos de trabajo de la Oficina judicial, integrándose en servicios comunes de tramitación que asumirán funciones de ordenación del proceso y de ejecución. Asimismo, se prevé el régimen aplicable en el caso de que ya existan relaciones de puestos de trabajo aprobadas. La disposición transitoria sexta regula la implantación de las Oficinas de Justicia en los municipios.

2. *El alcance de la reforma*

A) La implantación de los Tribunales de Instancia

1) Habrá un Tribunal de Instancia en cada partido judicial, con sede en su capital, de la que tomará su nombre (art. 84.1 LOPJ).

2) Los Tribunales de Instancia estarán integrados por una Sección Única, de Civil y de Instrucción en aquellos partidos judiciales en los que no esté dividida la jurisdicción (art. 84.2, primer inciso LOPJ).

3) En los partidos judiciales en los que esté dividido el ejercicio de la jurisdicción, conforme a lo determinado por la Ley 38/1988, de 28 de diciembre, de Demarcación y de Planta Judicial, el Tribunal de Instancia se integrará por una Sección Civil y otra Sección de Instrucción (art. 84.2, segundo inciso LOPJ).

4) Además de las anteriores, los Tribunales de Instancia podrán estar integrados por alguna o varias de las siguientes Secciones: a) De Familia, Infancia y Capacidad; b) De lo Mercantil; c) De Violencia sobre la Mujer; d) De Violencia contra la Infancia y la Adolescencia; e) De lo Penal; f) De Menores; g) De Vigilancia Penitenciaria; h) De lo Contencioso-Administrativo; i) De lo Social (art. 84.2, II LOPJ).

5) Cada Tribunal de Instancia contará con una Presidencia. Las Secciones del Tribunal de Instancia contarán con una Presidencia de Sección cuando concurran las siguientes circunstancias: a) Que en el Tribunal de Instancia hubiere dos o más Secciones; b) Que en la Sección de que se trate existan ocho o más plazas judiciales; c) Que el número total de plazas judiciales del Tribunal de Instancia sea igual o superior a doce (art. 84.3 LOPJ).

B) El ejercicio de la función jurisdiccional

1) El ejercicio de la función jurisdiccional corresponde a cada uno de los jueces o magistrados destinados en las diferentes Secciones que integren los Tribunales de Instancia. Su adscripción a las referidas Secciones será funcional.

Conforme a criterios de racionalización del trabajo, los jueces o magistrados destinados en una Sección del Tribunal de Instancia podrán conocer de los asuntos de nuevo ingreso de otras Secciones que lo integren, siempre que se trate de asuntos del mismo orden jurisdiccional. Esta asignación se realizará mediante acuerdo del Consejo General del Poder Judicial, a propuesta de la Presidencia del Tribunal y oída la Junta de Jueces y Juezas del orden jurisdiccional al que se refiera. Cuando la asignación se acuerde para cubrir ausencias provocadas por la concesión de comisiones de servicio o licencias de larga duración, podrá afectar a los asuntos de nuevo ingreso o a aquellos de los que esté conociendo el juez, la jueza, el magistrado o la magistrada que se encuentre en alguna de tales situaciones. Dichos acuerdos deberán publicarse en el "Boletín Oficial del Estado" (art. 84.4 LOPJ).

2) Se podrá establecer que algunas de las Secciones que integren los Tribunales de Instancia extiendan su jurisdicción a uno o varios partidos judiciales de la misma provincia, o de varias provincias limítrofes dentro del ámbito de un mismo Tribunal Superior de Justicia (art. 84.5 LOPJ).

3) En el Tribunal de Instancia se podrá nombrar a dos de sus jueces o magistrados, conforme a un turno anual preestablecido y público, para que, junto con aquel a quien le hubiere sido turnado el asunto inicialmente, se encarguen de la instrucción de un determinado proceso penal o conozcan en primera instancia de un procedimiento de cualquier orden jurisdiccional cuando, en atención al volumen, la especial complejidad o el número de intervinientes de un procedimiento, tal nombramiento favorezca el ejercicio de la función jurisdiccional. En estos casos, para la adopción de cuantas resoluciones se dictaren en el curso del proceso, actuará como ponente aquel a quien le hubiere sido turnado el asunto inicialmente. Estos jueces o magistrados conocerán de dicho procedimiento hasta su completa terminación, sin perjuicio de que se les puedan seguir repartiendo otros asuntos (art. 84.6 LOPJ).

C) Extensión de la jurisdicción y atribución de competencia genérica civil

Con carácter general, en los Tribunales de Instancia, las Secciones Civiles o las Civiles y de Instrucción que constituyan una Sección Única extenderán su jurisdicción a un partido judicial.

Estas Secciones conocerán, en el orden civil:

1.º) En primera instancia, de los juicios que no vengan atribuidos por esta ley a otros órganos judiciales.

2.º) De los actos de jurisdicción voluntaria en los términos que prevean las leyes.

3.º) De los recursos que establezca la ley contra las resoluciones de los jueces y las juezas de paz del partido.

4.º) De las cuestiones de competencia en materia civil entre los jueces y las juezas de paz del partido.

5.º) De las solicitudes de reconocimiento y ejecución de sentencias y demás resoluciones judiciales extranjeras y de la ejecución de laudos o resoluciones arbitrales extranjeros, a no ser que, con arreglo a lo acordado en los tratados y otras normas internacionales, corresponda su conocimiento a otra Sección o Tribunal (art. 85 LOPJ).

D) Secciones de Familia, Infancia y Capacidad

a) Constitución de las secciones y extensión de su jurisdicción

1) Cuando se estime conveniente, en función de la carga de trabajo, se creará en el Tribunal de Instancia una Sección de Familia, Infancia y Capacidad, que extenderá su jurisdicción a todo el partido judicial (art. 86.1 LOPJ).

2) No obstante lo dispuesto en el apartado anterior, el Gobierno podrá establecer por real decreto, a propuesta del Consejo General del Poder Judicial y, en su caso, con informe favorable de la comunidad autónoma con competencias en materia de Justicia, Secciones de Familia, Infancia y Capacidad que extiendan su jurisdicción a dos o más partidos dentro de la misma provincia (art. 86.2 LOPJ).

3) El Consejo General del Poder Judicial, previo informe de las Salas de Gobierno, podrá acordar que, en aquellos Tribunales de Instancia donde no hubiere una Sección de Familia, Infancia y Capacidad y sea conveniente por razón de la carga de trabajo existente, el conocimiento de los asuntos referidos en este artículo corresponda a uno de los jueces, juezas, magistrados o magistradas de la Sección Civil, o Civil y de Instrucción que constituya una Sección Única, determinándose en esta situación que ese juez, jueza, magistrado o magistrada conozca de todos estos asuntos dentro del partido judicial, ya sea de forma exclusiva o conociendo también de otras materias (art. 86.3 LOPJ).

4) En los partidos judiciales en que exista un Tribunal de Instancia con Sección Única integrada por una sola plaza judicial, el juez o jueza que la ocupe será quien asuma el conocimiento de los asuntos de familia cuando no se hubiere creado una Sección de Familia, Infancia y Capacidad (art. 86.4 LOPJ).

b) Atribución de competencia específica

Las Secciones de Familia, Infancia y Capacidad conocerán de cuantas cuestiones se susciten en materia de familia en los términos previstos en las leyes.

En todo caso, la jurisdicción (así en la Ley, *rectius*, competencia) de estas Secciones será exclusiva y excluyente en las siguientes materias:

a) Las relativas al matrimonio y a su régimen económico matrimonial y las que tengan por objeto la adopción o modificación de medidas de trascendencia familiar y otras acciones derivadas de la crisis matrimonial o de la unión de hecho.

b) Las que versen exclusivamente sobre guarda y custodia de hijos o hijas menores o sobre alimentos reclamados por un progenitor contra el otro en nombre de los hijos o hijas menores.

c) Las relativas a modificación de medidas adoptadas en los procesos que versen sobre las materias previstas en las letras anteriores.

d) Las que versen sobre maternidad, paternidad, filiación y adopción.

e) Las relativas a los alimentos entre parientes.

f) Las relativas a las relaciones paternofiliales.

g) Las que versen sobre adopción de medidas judiciales de apoyo a personas con discapacidad, incluyendo los internamientos no voluntarios por razón de trastorno psíquico.

h) Las relativas a la protección del menor, incluidas las que sean objeto de los procedimientos regulados en los artículos 778 bis y 778 ter y los capítulos IV bis y V del título I del libro IV de la Ley 1/2000, de 7 de enero, de Enjuiciamiento Civil.

i) La oposición a las resoluciones y actos de la Dirección General de Seguridad Jurídica y Fe Pública en materia de Registro Civil que se tramitan por el procedimiento del artículo 781 bis de la Ley 1/2000, de 7 de enero, de Enjuiciamiento Civil.

j) Los expedientes de jurisdicción voluntaria en materia de personas y familia, con excepción de los regulados en los capítulos IX y X del título I de la Ley 15/2015, de 2 de julio, de la Jurisdicción Voluntaria.

k) Las que versen sobre el reconocimiento de eficacia civil de resoluciones o decisiones eclesiásticas en materia matrimonial.

l) El reconocimiento y la ejecución de sentencias y resoluciones judiciales extranjeras civiles sobre menores, familia y medidas de apoyo.

m) Los procesos para la efectividad de los derechos reconocidos en el artículo 160 del Código Civil.

n) Cualesquiera otras materias civiles relativas a la familia o la protección de la infancia o las personas con discapacidad (art. 86.5 LOPJ).

E) Secciones de Violencia sobre la Mujer

a) Constitución y extensión de su jurisdicción

1) El Consejo General del Poder Judicial, previo informe de las Salas de Gobierno, podrá acordar que, en aquellos Tribunales de Instancia donde no hubiere una Sección de Violencia sobre la Mujer y sea conveniente por razón de la carga de trabajo existente, el conocimiento de los asuntos referidos en este artículo corresponda a uno de los jueces o juezas de la Sección de Instrucción, o de Civil y de Instrucción que constituya una Sección Única, determinándose en esta situación que ese juez o jueza conozca de todos estos asuntos dentro del partido judicial, ya sea de forma exclusiva o conociendo también de otras materias (art. 89.1 LOPJ).

2) Cuando se estime conveniente, en función de la carga de trabajo, se creará en el Tribunal de Instancia una Sección de Violencia sobre la Mujer, que extenderá su jurisdicción a todo el partido judicial (art. 89.2 LOPJ).

3) No obstante lo dispuesto en el apartado anterior, el Gobierno podrá establecer por real decreto, a propuesta del Consejo General del Poder Judicial y, en su caso, con informe de la comunidad autónoma con competencias en materia de Justicia, Secciones de Violencia sobre la Mujer que extiendan su jurisdicción a dos o más partidos dentro de la misma provincia (art. 89.3 LOPJ).

4) En los partidos judiciales en que exista un Tribunal de Instancia con Sección Única integrada por una sola plaza judicial, el juez o jueza que la ocupe será quien asuma el conocimiento de los asuntos a que se refiere este artículo, cuando ninguna Sección de Violencia sobre la Mujer extienda su jurisdicción a ese partido judicial (art. 89.4 LOPJ).

b) Atribución de competencia penal

Las Secciones de Violencia sobre la Mujer conocerán, en el orden penal, de conformidad en todo caso con los procedimientos y recursos previstos en la Ley de Enjuiciamiento Criminal:

a) De la instrucción de los procesos para exigir responsabilidad penal por los delitos recogidos en los Títulos del Código Penal relativos a homicidio, aborto, lesiones, lesiones al feto, delitos contra la libertad, delitos contra la integridad moral, contra la libertad e indemnidad sexual, contra la intimidad y el derecho a la propia imagen, contra el honor o cualquier otro delito cometido con violencia o intimidación, siempre que se hubiesen cometido contra quien sea o haya sido su esposa o mujer que esté o haya estado ligada al autor por análoga relación de afectividad, aun sin convivencia, así como de los cometidos sobre los descendientes, propios o de la esposa o conviviente, o sobre los menores o personas con discapacidad que con él convivan o que se hallen sujetos a la potestad, tutela, curatela, acogimiento o guarda de hecho de la esposa o conviviente, cuando también se haya producido un acto de violencia de género.

b) De la instrucción de los procesos para exigir responsabilidad penal por cualquier delito contra las relaciones familiares, cuando la víctima sea alguna de las personas señaladas en la letra anterior.

c) De la adopción de las correspondientes órdenes de protección a las víctimas, sin perjuicio de las competencias atribuidas al juez o jueza de guardia.

d) Del conocimiento y fallo de los delitos leves que les atribuya la ley cuando la víctima sea alguna de las personas señaladas como tales en la letra a).

e) Dictar sentencia de conformidad con la acusación en los casos establecidos por la ley.

f) De la emisión y la ejecución de los instrumentos de reconocimiento mutuo de resoluciones penales en la Unión Europea que les atribuya la ley.

g) De la instrucción de los procesos para exigir responsabilidad penal por el delito de quebrantamiento previsto y penado en el artículo 468 del Código Penal cuando la persona ofendida por el delito cuya condena, medida cautelar o medida de seguridad se haya quebrantado sea o haya sido su esposa, o mujer que esté o haya estado ligada al autor por una análoga relación de afectividad aun sin convivencia, así como los descendientes, propios o de la esposa o conviviente, o los menores o personas con discapacidad con medidas de apoyo que con él convivan o que se hallen sujetos a la potestad, tutela, curatela, acogimiento o guarda de hecho de la esposa o conviviente, así como cuando la persona ofendida lo sea por alguno de los delitos señalados en la letra h) de este apartado.

h) De la instrucción de los procesos para exigir responsabilidad penal por los delitos contra la libertad sexual previstos en el título VIII del libro II del Código Penal, por los delitos de mutilación genital femenina, matrimonio forzado, acoso con connotación sexual y la trata con fines de explotación sexual cuando la persona ofendida por el delito sea mujer (art. 89.5 LOPJ).

c) Atribución de competencia civil

Las Secciones de Violencia sobre la Mujer podrán conocer en el orden civil, en todo caso de conformidad con los procedimientos y recursos previstos en la Ley 1/2000, de 7 de enero, de Enjuiciamiento Civil, de los siguientes asuntos:

a) Los relativos al matrimonio y a su régimen económico matrimonial y los que tengan por objeto la adopción o modificación de medidas de trascendencia familiar y otras acciones derivadas de la crisis matrimonial o de la unión de hecho.

b) Los que versen exclusivamente sobre guarda y custodia de hijos e hijas menores o sobre alimentos reclamados por un progenitor contra el otro en nombre de los hijos e hijas menores.

c) Los relativos a modificación de medidas adoptadas en los procesos que versen sobre las materias previstas en las letras anteriores.

d) Los que versen sobre maternidad, paternidad, filiación y adopción.

e) Los relativos a las relaciones paternofiliales.

f) Los relativos a la protección del menor, incluidas en los capítulos IV bis y V del título I del libro IV de la Ley 1/2000, de 7 de enero, de Enjuiciamiento Civil.

g) Los expedientes de jurisdicción voluntaria en materia de personas y familia, con excepción de los regulados en los capítulos IX y X del título II de la Ley 15/2015, de 2 de julio, de Jurisdicción Voluntaria.

h) Los que versen sobre los procedimientos de liquidación del régimen económico matrimonial instados por los herederos de la mujer víctima de violencia de género, así como los que se insten frente a estos herederos.

i) Los que versen sobre el reconocimiento de eficacia civil de resoluciones o decisiones eclesiásticas en materia matrimonial.

j) El reconocimiento y la ejecución de sentencias y resoluciones judiciales extranjeras civiles sobre menores y familia.

k) Los procesos para la efectividad de los derechos reconocidos en el artículo 160 del Código Civil (art. 89.6 LOPJ).

d) Requisitos para asumir la competencia civil

Las Secciones de Violencia sobre la Mujer tendrán de forma exclusiva y excluyente competencia en el orden civil cuando concurran simultáneamente los siguientes requisitos:

1) Que se trate de un proceso civil que tenga por objeto alguna de las materias indicadas en el apartado 6 del artículo 89 LOPJ.

2) Que alguna de las partes del proceso civil sea víctima de actos de violencia de género, en los términos a que hace referencia el apartado 5, letra a), o de actos de violencia sexual, en los términos a que hace referencia el apartado 5, letra h) del mismo artículo.

3) Que alguna de las partes del proceso civil sea imputado como autor, inductor o cooperador necesario en la realización de actos de violencia de género o de violencia sexual.

4) Que se hayan iniciado ante la Sección de Violencia sobre la Mujer de un Tribunal de Instancia actuaciones penales por delito o delito leve a consecuencia de un acto de violencia de género o de un acto de violencia sexual, o se haya adoptado una orden de protección a una víctima de violencia de género (art. 89.7 LOPJ).

Cuando el juez o la jueza apreciara que los actos puestos en su conocimiento, de forma notoria, no constituyen expresión de violencia de género o de violencia sexual, podrá inadmitir la pretensión, remitiéndola al órgano judicial competente (art. 89.8 LOPJ).

F) El reparto de asuntos y la sustitución de jueces o magistrados

Los asuntos se turnarán a los jueces o magistrados integrantes de cada Sección conforme a las Normas de reparto aprobadas por la Sala de Gobierno del respectivo TSJ, a las que se dará la publicidad suficiente (arts. 152.2, 159.2 y 167 LOPJ).

La sustitución de los jueces o magistrados integrantes de los Tribunales de Instancia se ajustará a las previsiones contenidas en los arts. 210, 211 y 212 de la LOPJ.

G) La Oficina judicial de los tribunales de instancia

a) La Oficina judicial

1) La actividad de la Oficina judicial, definida por la aplicación de las leyes procesales, se realizará a través de los servicios comunes, que comprenderán a los servicios comunes de tramitación y, en su caso, aquellos otros servicios comunes que se determine, donde se integran los puestos de trabajo vinculados funcionalmente por razón de sus cometidos.

2) El diseño de la Oficina judicial será flexible. Su dimensión y organización se determinarán por la Administración Pública competente, en función de la actividad que en la misma se desarrolle.

3) La Oficina judicial podrá prestar su apoyo a órganos de ámbito nacional, de comunidad autónoma, provincial o de partido judicial, extendiéndose su ámbito competencial al de los órganos a los que presta su apoyo. Su ámbito competencial también podrá ser comarcal, de tal forma que pueda servir de apoyo a más de un Tribunal de Instancia.

4) Los servicios comunes de la Oficina judicial podrán desempeñar sus funciones al servicio de órganos de una misma jurisdicción, de varias jurisdicciones o a órganos especializados, sin que, en ningún caso, el ámbito de la Oficina judicial pueda modificar el número y composición de los órganos judiciales que constituyen la planta judicial ni la circunscripción territorial de los mismos establecida por la ley.

5) Los servicios comunes podrán estructurarse en áreas, a las que se dotará de los correspondientes puestos de trabajo y, si el servicio lo requiere, en equipos. Dentro del mismo partido judicial, podrán dotarse puestos de trabajo de los servicios comunes procesales en localidades distintas a aquella en que se encuentre la Oficina judicial. La actividad de dichos puestos podrá ser compatible con las tareas derivadas de la prestación de servicios de la Oficina de Justicia en el municipio.

6) La dirección de cada servicio común corresponderá a un letrado o una letrada de la Administración de Justicia, de quien dependerán funcionalmente el resto de los letrados y letradas de la Administración de Justicia y el personal destinado en los puestos de trabajo en que aquél se ordene y que, en todo caso, deberá ser suficiente y adecuado a sus funciones.

Cuando así venga previsto en la correspondiente relación de puestos de trabajo, la dirección de un servicio común podrá compatibilizarse con otras funciones reservadas a letrados o letradas de la Administración de Justicia de la misma Oficina judicial.

Quien dirija un servicio común coordinará a las letradas y a los letrados de la Administración de Justicia que lo integren en el ejercicio de las funciones de dirección técnico-procesal y demás previstas en la ley que éstos desempeñan en relación con el personal destinado en el servicio común. Asimismo, el director o la directora que dirija un servicio común deberá hacer cumplir, en el ámbito organizativo y funcional que le es propio, las órdenes y circulares que reciba de sus superiores jerárquicos. En el ámbito jurisdiccional, responderán del estricto cumplimiento de cuantas actuaciones o decisiones adopten jueces, juezas o tribunales en el ejercicio de sus competencias.

7) Las jefaturas de áreas y equipos corresponderán a los funcionarios y funcionarias del Cuerpo de Letrados de la Administración de Justicia y de los Cuerpos Generales, conforme se establezca en las relaciones de puestos de trabajo.

8) Los servicios comunes asistirán a jueces y juezas para el ejercicio de las funciones que les son propias, realizando las actuaciones necesarias para el exacto y eficaz cumplimiento de cuantas resoluciones se dicten. Los jueces y las juezas podrán requerir en todo momento a la Oficina judicial cuanta información consideren necesaria sobre los procedimientos cuyo conocimiento tengan atribuido (art. 436 LOPJ).

b) Los servicios comunes de tramitación

1) Se entiende por servicio común de tramitación aquella unidad de la Oficina judicial que realiza todas las funciones requeridas para la ordenación del procedimiento.

2) Para el cumplimiento de las funciones previstas en el apartado anterior el Tribunal Supremo, la Audiencia Nacional, cada Tribunal Superior de Justicia, cada Audiencia Provincial y cada Tribunal de Instancia, así como el Tribunal Central de Instancia, serán asistidos por un servicio común de tramitación de la correspondiente Oficina judicial.

3) El Ministerio de Justicia y las comunidades autónomas en sus respectivos territorios serán competentes para el diseño y organización de los servicios comunes de tramitación, en los que podrán crear áreas, cuando estas asistan a órganos de diferentes secciones u órdenes jurisdiccionales.

No obstante, cuando en un Tribunal de Instancia el número de plazas judiciales de una misma sección sea igual o superior a doce, deberá existir al menos un área para la ordenación de los procedimientos de que conozcan, que se podrá extender también a los que correspondan a otras secciones del mismo orden jurisdiccional.

4) Cuando, de conformidad con el artículo 521.3. E (LOPJ), así se determine en las correspondientes relaciones de puestos de trabajo, se podrán compatibilizar la actividad los puestos de dirección del servicio común de tramitación de una Audiencia Provincial y de dirección del servicio común de tramitación del Tribunal de Instancia con sede en la misma localidad.

5) Quien ocupe la dirección del servicio común de tramitación asumirá las facultades de coordinación con la Presidencia del Tribunal, así como con la dirección del resto de servicios comunes para el eficaz funcionamiento de la Oficina judicial (art. 437 LOPJ).

c) Otros servicios comunes

Sin perjuicio de lo previsto en el artículo anterior, el Ministerio de Justicia y las comunidades autónomas en sus respectivos territorios serán competentes para el diseño, creación y organización de otros servicios comunes que realicen las funciones de registro y reparto, de apoyo, actos de comunicación, auxilio judicial nacional e internacional, de ordenación de procesos de ejecución y jurisdicción voluntaria. Las Salas de Gobierno, las Juntas de Jueces y Juezas y los Secretarios de Gobierno de los Tribunales Superiores de Justicia podrán solicitar al Ministerio y a las comunidades autónomas la creación de servicios comunes, conforme a las específicas necesidades.

Asimismo, podrán crear servicios comunes procesales que asuman otras funciones distintas a las relacionadas en este número, en cuyo caso será preciso el informe favorable del Consejo General del Poder Judicial (art. 438 LOPJ).

d) Unidades administrativas

1) Se entiende por unidad administrativa aquélla que, sin estar integrada en la Oficina judicial, se constituye en el ámbito de la organización de la Administración de Justicia para la prestación de servicios que se consideren necesarios o convenientes para el funcionamiento del servicio público de Justicia. Estos servicios no comprenderán la realización de funciones de carácter procesal que correspondan al personal funcionario de los Cuerpos de la Administración de Justicia.

2) El Ministerio de Justicia y las comunidades autónomas en sus respectivos ámbitos, podrán establecer estas unidades administrativas para, entre otras funciones, dar apoyo a la jefatura, ordenación y gestión de los recursos humanos sobre los que se tienen competencias en materia de Justicia, así como sobre los medios informáticos, nuevas tecnologías y demás medios materiales.

3) Las unidades administrativas también se podrán crear para la prestación de servicios de medios adecuados de solución de controversias. En este caso las unidades administrativas podrán contar con puestos de trabajo para letrados y letradas de la Administración de Justicia.

4) Los puestos de trabajo de estas unidades administrativas, cuya determinación corresponderá al Ministerio de Justicia y a las comunidades autónomas con competencias asumidas, en sus respectivos ámbitos, podrán ser cubiertos con personal de los Cuerpos de funcionarios al servicio de la Administración de Justicia de la Administración del Estado y de las comunidades autónomas que reúnan los requisitos y condiciones establecidas en la respectiva relación de puestos de trabajo.

5) Corresponde a cada Administración en su propio ámbito territorial, el diseño, la creación y organización de las unidades administrativas necesarias, la determinación de su forma de integración en la Administración pública de que se trate, su ámbito de actuación, dependencia jerárquica, establecimiento de los puestos de trabajo, así como la dotación de los créditos necesarios para su puesta en marcha y funcionamiento.

6) Estas unidades administrativas tendrán la consideración de centro de destino cuando así se establezca en su norma de creación (art. 439 LOPJ).

3. Entrada en vigor de la ley y sus reformas

A) La previsión general: 3 de abril de 2025

La Disposición final trigésima octava de la LO 1/2025 establece en su apartado primero que: "La presente ley entrará en vigor a los tres meses de su publicación en el Boletín oficial del Estado", es decir, el día 3 de abril de 2025.

En dicha fecha entrará en vigor:

a) El Título II de la Ley, en cuyo Capítulo I (artículos 2 al 19) se regulan los "Medios adecuados de solución de controversias en vía no jurisdiccional".

b) El Capítulo II del mismo Título (arts. 20 al 24), en el que se modifican las siguientes leyes procesales:

1) Ley de Enjuiciamiento Criminal: Arts. 14, 266, 512, 655, 688, 701, 771, 776, 785, 786, 787, 795.1. 2.ª, 802 y 989; se renumera el art. 786 bis que pasa a ser el 787 bis; se añaden los nuevos arts. 787 ter y 988 bis y las Disposiciones adicionales octava y novena.

2) Ley reguladora de la Jurisdicción Contencioso-administrativa: Arts. 11, 19, 45, 74 y 78.

3) Ley de Enjuiciamiento civil: Arts. 19, 22, 23, 25, 26, 31, 32, 47, 49 bis, 155, 156, 163, 208, 209, 210, 244.3, 245, 246, 247, 255, 264, 273, 287, 340, 342, 394, 395, 399, 403, 414, 415, 429, 438, 439, 440, 443, 444, 445, 447, 517, 525, 539, 550, 551, 565, 608, 622, 623, 629, 636, 640, 644, 645, 646, 647, 648, 649, 650, 651, 652, 653, 654, 655, 656, 657, 667, 668, 669, 670, 671, 705, 707, 709, 710, 727, 730, 818; se suprimen los arts. 641 y 642; y se añaden los arts. 245 bis, 439 bis y las Disposiciones adicionales undécima y duodécima.

4) Ley reguladora de la responsabilidad penal de los menores: Arts. 4 y 23.

5) Ley reguladora de la jurisdicción social: Arts. 50, 65, 75, 80, 82, 83, 84, 85, 90, 196, 210, 219, 221, 223, 224, 225, 236, 260 y 264.

c) Las Disposiciones Adicionales siguientes:

Segunda, relativa al coste de la intervención del tercero neutral.

Tercera, relativa a los Servicios de medios adecuados de solución de controversias.

Cuarta, relativa a las acciones para aumentar la visibilidad de los mecanismos alternativos de resolución de conflictos.

Quinta, relativa a la asistencia técnica de los Institutos de Medicina Legal y Ciencias Forenses.

Sexta, relativa a la formación especializada en materia de familia, infancia, capacidad y en materia de violencia contra niñas, niños y adolescentes. Aunque en esa misma disposición se establece que será en el plazo de cuatro meses, a partir de la entrada en vigor de la Ley, cuando comenzará a convocarse de forma periódica por el Consejo General del Poder Judicial el curso de formación especializada en familia, infancia y capacidad y en materia de violencia contra la infancia y adolescencia.

Séptima, relativa al cumplimiento del requisito de procedibilidad de reclamación previa en los litigios en materia de consumo.

Octava, relativa a la regulación básica sobre teletrabajo en el ámbito de la Administración de Justicia.

d) Las Disposiciones finales siguientes:

Primera. Modificación del art. 52 de la Ley de 28 de mayo de 1862, del Notariado.

Segunda. Modificación de los arts. 51, 52, 53, 57, 58 y 73 del Código Civil.

Tercera. Modificación del art. 103 bis de la Ley Hipotecaria.

Cuarta. Modificación de los arts.7 y 12 de la Ley 49/1960, de 21 de julio, sobre la Propiedad Horizontal y adición a la misma de una Disposición Adicional segunda.

Quinta. Modificación de los arts. 12, 14, 20, 22, 36 y 41 de la Ley 50/1981, de 30 de diciembre, por la que se regula el Estatuto Orgánico del Ministerio Fiscal.

Séptima. Modificación de la Ley 7/1985, de 2 de abril, Reguladora de las Bases del Régimen Local.

Octava. Modificación de la Ley 38/1988, de 28 de diciembre, de Demarcación y de Planta Judicial.

Novena. Modificación de la Ley 3/1991, de 10 de enero, de Competencia Desleal.

Décima. Modificación de la Ley 1/1996, de 10 de enero, de asistencia jurídica gratuita.

Undécima. Modificación de la Ley 50/1997, de 27 de noviembre, del Gobierno.

Duodécima. Modificación de la Ley 52/1997, de 27 de noviembre, de Asistencia Jurídica al Estado e Instituciones Públicas.

Decimotercera. Modificación de la Ley 15/2003, de 26 de mayo, reguladora del régimen retributivo de las carreras judicial y fiscal.

Decimocuarta. Modificación de la Ley 35/2006, de 28 de noviembre, del Impuesto sobre la Renta de las Personas Físicas y de modificación parcial de las leyes de los Impuestos sobre Sociedades, sobre la Renta de no Residentes y sobre el Patrimonio.

Decimosexta. Modificación del texto refundido de la Ley General para la Defensa de los Consumidores y Usuarios y otras leyes complementarias, aprobado por Real Decreto Legislativo 1/2007, de 16 de noviembre.

Decimoséptima. Modificación del texto refundido de la Ley de Sociedades de Capital, aprobado por el Real Decreto Legislativo 1/2010, de 2 de julio.

Decimoctava. Modificación de la Ley 20/2011, de 21 de julio, del Registro Civil.

Decimonovena. Modificación de la Ley 4/2012, de 6 de julio, de contratos de aprovechamiento por turno de bienes de uso turístico, de adquisición de productos vacaciones de larga duración, de reventa y de intercambio y normas tributarias.

Vigésima. Modificación de la Ley 5/2012, de 6 de julio, de mediación en asuntos civiles y mercantiles.

Vigesimoprimera. Modificación de la Ley 14/2013, de 27 de septiembre, de apoyo a los emprendedores y su internacionalización.

Vigesimosegunda. Modificación de la Ley 4/2014 de 1 de abril, Básica de la Cámaras Oficiales de Comercio, Industria, Servicios y Navegación.

Vigesimotercera. Modificación de la Ley 23/2014, de 20 de noviembre, de reconocimiento mutuo de resoluciones penales en la Unión Europea.

Vigesimocuarta. Modificación de la Ley 15/2015, de 2 de julio, de la Jurisdicción Voluntaria.

Vigesimoquinta. Modificación de la Ley 23/2015, de 21 de julio, Ordenadora del Sistema de Inspección de Trabajo y Seguridad Social.

Vigesimosexta. Modificación del texto refundido de la Ley del Estatuto de los Trabajadores, aprobado por el Real Decreto Legislativo 2/2015, de 23 de octubre.

Vigesimoséptima. Modificación de la Ley 7/2017, de 2 de noviembre, por la que se incorpora al ordenamiento jurídico español la Directiva 2013/11/UE, del Parlamento Europeo y del Consejo, de 21 de mayo de 2013, relativa a la resolución alternativa de litigios en materia de consumo.

Vigesimoctava. Modificación del texto refundido de la Ley Concursal aprobado por el Real Decreto Legislativo 1/2020, de 5 de mayo.

Vigesimonovena. Modificación del Real Decreto-ley 6/2023, de 19 de diciembre, por el que se aprueban medidas urgentes para la ejecución del

Plan de Recuperación, Transformación y Resiliencia en materia de servicio público de justicia, función pública, régimen local y mecenazgo.

B) Normas con entrada en vigor el día el 23 de enero de 2025

El apartado segundo de la misma Disposición final trigésima octava establece que: "El título I, la disposición adicional primera, las disposiciones transitorias primera a octava, y la disposición final sexta de la presente ley entrarán en vigor a los veinte días de su publicación en el Boletín Oficial del Estado", es decir el día 23 de enero de 2025.

Las materias cuya entrada en vigor se establece para la expresada fecha son las siguientes:

a) El Título I de la Ley, en cuyo único artículo número 1 se contiene la modificación de la Ley Orgánica del Poder Judicial en sus arts. 2, 3, 7, 9, 11, 25, 26, 27, 29, 36, 65, 66, 73, 74, 75, 82, 82 bis, 84, 85, 86, 87, 88, 89, 89 bis, 90, 91, 92, 93, 94, 95, 96, 99, 100, 106, 149, 152, 159, 165, 166, 167, 168, 169, 170, 172, 210, 211, 212, 216 bis, 224, 227, 229, 234, 236 nonies, 248, 264, 298, 321, 328, 329, 330, 334, 350, 351, 355 bis, 393, 404, 435, 436, 437, 438, 439, 439 bis, 442, 464, 466, 476, 477, 478, 490, 492, 499, 503, 520, 521, 522, 523, 543, 595; la de las Disposiciones Adicionales 5.ª, 15.ª, 17.ª, 19.ª y la Disposición Final 1.ª; y la adición de los arts. 434 bis y 434 ter, 439 ter, quater, quinquies y sexies, 610 ter, 620 bis y de las Disposiciones Adicionales 23.ª, 24.ª y 25.ª.

b) La Disposición adicional primera, en la que se establece que "Una vez constituidos e implantados de forma efectiva los Tribunales de Instancia, las menciones genéricas que en la Ley Orgánica 6/1985, de 1 de julio, del Poder Judicial, se hacen a los Juzgados y Tribunales, se entenderán referidas a estos últimos o a los jueces, las juezas, los magistrados y las magistradas que sirven en ellos. Las referencias realizadas en las leyes y en el resto de disposiciones de nuestro ordenamiento jurídico a los Juzgados de Primera Instancia e Instrucción, de Primera Instancia, de lo Mercantil, de Instrucción, de Violencia sobre la Mujer, de lo Penal, de Menores, de Vigilancia Penitenciaria, de lo Contencioso-Administrativo, de lo Social se entenderán referidas a las Secciones del orden jurisdiccional correspondiente de los Tribunales de Instancia, de conformidad con lo previsto en esta *ley*. La misma consideración tendrán las referencias a los Juzgados Centrales respecto de las correspondientes Secciones del Tribunal Central de Instancia".

Debe tenerse en cuenta que la fecha de constitución de los tribunales de instancia es la que se determina en la Disposición transitoria primera de la Ley, a la que luego se hará referencia.

c) Las disposiciones transitorias primera a octava. Estas disposiciones hacen referencia a:

1.ª) La constitución de los Tribunales de instancia.

2.ª) La constitución del Tribunal Central de Instancia.

3.ª) La Presidencia de los Tribunales de Instancia y la Presidencia del Tribunal Central de Instancia.

4.ª) La transformación de juzgados, secciones y tribunales con competencia en materia penal en juzgados, secciones y tribunales con competencia en materia de violencia sobre la mujer.

5.ª) La implantación de la Oficina Judicial.

6.ª) La implantación de las Oficinas de Justicia en los municipios.

7.ª) El régimen para la constitución inicial de las Secciones de Familia, Infancia y Capacidad y el conocimiento y tramitación de los asuntos que vinieren conociendo los órganos que se integren en ellas.

8.ª) Régimen de los Secretarios o Secretarias de la Junta Electoral de Zona y de la Junta Electoral Provincial.

No obstante la declaración de entrada en vigor de las anteriores Disposiciones transitorias que se hace en la Disposición final trigésima octava, apartado número 2 de la LO 1/2025, fijándola para el día 23 de enero de 2023 (a los veinte días de la publicación de la citada Ley Orgánica en el BOE), debe tenerse en cuenta que la constitución de los Tribunales de instancia, la dotación de sus presidencias, la transformación de los juzgados, la implantación de la Oficina judicial, la constitución de las Secciones de Familia, Infancia y Capacidad, y todo lo demás que se menciona en aquellas Disposiciones transitorias tendrá lugar, no a los veinte días de la publicación de la ley, sino en las fechas que resulten de lo establecido en el propio contenido de las referidas Disposiciones, según veremos posteriormente.

d) La disposición final sexta se refiere a la Modificación de la Ley Orgánica 5/1985, de 19 de junio, del Régimen Electoral General y debe ponerse en relación con la Disposición transitoria octava, relativa al Régimen de los Secretarios de la Junta Electoral de Zona y de la Junta Electoral Provincial. Como en el caso anterior, pese a la declaración de entrada en vigor, habrá de estarse a lo que resulte del contenido de la Disposición transitoria octava, según la cual "Mientras no se produzca la constitución efectiva de los servicios comunes de tramitación que asistan a los Tribunales de Instancia y a las Audiencias Provinciales o, en su caso, no esté constituido el servicio común procesal a que se refiere el apartado 3 del artículo once de la Ley Orgánica 5/1985, de 19 de junio, del Régimen Electoral General, en la redacción dada por la presente ley orgánica, intervendrán, respectivamente, como Secretarios o Secretarias de la Junta Electoral de Zona y de la Junta Electoral Provincial los letrados o letradas de la Administración de Justicia previstos en la Ley Orgánica 5/1985, de 19 de junio, del Régimen Electoral General, con anterioridad a la entrada en vigor de la presente ley".

C) Posterior entrada en vigor de otras normas: 3 de octubre de 2025

El apartado número 3 de la Disposición final trigésima octava establece que "La atribución de competencias en materia de violencia sexual a los Juzgados de Violencia sobre la Mujer, prevista en el apartado veintiocho del artículo 1, así como las modificaciones del artículo 14 de la Ley de Enjuiciamiento Criminal, del apartado uno del artículo veinte de la 50/1981, de 30 de diciembre, por la que se regula el Estatuto Orgánico del Ministerio Fiscal, y de la letra h) del artículo 2 de la Ley 1/1996, de 10 de enero, de Asistencia Jurídica Gratuita, entrarán en vigor a los nueve meses de su publicación en el Boletín Oficial del Estado", es decir, el día 3 de octubre de 2025.

4. Fecha de constitución de los Tribunales de Instancia

A) Constitución de los Tribunales de Instancia

La Disposición transitoria primera de la LO 1/2025 establece que "Los Tribunales de Instancia se constituirán a través de la transformación de los actuales Juzgados en las Secciones de los Tribunales de Instancia que se correspondan con las materias de las que aquellos estén conociendo. Los jueces, juezas, magistrados y magistradas de dichos Juzgados pasarán a ocupar la plaza en la Sección respectiva con la misma numeración cardinal del Juzgado de procedencia y seguirán conociendo de todas las materias que tuvieran atribuidas en el mismo y de aquellos asuntos que en ellos estuvieren en trámite o no hubieren concluido mediante resolución que implique su archivo definitivo.

Cuando, en el supuesto indicado en el párrafo anterior, la nueva plaza que estos jueces, juezas, magistrados y magistradas ocupen corresponda a una Sección de Familia, Infancia y Capacidad, la numeración cardinal con que se identificará ésta dentro de la misma comenzará por la unidad y seguirá correlativamente, con el mismo orden de los Juzgados de procedencia. La numeración de las plazas de origen quedará sin asignar a otro juez, jueza, magistrado o magistrada hasta que se amplíe el número de estos, y se vayan cubriendo y asignando por el mismo orden.

La constitución de los Tribunales de Instancia se realizará de manera escalonada conforme al siguiente orden:

1.º) El día 1 de julio de 2025 los Juzgados de Primera Instancia e Instrucción y los Juzgados de Violencia sobre la Mujer, en aquellos partidos judiciales donde no exista otro tipo de Juzgados, se transformarán, respectivamente, en Secciones Civiles y de Instrucción Únicas y Secciones de Violencia sobre la Mujer.

2.º) El día 1 de octubre de 2025, los Juzgados de Primera Instancia, los Juzgados de Instrucción y los Juzgados de Violencia sobre la Mujer, en los partidos judiciales donde no exista otro tipo de Juzgados, se transformarán, respectivamente, en Secciones Civiles, Secciones de Instrucción y Secciones de Violencia sobre la Mujer.

3.º) El día 31 de diciembre de 2025, los restantes Juzgados, no comprendidos en los supuestos anteriores, se transformarán en las respectivas Secciones conforme a lo previsto en la presente ley.

Hasta la definitiva implantación de los Tribunales de Instancia en cada uno de los partidos judiciales seguirá vigente en ellos el régimen de organización de los Juzgados y los correspondientes anexos de la Ley 38/1988, de 28 de diciembre, de Demarcación y Planta Judicial, anteriores a la promulgación de la presente ley."

B) Régimen para la constitución inicial de las Secciones de Familia, Infancia y Capacidad y el conocimiento y tramitación de los asuntos que vinieren conociendo los órganos que se integren en ellas.

Según la Disposición transitoria séptima de la LO 1/2025 "En la misma fecha prevista para la constitución de los Tribunales de Instancia que establece la disposición transitoria primera de esta Ley Orgánica se constituirá una Sección de Familia, Infancia y Capacidad en aquellos Tribunales de Instancia de los partidos judiciales donde, con anterioridad a dicha fecha, se hubiera acordado por el Consejo General del Poder Judicial la especialización de uno o más juzgados en alguna de las materias señaladas en el artículo 86.5 de la Ley Orgánica 6/1985, de 1 de julio, del Poder Judicial, pasando los jueces y juezas de estos juzgados especializados a ocupar plaza en esta Sección.

Las Secciones de Familia, Infancia y Capacidad constituidas conforme a lo previsto en el párrafo anterior mantendrán el conocimiento de los asuntos, tanto en materia de familia como en otras materias, en los términos establecidos en el acuerdo de especialización.

El Consejo General del Poder Judicial, previo informe de las Salas de Gobierno, podrá acordar modificar o dejar sin efecto el acuerdo de especialización, en cuyo caso la plaza integrada en la Sección de Familia, Infancia y Capacidad conocerá de las cuestiones que se susciten en materia de familia conforme lo previsto en el artículo 86.5 de la Ley Orgánica 6/1985, de 1 de julio."

5. Implantación de la Oficina judicial

Disposición transitoria quinta. Implantación de la Oficina Judicial.

La implantación de la Oficina judicial será simultánea a la de los Tribunales de Instancia, en los términos definidos en esta ley.

Con este fin, el Ministerio de Justicia y las comunidades autónomas con competencias en materia de Justicia, en sus respectivos ámbitos, deberán elaborar las relaciones de puestos de trabajo de cada una de estas Oficinas para su aprobación, previa negociación con las organizaciones sindicales, así como proceder a la posterior provisión de los puestos.

La Conferencia Sectorial de Administración de Justicia podrá elaborar y aprobar modelos de referencia sobre la estructura de la Oficina judicial y de sus relaciones de puestos de trabajo. El acuerdo adoptado habilitará para su desarrollo mediante resolución de la autoridad competente de cada Administración con competencias en materia de Justicia.

La Conferencia Sectorial de Administración de Justicia podrá también aprobar, a propuesta de alguno de sus miembros, una fecha diferente para el establecimiento de alguna de las oficinas judiciales si, a la fecha de constitución de los tribunales de instancia prevista en la disposición transitoria primera concurren circunstancias excepcionales relativas a las infraestructuras o los medios tecnológicos que lo justifiquen. En tales circunstancias, el acuerdo adoptado por la Conferencia Sectorial de Administración de

Justicia deberá ser aprobado con el voto afirmativo de, al menos, las cuatro quintas partes de las Administraciones públicas representadas en ella. En todos estos casos, y hasta la definitiva implantación de las oficinas judiciales en los territorios que se señalen, seguirá vigente el régimen de organización anterior a la promulgación de la presente ley orgánica.

Si, concurriendo las circunstancias previstas en el párrafo anterior, no hubieren sido aprobadas las correspondientes relaciones de puestos de trabajo en alguno de los partidos judiciales donde se hubiere implantado el Tribunal de Instancia, se procederá conforme a las siguientes reglas:

1.ª Si no hubiese en el partido judicial ninguna relación de puestos de trabajo previamente aprobada o con el proceso de acoplamiento finalizado se mantendrá el régimen de organización de las oficinas y de su personal anterior a la promulgación de la presente ley hasta la aprobación de las relaciones de trabajo, que deberá hacerse dentro de los seis meses siguientes.

2.ª Si en el partido judicial hubiese algún servicio común creado conforme a lo previsto en el artículo 438 de la Ley Orgánica 6/1985, de 1 de julio, del Poder Judicial, con la correspondiente relación de puestos de trabajo aprobada y con el proceso de acoplamiento finalizado, coexistiendo los servicios comunes ya creados con los órganos judiciales unipersonales atendidos por personal integrado en plantillas orgánicas, los funcionarios y funcionarias destinados en los servicios comunes continuarán prestando sus servicios en los términos que lo venían haciendo. El personal de plantilla orgánica también seguirá prestando sus servicios conforme a lo previsto en la regla anterior, sin perjuicio de la necesaria aprobación de las relaciones de puestos de trabajo en el mismo plazo de seis meses.

3.ª Si todos los funcionarios y funcionarias destinados en el partido judicial ya estuviesen integrados en una relación de puestos de trabajo se mantendrá su adscripción en las mismas condiciones que tuviesen hasta ese momento, manteniéndose la misma diferenciación de puestos hasta la correspondiente modificación de la relación de puestos de trabajo para su adaptación a la nueva organización judicial, que también deberá hacerse en el mismo plazo de seis meses que prevén los anteriores párrafos.

6. Régimen transitorio aplicable a los procedimientos judiciales civiles

– Las previsiones recogidas por la presente ley serán aplicables exclusivamente a los procedimientos incoados con posterioridad a su entrada en vigor (D.T. 9.ª.1).

– En los procedimientos judiciales en curso a la entrada en vigor de esta ley, las partes de común acuerdo se podrán someter a cualquier medio adecuado de solución de controversias, de conformidad con lo dispuesto en la Ley 1/2000, de 7 de enero, de Enjuiciamiento Civil (D.T. 9.ª.2).

– Las modificaciones de los apartados 3 y 4 del artículo 210 de la Ley 1/2000, de 7 de enero, de Enjuiciamiento Civil, serán de aplicación a los juicios verbales en los que no se haya celebrado vista a la entrada en vigor de esta ley (D.T. 9.ª.4).

Parte primera

LOS PROCESOS CIVILES ESPECIALES NO DISPOSITIVOS

Capítulo Primero
Disposiciones comunes

I. CONSIDERACIONES GENERALES

A) La tutela ordinaria y las tutelas especiales o privilegiadas

La Ley de Enjuiciamiento Civil contiene la siguiente regla general sobre la ordenación y la sustanciación de los procesos declarativos: toda contienda judicial entre partes que no tenga señalada por la Ley otra tramitación, será ventilada y decidida en el procedimiento que corresponda (art. 248.1 LEC), especificando en el apartado número 2 de ese mismo precepto que el procedimiento al que deberá ajustarse dicha tramitación será el establecido para el juicio ordinario (arts. 249 y 399 a 436 LEC) o para el juicio verbal (arts. 250 y 437 a 447 LEC), lo que se determinará, bien por razón de la materia, bien por razón de la cuantía, conforme a las reglas contenidas en los arts. 249.1 y 250.1 LEC o en los arts. 249.2 y 250.2 LEC, respectivamente. Estos dos cauces procesales, el juicio ordinario y el juicio verbal, son los que la LEC establece con carácter general para pretender, en el ámbito del proceso de declaración, el reconocimiento de la tutela judicial. No obstante, en el mismo apartado número 1 del art. 248 LEC se advierte de la existencia de determinados procesos que tienen señalada en la Ley una tramitación especial. Ello obedece a que, en atención a la materia que pueda constituir el objeto específico de determinados procesos y al singular contenido y particular naturaleza de las normas jurídicas sustantivas que en ellos deben ser aplicadas, se hace necesario reconocer normativamente la existencia de ciertas peculiaridades que son determinantes del establecimiento de un singular tratamiento procesal. Se trata de lo que la doctrina científica suele denominar procesos para la tutela especial o privilegiada de determinadas pretensiones.

La LEC reduce al mínimo los procesos especiales en sentido propio, que agrupa y regula en su Libro IV. En el Título I de ese Libro se contemplan los procesos sobre adopción de medidas de apoyo a personas con discapacidad, filiación, matrimonio y menores; en el Título II, los procesos especiales para la división judicial de patrimonios; y en el Título III, los procesos especiales para la protección del crédito. En los títulos II y III se regulan distintas actuaciones judiciales que responden a finalidades diversas (inventariar, liquidar y repartir una masa patrimonial común entre quienes no se ponen de acuerdo para ello, o procurar un medio eficaz y rápido para el cobro de ciertas pretensiones dinerarias fundadas en determinados documentos), pero lo más característico de todos esos procesos especiales incluidos en aquellos Títulos II y III es que las normas jurídicas sustantivas aplicables para la decisión de lo que constituye su objeto son de naturaleza dispositiva, lo que determina que también lo sean (salvo excepciones) las normas procesales relativas al proceso en que aquellas deban ser aplicadas. En cambio, cuando las normas sustantivas aplicables a las cuestiones que afectan a los sujetos interesados son de derecho necesario, como acontece en los procesos de discapacidad, filiación, matrimonio y menores que se regulan en el Título I, la misma exigencia de orden público que cualifica dichas normas es la que determina que el objeto del proceso en que aquellas cuestiones deben ser resueltas no sea disponible por las partes, y esa singularidad se traduce en el establecimiento de especialidades de carácter procesal y procedimental que conforman la esencia de su regulación específica. La singularidad de estos procesos radica en que no se debaten en ellos cuestiones dimanantes de relaciones jurídicas regidas por el principio de autonomía de la voluntad, sino que se trata de aplicar, en sus exactos términos, normas sustantivas de carácter imperativo configuradoras de situaciones jurídicas no disponibles, de modo que tales procesos se rigen por principios diferentes del proceso dispositivo en cuanto a la tutela de esas situaciones e intereses necesitados de especial protección, aunque, en todo lo demás, queden sometidos en su tramitación, como no puede ser de otro modo, a los principios básicos de dualidad de partes, contradicción e igualdad, pues sin ellos no existiría verdaderamente un proceso. Por lo demás, estos procesos se ajustan procedimentalmente al esquema básico del juicio verbal.

B) Los procesos especiales no dispositivos: caracterización general y ámbito objetivo de aplicación

En el Capítulo I del Título I del referido Libro IV de la LEC se contienen una serie de disposiciones generales o comunes aplicables a los procesos que regula, relativas a las partes, a la indisponibilidad del objeto del proceso, a la prueba, a la tramitación y a la exclusión de la publicidad. Por lo demás, ha de advertirse que no existe en la LEC un único modelo de proceso no dispositivo, sino varios, dependiendo de cuál sea su particular objeto, o sus posibles objetos acumulados. Así, por ejemplo, no es lo mismo la adopción de medidas judiciales de apoyo a personas con discapacidad que la separación matrimonial de mutuo acuerdo, ni la guarda y custodia de los hijos menores que la reclamación por un cónyuge al otro de una pensión compensatoria, por lo que no en todos los supuestos se aplican las mismas reglas, existiendo especialidades e incluso excepciones. De todo ello se tratará a continuación, en los epígrafes 2 al 6 de este Capítulo.

En cuanto al ámbito objetivo de aplicación, se comprenden en la regulación general de este Título I y se sujetan a sus normas especiales los siguientes procesos:

1.º) Los que versen sobre la adopción de medidas judiciales de apoyo a personas con discapacidad.

2.º) Los de filiación, paternidad y maternidad.

3.º) Los de nulidad del matrimonio, separación y divorcio y los de modificación de las medidas personales o económicas adoptadas en ellos.

4.º) Los que versen exclusivamente sobre guarda y custodia de hijos menores o sobre alimentos reclamados por un progenitor contra el otro en nombre de los hijos menores.

5.º) Los de reconocimiento de eficacia civil de resoluciones o decisiones eclesiásticas en materia matrimonial.

6.º) Los que versen sobre las medidas relativas a la restitución de menores en los supuestos de sustracción internacional.

7.º) Los que tengan por objeto la oposición a las resoluciones administrativas en materia de protección de menores.

8.º) Los que versen sobre la necesidad de asentimiento en la adopción (art. 748 LEC).

C) Metodología para la exposición sistemática de la materia

Para la exposición sistemática de toda esta materia se ha tomado en consideración el mismo orden por el que se regulan en la Ley de Enjuiciamiento Civil los procesos especiales no dispositivos, dedicando un Capítulo primero a las Disposiciones generales y comunes a todos esos procesos; el Capítulo segundo, a los procesos sobre adopción de medidas de apoyo a personas con discapacidad; el Capítulo tercero, a los procesos sobre filiación, paternidad y maternidad; los Capítulos cuarto, quinto, sexto y séptimo, a los procesos matrimoniales y de familia; a continuación de los procesos de familia se ha considerado de interés añadir un Capítulo octavo dedicado a los procedimientos para la liquidación del régimen económico matrimonial, pues, a pesar de su diferente naturaleza, guardan, a efectos prácticos, una indudable conexión con aquella materia; el Capítulo noveno se dedica a los procesos sobre protección de menores; y el Capítulo décimo, al proceso sobre oposición a resoluciones en materia de Registro Civil.

A continuación de esta Primera parte, en la que se trata de los procesos "contenciosos" (valga el pleonasmo), se añade una Segunda en la que se expondrán los procedimientos de jurisdicción voluntaria concernientes a las personas con discapacidad, a la filiación, al matrimonio, a la familia y a los menores, intentando con ello ofrecer una visión integral de todas las actuaciones procesales relativas a esas materias.

II. LAS PARTES

Estos procesos, como cualquier otro, se inician a instancia de parte. Las partes son, en principio, quienes en tal concepto comparecen y actúan en el juicio como titulares de la relación o situación jurídica que integra el objeto litigioso (art. 10 LEC). Demandante será aquel que interponga la pretensión de adopción de medidas de apoyo, paternidad, nulidad matrimonial, la petición de separación o de divorcio, la relativa a los alimentos o a la guarda y custodia de los hijos, etc., afirmando, frente a aquél respecto de quien se dirige, la realidad del supuesto de hecho de la norma en que basa la declaración o tutela que pretende. Demandado, será la persona frente a quien se pide dicha tutela o declaración. Las normas especiales se refieren a la legitimación del Ministerio Fiscal y a la representación y defensa de las partes.

La regulación normativa específica de esta materia se contiene en los artículos 749 y 750 de la LEC.

A) La intervención del Ministerio Fiscal

La actuación del Ministerio Fiscal en estos procesos lo será, unas veces, como parte procesal necesaria, actuando en defensa del interés general (art. 749.1 LEC), y otras, como representante legal de discapaces, menores y ausentes, actuando en defensa de los intereses de esas personas (art. 749.2 LEC). También cabe que, en determinados supuestos, su intervención en el proceso lo sea en calidad de informante.

a) Con legitimación propia: Según el art. 749.1 LEC, «en los procesos sobre la adopción de medidas judiciales de apoyo a personas con discapacidad, en los de nulidad matrimonial, en los de sustracción internacional de menores y en los de determinación e impugnación de la filiación, será siempre parte el Ministerio Fiscal, aunque no haya sido promotor de los mismos ni deba, conforme a la Ley, asumir la defensa de alguna de las partes. El Ministerio Fiscal velará durante todo el proceso por la salvaguarda de la voluntad, deseos, preferencias y derechos de las personas con discapacidad que participen en dichos procesos, así como por el interés superior del menor». El Ministerio Fiscal actúa en todos estos casos como parte, con legitimación propia, en defensa del interés general y en cumplimiento de la función que le atribuye el art. 3.6 EOMF, consistente en «tomar parte, en defensa de la legalidad y del interés público o social, en los procesos relativos al estado civil y en los demás que establezca la ley».

b) En representación de discapaces, menores y ausentes: Supuesto distinto del anterior es aquel al que se refiere el art. 749.2 LEC cuando dispone que «en los demás procesos a que se refiere este Título será preceptiva la intervención del Ministerio Fiscal, siempre que alguno de los interesados en el procedimiento sea menor, persona con discapacidad o esté en situación de ausencia legal». En tales casos no se atribuye legitimación al Ministerio Fiscal para actuar como parte, sino que la legitimación corresponde al menor, discapaz o ausente, asumiendo el Fiscal la representación y defensa del mismo para procurar la tutela de sus intereses (no sólo la del interés público) y, obviamente, con arreglo al principio de legalidad. A esa actuación se refiere el art. 3.7 EOMF cuando le atribuye la función de "asumir la representación y defensa en juicio de quienes por carecer de capacidad de obrar o de representación legal, no puedan actuar por sí mismos".

En todo caso, en los procesos de menores deberá asistir a las exploraciones de los mismos y tomar parte activa en ellas, aun cuando se haya acordado por el juez que su práctica se haga reservadamente o a puerta cerrada, conforme dispone el art. 754 LEC. La exclusión de publicidad que se hubiere acordado por el juez no puede alcanzar al Ministerio Fiscal, en cuanto garante de los intereses del menor, siendo su intervención en todo caso necesaria.

c) Como «informante»: Existe aún otra función o cometido del Ministerio Fiscal en la que se requiere su intervención como «informante» en defensa de la legalidad y del interés público. Se trata de aquellos supuestos en los que, formulándose petición de separación o divorcio de mutuo acuerdo por ambos cónyuges, o por uno de ellos con el consentimiento del otro, existieren hijos menores o mayores con discapacidad. En tales casos, el tribunal recabará informe del Ministerio Fiscal sobre los términos del convenio relativos a los hijos (art. 777.5 LEC).

La intervención del Ministerio Fiscal consistirá en la emisión de un informe por escrito que habrá de referirse, básicamente, a estas cuestiones: 1.ª) La adecuación de la propuesta de convenio regulador presentado por los progenitores a las previsiones legales contenidas en el artículo 90, apartados a), b) y c) del CC; 2.ª) La adecuación de las concretas medidas que se propongan por los padres a las particulares circunstancias de los hijos menores a quienes afecten; y 3.ª) La propuesta, en su caso, de las medidas que se consideren procedentes, conforme a lo dispuesto en los artículos 92, 93, 94 y 96 CC, en atención a esas particulares circunstancias, para lo cual será preciso que se le haya dado intervención en la audiencia de los menores o, al menos, se le haya dado traslado de su resultado. Aunque se trate de la emisión de un informe, no cabe duda de que la actuación del Ministerio Fiscal no es la de un mero dictaminador o asesor, sino que obedece a su condición de parte necesaria en defensa de la legalidad y de los intereses de los hijos menores (art. 3.6 EOMF), del mismo modo que debe ser oído sobre las medidas provisionales previas a la demanda (art. 771.3 LEC) o derivadas de su admisión (art. 773.3 LEC). El que intervenga como garante del interés público no excluye en ningún caso su condición de parte en el proceso.

Sobre el significado y el alcance de la intervención del Ministerio Fiscal en los procesos especiales no dispositivos puede verse la doctrina establecida en la STC número 185/2012, de 17 de octubre *(Tol 2675044)*.

B) La representación y defensa de las partes

a) Regla general: Fuera de los casos en que, conforme a la Ley, deban ser defendidas por el Ministerio Fiscal, las partes actuarán en los procesos a que se refiere este Título con asistencia de abogado y representadas por procurador (art. 750.1 LEC). En realidad, se trata de una norma reiterativa, pues el requisito relativo a la necesidad de postulación resulta de lo establecido con carácter general en los arts. 23.1 y 2 y 31.1 y 2 LEC.

La representación procesal de las partes mediante procurador que el artículo 750 LEC configura como necesaria en estos procesos, no excluye el deber de asistencia personal de las mismas al acto de la vista, que se configura en la Ley como una necesidad, respecto del presunto discapaz, en los procesos sobre adopción de medidas (art. 759 LEC), y como una carga procesal para las partes en los procesos matrimoniales y de menores (art. 770.3.ª LEC). La razón de esta exigencia, acorde con la naturaleza no dispositiva de algunos de los objetos del proceso, obedece sustancialmente a la necesidad de que el juez examine directamente al presunto discapaz o a la conveniencia de que pueda interrogar a ambos esposos y contrastar sus manifestaciones en orden a comprobar la concurrencia de determinadas circunstancias, singularmente, las que se refieran a hechos de los que dependan los pronunciamientos sobre medidas que afecten a los hijos menores o discapaces.

b) Regla especial: La especialidad consiste en que, en los procedimientos de separación y divorcio solicitado de común acuerdo por los cónyuges, éstos podrán valerse de una sola defensa y representación (art. 750.2 LEC), es decir, de un mismo abogado que les asista y de un mismo procurador que les represente, lo que obedece a la inexistencia de controversia entre ellos. Si no hay contienda, sino acuerdo, tampoco hay incompatibilidad ninguna en la defensa del interés común y en la actividad procesal necesaria para lograr la finalidad que por ambos solicitantes se persigue, pudiendo ser encomendadas aquellas funciones a unos mismos profesionales. Se trata de una facultad que no excluye la posibilidad de que cada uno de los promotores se valga de su propio abogado y procurador, aunque lo normal será que se actúe siempre bajo la misma dirección técnica y con una representación común, tanto por razones de eficacia como por las ventajas prácticas de todo orden, incluidas las económicas, que de ello se derivan.

Ante la posibilidad de que surgiera alguna discrepancia entre los solicitantes, en el caso de que el convenio por ellos propuesto no fuere aprobado en todo o en parte por el Juzgado (cosa que se contempla en el art. 777.7 LEC), el artículo 750.2, II LEC dispone que, en tal caso, se les requerirá para que en el plazo de cinco días manifiesten si desean continuar con la defensa y representación únicas o si, por el contrario, prefieren «litigar» cada uno con su propia defensa y representación. No está de más que, ante la eventualidad de una disparidad de criterios en el modo de plantear la propuesta de nuevo convenio, se ofrezca a cada uno de los interesados la posibilidad de contar con el asesoramiento técnico de un abogado que individualmente les asista. Pero la previsión contenida en este precepto carece de toda relevancia procesal, ya que en este procedimiento de común acuerdo no hay ni puede haber oposición entre los interesados, y si surgiera alguna discrepancia entre ellos acerca del nuevo convenio que deben proponer, no por ello se hace contencioso el expediente. La única actividad procesal para la que se les requiere es para que propongan un nuevo convenio (limitado, en su caso, a los puntos no aprobados), lo que deberán hacer necesariamente de común acuerdo. La otra posibilidad es, simplemente, no proponerlo o dejar constancia de sus diferencias de criterio, pero nunca plantear un incidente contradictorio que deba ser resuelto como tal por el juez. Así se desprende claramente de la ordenación procedimental que el artículo 777.7 LEC establece para el supuesto al que nos referimos: «si la sentencia no aprobase en todo o en parte el convenio regulador propuesto, se concederá a las partes un plazo de diez días para proponer nuevo convenio, limitado, en su caso, a los puntos que no hayan sido aprobados por el tribunal. Presentada la propuesta o transcurrido el plazo concedido sin hacerlo», el tribunal dictará auto decidiendo lo procedente.

Distinto del anterior es el caso al que se refiere el último inciso de este artículo 750.2, II LEC cuando dispone que, una vez suscrito y homologado el acuerdo, si una de las partes pide la ejecución judicial de dicho acuerdo, se requerirá a la otra para que nombre abogado y procurador que le defienda y represente. Aquí se trata de que se ha iniciado un verdadero proceso de ejecución al no haberse cumplido voluntariamente el convenio, por lo que uno de los interesados insta frente al otro, al que considera obligado, la ejecución forzosa de su contenido, para lo cual, obviamente, cada una de las dos partes, ejecutante y ejecutada, habrán de actuar dirigidas por un letrado y representadas por un procurador (arts. 776 y 539.1 LEC).

El problema que podría plantearse en estos casos es el de si el abogado que asesoró a los dos cónyuges y el procurador que les representó en el procedimiento de mutuo acuerdo, puede luego asumir la defensa o la representación de uno de ellos en el proceso de ejecución que por cualquiera de los mismos se inste contra el otro. Procesalmente no parece haber inconveniente alguno, ya que se trata de un nuevo y diferente proceso, con distinto objeto (la ejecución de un título judicial) y seguido entre quienes anteriormente no fueron partes enfrentadas, aunque desde un punto de vista deontológico tal vez pudiera considerarse poco apropiada esa actuación profesional, en la medida en que se han conocido y pudieran hacerse valer por dichos profesionales hechos que les han sido directamente revelados y confiados por quien antes fue su cliente y ahora es la parte contraria del otro cliente al que defienden o representan. En este caso existiría un conflicto de intereses, y el art. 51.2 del Estatuto General de la Abogacía de 2 de marzo de 2021 *(Tol 8359676)* impide intervenir al profesional de la Abogacía por cuenta de dos o más clientes en un mismo asunto si existe conflicto o riesgo significativo de conflicto entre los intereses de esos clientes, salvo autorización expresa y por escrito de todos ellos, previa y debidamente informados al efecto y siempre que se trate de un asunto o encargo de naturaleza no litigiosa. Del mismo modo se le permitirá intervenir en interés de todas las partes en funciones de mediador y en la preparación y redacción de documentos de naturaleza contractual, debiendo mantener en estos casos una estricta neutralidad. Así sucede en los procesos matrimoniales de mutuo acuerdo, pero si surgiera un conflicto de intereses entre dos clientes, el profesional de la Abogacía deberá dejar de actuar para ambos, salvo autorización expresa por escrito de los dos para intervenir en defensa de uno de ellos (art. 51.3 EGA).

III. INDISPONIBILIDAD DEL OBJETO DEL PROCESO

Si de lo que se trata en estos procesos es de aplicar normas sustantivas de derecho necesario, configuradoras de determinadas situaciones jurídicas en las que lo esencial no es la autonomía de la voluntad de las partes, sino la declaración o constitución del efecto jurídico previsto en dichas normas, en los términos que en las mismas se contemplan, de ello deriva como obligada consecuencia que el principio dispositivo quede excluido en unas ocasiones y condicionado o limitado en otras, y no sólo en lo que afecta a los actos de disposición relativos a la terminación anormal o anticipada del proceso, sino también en lo que atañe a la determinación de su objeto y a la conformación de la decisión la tribunal sobre el mismo, que no puede quedar condicionada por la voluntad de las partes.

La regulación normativa de esta materia se contiene en los arts. 751 y 752.2 y 3 de la LEC.

A) Renuncia, allanamiento o transacción

a) Regla general: La regla general es la de que en los procesos a los que se refiere el Título I del Libro IV, atendido su objeto, no cabe ni surtirá efecto la renuncia, el allanamiento ni la transacción (art. 751.1 LEC). No resulta posible renunciar a la paternidad, ni allanarse frente a una petición de privación de patria potestad [p. ej. SAP Navarra 15/1/2018 *(Tol 6811726)*], o de nulidad de matrimonio [p. ej. SAP Barcelona 17/9/2020 *(Tol 8.161.884)*], o sobre guarda y custodia de hijos menores, etc., y si tal acto se produjera, el tribunal debe rechazar sus pretendidas consecuencias y ordenar la continuación del proceso [p. ej. SAP Málaga 25/2/2022 *(Tol 8950630)*].

b) Excepciones: No obstante, aquellas pretensiones que se formulen en estos procesos y que tengan por objeto materias sobre las que las partes puedan disponer libremente según la legislación civil aplicable, como es el caso, por ejemplo, de la petición de separación o de divorcio, de la pensión compensatoria, o de las pretensiones patrimoniales entre cónyuges, etc., podrán ser objeto de renuncia, allanamiento, transacción o desistimiento conforme a las reglas generales de la LEC (arts. 19 y ss.), es decir, siempre que no se realicen en fraude de ley o en contra del interés general o en perjuicio de tercero (art. 751.3 LEC).

B) Desistimiento

a) Regla general: El desistimiento no se excluye en estos procesos, pero requiere, como regla general, la conformidad del Ministerio Fiscal (art. 751.2, I LEC), que debe velar por los intereses de menores, discapaces y ausentes.

b) Supuestos especiales: Sí que podrá, en cambio, el demandante desistir libremente de la demanda en los casos siguientes:

1) En los procesos que se refieran a filiación, paternidad y maternidad, siempre que no existan menores, personas con discapacidad con medidas judiciales de apoyo en las que se designe un apoyo con funciones representativas o ausentes interesados en el procedimiento.

2) En los procesos de nulidad matrimonial por minoría de edad, cuando el cónyuge que contrajo matrimonio siendo menor ejercite, después de llegar a la mayoría de edad, la acción de nulidad.

3) En los procesos de nulidad matrimonial por error, coacción o miedo grave.

4) En los procesos de separación y divorcio.

c) Excepción común: Las demandas en que se ejerciten pretensiones que tengan por objeto materias sobre las que las partes puedan disponer libremente, según la legislación civil aplicable (p. ej. petición de separación o de divorcio, pensión compensatoria, pretensiones patrimoniales entre cónyuges, etc.), podrán ser objeto de desistimiento conforme a las reglas generales de la LEC (arts. 19 y ss.), es decir, siempre que no se haga en fraude de ley o en contra del interés general o en perjuicio de tercero (art. 751.3 LEC).

El Ministerio Fiscal sí que podrá desistir de la demanda de incapacitación (actualmente, de medidas de apoyo respecto de personas con discapacidad) que hubiere presentado cuando lo impongan las circunstancias concurrentes en el caso [así se reconoce, por ejemplo, en SAP Málaga 25/2/2022 *(Tol 8.950.630)*].

C) Posibles acuerdos entre las partes

En los procesos matrimoniales trata de favorecerse la conclusión de acuerdos entre las partes en materias que se refieren al interés de los hijos (arts. 90 y 91 CC y arts. 771.3, 773.3, 774.1, 774.4, 777 LEC), pero esos acuerdos no constituyen una transacción, ni producen efectos por la sola voluntad de quienes los adoptan, ni condicionan en modo alguno la decisión del tribunal, sino que requieren en todo caso la audiencia del Ministerio Fiscal, que velará por el interés superior de los menores o discapaces, y sobre todo la aprobación judicial del acuerdo alcanzado, que solamente se otorgará cuando el mismo resulte acorde con dicho interés superior [p. ej., SAP Valencia 27/11/2023 *(Tol 9868645)*]

D) Admisión de hechos

Un supuesto particular de exclusión del principio dispositivo se contiene en el art. 752.2 LEC, conforme al cual, la conformidad de las partes sobre los hechos objeto del proceso no vinculará al tribunal, ni podrá éste decidir la cuestión litigiosa basándose exclusivamente en dicha conformidad.

E) Costas

La indisponibilidad del objeto del proceso determina, como regla general, que no se atienda al criterio general del vencimiento y no se impongan las costas a ninguna de las partes, de modo que cada una deberá satisfacer las generadas a su instancia y las comunes por mitad, salvo en casos de manifiesta temeridad [p. ej. SAP Madrid, 19/7/2024 *(Tol 10.215.053)*, SAP Badajoz 25/7/2024 *(Tol 10.216.539)* o SAP Asturias 26/7/2024 *(Tol 10.217.736)*].

IV. ESPECIALIDADES EN MATERIA DE APORTACIÓN DE HECHOS Y DE PRUEBA

El interés público presente en estos procesos comporta la sustitución del principio de aportación de parte, derivado del principio dispositivo, por el de adquisición procesal y el aumento de las facultades del juez, dando lugar, por una parte, a que el tribunal tome en consideración los hechos esenciales que se hayan debatido y probado en el proceso independientemente del momento y de la manera en que se hayan introducido en él, y, por otra, a que el propio tribunal pueda acordar prueba de oficio y no se atenga a las reglas legales sobre valoración de la prueba.

La regulación normativa de esta materia se contiene en el art. 752 LEC.

A) Aportación de hechos y preclusión

En los procesos dispositivos los hechos en que se apoyan las peticiones de las partes han de ser introducidos en el proceso por ellas mismas y en el momento expresamente establecido a tal efecto en la ley (demanda, contestación, reconvención y contestación a ésta, arts. 399, 405, 406 y 407 LEC para el juicio ordinario, y arts. 437 y 438 LEC para el juicio verbal). Con posterioridad a esos actos procesales de parte solo se admite, con carácter excepcional, la alegación de hechos nuevos o de nueva noticia con arreglo a lo establecido en los arts. 286, 412 y 426 LEC. Sin embargo, en los procesos no dispositivos el art. 752.1 LEC altera esas reglas y permite: 1) Que los hechos sean introducidos en el proceso en otro momento, al margen de las reglas de preclusión, después de formulada la demanda o la contestación, como por ejemplo en el acto de la vista, y 2) Que sean introducidos en el proceso al margen de la actividad de alegación de las partes, como por ejemplo a través del resultado de la prueba misma, que puede ser acordada de oficio por el juez. En este sentido declara el citado art. 752.1 que «los procesos a que se refiere este Título se decidirán con arreglo a los hechos que hayan sido objeto de debate y resulten probados, con independencia del momento en que hubieren sido alegados o introducidos de otra manera en el procedimiento». De lo que se trata es de lograr que el tribunal decida la cuestión conforme a los hechos y circunstancias verdaderamente existentes en el momento de dictar sentencia [p. ej. STS 17/7/2024 *(Tol 10122861)*], pero siempre que se cumplan estas dos condiciones que aquel precepto exige: 1.ª) Que los hechos así introducidos en el proceso hayan sido debatidos por las partes, garantizándose así la contradicción y el derecho de defensa, y 2.ª) Que hayan quedado probados dentro del mismo proceso [p. ej., SAP Pontevedra 25/4/2024 *(Tol 10104957)*].

Lo que esta norma permite es que se tomen en consideración esos hechos relevantes para la decisión de la cuestión litigiosa, pero no autoriza que se puedan formular con base en ellos nuevas o diferentes pretensiones [así, p. ej., SAP Huesca 26/1/2024 *(Tol 10038879)* o SAP Cáceres 19/3/2024 (*Tol 10047994)*], aunque sí podrán formularse nuevas peticiones, singularmente en materia de adopción de medidas de apoyo a personas con discapacidad [p. ej. SAP Málaga 4/5/2020 *(Tol 8321064)*] y en los procesos matrimoniales en materia de medidas en interés de los hijos menores [p. ej., SAP Ciudad Real 5/5/2020 *(Tol 8287525)*; SAP Jaén 11/3/2022 *(Tol 9202398)*; SAP La Rioja 23/5/2024 *(Tol 10144757*); SSTS 3/2/2016 *(Tol 564185*) y 17/7/2024 *(Tol 10122861)*], lo que obedece a que en esos supuestos no existe propiamente una pretensión basada en un derecho subjetivo, sino una petición encaminada a la aplicación de la norma o a la adopción de la solución más favorable a la situación jurídica que afecta al interés de la persona con discapacidad o del menor.

Naturalmente, estas singularidades no son de aplicación en aquellas materias que sean disponibles (p. ej., pensión compensatoria), para las que sí rigen los principios de aportación de parte y de preclusión.

B) Especialidades en materia de prueba

a) Prueba de oficio: El aumento de los poderes del tribunal en estos procesos se manifiesta en que podrá acordar de oficio la práctica de cuantas pruebas estime pertinentes, como se prevé con carácter general en los arts. 282 y 752.1, II LEC, y de manera específica en los arts. 759 (adopción de medidas de apoyo), 770.4.ª II, 771.3, 773.3 y 774.2 (procesos matrimoniales). Los tribunales han admitido sin inconveniente la posibilidad de acordar de oficio la prueba biológica de paternidad en los procesos de filiación [p. ej., SAP Asturias 19/5/2023 *(Tol 9673086)*, SAP Madrid 11/3/2024 *(Tol 10.040.890)*].

b) Prueba anticipada: Se podrá proponer por las partes o acordar de oficio por el tribunal la práctica de toda aquella prueba anticipada que se considere pertinente y útil al objeto del procedimiento. En este caso, se procurará que el resultado de dicha prueba admitida o acordada obre en las actuaciones con anterioridad a la celebración de la vista, estando a disposición de las partes (art. 752.1, III LEC).

c) Alteración de las reglas probatorias: El art. 752.2 LEC establece tres especialidades que afectan a las reglas de la prueba:

1.ª) La conformidad de las partes sobre los hechos objeto del proceso no vinculará al tribunal, ni podrá éste decidir la cuestión litigiosa basándose exclusivamente en dicha conformidad, de modo que deberá estarse en todo caso al resultado de la prueba que sobre tales hechos se practique.

2.ª) No podrá tampoco el tribunal basar su decisión en el silencio o en las respuestas evasivas de una parte sobre hechos alegados por la parte contraria, sino que habrá de tomar en consideración necesariamente el resultado que las pruebas ofrezcan acerca de la realidad de tales hechos.

3.ª) Tampoco estará el tribunal vinculado por las reglas generales de la LEC en materia de fuerza probatoria del interrogatorio de las partes, de los documentos públicos y de los documentos privados reconocidos (las de los arts. 316.1, 319 y 326 LEC), pues se trata de reglas legales de valoración de la prueba que responden al principio de prueba tasada y resultan incompatibles con lo que constituye el objeto y la materia de decisión en estos procesos.

C) Aplicación en la segunda instancia

Lo dispuesto en los apartados 1 y 2 del art. 752 en materia de aportación de hechos y de prueba será aplicable a la segunda instancia (art. 752.3 LEC), de lo que deriva la consecuencia de no ser aplicable en estos procesos lo dispuesto en el art. 460 LEC en materia de prueba en segunda instancia [pueden verse, por ejemplo, las SSTS 19/4/2022 *(Tol* 8.916.983*)* y 21/12/2021 *(Tol 8739270)* y SSAP Asturias 15/5/2020 *(Tol 7976791)* y 7/5/2024 *(Tol 10104944*].

D) Excepción

Todas las especialidades sobre aportación de hechos y en materia de prueba a las que se ha hechos referencia anteriormente no resultan de aplicación a aquellas materias sobre las que las partes pueden disponer libremente según la legislación civil aplicable (art. 752.4 LEC), como es el caso, por ejemplo, de la separación o el divorcio o de las pretensiones patrimoniales entre cónyuges en los procesos matrimoniales.

V. PROCEDIMIENTO

Salvo que expresamente se disponga otra cosa, los procesos a que se refiere el Título I del Libro IV se sustanciarán por los trámites del juicio verbal, con las especialidades establecidas en los arts. 753 a 755 LEC y las demás que se contienen en los correspondientes preceptos de los distintos procedimientos que en dicho Título se regulan para cada una de las materias que lo integran: Capítulo II, procesos sobre medidas judiciales de apoyo a personas con discapacidad; Capítulo III, procesos sobre filiación, paternidad y maternidad; Capítulo IV, procesos matrimoniales y de menores, Capítulo IV bis, restitución o retorno de menores en supuestos de sustracción internacional; y Capítulo V, oposición a resoluciones administrativas en materia de protección de menores, procedimiento para determinar la necesidad de asentimiento en la adopción y oposición a resoluciones de la DGRN en materia de Registro Civil.

La regulación normativa de esta materia se contiene en los arts. 753 a 755 de la LEC.

A) Remisión al juicio verbal

El procedimiento se sustanciará por los trámites establecidos para el juicio verbal (art. 753.1 LEC), pero con las especialidades que se contienen en el propio art. 753, en los arts. 754 y 755 y en los correspondientes preceptos de los distintos procedimientos adecuados para cada una de las diferentes materias, así como las que resultan de las reglas especiales sobre aportación de hechos, prueba y exclusión de la preclusión a las que se ha hecho referencia en el anterior epígrafe. Se trata, no de una remisión en bloque a la regulación del juicio verbal, sino a las reglas generales sobre la tramitación procedimental del mismo, que deben compatibilizarse con las exigencias derivadas de la naturaleza y el objeto de cada uno de estos procesos especiales no dispositivos. La demanda se redactará en la forma ordinaria prevista en el art. 405 LEC.

a) Decreto de admisión: En el decreto de admisión, se requerirá a las partes para que comuniquen, en el plazo de cinco días, si existen o han existido procedimientos de violencia sobre la mujer entre los cónyuges o progenitores, su estado procesal actual, y si constan adoptadas medidas civiles o penales. Igualmente se advertirá a ambas partes de la obligación de comunicar inmediatamente cualquier procedimiento que inicien ante un juzgado de violencia sobre la mujer durante la tramitación del procedimiento civil, así como cualquier incidente de violencia sobre la mujer que se produzca (art. 753.1.IV LEC).

b) Emplazamiento y contestación a la demanda: Lo peculiar consiste en que: 1) El letrado de la Administración de Justicia debe dar traslado de la demanda al Ministerio Fiscal, cuando proceda (art. 749 LEC), y a las demás personas que, conforme a la ley deban ser parte en el procedimiento (arts. 753.1, 780 y 781 LEC), hayan sido o no demandados [SAP Madrid 7/11/2019 *(Tol 7827610)*; SAP Pontevedra 18/6/2020 *(Tol 8038495)*; SAP Santa Cruz de Tenerife 24/6/2021 *(Tol 8621177)*]; y 2) El plazo para contestar a la demanda será de veinte días, en lugar de diez (art. 753.1 en relación con el art. 438.1 LEC). La contestación se ajustará a lo establecido en el art. 405 LEC.

c) Vista: 1) En lo concerniente a la inasistencia de alguna de las partes al acto de la vista, la previsión general contenida en el art. 442 LEC acerca de tener al demandante por desistido, si el demandado no alegare interés en la continuación del proceso, debe ponerse en relación con lo establecido en el art. 751 LEC, que exige la conformidad del Ministerio Fiscal, salvo en los supuestos que exceptúa; 2) En lo que se refiere al desarrollo y contenido de la vista, se estará a las normas generales del juicio verbal, con las singularidades derivadas de la exclusión de la preclusión (art. 752.1 LEC) y la posibilidad de acordar prueba de oficio (art. 752.1, II LEC); 3) Una vez practicadas las pruebas el tribunal permitirá a las partes formular oralmente sus conclusiones conforme a lo establecido para el juicio ordinario en el art. 433.2, 3 y 4 (art. 753.2 LEC) [SAP Pontevedra 22/11/2023 *(Tol 10027399)*], lo que coincide con lo establecido para el juicio verbal en el art. 447.1 redactado por la LO 1/2025. La omisión de este trámite y la privación a la parte de la posibilidad de alegar sobre el resultado de las pruebas practicadas entraña una indefensión manifiesta, aunque no faltan resoluciones reacias a declarar la nulidad de actuaciones en las que, por puro voluntarismo, se sostiene lo contrario [p. ej. SAP Madrid 2/3/2020 *(Tol 7992753)* o SAP Valencia 15/6/2015 *(Tol 5419830)*]. Otra cosa es que no se haya cumplido con el requisito de denuncia previa de la infracción en la instancia [p. ej. SAP Barcelona 13/10/2017 *(Tol 6467954)*].

d) Tramitación preferente: Los procesos de referencia serán de tramitación preferente siempre que alguno de los interesados sea menor, persona con discapacidad con medidas judiciales de apoyo en las que se designe un apoyo con funciones representativas o esté en situación de ausencia legal (art. 753.3 LEC), lo que deberá tomarse en consideración por el letrado de la Administración de Justicia para realizar sin dilación los trámites oportunos y para efectuar el correspondiente señalamiento de día y hora para la vista. También serán de tramitación preferente cuando alguna de las partes interesadas sea una persona con una edad de ochenta años o más, conforme a lo dispuesto en el art. 7 bis LEC en cuyo caso, se podrá solicitar y así se acordará por el letrado o la letrada de la Administración de Justicia que se practique el señalamiento en las primeras horas de audiencia o bien en las últimas, en función de las necesidades de la persona afectada (art. 183.3 bis LEC).

B) Exclusión de la publicidad

Cuando las circunstancias del caso así lo aconsejen, el tribunal puede acordar, de oficio o a instancia de parte, que los actos (p. ej. la exploración de un menor) y vistas (toda la vista o una parte de ella) se celebre a puerta cerrada y que las actuaciones sean reservadas (excluyendo su conocimiento por terceros), aunque no se esté en ninguno de los casos del apartado 2 del art. 138 (art. 754 LEC), en el que así se permite con carácter general sólo cuando sea necesario para la protección del orden público o la seguridad nacional, cuando lo exijan los intereses de los menores o la protección de la vida privada de las partes u otros derechos y libertades o cuando la publicidad pudiera perjudicar los intereses de la justicia.

La exclusión de la publicidad no conlleva necesariamente la supresión de la presencia de los abogados de las partes, como tampoco la expresa declaración de una actuación como reservada excluye que la misma pueda ser conocida luego por ellos, sino sólo por terceros (art. 140.3, II, LEC). No se puede ignorar que en nuestro sistema procesal los abogados de las partes tienen derecho a estar presentes en todos los actos del proceso y conocer todo su contenido, sin que ninguno de ellos les pueda resultar desconocido o secreto. Otra cosa es que pudiera llegar a admitirse por todos los intervinientes en el proceso, como menos violento y más conveniente en un caso concreto, que sea sólo el juez quien examine, por ejemplo, a un menor; lo que no impide que los abogados de las partes puedan sugerir, bien por escrito, bien oralmente, las preguntas que les interesen o los hechos acerca de los cuales debiera ser examinado el menor por el juez o por el especialista cuyo auxilio se recabe. En todo caso, el resultado de las actuaciones practicadas con exclusión de la publicidad ha de quedar reflejado en el acta, pues se trata de una actuación procesal que, como todas, ha de ser documentada por el letrado de la Administración de Justicia para su debida constancia, para el conocimiento de las partes y para el del tribunal que conozca, en su caso, de la apelación [p. ej. SAP Madrid 17/1/2020 *(Tol 7.960.084)*].

C) Registros públicos

El letrado de la Administración de Justicia acordará que las sentencias y demás resoluciones dictadas en estos procesos se comuniquen de oficio al Registro Civil para la práctica de los asientos correspondientes (art. 755, I). A petición de parte se comunicarán también a cualquier otro Registro público a los efectos que en cada caso procedan (art. 755, II LEC).

Al primer grupo (comunicación de oficio al Registro civil) pertenecen las siguientes resoluciones: 1) Las sentencias en las que se adopten medidas de apoyo respecto de personas discapaces (art. 300 CC); 2) Las que dejen sin efecto o modifiquen dichas medidas; 3) Las que acuerden medidas de vigilancia o control respecto de cargos relativos a la guarda y administración de personas con discapacidad; 4) Las sentencias en materia de filiación; 5) Las de nulidad matrimonial, separación o divorcio; 6) Los autos en que se reconozca eficacia civil a las resoluciones eclesiásticas sobre nulidad de matrimonio canónico o las decisiones pontificias sobre matrimonio rato y no consumado; 7) Las resoluciones en que se establezcan medidas que afecten a la paria potestad; 8) Las que modifican el régimen económico matrimonial, y cualesquiera otras que afecten a hechos o circunstancias que deban acceder al Registro civil conforme a lo establecido en su ley reguladora (Cfr. arts. 44.4, 58, 60, 61 y 72 Ley 20/2011, del Registro civil). A tal fin se remitirá por medios electrónicos a la Oficina del Registro civil testimonio o copia electrónica de la correspondiente resolución (art. 34 LRC).

En el segundo grupo (comunicación a petición de parte) se encuentran todas aquellas resoluciones que deban surtir efectos en al ámbito de protección que es propio de los Registros de la Propiedad, Mercantil o de Bienes Muebles (por ejemplo, las sentencias que adopten medidas que afecten a la libre disponibilidad de bienes). En el caso de medidas de apoyo la comunicación se hará únicamente a petición de la persona en favor de la cual se ha constituido el apoyo (art. 755, II LEC).

VI. POSIBLE ALTERACIÓN FUNCIONAL DE LA COMPETENCIA EN CASOS DE VIOLENCIA DE GÉNERO

Cuando la controversia que constituye el específico objeto de los procesos que luego se dirán concurriera con una situación de violencia que haya dado lugar a la incoación de un proceso penal por alguno de los hechos que se determinan en los apartados 5.a) y 5.h) del artículo 89 de la LOPJ, en esos casos, la competencia objetiva para el conocimiento del procedimiento matrimonial o de familia se atribuye funcionalmente al Tribunal de instancia o a la Sección de Violencia sobre la Mujer de dicho tribunal, que esté conociendo del proceso penal relativo a los actos de violencia denunciados. Esa singular atribución de competencia supone dotar de competencia civil (genérica) a órganos del orden penal únicamente para aquel específico objeto.

Así pues, los Tribunales de Instancia con competencia penal para conocer de los delitos de Violencia sobre la Mujer podrán conocer en el orden civil (en todo caso de conformidad con los procedimientos y recursos previstos en la LEC) de los siguientes asuntos:

1) Los relativos al matrimonio y a su régimen económico matrimonial y los que tengan por objeto la adopción o modificación de medidas de trascendencia familiar y otras acciones derivadas de la crisis matrimonial o de la unión de hecho.

2) Los que versen exclusivamente sobre guarda y custodia de hijos e hijas menores o sobre alimentos reclamados por un progenitor contra el otro en nombre de los hijos e hijas menores.

3) Los relativos a modificación de medidas adoptadas en los procesos que versen sobre las materias previstas en las letras anteriores.

4) Los que versen sobre maternidad, paternidad, filiación y adopción.

5) Los relativos a las relaciones paternofiliales.

6) Los relativos a la protección del menor, incluidas en los capítulos IV bis y V del título I del libro IV de la Ley 1/2000, de 7 de enero, de Enjuiciamiento Civil.

7) Los expedientes de jurisdicción voluntaria en materia de personas y familia, con excepción de los regulados en los capítulos IX y X del título II de la Ley 15/2015, de 2 de julio, de Jurisdicción Voluntaria.

8) Los que versen sobre los procedimientos de liquidación del régimen económico matrimonial instados por los herederos de la mujer víctima de violencia de género, así como los que se insten frente a estos herederos.

9) Los que versen sobre el reconocimiento de eficacia civil de resoluciones o decisiones eclesiásticas en materia matrimonial.

10) El reconocimiento y la ejecución de sentencias y resoluciones judiciales extranjeras civiles sobre menores y familia.

11) Los procesos para la efectividad de los derechos reconocidos en el artículo 160 del Código Civil (art. 89.6 LOPJ).

Para que el Tribunal de Instancia con competencia penal en materia de delitos de Violencia sobre la Mujer asuma de forma exclusiva y excluyente competencia en el orden civil habrán de concurrir simultáneamente los siguientes requisitos:

a) Que se trate de un proceso civil que tenga por objeto alguna de las materias indicadas en el apartado 6 del artículo 89 LOPJ.

b) Que alguna de las partes del proceso civil sea víctima de actos de violencia de género, en los términos a que hace referencia el apartado 5. a), o de actos de violencia sexual, en los términos a que hace referencia el apartado 5.h) del mismo artículo.

c) Que alguna de las partes del proceso civil sea imputado como autor, inductor o cooperador necesario en la realización de actos de violencia de género o de violencia sexual.

d) Que se hayan iniciado ante la Sección de Violencia sobre la Mujer de un Tribunal de Instancia actuaciones penales por delito o delito leve a consecuencia de un acto de violencia de género o de un acto de violencia sexual, o se haya adoptado una orden de protección a una víctima de violencia de género (art. 89.7 LOPJ).

Cuando el juez o la jueza apreciara que los actos puestos en su conocimiento, de forma notoria, no constituyen expresión de violencia de género o de violencia sexual, podrá inadmitir la pretensión, remitiéndola al órgano judicial competente (art. 89.8 LOPJ).

Sobre todas estas cuestiones se tratará con detalle en el Epígrafe II.2 del Capítulo Cuarto.

VII. PARTICULARIDADES DE LOS PROCEDIMIENTOS QUE AFECTEN A MENORES[1]

A) Convenciones internacionales

Todos los procesos que afecten a menores, tanto los matrimoniales o de rupturas de pareja estable, como los de protección de menores, y también los procedimientos de jurisdicción voluntaria relativos a filiación, adopción, familia y protección de menores tienen como marco normativo general el que resulta de diversas Convenciones Internacionales. La primera de ellas es la Convención sobre los Derechos del Niño de la Asamblea General de las Naciones Unidas de 20 de noviembre de 1989 (en adelante, CDN), ratificada por España el 26 de enero de 1990 y con entrada en vigor en nuestro país día el 5 de enero de 1991 *(Tol 137099)*. Esta norma tiene por finalidad proporcionar a niños, niñas y adolescentes[2] una protección integral, tanto antes como después del nacimiento, en consideración a su falta de madurez física y mental. Esa protección integral ya se enunciaba en la Declaración de Ginebra de 1924 sobre los Derechos del Niño y en la Declaración de los Derechos del Niño adoptada por la Asamblea General el 20 de noviembre de 1959 (*Tol 301599*), y era reconocida en la Declaración Universal de Derechos Humanos, en el Pacto Internacional de Derechos Civiles y Políticos (en particular, en los artículos 23 y 24), en el Pacto Internacional de Derechos Económicos, Sociales y Culturales (en particular, en el artículo 10) y en los estatutos e instrumentos pertinentes de los organis-

---

1 Redactado por Ana Rodrigo Fernández.

2 Se entiende por niño todo ser humano menor de 18 años de edad, salvo que, en virtud de la ley que le sea aplicable, haya alcanzado antes la mayoría de edad (art. 1 CDN).

mos especializados y de las organizaciones internacionales que se interesan por el bienestar del niño.

Con el objetivo cumplir las exigencias del art. 4 de la CDN, que impone a los Estados Partes adoptar todas las medidas legislativas, administrativas y de otra índole que sean necesarias para la aplicación de los derechos reconocidos en dicha Convención, se promulgó el Convenio Europeo de Estrasburgo sobre el Ejercicio de los derechos de los Niños de 25 de enero de 1996 (CEDN), ratificado por España el 16 de febrero de 2015 y con entrada en vigor el día 1 de abril de 2015 *(Tol 4720192)*, cuyo objeto es promover, en aras del interés superior de los niños, sus derechos, de concederles derechos procesales y facilitarles su ejercicio velando por que los niños, por sí mismos, o a través de otras personas u órganos, sean informados y autorizados para participar en los procedimientos que les afecten ante una autoridad judicial. El Convenio recoge, por un lado, los derechos procesales de los menores y, por otro, el papel que deben jugar las autoridades y representantes en orden a asegurarlos.

De este modo, además de la normativa comprendida en el Código Civil, en Ley Orgánica de Protección Jurídica del Menor 1/96, de 15 de enero *(Tol 301481)*, en la Ley de Enjuiciamiento Civil y en la Ley de Jurisdicción Voluntaria, son aplicables directamente en el territorio nacional las normas contenidas en el Convenio Europeo de Estrasburgo, por cuanto es derecho interno con efecto directo y de primacía, no sólo en virtud de la previsión contenida de forma genérica en el art. 96 CE, sino también por disposición del art. 39.4 CE que establece que los niños gozarán de la protección prevista en los acuerdos internacionales que velan por sus derechos.

El Convenio de Estrasburgo será de aplicación a todos los procedimientos judiciales que afecten a los niños niñas y adolescentes (NNA), entendiéndose por tales, las personas que no hayan alcanzado la edad de 18 años (art. 1.1 CEDN).

Se entenderán por procedimientos que afecten a los niños ante una autoridad judicial los procedimientos de familia, en particular los relativos al ejercicio de responsabilidades parentales tales como las que se refieren a la residencia y al derecho de visita respecto de los niños (art. 1.2 CEDN).

Aunque no son directamente aplicables, también deberá tenerse en cuenta en la interpretación y aplicación de las normas que afecten a menores, las Directrices del Comité de Ministros del Consejo de Europa, de 17 de noviembre de 2010 (https://op.europa.eu/es/publication-detail/-/publication/5f031e5d-9f09-11e5-8781-01aa75ed71a1) para una Justicia adaptada a los niños.

B) Principios esenciales de carácter general

a) Deber de actuar con prontitud

En los procedimientos que afecten a niños, niñas y adolescentes, la autoridad judicial deberá actuar con prontitud para evitar toda demora inútil y deberán existir procedimientos encaminados a asegurar una rápida ejecución de las decisiones. En los casos urgentes, la autoridad judicial estará facultada, cuando proceda, para tomar decisiones que sean inmediatamente ejecutivas (art. 7 CEDN).

b) Principio de actuación de oficio

En los procedimientos que afecten a niños, niñas y adolescentes, la autoridad judicial estará facultada para actuar de oficio en los casos determinados por el derecho interno en que se encuentre en peligro grave el bienestar del menor (art. 8 CEDN).

c) Principio de protección del derecho a la intimidad de los menores

En el art. 16 CDN se garantiza la protección en todo caso del derecho a la intimidad y a la vida privada de los menores[3].

C) Principios relativos al proceso de decisión

En los procedimientos que afecten a menores, la autoridad judicial, antes de tomar cualquier decisión, deberá, conforme al art. 6 CEDN:

a) Examinar si dispone de información suficiente con el fin de tomar una decisión en el interés superior de aquél y, en su caso, recabar información complementaria, en particular de los titulares de las responsabilidades parentales.

b) Cuando considere que el niño posee discernimiento suficiente, deberá: 1) asegurarse de que el niño ha recibido toda la información pertinente; 2) consultar personalmente al niño en los casos oportunos, si es necesario en privado, directamente o por mediación de otras personas u organismos, de una forma apropiada a su discernimiento, a menos que

---

[3] Véase la Instrucción FGE 1/2007, de 15 de febrero, sobre actuaciones jurisdiccionales e intimidad de menores.

ello sea manifiestamente contrario a los intereses superiores del niño; 3) Permitir al niño expresar su opinión.

c) Tener debidamente en cuenta la opinión expresada por el niño.

Como complemento de lo anterior, el deber de motivar las sentencias (arts. 120.3 CE, 209.3 y 218.2 LEC y 248.3 LOPJ), cuando afecten a los menores en los procesos judiciales que les conciernan, requiere de los órganos jurisdiccionales un esfuerzo mayor, más intenso y completo, en la ponderación de las circunstancias concurrentes que el nivel ordinario de justificación del proceso causal que conduce al fallo exigible en los otros procesos de distinta naturaleza [STS 17/12/2024 *(Tol 10331158)*]. Por ello, en las resoluciones sobre el fondo habrá de hacerse constar, en su caso, el resultado de la audiencia al menor, así como su valoración (art. 9.4 in fine LOPJM).

D) El interés superior del menor

a) Previsión normativa y concepto

El artículo 3.1 CDN establece que en todas las medidas concernientes a los niños que tomen las instituciones públicas o privadas de bienestar social, los tribunales, las autoridades administrativas o los órganos legislativos, una consideración primordial a que se atenderá será el interés superior del niño.

Esta norma se plasmó en el art. 2 de la Ley Orgánica de Protección Jurídica del Menor 1/1996, de 15 de enero *(Tol 301481)*, en adelante LOPJM, al que se remite también el art. 3.1 de la Ley 26/2018, de 21 de diciembre, de derechos y garantías de la infancia y la adolescencia, de la Generalitat Valenciana *(Tol 6958321)*. El art. 2 LOPJM, tras la reforma operada por ley 8/2015, de 22 de julio de modificación del sistema de protección a la infancia y adolescencia *(Tol 5208655)* y por LO 8/2021, de 4 de junio de protección integral a la infancia y adolescencia frente a la violencia *(Tol 8451569)* configura el interés superior del menor no sólo como un principio general interpretativo de las normas jurídicas que afecten a niños, niñas y adolescentes de modo que deban ser interpretadas según su interés superior, sino como un derecho sustantivo del menor, cuyo contenido concreta el mismo art. 2 y además se impone como norma y garantía procedimental, implementando así la Observación General de ONU n.º 14 (2013), de 29 de mayo (https://www.refworld.org/es/ref/polilegal/crc/2013/es/95780).

b) Contenido e interpretación

El art. 2.1 LOPJM establece que todo menor tiene derecho a que su interés superior sea valorado y considerado como primordial en todas las acciones y decisiones que le conciernan, tanto en el ámbito público como privado. En la aplicación de la presente ley y demás normas que le afecten, así como en las medidas concernientes a los menores que adopten las instituciones, públicas o privadas, los Tribunales, o los órganos legislativos, primará el interés superior de los mismos sobre cualquier otro interés legítimo que pudiera concurrir. Las limitaciones a la capacidad de obrar de los menores se interpretarán de forma restrictiva y, en todo caso, siempre en el interés superior del menor.

a') Criterios generales de interpretación y aplicación del interés superior del menor (art. 2.2 LOPJM). Sin perjuicio de los establecidos en la legislación específica aplicable y de aquellos otros que puedan estimarse adecuados atendiendo a las circunstancias concretas del supuesto, se tendrán en cuenta los siguientes:

1) La protección del derecho a la vida, supervivencia y desarrollo del menor y la satisfacción de sus necesidades básicas, tanto materiales, físicas y educativas como emocionales y afectivas.

2) La consideración de los deseos, sentimientos y opiniones del menor, así como su derecho a participar progresivamente, en función de su edad, madurez, desarrollo y evolución personal, en el proceso de determinación de su interés superior.

3) La conveniencia de que su vida y desarrollo tenga lugar en un entorno familiar adecuado y libre de violencia. Se priorizará la permanencia en su familia de origen y se preservará el mantenimiento de sus relaciones familiares, siempre que sea posible y positivo para el menor. En caso de acordarse una medida de protección, se priorizará el acogimiento familiar frente al residencial. Cuando el menor hubiera sido separado de su núcleo familiar, se valorarán las posibilidades y conveniencia de su retorno, teniendo en cuenta la evolución de la familia desde que se adoptó la medida protectora y primando siempre el interés y las necesidades del menor sobre las de la familia.

4) La preservación de la identidad, cultura, religión, convicciones, orientación e identidad sexual o idioma del menor, así como la no discriminación del mismo por éstas o cualesquiera otras condiciones, incluida la discapacidad, garantizando el desarrollo armónico de su personalidad.

b') Elementos generales de ponderación de los criterios generales (art. 2.3). Se deberá atender a:

1) La edad y madurez del menor.

2) La necesidad de garantizar su igualdad y no discriminación por su especial vulnerabilidad, ya sea por la carencia de entorno familiar, sufrir maltrato, su discapacidad, su orientación e identidad sexual, su condición de refugiado, solicitante de asilo o protección subsidiaria, su pertenencia a una minoría étnica, o cualquier otra característica o circunstancia relevante.

3) El irreversible efecto del transcurso del tiempo en su desarrollo.

4) La necesidad de estabilidad de las soluciones que se adopten para promover la efectiva integración y desarrollo del menor en la sociedad, así como de minimizar los riesgos que cualquier cambio de situación material o emocional pueda ocasionar en su personalidad y desarrollo futuro.

5) La preparación del tránsito a la edad adulta e independiente, de acuerdo con sus capacidades y circunstancias personales.

6) Aquellos otros elementos de ponderación que, en el supuesto concreto, sean considerados pertinentes y respeten los derechos de los menores.

c') Reglas de valoración de los elementos generales (art. 2.4 LOPJM): Los elementos generales del art. 2.3 deberán ser valorados conjuntamente, conforme a los principios de necesidad y proporcionalidad, de forma que la medida que se adopte en el interés superior del menor no restrinja o limite más derechos que los que ampara.

En caso de concurrir cualquier otro interés legítimo junto al interés superior del menor deberán priorizarse las medidas que, respondiendo a este interés, respeten también los otros intereses legítimos presentes.

En caso de que no puedan respetarse todos los intereses legítimos concurrentes, deberá primar el interés superior del menor sobre cualquier otro interés legítimo que pudiera concurrir.

Las decisiones y medidas adoptadas en interés superior del menor deberán valorar en todo caso los derechos fundamentales de otras personas que pudieran verse afectados.

d') Garantías procesales (art. 2.5 LOPJM). El derecho de la persona menor a que toda resolución de cualquier orden jurisdiccional y toda medida se adopte sea en su exige que deba ser adoptada respetando las debidas garantías del proceso y, en particular las siguientes:

1) Los derechos del menor a ser informado, oído y escuchado, y a participar en el proceso de acuerdo con la normativa vigente.

2) La intervención en el proceso de profesionales cualificados o expertos, quienes, en caso necesario, habrán de contar con la formación suficiente para determinar las específicas necesidades de los niños con discapacidad. En las decisiones especialmente relevantes que afecten al menor se contará con el informe colegiado de un grupo técnico y multidisciplinar especializado en los ámbitos adecuados.

3) La participación de progenitores, tutores o representantes legales del menor o de un defensor judicial si hubiera conflicto de interés o discrepancia con ellos y del Ministerio Fiscal en el proceso en defensa de sus intereses. Se presumirá que existe un conflicto de interés cuando la opinión de la persona menor de edad sea contraria a la medida que se adopte sobre ella o suponga una restricción de sus derechos.

4) La adopción de una decisión que incluya en su motivación los criterios utilizados, los elementos aplicados al ponderar los criterios entre sí y con otros intereses presentes y futuros, y las garantías procesales respetadas.

5) La existencia de recursos que permitan revisar la decisión adoptada que no haya considerado el interés superior del menor como primordial o en el caso en que el propio desarrollo del menor o cambios significativos en las circunstancias que motivaron dicha decisión hagan necesario revisarla. Los menores gozarán del derecho a la asistencia jurídica gratuita en los casos legalmente previstos.

c) Pronunciamientos jurisprudenciales de interés

La jurisprudencia constitucional considera que "el interés superior del menor es la consideración primordial a la que deben atender todas las medidas concernientes a los menores que tomen las instituciones públicas o privadas de bienestar social, los tribunales, las autoridades administrativas o los órganos legislativos", según lo previsto en el art. 3.1 de la Convención sobre los derechos del niño [SSTC 64/2019, de 9 de mayo, FJ 4 *(Tol 7265229)*; 131/2023, de 23 de octubre, FJ 3 *(Tol 39772856);* 148/2023, de 6 de noviembre FJ 4 *(Tol 9788727)*, 28/2024, de 27 de febrero, FJ 5 *(Tol 10275217)* y 82/2024, de 3 de junio, FJ 2 *(Tol 10273368)*.

La jurisprudencia de la Sala Primera del Tribunal Supremo evidencia la trascendencia del interés superior del menor en la decisión de los procesos en que se adoptan medidas referentes a los niños y a las niñas, al considerarlo: (i) como un principio axiológico preferente en la interpretación y aplicación de las normas; (ii) un concepto jurídico indeterminado; (iii) una regla de orden público (iv) un límite indisponible a la autonomía de la voluntad de los progenitores; (v) un principio de aplicación preferente en casos de imposibilidad de armonizarlo con los otros intereses convergentes; (vi) su determinación exige una motivación reforzada sobre la ordinaria de toda resolución judicial; (vii) constituye un instrumento de flexibilización del rigor procesal; (viii) es susceptible de apreciación mediante el auxilio de ciencias extrajurídicas como la psicología y (ix) fiscalizable a través del recurso de casación [SSTS 5/2/2024 *(Tol 9881184)*, 21/2/2024 *(Tol 9904067)* y 17/12/2024 *(Tol 10331158)*].

La apreciación del interés superior del menor exige un canon de motivación especialmente reforzado cuando se encuentre afectada la esfera personal y familiar de un niño o de una niña [SSTC 28/2024, de 27 de febrero *(Tol 10275217)*; 53/2024, de 8 de abril *(Tol 10273501)* y 126/2024, de 27 de noviembre *(Tol 10273332)* y SSTS 20/6/2023, 5/2/2024, 28/5/2024 y 10/7/2024 entre muchas]

E) El derecho de información del menor

a) Fundamento

El derecho de información del menor supone una garantía para el ejercicio del derecho de audiencia del menor. Previamente a que el menor sea escuchado, el menor deberá recibir en un lenguaje comprensible, en formatos accesibles y adaptados a sus circunstancias, la información que le permita el ejercicio de su derecho a ser oído y escuchado (art. 9.1 LOPJM).

b) Responsable de la información

a') Procedimientos concretos: En algunos procedimientos, se exige expresamente al juez que proporcione dicha información al menor, como el previsto en los art. 26 bis y siguientes de la Ley de Jurisdicción Voluntaria para la modificación registral del sexo de menores entre 12 y 14 años.

b') Con carácter general: Esta información deberá proporcionársela al menor su representante legal por imperativo del art. 10 de la Convención Europea sobre el Ejercicio de los Derechos del Niño (directamente aplicable), a menos que ello resulte manifiestamente contrario a los intereses superiores del niño.

c') Requisito: En todos los procedimientos que afecten a un menor ante la autoridad judicial, niño, si el derecho interno considera que éste posee el discernimiento suficiente. Es decir, que tenga suficiente madurez y siempre cuando hubiera cumplido 12 años (art. 10 CEDN y art. 9.2 LOPJM).

d') Contenido. La información necesaria deberá atender a: 1) Facilitar explicaciones al niño, sobre las posibles consecuencias de actuar conforme a su opinión y las posibles consecuencias de cualquier acción del representante; y 2) Determinar la opinión del niño y ponerla en conocimiento de la autoridad judicial.

F) El derecho de audiencia del menor

a) Fundamento

Para apreciar cuál es el interés superior del menor, de carácter prevalente, es necesario dar a los menores que cuenten con suficiente juicio la oportunidad de ser oídos. Esta audiencia, que constituye una garantía procesal, se configura como un derecho de los niños, niñas y adolescentes, de ser escuchados antes de tomar cualquier decisión sobre aspectos que personalmente les afecten, y que es reconocido en distintas disposiciones normativas como son los arts. 92.6 y 159 CC; 9 LOPJM; el art. 12.2 CDN[4]; los arts. 3[5] y 6 CEDN; el apartado 15 de la Carta Europea de Derechos del Niño; así como el art. 24.1 de la Carta de los derechos fundamentales de la Unión Europea, además de Observación n.º 12 ONU de la Convención sobre Derechos del Niño (2009).

b) Finalidad

La audiencia del menor tiene por objeto indagar sobre su interés con la finalidad de garantizar su debida y mejor protección, por lo que, en su

---

4 El art. 12 CDN consagra el derecho de todo niño que esté en condiciones de formarse un juicio propio a ser escuchado y a que su opinión sea debidamente tenida en cuenta en los asuntos que le conciernan.

5 El menor que tenga suficiente discernimiento y en todo caso cuando haya cumplido 12 años, en los procedimientos que le afecten ante una autoridad judicial, tendrá los siguientes derechos cuyo ejercicio podrá exigir por sí mismo: 1) Recibir toda la información pertinente; 2) A ser consultado y expresar su opinión; 3) Ser informado de las posibles consecuencias de actuar conforme a su opinión y de las posibles consecuencias de cualquier resolución (art. 3 CEDN).

caso, debe ser acordada de oficio por el tribunal [STS 17/12/2024 *(Tol 10331158)*].

c) Derecho de audiencia

El menor tiene derecho a ser oído y escuchado sin discriminación alguna por edad, discapacidad o cualquier otra circunstancia, tanto en el ámbito familiar como en cualquier procedimiento administrativo, judicial o de mediación en que esté afectado y que conduzca a una decisión que incida en su esfera personal, familiar o social, teniéndose debidamente en cuenta sus opiniones, en función de su edad y madurez (art. 9.1 LOPJM). Véase sobre esta materia lo expuesto en el Capítulo Cuarto, Epígrafe III, apartado 10.

d) Carácter preferente de audiencias y comparecencias

En los procedimientos judiciales o administrativos, las comparecencias o audiencias del menor, para informarle y escucharle, tendrán carácter preferente (art. 9.1.II LOPJM).

e) Forma de las comparecencias y audiencias del menor

a') Adecuada a sus circunstancias: Se realizarán de forma adecuada a su situación y desarrollo evolutivo, con la asistencia, si fuera necesario, de profesionales cualificados o expertos, cuidando preservar su intimidad y utilizando un lenguaje que sea comprensible para él, en formatos accesibles y adaptados a sus circunstancias con pleno respeto a todas las garantías del procedimiento (art. 9.1.II LOPJM).

b') En acto separado: La autoridad judicial o el Letrado de la Administración de Justicia podrán acordar que la audiencia de la persona menor de edad se practique en acto separado, sin interferencias de otras personas, debiendo asistir el Ministerio Fiscal. En todo caso, se garantizará que puedan ser oídas en condiciones idóneas, en términos que les sean accesibles, comprensibles y adaptados a su edad, madurez y circunstancias, recabando el auxilio de especialistas cuando ello fuera necesario.

c') Con publicidad: Del resultado de la exploración se levantará en todo caso, acta por el Letrado de la Administración de Justicia, expresando los datos objetivos del desarrollo de la audiencia, en la que reflejará las manifestaciones del niño, niña o adolescente imprescindibles por significativas, y por ello estrictamente relevantes, para la decisión del expediente, cuidando de preservar su intimidad. Si ello tuviera lugar después de la comparecencia, se dará traslado del acta correspondiente a las personas interesadas para que puedan efectuar alegaciones en el plazo de cinco días (art. 18.4 LJV).

d') Personalmente: Se garantizará que el menor, cuando tenga suficiente madurez, pueda ejercitar este derecho por sí mismo o a través de la persona que designe para que le represente. La madurez habrá de valorarse por personal especializado, teniendo en cuenta tanto el desarrollo evolutivo del menor como su capacidad para comprender y evaluar el asunto concreto a tratar en cada caso. Se considera, en todo caso, que tiene suficiente madurez cuando tenga doce años cumplidos (art. 9.2.I LOPJM).

Para garantizar que el menor pueda ejercitar este derecho por sí mismo será asistido, en su caso, por intérpretes. El menor podrá expresar su opinión verbalmente o a través de formas no verbales de comunicación (art. 9.2.II LOPJM).

e') Por medio de sus representantes legales o profesionales: No obstante, cuando ello no sea posible o no convenga al interés del menor se podrá conocer la opinión del menor por medio de sus representantes legales, siempre que no tengan intereses contrapuestos a los suyos, o a través de otras personas que, por su profesión o relación de especial confianza con él, puedan transmitirla objetivamente (art. 9.2.III LOPJM).

f') Trascendencia del derecho de audiencia: El derecho del menor a ser *"oído y escuchado"* forma parte del estatuto jurídico indisponible de los menores de edad, como norma de orden público, de inexcusable observancia para todos los poderes públicos (STC 141/2000, de 29 de mayo, FJ 5). Su relevancia constitucional está recogida en diversas resoluciones del Tribunal Constitucional, que han estimado vulnerado el derecho a la tutela judicial efectiva (art. 24.1 CE) de los menores en supuestos de procesos judiciales en que no habían sido oídos o explorados por el órgano judicial en la adopción de medidas que afectaban a su esfera personal (SSTC 221/2002, de 25 de noviembre, FJ 5; SSTC 71/2004, de 19 de abril, FJ 7; 152/2005, de 6 de junio, FFJJ 3 y 4, y 17/2006, de 30 de enero, FJ 5) [STC 64/2019, de 9 de mayo *(Tol 7265229)* y STC 5/2023, de 20 de febrero, FJ 3 *(Tol 9441346)*].

g') Denegación de la audiencia o comparecencia del menor: Siempre que en vía administrativa o judicial se deniegue la comparecencia o audiencia de los menores directamente o por medio de persona que le represente, la resolución será motivada en el interés superior del menor y comunicada al Ministerio Fiscal, al menor y, en su caso, a su representante, indicando explícitamente los recursos existentes contra tal decisión (art. 9.3 LOPJM).

Sobre la falta de audiencia del menor puede verse la STS 17/12/2024 *(Tol 10331158)*].

Capítulo Segundo

Proceso sobre adopción de medidas judiciales de apoyo a personas con discapacidad

I. CONSIDERACIONES GENERALES

1. Antecedentes

Con la denominación de «procesos sobre la capacidad de las personas» se comprendían en el Capítulo II, Título I del Libro IV de la LEC, en su redacción anterior a la reforma operada por la Ley 8/2021, de 2 de junio, un conjunto de procesos especiales con diversos objetos posibles relacionados con situaciones en las que las personas podían tener anulada o limitada su capacidad de obrar por causas diferentes y en distinta medida, según lo previsto en la legislación sustantiva. Se trataba de obtener en esos procesos, por razones de orden público e interés social, una declaración judicial sobre la determinación de la capacidad de una persona y sus consecuencias, bien declarándola incapacitada (por las causas y con arreglo a lo dispuesto en las normas del CC, entonces vigentes), bien modificando el alcance de la incapacidad previamente declarada, bien reintegrando la capacidad a quien previamente hubiera sido declarado incapacitado, bien declarando la prodigalidad y determinando los actos que una persona no podía realizar, bien acordando el internamiento no voluntario de quienes sufrieran un trastorno psíquico, con carácter urgente o no. También se acudía a ese cauce procesal para acordar la esterilización de una persona que no pudiera prestar consentimiento en casos excepcionales legalmente previstos.

De conformidad con lo establecido en el art. 199 CC, entonces vigente, nadie podía ser declarado incapaz, sino por sentencia judicial y en virtud de las causas establecidas en la Ley. Esas causas eran las enfermedades o deficiencias persistentes de carácter físico o psíquico que impedían a la persona gobernarse por sí misma (art. 200 CC, entonces vigente) y el procedimiento en el que debía determinarse su grado de incapacidad y las consecuencias que de ello se derivaran era el que se establecía en los arts. 756 a 760 LEC.

2. *La reforma operada por la Ley 8/2021, de 2 de junio y sus consecuencias*

El sistema cambió radicalmente con la publicación de la Ley 8/2021, de 2 de junio (con entrada en vigor el día 3 del siguiente mes de septiembre), por la que se reformaba la legislación civil y procesal para el apoyo a las personas con discapacidad en el ejercicio de su capacidad jurídica *(Tol 8447402).* Con esa reforma se pretendió dar un paso decisivo en la adecuación de nuestro ordenamiento jurídico a la Convención internacional de Naciones Unidas sobre los derechos de las personas con discapacidad, hecha en Nueva York el 13 de diciembre de 2006 *(Tol 1279126),* cuyo artículo 12 proclama que las personas con discapacidad tienen capacidad jurídica en igualdad de condiciones con las demás en todos los aspectos de la vida, y obliga a los Estados Partes a adoptar las medidas pertinentes para proporcionar a las personas con discapacidad acceso al apoyo que puedan necesitar en el ejercicio de su capacidad jurídica. El propósito de la Convención es promover, proteger y asegurar el goce pleno y en condiciones de igualdad de todos los derechos humanos y libertades fundamentales por todas las personas con discapacidad, así como promover el respeto de su dignidad inherente. Se trata, en definitiva, de proporcionar salvaguardas adecuadas y efectivas para impedir los abusos, de conformidad con el Derecho internacional en materia de derechos humanos, asegurando que las medidas relativas al ejercicio de la capacidad jurídica respeten los derechos, la voluntad y las preferencias de la persona, que no haya conflicto de intereses ni influencia indebida, que sean proporcionales y adaptadas a las circunstancias personales del sujeto, que se apliquen en el plazo más corto posible y que estén sujetas a exámenes periódicos por parte de una autoridad o un órgano judicial competente, independiente e imparcial.

Ello supuso el cambio de un sistema asistencial, como el hasta entonces vigente en nuestro ordenamiento jurídico, en el que predominaba la sustitución en la toma de las decisiones que afectan a las personas con discapacidad, por otro basado en el ejercicio igualitario de la capacidad jurídica, que tiene como principio rector el respeto a la voluntad, los deseos y las preferencias de esa persona quien, como regla general, será la encargada de tomar sus propias decisiones (véase el Apartado I del Preámbulo de la Ley).

Dicho cambio tuvo también su reflejo en la reforma del art. 49 de la Constitución Española, de 15 de febrero de 2024 *(Tol 9876269)* que entró en vigor el mismo día de su publicación en el BOE (17/2/2024), quedando redactado en los siguientes términos:

"1. Las personas con discapacidad ejercen los derechos previstos en este Título en condiciones de libertad e igualdad reales y efectivas. Se regulará por ley la protección especial que sea necesaria para dicho ejercicio.

2. Los poderes públicos impulsarán las políticas que garanticen la plena autonomía personal y la inclusión social de las personas con discapacidad, en entornos universalmente accesibles. Asimismo, fomentarán la participación de sus organizaciones, en los términos que la ley establezca. Se atenderán particularmente las necesidades específicas de las mujeres y los menores con discapacidad."

A) En el ámbito sustantivo

La reforma más extensa y de mayor calado es la que se introdujo en el Código Civil, sentando las bases de un nuevo sistema basado en el máximo respeto a la voluntad, deseos y preferencias de la persona con discapacidad y a su autodeterminación, promoviendo su iniciativa, autonomía personal e independencia en todos los ámbitos de la vida. La esencia de esa novedosa regulación respond*ía* al principio de que la asistencia a la persona con discapacidad no se ha de basar en «la incapacitación de quien no se considera suficientemente capaz», ni en «la modificación de una capacidad que resulta inherente a la condición de persona humana y, por ello, no puede modificarse». La idea central del nuevo sistema fue la del «apoyo a la persona que lo precise», mediante la adopción de las medidas necesarias, adecuadas y proporcionadas a las singularidades de la persona, lo que puede englobar muy variadas actuaciones: desde el acompañamiento amistoso, la ayuda técnica en la comunicación de declaraciones de voluntad, el consejo, o incluso la toma de decisiones delegadas. En aquellos supuestos en que el apoyo no pueda darse de otro modo y solo ante esa situación de imposibilidad, dicho apoyo podrá concretarse en la representación en la toma de decisiones.

No se trata, pues, de un mero cambio de terminología que relegue los términos antiguos y ya superados de «incapacidad» e «incapacitación» y los sustituya por otros más precisos y respetuosos, sino de un nuevo enfoque de la realidad en el que se pretende destacar algo que ha pasado desapercibido durante mucho tiempo: que las personas con discapacidad son titulares del derecho a la toma de sus propias decisiones, derecho que ha de ser respetado; y sólo cuando le resulte imposible a esa persona, por sus graves deficiencias, tomar esas decisiones, podrá ser sustituida en el ejercicio de esa facultad por quien deba representarle.

Los supuestos específicos que se contemplan en el CC son los siguientes:

a) Poderes y mandatos preventivos

Siguiendo los precedentes de otros ordenamientos europeos y las directrices del Consejo de Europa, a la hora de concretar los apoyos se otorga preferencia a las medidas voluntarias, esto es, a las que puede tomar la propia persona con discapacidad mediante el otorgamiento de poderes y mandatos preventivos.

Conforme a este principio:

1) Cualquier persona mayor de edad o menor emancipada, en previsión o apreciación de la concurrencia de circunstancias que puedan dificultarle el ejercicio de su capacidad jurídica en igualdad de condiciones con las demás, podrá prever o acordar en escritura pública medidas de apoyo relativas a su persona o bienes.

2) Podrá también establecer el régimen de actuación, el alcance de las facultades de la persona o personas que le hayan de prestar apoyo, o la forma de ejercicio del apoyo, que se prestará conforme a lo dispuesto en el artículo 249 CC.

3) Asimismo, podrá prever las medidas u órganos de control que estime oportunos, las salvaguardas necesarias para evitar abusos, conflicto de intereses o influencia indebida y los mecanismos y plazos de revisión de las medidas de apoyo, con el fin de garantizar el respeto de su voluntad, deseos y preferencias.

4) El Notario autorizante comunicará de oficio y sin dilación el documento público que contenga las medidas de apoyo al Registro Civil para su constancia en el registro individual del otorgante (art. 255, I a IV CC y arts. 256 a 262 CC).

Habrá de estarse, pues, en primer lugar, a lo dispuesto por el interesado acerca de la persona que, en caso de necesidad, deba actuar por ella. Solo en defecto o por insuficiencia de estas medidas de naturaleza voluntaria, y a falta de guarda de hecho que suponga apoyo suficiente, podrá la autoridad judicial adoptar otras supletorias o complementarias (art. 255, V CC).

b) Petición voluntaria de medidas

Cuando se prevea razonablemente en los dos años anteriores a la mayoría de edad que un menor sujeto a patria potestad o a tutela pueda, después de alcanzada aquella, precisar de apoyo en el ejercicio de su capacidad jurídica, la autoridad judicial podrá acordar, a petición del menor, de los progenitores, del tutor o del Ministerio Fiscal, si lo estima necesario, la procedencia de la adopción de la medida de apoyo que corresponda para cuando concluya la minoría de edad. Estas medidas se adoptarán si el mayor de dieciséis años no ha hecho sus propias previsiones para cuando alcance la mayoría de edad. En otro caso se dará participación al menor en el proceso, atendiendo a su voluntad, deseos y preferencias (art. 254 CC). Sobre estas medidas véase el epígrafe V de este Capítulo.

c) Autocuratela

Cualquier persona mayor de edad o menor emancipada, en previsión de la concurrencia de circunstancias que puedan dificultarle el ejercicio de su capacidad jurídica, podrá proponer en escritura pública el nombramiento o la exclusión de una o varias personas determinadas para el ejercicio de la función de curador (art. 271 CC). La propuesta de nombramiento y demás disposiciones voluntarias a que se refiere el artículo anterior vincularán a la autoridad judicial al constituir la curatela. No obstante, la autoridad judicial podrá prescindir total o parcialmente de esas disposiciones voluntarias, de oficio o a instancia de las personas llamadas por ley a ejercer la curatela o del Ministerio Fiscal y, siempre mediante resolución motivada, si existen circunstancias graves desconocidas por la persona que las estableció o alteración de las causas expresadas por ella o que presumiblemente tuvo en cuenta en sus disposiciones (art. 272 CC).

d) La guarda de hecho

La guarda de hecho es una medida informal de apoyo que puede existir cuando no haya medidas voluntarias o judiciales que se estén aplicando eficazmente (art. 250, IV CC). La realidad demuestra que en muchos supuestos la persona con discapacidad está adecuadamente asistida o apoyada en la toma de decisiones y el ejercicio de su capacidad jurídica por un guardador de hecho (generalmente un familiar), que no precisa de una investidura judicial formal. Será, pues, el propio discapaz quien, pudiendo hacerlo, actúe por sí con la ayuda o el asesoramiento de su guardador. En aquellos casos en los que, por no ser así, se requiera que el guardador realice una actuación representativa del discapaz, se prevé la necesidad de que obtenga una autorización judicial «ad hoc», de modo que no será preciso que se abra todo un procedimiento general de provisión de apoyos, sino que será suficiente con la autorización para el caso, previo examen de las circunstancias (arts. 263 y ss. CC).

El guardador de hecho está sujeto a un deber de información y a la rendición de cuentas de su actuación, cuando sea requerido por el Juez (art. 265 CC), a través de un expediente de Jurisdicción Voluntaria.

La condición de guardador de hecho se puede demostrar con el Libro de Familia, la concesión del grado de dependencia o el certificado de empadronamiento.

Algunas entidades bancarias han puesto inconvenientes a la actuación asistencial del guardador de hecho, negándoles la intervención en estos asuntos respecto del discapacitado. Por ello, pese a la loable finalidad perseguida por la Ley de desjudicialización de la vida de las personas con discapacidad y sus familias, en ocasiones se producen efectos perniciosos, que obligan a muchas familias a interesar de los tribunales una resolución judicial, que cuanto menos les reconozca como guardadores de hecho.

El criterio de la Fiscalía suele ser el de informar desfavorablemente sobre la adopción de medidas judiciales cuando exista un guardador de hecho, dando lugar a situaciones en las que se resuelve desestimar la solicitud por considerar que el familiar ya ejerce de guardador de hecho en la práctica, lo que puede ocasionar inconvenientes en determinados contextos, como en peticiones de recursos sociales, pensiones, plazas residenciales, solicitudes a bancos, etc. Por ello, algunos Tribunales acuerdan medidas de apoyo judiciales aun habiéndose acreditado la existencia de guarda de hecho, entendiendo que es preferible resolver designando curador ante las dudas jurídicas que para algunas entidades y organismos puede suscitar la inexistencia de resolución judicial nombrando a un asistente para la persona con discapacidad.

Las SSTS 1443/2023 *(Tol 9740661)* y 1444/2023 *(Tol 9740872),* ambas de 20 de octubre, resuelven sobre guardas de hecho llevadas a cabo por familiares cercanos que solicitan una curatela representativa, oponiéndose el Ministerio Fiscal por entender que esas necesidades ya estaban cubiertas por la guarda de hecho. De conformidad con el art. 255 CC, si las medidas voluntarias son suficientes no cabe adoptar medidas judiciales, pero éstas pueden ser necesarias si las voluntarias no alcanzan. Por tanto, siempre habrá que estar al caso concreto y podría ser procedente la constitución de la curatela representativa, aun existiendo guarda de hecho. Aunque a esto algunos le llamen "judicializar la guarda de hecho" y "ahogue" el espíritu del legislador, la realidad se impone a esos criterios, siempre en beneficio de la persona necesitada de apoyo.

e) Curatela

La curatela es la principal medida de apoyo de origen judicial para las personas con discapacidad. El propio significado de la palabra curatela (cuidado), revela la finalidad de la institución: asistencia, apoyo, ayuda en el ejercicio de la capacidad jurídica; por tanto, como principio de actuación y en la línea de excluir en lo posible las actuaciones de naturaleza representativa, la curatela será, primordialmente, de naturaleza asistencial. No obstante, en los casos en los que sea preciso, y solo de manera excepcional, podrá atribuirse al curador funciones representativas. Conforme a lo establecido en el art. 269 CC:

1) La autoridad judicial constituirá la curatela mediante resolución motivada cuando no exista otra medida de apoyo suficiente para la persona con discapacidad.

2) La autoridad judicial determinará los actos para los que la persona requiere asistencia del curador en el ejercicio de su capacidad jurídica atendiendo a sus concretas necesidades de apoyo.

3) Sólo en los casos excepcionales en los que resulte imprescindible por las circunstancias de la persona con discapacidad, la autoridad judicial determinará en resolución motivada los actos concretos en los que el curador habrá de asumir la representación de la persona con discapacidad.

4) Los actos en los que el curador deba prestar el apoyo deberán fijarse de manera precisa, indicando, en su caso, cuáles son aquellos donde debe ejercer la representación.

5) El curador actuará bajo los criterios fijados en el artículo 249 CC.

6) En ningún caso podrá incluir la resolución judicial la mera privación de derechos.

En definitiva, las personas sobre las que haya recaído una resolución judicial de medidas de apoyo por razón de su discapacidad tendrán limitada su capacidad de obrar en los casos, con la extensión y en los términos que se determine en la sentencia recaída en el correspondiente proceso sobre medidas de apoyo. Así pues:

– En aquellos casos en los que sólo se precise de la asistencia, el curador complementará, en mayor o menor medida, la voluntad del sujeto sometido a curatela en atención al grado de discernimiento que posea y a lo fijado en la sentencia, precisándose la concurrencia de las dos voluntades (la del curador y la del sometido a curatela).

– Cuando el discapaz lo precise y en la sentencia así se disponga, el curador asumirá la representación legal de aquél, sustituyendo su voluntad, supliendo al representado y actuando como tal representante suyo en la toma de decisiones relativas a los actos determinados en la sentencia.

f) Defensor judicial

La figura del defensor judicial se establece para aquellas situaciones en las que exista un conflicto de intereses entre la figura de apoyo y la persona con discapacidad, o en las que exista imposibilidad coyuntural de que la figura de apoyo habitual lo ejerza efectivamente (arts. 295 y ss. CC). En tales supuestos será el defensor judicial quien comparezca y actúe en el proceso en representación y en interés del discapaz.

g) Otras modificaciones

Con la reforma operada por la Ley 8/2021 se eliminaron del ámbito de la discapacidad tanto la tutela (que queda reservada para los menores de edad que no estén protegidos a través de la patria potestad), como la patria potestad prorrogada y la patria potestad rehabilitada. Cuando el menor con discapacidad llegue a la mayoría de edad se le prestarán los apoyos que necesite del mismo modo y por el mismo medio que a cualquier adulto que los requiera, conforme a las normas generales sobre medidas de apoyo.

Asimismo, se suprimió la prodigalidad como institución autónoma, debiendo ajustarse la adopción de las medidas que se precisen a los supuestos contemplados en las normas generales sobre provisión de medidas de apoyo.

B) En el ámbito procesal

Con la reforma operada por la Ley 8/2021 se sustituyeron los tradicionales procesos de modificación de la capacidad por el proceso dirigido a proveer de apoyos a las personas con discapacidad o a revisar las medidas de apoyo inicialmente adoptadas.

El principio general que se estableció en esta materia por la Ley 8/2021 es el de que la provisión judicial de medidas de apoyo a las personas con discapacidad que las precisen se adoptarán (y se revisarán, en su caso) en el correspondiente procedimiento de jurisdicción voluntaria, conforme a lo establecido en los arts. 42 bis y 43 a 52 de la Ley 15/2015, de 2 de julio *(Tol 5189143)*. Solamente cuando se hubiere formulado oposición en dicho expediente de jurisdicción voluntaria por alguno de los intervinientes en el mismo o cuando el expediente no haya podido resolverse por otra causa, se podrá acudir por cualquiera de los legitimados al proceso sobre adopción de medidas judiciales de apoyo regulado en los arts. 756 a 762 LEC (modificados por la mencionada Ley 8/2021), de cuyas singularidades se tratará a continuación.

Eliminadas del ámbito sustantivo tanto la patria potestad prorrogada como la patria potestad rehabilitada, cuando un menor con discapacidad llegue a la mayoría de edad y se precise, respecto del mismo, la adopción de medidas judiciales de apoyo, se le prestarán los apoyos que necesite del mismo modo y por el mismo procedimiento que a cualquier adulto que los requiera, conforme a las normas generales sobre medidas de apoyo. Suprimida, igualmente, la prodigalidad como institución autónoma, la adopción de medidas judiciales de apoyo a la persona que lo requiera se ajustará a las normas generales sobre provisión de tales medidas.

II. LA DISCAPACIDAD SEGÚN LA DOCTRINA JURISPRUDENCIAL

Por su indudable interés se expone a continuación la doctrina establecida por el Tribunal Supremo sobre el tratamiento jurídico de la discapacidad y la adopción de medidas judiciales de apoyo a las personas discapaces en la Sentencia n.º 269 de 2021, de 6 de mayo *(Tol 8431634)*.

A) Consideraciones previas: el tratamiento jurídico dispensado a la discapacidad y el impacto del Convenio de Nueva York

A los efectos resolutorios del motivo de casación planteado en el recurso, la Sala parte de la consideración previa de que está absolutamente superado el tratamiento jurídico que se venía dispensando a la discapacidad, basado en la adopción de decisiones maximalistas que optaban, de forma indiscriminada, por mecanismos de sustitución a través de la generalización de la tutela, como modelo de representación absoluta y permanente. Y se pronuncia en los términos siguientes:

> "Se partía entonces de la falaz consideración de que la sentencia de incapacitación total no perjudicaba a la persona declarada incapaz, pues tal mecanismo tuitivo tarde o temprano debería desplegar sus efectos, por lo que era mejor prevenir cuanto antes necesidades futuras. En definitiva, si simplemente se pretendía proteger, cuanta más protección se ofreciera, mejor, pues ningún daño colateral se podría causar.

Según esa concepción, durante mucho tiempo dominante, personas que adolecían de ciertas deficiencias en la esfera personal o patrimonial eran totalmente inhabilitadas para la vida social, con la correlativa anulación de sus capacidades de autodeterminación, equivalentes a su muerte civil. Sigue razonando la Sala que esa era la situación que se producía, dado que, los entonces denominados procesos de incapacitación, se dirimían bajo la dicotomía capaz/incapaz, blanco/negro, cuando las deficiencias de las personas con discapacidad se reconducen, en la mayoría de los casos, a distintos matices del gris. Se imponía una talla única, sin que, por lo tanto, la resolución judicial adoptada respondiese al paradigma del "traje a medida", mediante la determinación de los concretos apoyos necesarios para que la persona, proporcionalmente a sus deficiencias, pudiera ejercer su autonomía conservando su dignidad como ser humano.

En el modelo expuesto, se prescindía, de manera injustificada, del hecho notorio de que las personas con discapacidad no conforman un colectivo homogéneo sino dispar, y como tal tributario de una consideración individualizada. Se ignoraba indebidamente que todos somos diversos y que cada persona con discapacidad es diferente.

Este rechazable modelo de respuesta única, a través de la incapacitación total, fue refutado por el Tribunal Europeo de Derechos Humanos, en sentencias de 27 de marzo de 2008, asunto Chtoukatourov c/Rusia y de 22 de enero de 2013, asunto Lashin c/Rusia, remitiéndose a los principios relativos a la protección jurídica de los mayores formulados por el Comité de Ministros del Consejo de Europa, en su Recomendación R (99), 4, de 23 de febrero de 1999, según los cuales la legislación debe prever una respuesta individualizada para cada caso concreto. En función de ello, se consideró que la circunstancia de que la ley rusa sólo conocía dos supuestos, la plena capacidad y la incapacidad total, sin contemplar situaciones intermedias, vulneraba el Convenio de 1950.

En el panorama expuesto, sería necio negar que existen determinadas deficiencias o enfermedades que, en sus últimas fases de evolución o por sus características propias, requieren la adopción de intensos y extensos mecanismos de protección, en atención a la necesidad de sustituir la decisión de quien no puede prestarla por sí mismo por medio de instrumentos de representación obligada como la tutela; pero de ahí, a consagrar normativa o jurisdiccionalmente decisiones maximalistas, a negar de forma indiscriminada los ámbitos de autonomía que conserva la persona en diferentes grados, media un abismo.

A esta pretensión tuitiva de la autonomía de las personas, enraizada con la dignidad que ostentamos los seres humanos, responde el preámbulo de la Convención sobre los derechos de las personas con discapacidad, hecho en Nueva York el 13 de diciembre de 2006, suscrito por España y que forma parte de nuestro ordenamiento jurídico interno, cuando reconoce «que la discriminación contra cualquier persona por razón de su discapacidad constituye vulneración de la dignidad y el valor inherente del ser humano» y «reconociendo la importancia que para las personas con discapacidad reviste su autonomía e independencia individual, incluida la libertad de tomar sus propias decisiones".

En efecto, es obvia manifestación de la dignidad humana la facultad de autodeterminación, de ser protagonista de la propia existencia, de adoptar las decisiones más transcendentes que marcan nuestro curso vital, de vivir conforme a nuestros deseos, sentimientos y aptitudes en la medida en que podamos satisfacerlos. En congruencia con ello, a las personas que sufren deficiencias físicas o psíquicas no se les puede privar injustificadamente de la facultad de adoptar decisiones propias, de ser seres autónomos, de elegir la forma en la que desean vivir en coherencia con sus creencias y valores.

En el contexto expuesto, se inserta el precitado Convenio de Nueva York, en cuyo artículo 12.1 se dispone que: "Los Estados Partes reafirman que las personas con discapacidad tienen derecho en todas partes al reconocimiento de su personalidad jurídica». Y, en el apartado 2, de dicho precepto, se norma que: «Los Estados Partes reconocerán que las personas con discapacidad tienen capacidad jurídica en igualdad de condiciones con las demás en todos los aspectos de la vida». En este sentido, la capacidad jurídica se identifica con la denominada capacidad de obrar.

Es mérito del Tratado reconocer a las personas, que presentan disfunciones, la misma capacidad jurídica de la que gozan las otras personas que no sufren deficiencias físicas, mentales, intelectuales o sensoriales a largo plazo en los términos del art. 1.1 del Convenio, sin perjuicio de que, para el concreto ejercicio de los derechos, precisen un sistema de apoyos. Así se dispone, en el apartado 3 del tantas veces invocado art. 12, según el cual: "los Estados Partes adoptarán las medidas pertinentes para proporcionar acceso a las personas con discapacidad al apoyo que puedan necesitar en el ejercicio de su capacidad jurídica», que no olvidemos ostentan en igualdad de condiciones con los demás. A tales efectos, se adoptarán los apoyos variables, flexibles y proporcionados, las denominadas salvaguardias, a las que se refiere el art. 12.4, en los términos siguientes: "Los Estados Partes asegurarán que en todas las medidas relativas al ejercicio de la capacidad jurídica se proporcionen salvaguardias adecuadas y efectivas para impedir los abusos de conformidad con el derecho internacional en materia de derechos humanos. Esas salvaguardias asegurarán que las medidas relativas al ejercicio de la capacidad jurídica respeten los derechos, la voluntad y las preferencias de la persona, que no haya conflicto de intereses ni influencia indebida, que sean proporcionales y adaptadas a las circunstancias de la persona, que se apliquen en el plazo más corto posible y que estén sujetas a exámenes periódicos por parte de una autoridad o un órgano judicial competente, independiente e imparcial. Las salvaguardias serán proporcionales al grado en que dichas medidas afecten a los derechos e intereses de las personas".

Con ello no se pretende, como se ha escrito, que las personas con discapacidad tengan derechos específicos por ser diferentes (proceso de especificación), sino simplemente de que disfruten de los mismos derechos que el resto de las personas en igualdad de condiciones (proceso de generalización), con las medidas de apoyo que, en su caso, sean necesarias a tales efectos.

La vigencia del Convenio de Nueva York, considerado como el gran tratado de derechos humanos del siglo XXI, determinó la necesidad del pronunciamiento de esta Sala sobre la compatibilidad del sistema tutelar español con la precitada Convención, lo que se llevó a efecto mediante sentencia de Pleno 282/2009, de 29 abril *(Tol 1514778)*, en la que se descartó que nuestro procedimiento de modificación de la capacidad y de constitución de tutela o curatela sean discriminatorios y contrarios a los principios del tratado, que no resultaba, por consiguiente, derogado, y así declaramos que: "El sistema de protección establecido en el Código Civil sigue por tanto vigente, aunque con la lectura que se propone: "1.° Que se tenga siempre en cuenta que el incapaz sigue siendo titular de sus derechos fundamentales y que la incapacitación es sólo una forma de protección. 2.° La incapacitación no es una medida discriminatoria porque la situación merecedora de la protección tiene características específicas y propias. Estamos hablando de una persona cuyas facultades intelectivas y volitivas no le permiten ejercer sus derechos como persona porque le impiden autogobernarse. Por tanto, no se trata de un sistema de protección de la familia, sino única y exclusivamente de la persona afectada".

Dicha doctrina fue ratificada en sentencias ulteriores como, por ejemplo, las 716/2015, de 15 de julio y 298/2017, de 16 de mayo *(Tol 6113490)*, entre otras.

Finaliza el apartado 5 del precitado art. 12 del Convenio que: "Sin perjuicio de lo dispuesto en el presente artículo, los Estados Partes tomarán todas las medidas que sean pertinentes y efectivas para garantizar el derecho de las personas con discapacidad, en igualdad de condiciones con las demás, a ser propietarias y heredar bienes, controlar sus propios asuntos económicos y tener acceso en igualdad de condiciones a préstamos bancarios, hipotecas y otras modalidades de crédito financiero, y velarán por que las personas con discapacidad no sean privadas de sus bienes de manera arbitraria».

B) Principios jurisprudenciales derivados de la suscripción del Convenio

El nuevo panorama normativo, fruto de la nueva concepción social sobre la discapacidad y la protección de los derechos fundamentales, motivó un sólido cuerpo jurisprudencial asentado en los principios que en la citada sentencia se sistematizan de la forma siguiente:

"*a) Principio de presunción de capacidad de las personas.* Conforme a tal regla a toda persona se le debe presumir capaz para autogobernarse, en tanto en cuanto no se demuestre, cumplidamente, que carece de las facultades para determinarse de forma autónoma (sentencias 421/2013, de 24 de junio; 235/2015, de 29 de abril; 557/2015, de 20 de octubre y 145/2018, de 15 de marzo).

En cualquier caso, hemos de partir de la indiscutible base de que una conducta extravagante, inusual o desviada no es sinónima de enajenación (STEDH dictada en el caso Winterwerp, de 24 de octubre de 1979).

b) Principio de flexibilidad. El sistema de protección no ha de ser rígido, ni estándar, sino que se debe adaptar a las conveniencias y necesidades de protección de la persona afectada y, además, constituir una situación revisable (sentencia 282/2009, de 29 de abril). "Debe ser un traje a medida" (sentencias 341/2014, de 1 de julio y 244/2015, de 13 de mayo). Responder a una "valoración concreta y particularizada de cada persona" (sentencias 557/2015, de

20 de octubre y 373/2016, de 3 de junio). En definitiva, a situaciones diversas medidas individualizadas diferentes.

En este sentido, se expresa más recientemente la sentencia 458/2018, de 18 de julio, cuando señala: "El juicio sobre la modificación de la capacidad no es algo rígido, sino flexible, en tanto que debe adaptarse a la concreta necesidad de protección de la persona afectada por la discapacidad, lo que se plasma en su graduación. Esta graduación puede ser tan variada como variadas son en la realidad las limitaciones de las personas y el contexto en que se desarrolla la vida de cada una de ellas. Estamos, en definitiva, ante lo que esta sala ha calificado como traje a medida (sentencias 341/2014, de 1 de julio; 552/2017, de 11 de octubre; 124/2018, de 7 de marzo; 118/2018, de 6 de marzo) que es a lo que debe conducir el resultado del juicio sobre la capacidad de una persona».

c) Principio de aplicación restrictiva. La incapacitación de una persona, total o parcial, debe hacerse siguiendo siempre un criterio restrictivo por las limitaciones de los derechos fundamentales que comporta (sentencias 421/2013, de 24 de junio y 544/2014, de 20 de octubre). La privación de derechos sólo es factible como sistema de protección (sentencias 341/2014, 1 de julio y 716/2015, de 17 de diciembre). La pérdida del sufragio no es una consecuencia necesaria de la declaración de modificación de la capacidad (sentencias 421/2013, de 24 de junio; 181/2016, de 17 de marzo y 373/2016, de 3 de junio).

d) Principio de la no alteración de la titularidad de los derechos fundamentales. La modificación de la capacidad, al igual que la minoría de edad, no cambia para nada la titularidad de los derechos fundamentales, aunque sí que determina su forma de ejercicio (sentencias 617/2012, de 11 de octubre; 421/2013, de 24 de junio; 341/2014, 1 de julio, 544/2014, de 20 de octubre; 244/2015, de 13 de mayo; 216/2017, de 4 de abril y 118/2018, de 6 de marzo).

En el preámbulo de la Convención se hace referencia a que la misma se pacta "reconociendo la necesidad de promover y proteger los derechos humanos de todas las personas con discapacidad incluidas aquellas que necesitan un apoyo más intenso"; y, en su art. 1.1, podemos leer que "el propósito de la presente Convención es promover, proteger y asegurar el goce pleno y en condiciones de igualdad de todos los derechos humanos y libertades fundamentales por todas las personas con discapacidad y promover el respeto de su dignidad inherente".

e) Principio del interés superior de la persona con discapacidad. El interés superior del discapacitado se configura como un principio axiológico básico en la interpretación y aplicación de las normas reguladoras de las medidas de apoyo, que recaigan sobre las personas afectadas. Se configura como un auténtico concepto jurídico indeterminado o cláusula general de concreción, sometida a ponderación judicial según las concretas circunstancias de cada caso. La finalidad de tal principio radica en velar preferentemente por el bienestar de la persona afectada, adoptándose las medidas que sean más acordes a sus intereses, que son los que han de prevalecer en colisión con otros concurrentes de terceros.

A dicho principio se refiere la sentencia 458/2018, de 18 de julio, cuando señala: "El interés superior del discapaz —sentencias 635/2015, 19 de noviembre 2015; 403/2018, de 27 de junio—, es rector de la actuación de los poderes públicos y está enunciado expresamente en el artículo 12.4 de la Convención de Nueva York sobre derecho de las personas con discapacidad. Este interés no es más que la suma de distintos factores que tienen en común el esfuerzo por mantener al discapaz en su entorno social, económico y familiar en el que se desenvuelve y como corolario lógico su protección como persona especialmente vulnerable en el ejercicio de los derechos fundamentales a la vida, salud e integridad, a partir de un modelo adecuado de supervisión para lo que es determinante un doble compromiso, social e individual por parte de quien asume su cuidado".

El juicio de modificación de la capacidad no puede concebirse como un conflicto de intereses privados y contrapuestos entre dos partes litigantes, que es lo que, generalmente, caracteriza a los procesos civiles, sino como el cauce adecuado para lograr la finalidad perseguida, que es la real y efectiva protección de la persona con discapacidad mediante el apoyo que pueda necesitar para el ejercicio de su capacidad jurídica (sentencias 341/2014, de 1 de julio, 244/2015 de 13 mayo, 557/2015 de 20 octubre, 597/2017, de 8 de noviembre y 654/2020, de 3 de diciembre, entre otras).

f) Principio de consideración de los propios deseos y sentimientos de la persona con discapacidad. No deja de ser una manifestación del derecho de autodeterminación que, en la medida de lo posible, ha de ser respetado, lo que exige para su operatividad la consulta de la persona afectada. En cualquier caso, es necesario determinar que la voluntad manifestada no esté mediatizada por el propio curso de la enfermedad que se padece, fuente de la necesidad de apoyos.

La sentencia 487/2014, de 30 de septiembre, respeta la voluntad de la discapacitada sobre la elección de curador en la persona de su hijo, frente al nombramiento de la hija, acordado en la sentencia de la Audiencia Provincial, que se casa, tomando en consideración los arts. 223 y 234 CC, Real Decreto Ley 1/2013, y también el art. 3 del Convenio, relativo a la necesidad de respetar "la autonomía individual, incluida la libertad de tomar las propias decisiones".

Después de la Convención y en su mismo sentido, el Real Decreto Legislativo 1/2013, de 29 de noviembre, por el que se aprueba el Texto Refundido de la Ley General de las Personas con Discapacidad y de su Inclusión Social, establece en su artículo 3. a) como principio de actuación «El respeto de la dignidad inherente, la autonomía individual, incluida la libertad de tomar las propias decisiones, y la independencia de las personas».

g) Principio de fijación de apoyos. Es resultado de la evolución del sistema de sustitución en la adopción de decisiones por otro basado en la determinación de apoyos para tomarlas, que puede abarcar todos los ámbitos de la vida tanto personales, económicos y patrimoniales, que recibe una consagración normativa en la Convención de Nueva York (sentencias 698/2014, de 27 de noviembre; 553/2015, de 14 de octubre y 373/2016, de 3 de junio).

En este sentido, la sentencia 298/2017, de 16 de mayo, cuya doctrina cita y reproduce la ulterior sentencia 597/2017, de 8 de noviembre, sintetizando la jurisprudencia de la sala, señala que la Convención de Naciones Unidas sobre los Derechos de las Personas con Discapacidad, hecha en Nueva York el 13 de diciembre de 2006, que forma parte de nuestro ordenamiento desde el 3 de mayo de 2008, opta por un modelo de «apoyos» para configurar el sistema dirigido a hacer efectivos los derechos de las personas con discapacidad (art. 12.3).

La jurisprudencia se ha pronunciado también en el sentido de que el sistema de apoyos está integrado en el Derecho español por la tutela y la curatela, junto a otras figuras, como la guarda de hecho y el defensor judicial, que también pueden resultar eficaces para la protección de la persona en muchos supuestos (sentencias 298/2017, de 16 de mayo y 654/2020, de 3 de diciembre, entre otras), los cuales deben interpretarse además conforme a los principios de la Convención, según el grado de intensidad de la intervención, la entidad del apoyo o la necesidad de la sustitución se adoptará el mecanismo tuitivo correspondiente."

III. PROCESO SOBRE ADOPCIÓN DE MEDIDAS JUDICIALES DE APOYO

1. La previsión legal

El principio general del que se parte es el de que la provisión judicial de medidas de apoyo a las personas con discapacidad que las precisen se adoptarán (y se revisarán, en su caso) en el correspondiente procedimiento de jurisdicción voluntaria, conforme a lo establecido en los arts. 42 bis a), b) y c) de la Ley 15/2015, de 2 de julio *(Tol 5189143)*. Solamente cuando se hubiere formulado oposición en dicho expediente de jurisdicción voluntaria por alguno de los intervinientes en el mismo o cuando el expediente no haya podido resolverse por otra causa, se podrá acudir por cualquiera de los legitimados al proceso sobre provisión de medidas judiciales de apoyo regulado en los arts. 756 a 762 LEC.

A) La adopción de medidas judiciales de apoyo sin contradicción: expediente de jurisdicción voluntaria

En aquellos supuestos en los que, de acuerdo con la legislación civil aplicable, sea pertinente la adopción de medidas judiciales de apoyo respecto de una persona con discapacidad (incluidas las que son propias de la curatela, conforme al art 269 CC), se deberá acudir al oportuno expediente de jurisdicción voluntaria regulado en el Capítulo III bis de la Ley de Jurisdicción Voluntaria (arts. 42 bis a y ss.). El expediente al que se refiere el artículo 45 LJV solamente será aplicable a la curatela cuando, tras la tramitación de un proceso sobre la adopción de medidas judiciales de apoyo a una persona con discapacidad, sea procedente el nombramiento de un nuevo curador, en sustitución de otro removido o fallecido (art. 44.1 LJV).

a) Competencia: Será competente para conocer de este expediente el Tribunal de Instancia o la Sección de Familia, Infancia y Capacidad, allí donde exista, del lugar donde resida la persona con discapacidad. Si antes de la celebración de la comparecencia se produjera un cambio de la residencia habitual de la persona a que se refiera el expediente, se remitirán las actuaciones al Tribunal correspondiente en el estado en que se hallen [art. 42 bis a) 2 LJV].

b) Legitimación: Podrá promover este expediente el Ministerio Fiscal, la propia persona con discapacidad, su cónyuge no separado de hecho o legalmente o quien se encuentre en una situación de hecho asimilable y sus descendientes, ascendientes o hermanos.

Cualquier persona está facultada para poner en conocimiento del Ministerio Fiscal los hechos que puedan ser determinantes de una situación que requiera la adopción judicial de medidas de apoyo. Las autoridades y funcionarios públicos que, por razón de sus cargos, conocieran la existencia de dichos hechos respecto de cualquier persona, deberán ponerlo en conocimiento del Ministerio Fiscal. En ambos casos, este iniciará el expediente [art. 42 bis a) 3 LJV].

c) Postulación: La persona con discapacidad podrá actuar con su propia defensa y representación. Si no fuera previsible que proceda a realizar por sí misma tal designación, con la solicitud se pedirá que se le nombre un defensor judicial, quien actuará por medio de Abogado y Procurador [art. 42 bis a) 4 LJV].

d) Prevención general: El letrado de la Administración de Justicia realizará las adaptaciones y los ajustes necesarios para que la persona con discapacidad comprenda el objeto, la finalidad y los trámites del expediente que le afecta, conforme a lo previsto en el artículo 7 bis de la LJV [art. 42 bis a) 5 LJV].

e) Procedimiento: 1) A la solicitud se acompañarán los documentos que acrediten la necesidad de la adopción de medidas de apoyo, así como un dictamen pericial de los profesionales especializados de los ámbitos social y sanitario, que aconsejen las medidas de apoyo que resulten idóneas en cada caso. Asimismo, se propondrán aquellas pruebas que se considere necesario practicar en la comparecencia [art. 42 bis a) 1 LJV].

2) Admitida a trámite la solicitud por el letrado de la Administración de Justicia, este convocará a la comparecencia al Ministerio Fiscal, a la persona con discapacidad y, en su caso, a su cónyuge no separado de hecho o legalmente o quien se encuentre en una situación de hecho asimilable y a sus descendientes, ascendientes o hermanos. Los interesados podrán proponer en el plazo de cinco días desde la recepción de la citación aquellas diligencias de prueba que consideren necesario practicar en la comparecencia. También se recabará certificación del Registro Civil y, en su caso, de otros Registros públicos que se consideren pertinentes, sobre las medidas de apoyo inscritas.

La autoridad judicial antes de la comparecencia podrá recabar informe de la entidad pública que, en el respectivo territorio, tenga encomendada la función de promoción de la autonomía y asistencia a las personas con discapacidad, o de una entidad del tercer sector de acción social debidamente habilitada como colaboradora de la Administración de Justicia. La entidad informará sobre las eventuales alternativas de apoyo y sobre las posibilidades de prestarlo sin requerir la adopción de medida alguna por la autoridad judicial.

Asimismo, la autoridad judicial podrá ordenar antes de la comparecencia un dictamen pericial, cuando así lo considere necesario atendiendo a las circunstancias del caso [art. 42 bis b) 2 LJV].

3) En la comparecencia se procederá a celebrar una entrevista entre la autoridad judicial y la persona con discapacidad, a quien, a la vista de su situación, podrá informar acerca de las alternativas existentes para obtener el apoyo que precisa, bien sea mediante su entorno social o comunitario, o bien a través del otorgamiento de medidas de apoyo de naturaleza voluntaria.

Asimismo, se practicarán aquellas pruebas que hubieren sido propuestas y resulten admitidas y, en todo caso, se oirá a las personas que hayan comparecido y manifiesten su voluntad de ser oídas [art. 42 bis b) 3 LJV].

4) Si, tras la información ofrecida por la autoridad judicial, la persona con discapacidad opta por una medida alternativa de apoyo, se pondrá fin al expediente [art. 42 bis b) 4 LJV].

5) La oposición de la persona con discapacidad a cualquier tipo de apoyo, la oposición del Ministerio Fiscal o la oposición de cualquiera de los interesados en la adopción de las medidas de apoyo solicitadas pondrá fin al expediente, sin perjuicio de que la autoridad judicial pueda adoptar

provisionalmente las medidas de apoyo de aquella o de su patrimonio que considere convenientes. Dichas medidas podrán mantenerse por un plazo máximo de treinta días, siempre que con anterioridad no se haya presentado la correspondiente demanda de adopción de medidas de apoyo en juicio contencioso.

No se considerará oposición a los efectos señalados en el párrafo anterior la relativa únicamente a la designación como curador de una persona concreta [art. 42 bis b) 5 LJV].

6) Si no existiere oposición, las medidas que se adopten en el auto que ponga fin al expediente se ajustarán a lo dispuesto en la legislación civil aplicable [art. 42 bis c 1 LJV].

f) Revisión de las medidas de apoyo: 1) Las medidas que se hubieren adoptado serán objeto de revisión periódica en el plazo y la forma en que disponga el auto que las hubiera acordado, debiendo seguirse el trámite contemplado en el art. 42 bis c) LJV. Cualquiera de las personas mencionadas en el apartado 3 del artículo 42 bis a), así como quien ejerza el apoyo, podrá solicitar la revisión de las medidas antes de que transcurra el plazo previsto en el auto [art. 42 bis c) 1 LJV].

2) El Tribunal de instancia que dictó las medidas será también competente para conocer de la citada revisión, siempre que la persona con discapacidad permanezca residiendo en la misma circunscripción. En caso contrario, el Tribunal de la nueva residencia habrá de pedir un testimonio completo del expediente al que anteriormente conoció del mismo, que lo remitirá en los diez días siguientes a la solicitud [art. 42 bis c) 2 LJV].

3) En la revisión de las medidas, la autoridad judicial recabará un dictamen pericial cuando así lo considere necesario atendiendo a las circunstancias del caso, se entrevistará con la persona con discapacidad y ordenará aquellas otras actuaciones que considere necesarias. A estos efectos, la autoridad judicial podrá recabar informe de las entidades a las que se refiere el apartado 2 del artículo 42 bis b). Del resultado de dichas actuaciones se dará traslado a la persona con discapacidad, a quien ejerza las funciones de apoyo, al Ministerio Fiscal y a los interesados personados en el expediente previo, a fin de que puedan alegar lo que consideren pertinente en el plazo de diez días, así como aportar la prueba que estimen oportuna. Si alguno de los mencionados formulara oposición, se pondrá fin al expediente y se podrá instar la revisión de las medidas conforme a lo previsto en la Ley de Enjuiciamiento Civil [art. 42 bis c) 1 LJV].

4) Recibidas las alegaciones y practicada la prueba, la autoridad judicial dictará nuevo auto con el contenido que proceda atendiendo a las circunstancias concurrentes [art. 42 bis c) 1 LJV].

B) Existencia de contradicción o imposibilidad de adopción de las medidas: el proceso sobre provisión de medidas

Cuando en el expediente de jurisdicción voluntaria seguido para la adopción de medidas judiciales de apoyo (incluidas las que fueren propias de la curatela) se hubiere formulado oposición por alguno de los sujetos intervinientes [art. 42 bis b), apartado 5) y art.42 bis c) apartado 3 in fine LJV, y art. 756.1 LEC] o cuando dicho expediente no hubiera podido resolverse por cualquier motivo (art. 756.1 LEC), cualquiera de las personas legitimadas para ello (art. 757 LEC) podrá promover el proceso regulado en el Capítulo II del Título I del Libro IV de la LEC (arts. 756 a 760), que tendrá por objeto: 1.º) la determinación de los actos para los que precisa específica asistencia una concreta persona con discapacidad, y 2.º) la adopción de la medida o de las medidas de apoyo que sean proporcionadas y resulten necesarias en atención a las singulares circunstancias que en dicha persona concurran, para que la misma pueda realizar los actos que le incumban como sujeto de derecho.

La exigencia de actividad negociadora previa a la vía jurisdiccional, como requisito de procedibilidad para la promoción de determinados procesos, está expresamente excluida para los que tengan por objeto la adopción de medidas judiciales de apoyo a las personas con discapacidad [art. 5.2, letra c) de la L.O. 1/2025].

Con arreglo a lo dispuesto en el art. 269 CC, en dicho proceso: 1) La autoridad judicial constituirá la curatela mediante resolución motivada cuando no exista otra medida de apoyo suficiente para la persona con discapacidad; 2) La autoridad judicial determinará los actos para los que la persona requiere asistencia del curador en el ejercicio de su capacidad jurídica atendiendo a sus concretas necesidades de apoyo; 3) Sólo en los casos excepcionales en los que resulte imprescindible por las circunstancias de la persona con discapacidad, la autoridad judicial determinará en resolución motivada los actos concretos en los que el curador habrá de asumir la representación de la persona con discapacidad; 4) Los actos en los que el curador deba prestar el apoyo deberán fijarse de manera precisa, indicando, en su caso, cuáles son aquellos donde debe ejercer la representación; 5) En ningún caso podrá incluir la resolución judicial la mera privación de derechos.

2. *El régimen de provisión judicial de apoyos según la doctrina jurisprudencial*

A) La Sentencia del Pleno de la Sala Civil del Tribunal Supremo, n.º 589 de 2021, de 8 de septiembre. Doctrina general.

La Sentencia del Pleno de la Sala Civil del Tribunal Supremo, n.º 589 de 2021, de 8 de septiembre *(Tol 8585229)* estableció la siguiente doctrina sobre la aplicación del régimen de provisión judicial de apoyos:

«*TERCERO. Aplicación del nuevo régimen de provisión judicial de apoyos.*

1. La Ley 8/2021, de 2 de junio, constituye una profunda reforma del tratamiento civil y procesal de la capacidad de las personas, que pretende incorporar las exigencias del art. 12 de la Convención de Nueva York, de 13 de diciembre de 2006. La reforma suprime la declaración de incapacidad y se centra en la provisión de los apoyos necesarios que una persona con discapacidad pueda precisar "para el adecuado ejercicio de su capacidad jurídica", con la "finalidad (de) permitir el desarrollo pleno de su personalidad y su desenvolvimiento jurídico en condiciones de igualdad" (art. 249 CC). Sin perjuicio de la adopción de las salvaguardas oportunas para asegurar que el ejercicio de las medidas de apoyo se acomoda a los criterios legales, y en particular, que atienda a la voluntad, deseos y preferencias de la persona que las requiera. La provisión de apoyos judiciales deja de tener un carácter preferente y se supedita a la ausencia o insuficiencia de las medidas previstas por el propio interesado. Y, en cualquier caso, como dispone el art. 269 CC, "las medidas tomadas por la autoridad judicial en el procedimiento de provisión de apoyos serán proporcionadas a las necesidades de la persona que las precise, respetarán siempre la máxima autonomía de esta en el ejercicio de su capacidad jurídica y atenderán en todo caso a su voluntad, deseos y preferencias". Consiguientemente, el anterior régimen de guarda legal (tutela y la curatela), para quienes precisan el apoyo de modo continuado, ha sido reemplazado por la curatela, cuyo contenido y extensión debe ser precisado por la resolución judicial que la acuerde "en armonía con la situación y circunstancias de la persona con discapacidad y con sus necesidades de apoyo" (párrafo 5 del art. 250 CC). La reforma afecta al Código civil, sobre todo a la provisión de apoyos y su régimen legal, y también al procedimiento de provisión judicial de apoyos, que será un expediente de jurisdicción voluntaria, salvo que haya oposición, en cuyo caso deberá iniciarse un procedimiento especial de carácter contradictorio, que es, en esencia, una adaptación del procedimiento anterior.

2. La Ley 8/2021, de 2 de junio, en coherencia con la naturaleza de la materia reformada y la finalidad perseguida, ha establecido unas reglas de aplicación transitoria especiales, que nos vinculan a la hora de resolver este recurso de casación. Por una parte, la disposición transitoria sexta (DT 6.ª), que se refiere a los procesos en tramitación, como es el caso, establece lo siguiente: "Los procesos relativos a la capacidad de las personas que se estén tramitando a la entrada en vigor de la presente Ley se regirán por lo dispuesto en ella, especialmente en lo que se refiere al contenido de la sentencia, conservando en todo caso su validez las actuaciones que se hubieran practicado hasta ese

momento". En la medida en que esta sentencia iba a ser dictada con fecha posterior a la entrada en vigor de la Ley 8/2021 (3 de septiembre de 2021), el tribunal estaba afectado por esta disposición transitoria. Aunque la deliberación del recurso había sido señalada antes, para el 14 de julio, contando con que el mes de agosto es inhábil, la sentencia podía ser dictada en plazo después de la entrada en vigor de la nueva ley. De ahí que nos ajustemos a lo previsto en esta DT 6.ª, y resolvamos el recurso de casación atendiendo al nuevo régimen de provisión de apoyos contenido en el Código civil.

Conviene no perder de vista que en el enjuiciamiento de esta materia (antes la incapacitación y tutela, ahora la provisión judicial de apoyos) no rigen los principios dispositivos y de aportación de parte. Son procedimientos flexibles, en los que prima que pueda adoptarse la resolución más acorde con las necesidades de la persona con discapacidad y conforme a los principios de la Convención. En este contexto, la disposición transitoria sexta es coherente con la finalidad de la ley y no contraría la seguridad jurídica. Máxime si tenemos en cuenta que la reforma legal, para asegurar la implantación de este nuevo régimen, exige revisar todas las tutelas y curatelas vigentes al tiempo de la entrada en vigor de la ley, para adaptarlas al nuevo régimen de provisión de apoyos (DT 5.ª Ley 8/2021, de 2 de junio). De tal forma que, en nuestro caso, aunque hubiéramos podido dictar sentencia justo antes de la entrada en vigor de la nueva ley, carecía de sentido resolver de acuerdo con la normativa anterior a la reforma, sabiendo que necesariamente lo resuelto, en breve tiempo, iba a ser revisado y adaptado al nuevo régimen de provisión de apoyos.

Lo argumentado hasta ahora sirva para justificar que vamos a resolver el recurso de casación con arreglo al nuevo régimen de provisión judicial de apoyos.

CUARTO. Resolución del recurso.

1. De la propia regulación legal, contenida en los arts. 249 y ss. CC, así como del reseñado art. 12 de la Convención, se extraen los elementos caracterizadores del nuevo régimen legal de provisión de apoyos: i) es aplicable a personas mayores de edad o menores emancipadas que precisen una medida de apoyo para el adecuado ejercicio de su capacidad jurídica; ii) la finalidad de estas medidas de apoyo es "permitir el desarrollo pleno de su personalidad y su desenvolvimiento jurídico en condiciones de igualdad" y han de estar "inspiradas en el respeto a la dignidad de la persona y en la tutela de sus derechos fundamentales"; iii) las medidas judiciales de apoyo tienen un carácter subsidiario respecto de las medidas voluntarias de apoyo, por lo que sólo se acordaran en defecto o insuficiencia de estas últimas; iv) no se precisa ningún previo pronunciamiento sobre la capacidad de la persona; y v) la provisión judicial de apoyos debe ajustarse a los principios de necesidad y proporcionalidad, ha de respetar la máxima autonomía de la persona con discapacidad en el ejercicio de su capacidad jurídica y debe atenderse en todo caso a su voluntad, deseos y preferencias.

La reforma ha suprimido la tutela y concentra en la curatela todas las medidas judiciales de apoyo continuado. En sí mismo y más allá de la aplicación de la regulación legal sobre su provisión, del nombramiento de la(s) persona(s) designada(s) curador(es), del ejercicio y la extinción, la denominación "curatela" no aporta información precisa sobre el contenido de las medidas de apoyo y su alcance. El contenido de la curatela puede llegar a ser muy amplio, desde la simple y puntual asistencia para una actividad diaria, hasta la representación, en supuestos excepcionales. Es el juez quien debe precisar este contenido en la resolución que acuerde o modifique las medidas.

2. A la hora de llevar a cabo esta labor de juzgar sobre la procedencia de las medidas y su contenido, el juez necesariamente ha de tener en cuenta las directrices legales previstas en el art. 268 CC: las medidas tomadas por el juez en el procedimiento de provisión de apoyos deben responder a las necesidades de la persona que las precise y ser proporcionadas a esta necesidad, han de respetar "la máxima autonomía de esta en el ejercicio de su capacidad jurídica" y atender "en todo caso a su voluntad, deseos y preferencias".

En segundo lugar, el juez no debe perder de vista que bajo el reseñado principio de intervención mínima y de respeto al máximo de la autonomía de la persona con discapacidad, la ley presenta como regla general que el contenido de la curatela consista en las medidas de asistencia que fueran necesarias en ese caso. Consecuentemente, el párrafo segundo del art. 269 CC prescribe que el juez debe precisar "los actos para los que la persona requiere asistencia del curador en el ejercicio de su capacidad jurídica atendiendo a sus concretas necesidades de apoyo". No obstante, cuando sea necesario, al resultar insuficientes las medidas asistenciales, cabría dotar a la curatela de funciones de representación. Ordinariamente, cuando la discapacidad afecte directamente a la capacidad de tomar decisiones y de autodeterminación, con frecuencia por haber quedado afectada gravemente la propia consciencia, presupuesto de cualquier juicio prudencial ínsito al autogobierno, o, incluso, en otros casos, a la voluntad. En estos casos, la necesidad se impone y puede resultar precisa la constitución de una curatela con funciones representativas para que el afectado pueda ejercitar sus derechos por medio de su curador. El párrafo tercero del art. 269 CC, al preverlo, remarca su carácter excepcional y la exigencia de precisar el alcance de la representación, esto es, los actos para los que se precise esa representación: "sólo en los casos excepcionales en los que resulte imprescindible por las circunstancias de la persona con discapacidad, la autoridad judicial determinará en resolución motivada los actos concretos en los que el curador habrá de asumir la representación de la persona con discapacidad".

En tercer lugar, el art. 269 CC establece como límite al contenido de la curatela, que no podrá incluir la mera privación de derechos. Con ello la ley quiere evitar que la discapacidad pueda justificar directamente una privación de derechos, sin perjuicio de las limitaciones que puede conllevar la medida de apoyo acordada, por eso habla de "mera privación de derechos".

3. Resta ahora examinar si lo acordado en la instancia se acomoda al nuevo régimen de la provisión judicial de apoyos.

Los tribunales de instancia, tanto el juzgado como la Audiencia, resolvieron bajo la normativa vigente entonces y la jurisprudencia de esta sala, que para adaptar el sistema legal anterior al art. 12 de la Convención de Nueva York, transformó la incapacitación y la constitución de la guarda legal (tutela o curatela) en una modificación de capacidad para la provisión de apoyos a la persona con discapacidad. El fallo de la sentencia de primera instancia, confirmado por la de apelación, contiene dos pronunciamientos: el primero se refiere a la modificación de la capacidad de Dámaso; y el segundo acuerda "como medida de apoyo la asistencia en el orden y (la) limpieza de su domicilio (...), de modo que se autoriza a la CCAA Principado de Asturias como tutora del demandado a la entrada en el domicilio (...) con la periodicidad que estime la tutora conveniente a los efectos de limpiar y ordenar dicho domicilio, tutelando la entidad pública a Dámaso solo en este preciso aspecto en las condiciones reseñadas en los fundamentos jurídicos cuarto y quinto de la presente sentencia".

El primer pronunciamiento, tras la reforma de la Ley 8/2021, debe suprimirse, ya que desaparece cualquier declaración judicial de modificación de capacidad. Cuestión distinta es que la provisión de apoyos, en cuanto que debe tener en cuenta la necesidad de la persona con discapacidad y acomodarse a ella, entrañe necesariamente un juicio o valoración de los efectos de la discapacidad en el ejercicio de sus derechos y, en general, de su capacidad jurídica.

En cuanto al segundo pronunciamiento, que acuerda la medida de apoyo, debemos examinar si se acomoda al nuevo régimen legal. Al margen de que pudieran sustituirse las menciones a la tutela por la curatela, lo verdaderamente relevante es examinar si el contenido de las medidas y su adopción con la oposición expresa del interesado, se acomoda al nuevo régimen legal.

Para realizar este examen, debemos proyectar las reseñadas directrices legales del art. 268 CC al caso concreto. Hay que evaluar si las medidas de apoyo acordadas responden a las necesidades de la persona y están proporcionadas a esas necesidades; si respetan la máxima autonomía de Dámaso en el ejercicio de su capacidad jurídica; y si se atiende a su voluntad, deseos y preferencias.

4. En la instancia ha quedado acreditado que Dámaso padece un trastorno de la personalidad, un trastorno de conducta que le lleva a recoger y acumular basura de forma obsesiva, al tiempo que abandona su cuidado personal de higiene y alimentación. El juzgado se hace eco de los informes del médico forense y los servicios sociales, que destacan, para hacerse cargo de la situación, la nula conciencia que Dámaso tiene del trastorno que padece y de sus consecuencias, en concreto, no se percata de las graves carencias de higiene y alimentación que tiene, así como del olor nauseabundo que desprende él y la casa, que se percibe en el descansillo del piso y en la entrada del inmueble. Esta situación ha acabado por provocarle una situación de aislamiento social, incluso de sus vecinos y otrora amigos, que además padecen las consecuencias. Al margen del trastorno de conducta, no se aprecian sustancialmente afectadas sus facultades cognitivas. Es objetivo que el trastorno que padece Dámaso está degenerando en una degradación personal, sin que sea consciente de ello. Incide directamente en el ejercicio de su propia capacidad jurídica, también en sus relaciones sociales y vecinales, y pone en evidencia la necesidad que tiene de las medidas de apoyo asistenciales acordadas. Precisa de la ayuda de otras personas que aseguren la satisfacción de las necesidades mínimas de higiene personal y salubridad en el hogar, sin dejar de contar, en la medida de lo posible, con su voluntad, deseos y preferencias. Es lógico que mientras perdure la falta de conciencia de su situación y rechace la asistencia de los servicios sociales, será necesario suplir en esto su voluntad. Estas medidas, que, en su ejecución, como muy bien informa el ministerio fiscal, deben tratar de contar con la anuencia y colaboración del Sr. Dámaso, cuan-

do fuera necesario podrán requerir el auxilio para la satisfacción del servicio que precisa el afectado. En principio, el ejercicio de esta función de apoyo no requiere que la curadora asuma funciones de representación, si no es para asegurar la prestación de los servicios asistenciales y de cuidado personal cuando no exista la anuencia del interesado.

5. En realidad, el principal escollo que presenta la validación de estas medidas a la luz del nuevo régimen de provisión judicial de apoyos, es la directriz legal de que en la provisión de las medidas y en su ejecución se cuente en todo caso con la voluntad, deseos y preferencias del interesado.

En un caso como el presente en que la oposición del interesado a la adopción de las medidas de apoyo es clara y terminante, cabe cuestionarse si pueden acordarse en estas condiciones. Esto es, si en algún caso es posible proveer un apoyo judicial en contra de la voluntad manifestada del interesado. La propia ley da respuesta a esta cuestión. Al regular como procedimiento común para la provisión judicial de apoyos un expediente de jurisdicción voluntaria (arts. 42 bis a], 42 bis b] y 42 bis c] LJV), dispone que cuando, tras la comparecencia del fiscal, la persona con discapacidad y su cónyuge y parientes más próximos, surja oposición sobre la medida de apoyo, se ponga fin al expediente y haya que acudir a un procedimiento contradictorio, un juicio verbal especial (art. 42 bis b]. 5 LJV). Es muy significativo que "la oposición de la persona con discapacidad a cualquier tipo de apoyo", además de provocar la terminación del expediente, no impida que las medidas puedan ser solicitadas por un juicio contradictorio, lo que presupone que ese juicio pueda concluir con la adopción de las medidas, aun en contra de la voluntad del interesado.

En realidad, el art. 268 CC lo que prescribe es que en la provisión de apoyos judiciales hay que atender en todo caso a la voluntad, deseos y preferencias del afectado. El empleo del verbo "atender", seguido de "en todo caso", subraya que el juzgado no puede dejar de recabar y tener en cuenta (siempre y en la medida que sea posible) la voluntad de la persona con discapacidad destinataria de los apoyos, así como sus deseos y preferencias, pero no determina que haya que seguir siempre el dictado de la voluntad, deseos y preferencias manifestados por el afectado. El texto legal emplea un término polisémico que comprende, en lo que ahora interesa, un doble significado, el de "tener en cuenta o en consideración algo" y no solo el de "satisfacer un deseo, ruego o mandato". Si bien, ordinariamente, atender al querer y parecer del interesado supone dar cumplimiento a él, en algún caso, como ocurre en el que es objeto de recurso, puede que no sea así, si existe una causa que lo justifique. El tribunal es consciente de que no cabe precisar de antemano en qué casos estará justificado, pues hay que atender a las singularidades de cada caso. Y el presente, objeto de recurso, es muy significativo, pues la voluntad contraria del interesado, como ocurre con frecuencia en algunos trastornos psíquicos y mentales, es consecuencia del propio trastorno que lleva asociado la falta de conciencia de enfermedad. En casos como el presente, en que existe una clara necesidad asistencial cuya ausencia está provocando un grave deterioro personal, una degradación que le impide el ejercicio de sus derechos y las necesarias relaciones con las personas de su entorno, principalmente sus vecinos, está justificada la adopción de las medidas asistenciales (proporcionadas a las necesidades y respetando la máxima autonomía de la persona), aun en contra de la voluntad del interesado, porque se entiende que el trastorno que provoca la situación de necesidad impide que esa persona tenga una conciencia clara de su situación. El trastorno no sólo le provoca esa situación clara y objetivamente degradante, como persona, sino que además le impide advertir su carácter patológico y la necesidad de ayuda. No intervenir en estos casos, bajo la excusa del respeto a la voluntad manifestada en contra de la persona afectada, sería una crueldad social, abandonar a su desgracia a quien por efecto directo de un trastorno (mental) no es consciente del proceso de degradación personal que sufre. En el fondo, la provisión del apoyo en estos casos encierra un juicio o valoración de que, si esta persona no estuviera afectada por este trastorno patológico, estaría de acuerdo en evitar o paliar esa degradación personal.

6. En consecuencia con lo anterior, estimamos en parte el recurso de casación, en cuanto que dejamos sin efecto la declaración de modificación de capacidad, sustituimos la tutela por la curatela, y, en cuanto al contenido de las medidas de apoyo, las confirmamos y completamos con algunas de las propuestas del fiscal. En concreto, la revisión cada seis meses del resultado de las medidas y la incidencia práctica que hayan podido tener. A la hora de prestar el apoyo, la curadora debería esmerarse en conseguir la colaboración del interesado y sólo en los casos en que sea estrictamente necesario podrá recabar el auxilio imprescindible para asegurar el tratamiento médico y asistencial de Dámaso, así como realizar las tareas de limpieza e higiene necesarias».

Esa doctrina ha sido desarrollada en las sentencias, también del Pleno de la Sala Civil del Tribunal Supremo, número 1443/2023 y 1444/2023, ambas de 20 de octubre *(Tol 9740661* y *Tol 9740872)* y reiterada en la número 854/2024, de 12 de junio *(Tol 10075613)* y en la número 875/2024, de 18 de junio *(Tol 10081671).*

B) La guarda de hecho, la adopción judicial de medidas de apoyo y la constitución de la curatela según la STS n.º 1444 de 2023, de 20 de octubre

De los principios de intervención mínima y de respeto al máximo de la autonomía de la persona con discapacidad se deriva, como obligada consecuencia, que la selección y adopción de las concretas medidas de apoyo que resulten necesarias para procurar a la persona con discapacidad la asistencia que precise, se ajuste a un criterio gradual, ponderado y proporcionado que tome en consideración la situación en que se encuentre y las particulares circunstancias que le afecten, de manera que no deberá adoptarse una medida más intensa, más condicionante o más restrictiva si resulta suficiente otra de menor intensidad, ni tampoco cuando la protección del discapaz resulte asegurada por la actuación de un guardador de hecho.

La sentencia de la Sala Civil del Tribunal Supremo de 20/10/2023 *(Tol 9740872)* estableció la siguiente doctrina acerca de la guarda de hecho, la adopción de medidas y la constitución de la curatela:

> "El actual art. 250 CC prevé que las medidas de apoyo para el ejercicio de la capacidad jurídica de las personas que lo precisen puedan ser no sólo las de naturaleza voluntaria y las de provisión judicial (curatela y defensor judicial), sino también la guarda de hecho. Al mismo tiempo, el art. 255 CC, al regular las medidas voluntarias de apoyo, concluye con un último párrafo, el quinto, que restringe las medidas judiciales: «*Solo en defecto o por insuficiencia de estas medidas de naturaleza voluntaria, y a falta de guarda de hecho que suponga apoyo suficiente, podrá la autoridad judicial adoptar otras supletorias o complementarias*».
>
> Bajo la lógica de este precepto, siempre y cuando las medidas voluntarias sean suficientes, no cabrá adoptar medidas judiciales porque no son necesarias. Podrían serlo, si las medidas voluntarias fueran insuficientes, respecto de las necesidades de apoyo no cubiertas, y en ese caso cabría su adopción. Pero también forma parte de la ratio de la norma que la provisión judicial no deviene precisa si las necesidades de carácter asistencial y de representación, generadas por la discapacidad, están satisfechas por una guarda de hecho. Esto es lo que sucedía en el caso de que se ocupó la sentencia 66/2023, de 23 de enero, en el que la guarda de hecho prestada por el hijo era suficiente y no se precisaba la constitución del apoyo judicial en un proceso promovido por el Ministerio fiscal.
>
> 3. Conforme al sistema de provisión de apoyos instaurado por la Ley 8/2021, de 2 de junio, si existe una guarda de hecho que cubre de manera adecuada todas las necesidades de apoyo de la persona, deja de ser necesario constituir un apoyo judicial, porque la guarda de hecho es un medio legal de provisión de apoyos, aunque no requiera de una constitución formal.
>
> Pero esta previsión no puede interpretarse de forma rígida, desatendiendo a las concretas circunstancias que rodean a la persona necesitada de apoyos y la persona que los presta de hecho. Si bien es claro que existiendo una guarda de hecho que cubre suficientemente todas las necesidades de la persona con discapacidad no es necesaria la constitución judicial de apoyos, la existencia de una guarda de hecho no excluye en todo caso la constitución de un apoyo judicial.
>
> 4. Esto es lo que sucede en el caso objeto de enjuiciamiento. La persona necesitada de apoyos presenta limitaciones para expresar su voluntad, deseos, preferencias; presenta limitaciones a la hora de tomar decisiones de manera autónoma, es una persona vulnerable y sus capacidades cognitivas-volitivas están condicionadas por la patología que presenta; en relación con la intensidad del apoyo, requiere el apoyo más intenso (representación) en las áreas económico-jurídico-administrativo y salud. Es la persona que convive con él y que ha venido haciendo de guardadora de hecho la que pone de manifiesto ante el juzgado que para seguir desarrollando su función precisaría pasar a ser curadora con representación, en la medida en que le facilitaría su labor, tanto en el ámbito personal como en el patrimonial. En su escrito de oposición al recurso de casación del Ministerio Fiscal, la esposa explica los problemas

diarios que afronta para realizar gestiones en nombre de su esposo, en las que debería firmar él, pero que no comprende ni tiene el menor interés, porque no comprende el valor del dinero, y que la esposa soluciona firmando "con autorización tácita" del esposo. Es cierto que la regulación de la guarda de hecho permite al guardador de hecho solicitar y obtener una autorización judicial para actuar en representación de la persona con discapacidad, y que la autorización puede comprender uno o varios actos necesarios para el desarrollo de la función de apoyo (art. 264 CC), pero cuando por la discapacidad que afecta a la persona no puede prestar consentimiento y es precisa de manera diaria la actuación representativa de quien presta el apoyo, es obvio que la necesidad de acudir al expediente de previa autorización judicial de manera reiterada y continua revela la insuficiencia de la guarda de hecho, la falta de agilidad en su actuación y en el desempeño de la prestación de apoyos, su falta de adecuación a la necesidad del apoyo requerido y, en consecuencia, la conveniencia de una medida judicial.

Por lo que se refiere al ámbito sanitario y de la salud, el art. 9.3.a) de la Ley 41/2002, de 14 de noviembre, básica reguladora de la autonomía del paciente y de derechos y obligaciones en materia de información y documentación clínica, permite el consentimiento por representación «cuando el paciente no sea capaz de tomar decisiones, a criterio del médico responsable de la asistencia, o su estado físico o psíquico no le permita hacerse cargo de su situación. Si el paciente carece de representante legal, el consentimiento lo prestarán las personas vinculadas a él por razones familiares o de hecho». Ese consentimiento por representación, que según los hechos acreditados en la instancia debe ser prestado en atención a la discapacidad que afecta a R., está en función de que en cada caso el médico valore que el paciente no puede tomar decisiones. Además, no es de extrañar lo que la esposa refiere sobre las ocasiones en las que se le ha limitado información médica. Legalmente, el titular del derecho a la información es el paciente, por mucho que la ley permita que cuando el paciente, según el criterio del médico que le asiste, carezca de capacidad para entender la información a causa de su estado físico o psíquico, la información se ponga en conocimiento de las personas vinculadas a él por razones familiares o de hecho, así como que sean informadas las personas vinculadas al paciente por razones familiares o de hecho, en la medida que el paciente lo permita de manera expresa o tácita (art. 5 de la Ley 41/2002). De ahí que, partiendo de los hechos acreditados en la instancia acerca de la falta de habilidades en el ámbito sanitario y de la salud de R., su incapacidad para interpretar la información y para tomar decisiones, resulta conveniente que la esposa, para tomar las decisiones precisas en cada caso pueda contar con la representación que le ha conferido la sentencia recurrida, tanto para recibir información como para tomar decisiones.

Si interpretáramos de forma rígida la norma (último párrafo del art. 255 CC), descontextualizada, negaríamos siempre la constitución de una curatela si en la práctica existe una guarda de hecho; lo que se traduciría en que, al revisar las tutelas anteriores, se transformaran de forma automática todas ellas en guardas de hecho. Esta aplicación rígida y automática de la norma es tan perniciosa como lo fue en el pasado la aplicación de la incapacitación a toda persona que padeciera una enfermedad o deficiencia, de carácter físico o psíquico, que le impidiera gobernarse por sí mismo, al margen de si, de acuerdo con su concreta situación, era preciso hacerlo.

En situaciones como la que es objeto de enjuiciamiento y en algunas otras de revisión de tutelas, hay que evitar esta aplicación autómata de la ley. Es necesario atender a las circunstancias concretas, para advertir si está justificada la constitución de la curatela (y en otro contexto de revisión de tutelas anteriores, la sustitución por una curatela) en vez de la guarda de hecho.

Al respecto, es muy significativo que quien ejerce la guarda de hecho ponga de manifiesto su insuficiencia y la conveniencia de la curatela, no en vano es quien de hecho presta los apoyos. Máxime cuando esta persona forma parte del núcleo familiar más íntimo, en nuestro caso la esposa con la que convive.

La interpretación de la norma no debe dar lugar a situaciones contraproducentes para la persona que precisa de unos apoyos como consecuencia de una discapacidad y cuyos intereses pretende tutelar la norma. A la postre, deben adoptarse las medidas más idóneas para esa persona. Se da la circunstancia de que esta persona, por su situación, no manifiesta voluntad, deseo o preferencia que no sea seguir conviviendo con su esposa. Lo esencial es la prestación del apoyo que precisa y a cargo de quien es más idóneo que le asista y represente, sin que su provisión judicial tenga una connotación negativa, como tampoco la tienen la provisión voluntaria de apoyos o la propia guarda de hecho.

De tal forma que, del mismo modo que no es necesario constituir una curatela cuando los apoyos que precisa esa persona están cubiertos satisfactoriamente por una guarda de hecho, nada impide que, aun existiendo hasta ahora una guarda de hecho, pueda constituirse una curatela, si las circunstancias del caso muestran más conveniente prestar mejor ese apoyo.

5. Lo argumentado hasta ahora, que corrobora la procedencia de lo resuelto en la sentencia recurrida, no entra en contradicción con las otras dos normas que se denuncian infringidas, los arts. 268 y 269 CC.

El art. 268 CC, entre las disposiciones generales de la curatela, ordena que «las medidas tomadas por la autoridad judicial en el procedimiento de provisión de apoyos serán proporcionadas a las necesidades de la persona que las precise, respetarán siempre la máxima autonomía de esta en el ejercicio de su capacidad jurídica y atenderán en todo caso a su voluntad, deseos y preferencias». Por lo que hemos apuntado ya, a la vista de los hechos acreditados en la instancia, R. también precisa de un apoyo representativo en el ámbito de la salud. Con todo, en la medida en la que, en el motivo segundo del recurso de casación, planteado de manera subsidiaria, se insiste en esta cuestión, nos remitimos a lo que diremos más adelante al ocuparnos de ese motivo.

El art. 269 CC, dentro de la regulación de la curatela, prescribe en el párrafo primero que la curatela se constituirá «mediante resolución motivada cuando no exista otra medida de apoyo suficiente para la persona con discapacidad». Como ya hemos hecho al interpretar el último párrafo del art. 255 CC, la norma se entiende bajo la lógica de que la insuficiencia de un apoyo informal, como es la guarda de hecho, aflora también cuando quien lo presta lo pone de manifiesto y advierte la conveniencia de una constitución formal del apoyo, que facilite en sus específicas circunstancias prestar su función de asistencia y representación del mejor modo.

6. El recurso de casación contiene un motivo segundo planteado de manera subsidiaria para el caso de que se mantenga la curatela. Se argumenta que la medida judicial representativa debe ser excepcional frente al modelo asistencial y que resulta desproporcionado constituir una curatela en el ámbito de las actividades cotidianas y en el ámbito sanitario, por lo que en el caso de que se constituya la curatela se solicita se restrinjan las funciones representativas al seguimiento y control de las cuentas corrientes y productos financieros, control de ingresos y gastos y los actos previstos en el art. 287 CC, por ser los únicos en los que R. precisaría de un apoyo sustitutivo de la voluntad al afectar su enfermedad al proceso cognitivo de formación y manifestación de la misma.

El motivo no es respetuoso con los hechos acreditados en la instancia, pues la patología que padece R. no solo afecta a su esfera patrimonial, sino también a la toma de decisiones en su esfera personal, cotidiana (qué comer, qué ropa ponerse, a lo que se refiere el fiscal en su oposición al recurso, así como con quién quiere hablar por teléfono, lo que según los informes aportados no puede realizar) y sanitaria. Ello con independencia de que, por lo que se refiere al modo de actuar, el art. 249.II CC sienta como criterio general que «las personas que presten apoyo deberán actuar atendiendo a la voluntad, deseos y preferencias de quien lo requiera» y que, cuando no sea posible determinar esa voluntad, «en el ejercicio de esas funciones se deberá tener en cuenta la trayectoria vital de la persona con discapacidad, sus creencias y valores, así como los factores que ella hubiera tomado en consideración»."

C) Límites de la oposición o rechazo a recibir los apoyos necesarios

La priorización legal de la voluntad de la persona no es un principio absoluto e insoslayable, sino que está sujeto a ciertos límites, que impiden que la oposición o el rechazo a recibir los apoyos necesarios sean siempre atendibles, como acontece, por ejemplo, en los casos siguientes:

a) Supuestos de instrumentalización patrimonial de la persona con discapacidad, en los que resulta imprescindible la asistencia en la toma de decisiones de contenido económico, el seguimiento efectivo de cuentas corrientes, ingresos y gastos, de manera presencial o telemática, así como para la realización de declaraciones tributarias [SAP Madrid 989/2021, de 25 de octubre *(Tol 8738265)*].

b) Supuestos de riesgo grave o inminente a terceros. Así, enfermedades mentales que provocan alteraciones de la conducta con episodios de violencia o agresividad frente a terceras personas, provocados generalmente por la falta de ingesta de la medicación, imponen la supervisión de la medicación y autocuidado, el apoyo para la prestación del consentimiento de tratamientos médicos y manejo de la medicación [SAP Valencia 440/2021, de 16 septiembre *(Tol 8660565)*].

c) Supuestos en que tal oposición conlleva necesariamente dejar a la persona discapacitada en una situación de desasistencia con la consiguiente amenaza inminente de sufrir un grave peligro para su vida, salud o integridad física, o que comprometa su dignidad como persona ex art. 10 CE, en los que estaría plenamente justificado la imposición del apoyo que la persona necesita. Así lo reconoció en un caso de síndrome de Diógenes el Pleno de la Sala Civil del Tribunal Supremo en la sentencia n.º 589 de 2021, de 8 de septiembre *(Tol 8585229)*, que se ha transcrito parcialmente en el anterior apartado *A)*.

3. Presupuestos procesales

Los presupuestos procesales que deben concurrir para que pueda dictarse una sentencia sobre esta materia en este proceso especial se refieren a la competencia, a la legitimación y a la representación y defensa de la persona discapaz. La regulación normativa de esta materia se contiene en los arts. 756, 757 y 758.2 de la LEC.

A) Competencia

a) Objetiva: La competencia objetiva corresponde a los Tribunales de Instancia (art. 756 LEC y art. 85 LOPJ), debiendo tenerse en cuenta que en aquellos Partidos judiciales en los que existan Secciones de Familia, Infancia y Capacidad, o Secciones especializadas en asuntos de familia o con competencia específica en materia de personas con discapacidad, les corresponderá en exclusiva el conocimiento de estos procesos (art. 46 LEC y art. 86 LOPJ)[6].

---

[6] La Disposición transitoria primera de la LO 1/2025 establece que los Tribunales de Instancia se constituirán mediante la transformación de los actuales Juzgados unipersonales en las Secciones de los Tribunales de Instancia que se correspondan con las materias de las que aquellos estén conociendo. La constitución de los Tribunales de Instancia se realizará de manera escalonada conforme al siguiente orden:
1.º) El día 1 de julio de 2025 los Juzgados de Primera Instancia e Instrucción y los Juzgados de Violencia sobre la Mujer, en aquellos partidos judiciales donde no exista otro tipo de Juzgados, se transformarán, respectivamente, en Secciones Civiles y de Instrucción Únicas y Secciones de Violencia sobre la Mujer.
2.º) El día 1 de octubre de 2025, los Juzgados de Primera Instancia, los Juzgados de Instrucción y los Juzgados de Violencia sobre la Mujer, en los partidos judiciales donde no exista otro tipo de Juzgados, se transformarán, respectivamente,

b) Territorial: La competencia territorial se atribuye funcionalmente al tribunal que conoció del previo expediente de jurisdicción voluntaria en el que se produjo la oposición o la imposibilidad de resolver que hizo contencioso el asunto, salvo que la persona a la que se refiera la solicitud cambie con posterioridad de residencia, en cuyo caso será competente el Tribunal de instancia del lugar en que este resida (arts. 756.2 y 52.1, 5.º LEC). Este fuero tiene carácter imperativo, sin que quepa sumisión, expresa ni tácita, y debe controlarse de oficio (art. 58 LEC), sin perjuicio de que las partes puedan cuestionar la competencia mediante declinatoria (art. 59 LEC). Puede verse sobre esta materia el ATS 17/3/2022 *(Tol 8897644).*

c) No perpetuación de la jurisdicción: Si antes de la celebración de la vista se produjera un cambio de la residencia habitual de la persona a la que se refiera el proceso, no rige la regla general establecida en el art. 411 LEC, sino que se alterará la competencia territorial, pasando a conocer del asunto el tribunal del lugar de la nueva residencia, ante el que continuará la tramitación del procedimiento (art. 756.3 LEC).

d) Control de oficio: Tratándose de una regla imperativa, su observancia deberá controlarse en cada momento de oficio por el tribunal, conforme a lo establecido en el art. 58 LEC.

B) Legitimación

a) Activa: La legitimación activa se atribuye:

a') Regla general: 1) A la propia persona interesada como posible sujeto necesitado de las medidas de apoyo; 2) Al cónyuge no separado de hecho o legalmente, o a quien se encuentre en una situación de hecho asimilable; 3) A los descendientes; 4) A los ascendientes; 5) A los hermanos del presunto incapaz (art. 757.1 LEC).

b') Subsidiariedad de la actuación del Ministerio Fiscal: Si las personas anteriormente mencionadas no existieren o no hubieren presentado la co-

---

en Secciones Civiles, Secciones de Instrucción y Secciones de Violencia sobre la Mujer.

3.º) El día 31 de diciembre de 2025, los restantes Juzgados, no comprendidos en los supuestos anteriores, se transformarán en las respectivas Secciones conforme a lo previsto en la presente ley.

Hasta la definitiva implantación de los Tribunales de Instancia en cada uno de los partidos judiciales seguirá vigente en ellos el régimen de organización de los Juzgados y los correspondientes anexos de la Ley 38/1988, de 28 de diciembre, de Demarcación y Planta Judicial, anteriores a la promulgación de la LO 1/2025.

rrespondiente demanda, deberá promover el proceso el Ministerio Fiscal, salvo que concluyera que existen otras vías a través de las cuales la persona interesada pueda obtener los apoyos que precise (art. 757.2 LEC). Con ese objeto, cualquier persona (incluidos los anteriormente mencionados) está facultada para poner en conocimiento del Ministerio Fiscal los hechos que puedan ser determinantes de la necesidad de la adopción de medidas de apoyo, y las autoridades y funcionarios públicos que por razón de sus cargos conocieran la existencia de esa necesidad, tendrán el deber de ponerlo en su conocimiento.

La legitimación activa del Ministerio Fiscal es subsidiaria respecto de la atribuida a los parientes que se mencionan en el art. 757.1 LEC. Consecuentemente, cuando en el ejercicio de sus funciones o por comunicación de otras personas el Ministerio Fiscal tuviere conocimiento de una situación que fuera determinante de la necesidad de adopción de medidas de apoyo respecto de una determinada persona, antes de interponer la demanda deberá practicar las diligencias oportunas para comprobar si existen parientes legitimados y si los mismos van a interponerla.

b) Pasiva: Si la demanda la interpusiera el propio sujeto interesado, la posición de parte pasiva del proceso la asumiría el Ministerio Fiscal en defensa de la legalidad y salvaguarda del interés de la persona afectada. Si la demanda la interpusieran los parientes legitimados, la posición de parte pasiva la asumiría la persona presuntamente necesitada de medidas de apoyo, interviniendo también como parte el Ministerio Fiscal en defensa de la legalidad y del interés de la persona afectada (art. 749.1 LEC). Si la demanda la interpusiera el Ministerio Fiscal (art. 757.2 LEC), la posición de parte pasiva del proceso la asumirá la persona presuntamente necesitada de medidas de apoyo.

c) Intervención litisconsorcial: Si los parientes legitimados no promueven el proceso y la demanda se interpone por el Ministerio Fiscal, podrán personarse en el procedimiento ya iniciado e intervenir en él a su costa como parte, asumiendo la posición del demandante o del demandado, con los efectos previstos en el art. 13 LEC (art. 757.4 LEC). Esa posibilidad se reconoce, asimismo, por el mismo art. 757. 4 a cualquier otra persona que acredite un interés legítimo.

Con esta posibilidad de intervención litisconsorcial voluntaria se pretende evitar que se generen situaciones de desigualdad entre los familiares o allegados de la persona con discapacidad, como sucedía antes de la reforma introducida por la Ley 8/2021, pues, en el régimen anterior, sólo algunas personas podían actuar con plenitud en el proceso dada su condición de parte, mientras que otras, siendo evidentemente interesadas, únicamente podían ser oídas en la fase de prueba.

d) Audiencia al curador designado en la demanda por el actor: Cuando con la demanda se solicite el inicio del procedimiento de provisión de apoyos, las medidas de apoyo correspondientes y un curador determinado, se le dará a este traslado de aquella a fin de que pueda alegar lo que considere conveniente sobre dicha cuestión (art. 757.3 LEC). Con esta medida se trata de permitir la presentación de alegaciones escritas por parte de aquella persona que en la demanda aparezca propuesta como curador de la persona con discapacidad, a fin de que se pueda contar en el proceso con más datos acerca de su disponibilidad e idoneidad para asumir tal encomienda, así como de su parecer sobre la adecuación de las medidas.

C) Representación y defensa de la persona con discapacidad

Pueden darse los siguientes supuestos:

a) Designación por el discapaz: La persona con discapacidad, tanto si interpone la demanda (caso poco probable) como si se interpone respecto de ella, puede comparecer en el proceso con su propia defensa y representación, designando libremente abogado que le defienda y procurador que le represente (así se desprende del art. 758 II LEC). El hecho de que se pretenda en el proceso determinar su grado de discapacidad y pueda cuestionarse en él su capacidad, no afecta para nada a la validez y eficacia del nombramiento de dichos profesionales, pues toda persona debe presumirse con capacidad suficiente mientras no se declare judicialmente lo contrario [p. ej. SAP Madrid 1/3/2023 *(Tol 9843298)*, también STC 7/2011 *(Tol 2054040)*].

b) Asunción por el Ministerio Fiscal: Cuando la demanda se interponga por alguno de los parientes legitimados, si, transcurrido el periodo de tiempo del emplazamiento, el presunto discapaz necesitado de medidas no compareciere en el proceso con su propia defensa y representación, las asumirá el Ministerio Fiscal (art. 758, II, en relación con el art. 749 LEC), a quien el art. 3.7 EOMF le atribuye la función de «asumir la representación y defensa en juicio de quienes por carecer de capacidad de obrar o de representación legal, no puedan actuar por sí mismos». La intervención en este caso del Ministerio Fiscal es necesaria no solo a efectos de contestar a la demanda sino también para que actúe en la vista del proceso [STC 31/2017 *(Tol 6207849)*].

c) Nombramiento de defensor judicial: Cuando la demanda se interponga por el Ministerio Fiscal y la persona con discapacidad no compareciere en el proceso con su propia defensa y representación, una vez haya transcurrido el periodo de tiempo del emplazamiento, el letrado de la Administración de Justicia le designará un defensor judicial, a no ser que ya lo tuviere nombrado con anterioridad al juicio, quien procederá al nombramiento de abogado y de procurador que asuman la defensa y la representación de aquél (art. 758.2 LEC). Para el nombramiento del defensor judicial se estará a lo establecido en el art. 295 CC, formándose la oportuna pieza separada. La falta de nombramiento de defensor judicial, cuando proceda, constituye un supuesto de indefensión para el presunto discapaz necesitado de medidas que es causa determinante de la nulidad de actuaciones [p. ej. SAP Barcelona 10/10/2018 *(Tol 6853006)*]. Si el discapaz necesitado de apoyo se personare en el proceso en un momento posterior, con abogado y procurador designados por el mismo, cesarán el defensor judicial y los profesionales designados por él. El nombramiento de un defensor judicial no debe excluir la comparecencia del discapaz con su propio abogado cuando esa sea su voluntad, pues en otro caso se vulnera su derecho de defensa y a la asistencia letrada [así lo declaró la STC 7/2011 *(Tol 2054040)*].

Sobre el nombramiento, en general, de defensor judicial a personas con discapacidad, véase el Capítulo Duodécimo.

4. Procedimiento. Reglas especiales.

En lo relativo a la tramitación ha de estarse a lo establecido en el art. 753 de la LEC, de modo que se tramitará por los cauces del juicio verbal, con las prevenciones y ajustes procedimentales exigidos para garantizar la participación de la persona con discapacidad en condiciones de igualdad y asegurar su adecuada defensa.

Admitida la demanda, se dará traslado al Ministerio Fiscal y a las demás personas que deban ser parte, que deberán contestar en la forma ordinaria prevista en el art. 405 LEC.

En lo atinente a la prueba y a la formación de la convicción del juzgador sobre la realidad de los hechos sometidos a su decisión, prima el principio de investigación de oficio y se estará a las reglas de los arts. 752 y 759 LEC.

En la LEC se establecen, además, las siguientes reglas especiales:

A) Prevenciones y ajustes procedimentales

En los procesos en los que participen personas con discapacidad, se realizarán las adaptaciones y los ajustes que sean necesarios para garantizar su participación en condiciones de igualdad. Dichas adaptaciones y ajustes se realizarán, tanto a petición de cualquiera de las partes o del Ministerio Fiscal, como de oficio por el propio tribunal, y en todas las fases y actuaciones procesales en las que resulte necesario, incluyendo los actos de comunicación. Las adaptaciones podrán venir referidas a la comunicación, la comprensión y la interacción con el entorno (art. 7 bis. 1 LEC).

Las personas con discapacidad tienen el derecho a entender y a ser entendidas en cualquier actuación que deba llevarse a cabo. A tal fin:

a) Todas las comunicaciones con las personas con discapacidad, orales o escritas, se harán en un lenguaje claro, sencillo y accesible, de un modo que tenga en cuenta sus características personales y sus necesidades, haciendo uso de medios como la lectura fácil. Si fuera necesario, la comunicación también se hará a la persona que preste apoyo a la persona con discapacidad para el ejercicio de su capacidad jurídica.

b) Se facilitará a la persona con discapacidad la asistencia o apoyos necesarios para que pueda hacerse entender, lo que incluirá la interpretación en las lenguas de signos reconocidas legalmente y los medios de apoyo a la comunicación oral de personas sordas, con discapacidad auditiva y sordo ciegas.

c) Se permitirá la participación de un profesional experto que a modo de facilitador realice tareas de adaptación y ajuste necesarias para que la persona con discapacidad pueda entender y ser entendida.

d) La persona con discapacidad podrá estar acompañada de una persona de su elección desde el primer contacto con las autoridades y funcionarios (art. 7 bis.2 LEC).

El letrado de la Administración de Justicia llevará a cabo las actuaciones necesarias para que la persona con discapacidad comprenda el objeto, la finalidad y los trámites del procedimiento, de conformidad con lo previsto en el artículo 7 bis antes citado (art. 758.2, II LEC).

B) Solicitud de certificaciones registrales

Admitida la demanda, el letrado de la Administración de Justicia recabará certificación del Registro Civil y, en su caso, de otros Registros públicos que considere pertinentes sobre las medidas de apoyo que en los mismos aparecieren inscritas (art. 758.1 LEC). Con esta medida se trata de obtener de dichos Registros públicos la información existente en ellos acerca de las medidas de apoyo que hubieren podido adoptarse con anterioridad respecto de la persona con discapacidad, y muy especialmente las que hubiera podido constituir notarialmente esa misma persona, con objeto de respetar en el proceso sus decisiones y su voluntad.

C) Prueba y reglas probatorias

1) Como en todos los procesos comprendidos en este Título I del Libro IV de la LEC, además de las pruebas que se practiquen a instancia de las partes, incluido el Ministerio Fiscal, el tribunal podrá decretar de oficio cuantas estime pertinentes.

2) La cuestión se decidirá con arreglo a los hechos que hayan sido objeto de debate y hayan quedado probados en el proceso, con independencia del momento en que hubieren sido alegados y de la manera en que hubieren sido introducidos en él.

3) La conformidad de las partes sobre los hechos no vinculará al tribunal, que no podrá decidir la cuestión litigiosa basándose exclusivamente en dicha conformidad o en el silencio o respuestas evasivas sobre los hechos alegados por la parte contraria, y tampoco estará vinculado por las disposiciones generales en materia de fuerza probatoria del interrogatorio de las partes, de los documentos públicos y de los privados reconocidos (art. 752 LEC).

4) Asimismo, se podrá proponer por las partes o acordar de oficio por el tribunal la práctica de toda aquella prueba anticipada que se considere pertinente y útil al objeto del procedimiento. En este caso, se procurará que el resultado de dicha prueba admitida o acordada obre en las actuaciones con anterioridad a la celebración de la vista, estando a disposición de las partes (art. 752.1, III LEC).

D) Pruebas específicas

El tribunal acordará los dictámenes necesarios o pertinentes en relación con las peticiones de la demanda y nunca se podrá decidir sobre las medidas que deban adoptarse sin previo dictamen pericial, cuyo nombramiento se hará por designación judicial [art. 759.1, 3.º en relación con el art. 339 LEC; y SSTS 8/11/2017 *(Tol 6427812)* y 14/3/2022 *(Tol 8876309)*]. Para dicho dictamen preceptivo se contará en todo caso con profesionales especializados de los ámbitos social y sanitario, y podrá contarse también con otros profesionales especializados que aconsejen las medidas de apoyo que resulten idóneas en cada caso. Esta previsión no excluye que las partes puedan aportar dictámenes periciales, pero exige que en todo caso se acuerde por el tribunal la referida prueba pericial médica, que puede realizarse tanto por un médico especialista en psiquiatría, como por un médico forense. El informe debe tener un contenido mínimo que permita conocer el verdadero estado de la persona con discapacidad, de modo que resultará insuficiente cuando consista en la mera cumplimentación de un modelo o formulario [p. ej. SAP Asturias 19/11/2022 *(Tol 9346044)*].

E) Entrevista con la persona con discapacidad

El tribunal deberá entrevistarse con la persona con discapacidad (art. 759.1, 1.º LEC), lo que significa que deberá hacerlo por sí mismo, quedando excluida la posibilidad de practicar el acto mediante auxilio judicial. La entrevista se ajustará a lo establecido en el art. 355 LEC para el reconocimiento de personas y su práctica es inexcusable, siendo determinante su falta de realización, en primera o en segunda instancia, de la nulidad de la sentencia [p. ej., SAP Badajoz 14/12/2023 *(Tol 9938180)*]. Sobre el examen directo de la persona con discapacidad por parte del tribunal puede verse, también, la SAP Valencia 11/6/2021 *(Tol 8561930)*.

F) Audiencias preceptivas

Además de las pruebas que se practiquen de conformidad con lo dispuesto en el art. 752 LEC y de la entrevista con la persona con discapacidad a que se refiere el art. 759.1. 1.º LEC, el tribunal deberá:

1) En lo que se refiere a las medidas a adoptar, dar audiencia al cónyuge no separado de hecho o legalmente o a quien se encuentre en situación de hecho asimilable, así como a los parientes más próximos de la persona con discapacidad (art. 759.1. 2.º LEC). La audiencia se practicará en el acto de la vista y en la forma prevista para la práctica de la prueba testifical. Debe entenderse que esta audiencia sólo se establece como preceptiva para el caso de que dichas personas no actúen en el proceso como demandantes o demandados, pues, de ser así, ya habrán expresado su parecer sobre las medidas en la demanda o en la contestación.

2) En lo relativo al nombramiento del curador, cuando el nombramiento del mismo no estuviera propuesto en la demanda, se deberá oír sobre esta cuestión a la persona con discapacidad, al cónyuge no separado de hecho o legalmente o a quien se encuentre en situación de hecho asimi-

lable, a sus parientes más próximos y a las demás personas que el tribunal considere oportuno (art. 759.3 LEC). La audiencia se practicará en el acto de la vista y en la forma prevista para la práctica de la prueba testifical o el interrogatorio de las partes, según proceda.

3) En los casos en que la demanda haya sido presentada por la propia persona con discapacidad, el tribunal podrá, previa solicitud de esta y de forma excepcional, no practicar las audiencias preceptivas, si así resultara más conveniente para la preservación de su intimidad (art. 759.2 y 759.3, in fine LEC).

G) Pruebas preceptivas en segunda instancia

Si la sentencia que decida sobre las medidas de apoyo fuere apelada, se ordenará también por el tribunal, de oficio, en la segunda instancia, la práctica de las pruebas preceptivas a que se refieren los apartados 1.º, 2.º y 3.º del art. 759.1 (art. 759.4 LEC) [véase la STS 14/3/2022 *(Tol 8876309)*; también la SAP Madrid 24/11/2022 *(Tol 9336071)*].

5. Sentencia

Las medidas que adopte la autoridad judicial en la sentencia deberán ser conformes a lo dispuesto sobre esta cuestión en las normas de derecho civil que resulten aplicables (art. 760 LEC y arts. 260 a 270 CC).

A) Naturaleza

La sentencia que acuerda la adopción de medidas de apoyo a la persona con discapacidad es de naturaleza constitutiva, puesto que crea un estado o situación jurídica inexistente con anterioridad a ella, produciendo efectos *ex nunc*, es decir, a partir del momento en que se pronuncia, si adquiere firmeza.

B) Contenido

En lo concerniente a su contenido, la sentencia deberá pronunciarse sobre los siguientes extremos:

a) Clase, extensión y límites de las medidas: La sentencia debe determinar la clase, extensión y alcance de las medidas de apoyo adoptadas, precisando a qué aspecto de la autonomía personal del sujeto discapaz afecta, sea en el ámbito personal o en el patrimonial, así como los actos que dicho sujeto puede realizar por sí y aquellos para los que precisa la intervención de la persona que haya de asistirle o representarle, incluyendo, cuando así proceda, lo relativo al tratamiento médico o toma de medicación [p. ej. SSTS 3/12/2020 *(Tol 8232122)* y 6/3/2018 *(Tol 6538499)* o SAP Sevilla 17/1/2024 *(Tol 10122775)*].

El CC establece las pautas siguientes:

1) Las medidas tomadas por la autoridad judicial en el procedimiento de provisión de apoyos serán proporcionadas a las necesidades de la persona que las precise, respetarán siempre la máxima autonomía de esta en el ejercicio de su capacidad jurídica y atenderán en todo caso a su voluntad, deseos y preferencias (art. 268, I CC).

2) Fijará el plazo en que deban ser periódicamente revisadas (art. 268, II CC).

3) La autoridad judicial constituirá la curatela cuando no exista otra medida de apoyo suficiente para la persona con discapacidad (art. 269, I CC).

4) Se determinarán los actos para los que la persona requiere asistencia del curador en el ejercicio de su capacidad jurídica atendiendo a sus concretas necesidades de apoyo. Sólo en los casos excepcionales en los que resulte imprescindible por las circunstancias de la persona con discapacidad, la autoridad judicial determinará en resolución motivada los actos concretos en los que el curador habrá de asumir la representación de la persona con discapacidad. Los actos en los que el curador deba prestar el apoyo deberán fijarse de manera precisa, indicando, en su caso, cuáles son aquellos donde debe ejercer la representación (art. 268, II, III y IV CC).

5) En ningún caso podrá incluir la resolución judicial la mera privación de derechos (art. 268, V CC).

b) Régimen de curatela o guarda: Cuando se constituya la curatela, además de contener el pronunciamiento relativo al nombramiento de la persona que deba desempeñarla (art. 276 CC), la sentencia determinará las medidas de control que estime oportunas para garantizar el respeto de los derechos, la voluntad y las preferencias de la persona que precisa el apoyo, así como para evitar los abusos, los conflictos de intereses y la influencia indebida (art. 270, I CC); fijará de manera precisa cuáles son los actos en los que el curador deba prestar apoyo a la persona con discapacidad y cuáles aquellos en los que deba ejercer la representación (art. 269, IV CC). También podrá exigir al curador la constitución de fianza (art. 284 CC), así como imponerle el deber de informar, en el ámbito de sus funciones, sobre la situación personal o patrimonial de la persona con discapacidad (art. 270, I, in fine CC).

Sobre el contenido de la sentencia pueden verse la STS (Pleno) n.º 589/2021, de 8 de septiembre *(Tol 8585229)* o la n.º 854/2024, de 12 de junio *(Tol 10075613)*.

c) Internamiento del discapaz: El internamiento de una persona en un centro asistencial adecuado para el tratamiento de la enfermedad o alteración psíquica que padezca puede solicitarse y acordarse como medida cautelar en un proceso de adopción de medidas de apoyo (art. 762.1 LEC). Puede solicitarse, asimismo, por las partes en dicho proceso sobre medidas y acordarse, en tal caso, por el tribunal en la sentencia que le ponga fin, observándose en tal caso en ese proceso las prevenciones establecidas en el art. 763 LEC. Y también puede solicitarse y acordarse, al margen del proceso de adopción de medidas, en el procedimiento especial que con tal objeto se regula en el citado art. 763.

Así pues, si se hubiere solicitado en la demanda sobre adopción de medidas, la sentencia se pronunciará sobre la necesidad de internamiento de la persona discapaz, sin perjuicio de lo dispuesto en el art. 763 a propósito del internamiento no voluntario por razón de trastorno psíquico, de manera que, si esa persona ya estuviere internada en virtud de una resolución anterior, podrá solicitarse en aquella demanda la continuación de dicho internamiento.

6. *Posibles medidas cautelares*

El tribunal, de oficio o a instancia de parte, adoptará las medidas que estime necesarias para la adecuada protección de la persona con discapacidad y de su patrimonio. Para la adopción de las medidas se estará, en cuanto resulten aplicables, a las normas generales establecidas en los arts. 734 a 736 LEC (art. 762 LEC).

A) De oficio

1) Cuando el tribunal competente tenga conocimiento de la existencia de una persona en una situación de discapacidad que requiera medidas de apoyo, adoptará de oficio (abriendo, al efecto, pieza separada) las medidas cautelares que considere necesarias para la adecuada protección de aquella persona o de su patrimonio, y pondrá el hecho en conocimiento del Ministerio Fiscal para que promueva, si lo estima procedente, el opor-

tuno expediente de jurisdicción voluntaria (art. 762.1 LEC). Si esta norma permite la adopción de medidas cautelares de oficio por el Tribunal para la adecuada protección de la persona o el patrimonio del discapaz, con mayor motivo podrán llevarse a cabo, también de oficio, las diligencias de comprobación de hechos que resulten adecuadas para constatar la situación en que se encuentra la persona concernida.

2) Si el tribunal que tenga conocimiento de la existencia de aquellos hechos careciera de competencia para conocer del proceso de adopción de medidas, los pondrá en conocimiento del Ministerio Fiscal para que sea éste quien inste el oportuno proceso cautelar o el de adopción de medidas, si lo estima procedente.

B) A instancia de parte

Cuando el Ministerio Fiscal, en el ejercicio de sus funciones, tenga conocimiento de la existencia de una persona discapaz que lo precise, podrá solicitar del tribunal competente la incoación del oportuno proceso cautelar y la inmediata adopción de las medidas cautelares necesarias para asegurar su persona o su patrimonio (art. 762.2, I LEC).

Quienes sean parte en el proceso de incapacitación, podrán solicitar, bien en la demanda en que lo promuevan, bien en otro escrito posterior, la adopción de tales medidas (que también podrán adoptarse de oficio por el tribunal), una vez iniciado el proceso (art. 762.2, II LEC).

C) Procedimiento

El procedimiento para la adopción de las medidas cautelares se ajustará a lo establecido en los arts. 734, 735 y 736 de la LEC, debiendo sustanciarse en la correspondiente pieza separada. Las medidas cautelares deberán acordarse previa audiencia de la persona afectada, siempre que la urgencia de la situación no lo impida (art. 762.3 LEC).

D) Medidas

Podrán solicitarse y adoptarse cualesquiera medidas que se consideren necesarias para la adecuada protección de la persona o del patrimonio de la persona con discapacidad, siempre que reúnan los requisitos y características que se determinan de modo general en el art. 726 LEC. Aparte de las señaladas en el art. 727 LEC, en cuanto fueren aplicables, pueden adoptarse las que resultaren idóneas para la finalidad que se persiga, desde el nombramiento provisional de un defensor judicial [p. ej. AAP Valencia 12/5/2022 *(Tol 9159339)*], hasta el sometimiento a tratamiento ambulatorio [p. ej. AAP Burgos 15/11/2021 *(Tol 8797316)* o SAP Valencia 14/3/2018 *(Tol 6622054)*; puede verse también la SAP Barcelona 21/3/2024 *(Tol 10111279)*]. Si lo que se pretende es el internamiento en un centro asistencial por razón de trastorno psíquico, deberán tenerse en cuenta las disposiciones específicas que al respecto se contienen en el art. 763 LEC, a las que posteriormente se hará referencia (Cfr. en el epígrafe 3 de este mismo Capítulo).

IV. PROCESO SOBRE REVISIÓN DE MEDIDAS DE APOYO JUDICIALMENTE ADOPTADAS

a) Revisión ordinaria: Las medidas judicialmente adoptadas en el procedimiento de provisión de apoyos serán revisadas de conformidad con lo previsto en la legislación civil (art. 761, I LEC). El art. 268, II CC dispone que dichas medidas deben ser revisadas periódicamente en un plazo máximo de tres años, si bien, la autoridad judicial puede acordar, en atención a las circunstancias concurrentes, un plazo diferente, sin que en ningún caso pueda ser superior a seis años. La revisión de las medidas se llevará a cabo por los trámites establecidos para los expedientes de Jurisdicción voluntaria, pero si en dicho expediente se produjera oposición o el mismo no hubiera podido resolverse por cualquier causa, se deberá instar el correspondiente proceso contencioso por cualquiera de las personas legitimadas (art. 761, II LEC).

b) Revisión por causas sobrevenidas: Si, antes de los plazos previstos para la revisión, sobrevienen nuevos hechos de los que resulte la desaparición de la causa de la adopción de las medidas de apoyo o la alteración de las circunstancias que afecten a la modalidad, la intensidad o la adecuación de las adoptadas, podrá promoverse el oportuno procedimiento de jurisdicción voluntaria para su revisión, cancelación, modificación o rectificación, y si en ese expediente surgiera oposición o el mismo no pudiera resolverse por otra causa, cualquiera de los legitimados podrá promover el correspondiente proceso para instar en él que se dejen sin efecto o se modifiquen dichas medidas (art. 761, II LEC y art. 268, III CC).

A) Competencia

La competencia no corresponde al tribunal que dictó la anterior sentencia en que se adoptaron las medidas que se pretenden revisar, sino al que hubiere conocido del previo expediente de jurisdicción voluntaria sobre la revisión de las medidas, salvo que la persona a la que se refiera la solicitud cambie con posterioridad de residencia, en cuyo caso corresponderá al Tribunal de instancia del lugar en que esta resida (art. 756 LEC).

B) Legitimación

a) Activa: La legitimación activa se atribuye: 1) A las mismas personas que lo están para promover la adopción judicial de medidas de apoyo, es decir, al cónyuge no separado o quien se encuentre en situación de hecho asimilable, descendientes, ascendientes y hermanos (art. 761, II en relación con el art. 757.1 LEC); 2) A quien ejerza el apoyo de la persona con discapacidad (art. 761, II, in fine, LEC); 3) Al Ministerio Fiscal (art. 749 LEC); y 4) Al propio interesado (art. 761, II en relación con el art. 757.1 LEC), el cual, si hubiera sido privado de la capacidad para comparecer en juicio, deberá obtener previamente expresa habilitación en el oportuno procedimiento de jurisdicción voluntaria (arts. 27 y ss. LJV).

b) Pasiva: La posición de parte pasiva en el proceso dependerá de quién lo promueva: Si lo hacen el curador o los parientes, el discapaz; si lo hace el discapaz, el Ministerio Fiscal. Este último será, en cualquier caso, parte en el procedimiento, conforme a lo establecido en el art. 749. 1 y 2 LEC. Al curador se le dará en todo caso traslado de la demanda a fin de que pueda alegar lo que considere conveniente sobre la cuestión debatida (art. 757.3, in fine LEC).

C) Pruebas

A instancia de las partes se practicarán los medios de prueba útiles y pertinentes sobre los hechos en que basen su petición, que consistirán, fundamentalmente, en pruebas periciales médicas o psiquiátricas. Además, en estos procesos se practicarán de oficio las pruebas preceptivas a que se refiere el art. 759 LEC, tanto en la primera instancia como, en su caso, en la segunda (art. 761.3 LEC), es decir: el examen directo por el tribunal del sujeto concernido a través de una entrevista (reconocimiento judicial de persona), el dictamen pericial médico (pericial judicial) y la audiencia de los parientes más próximos (testifical). Todas ellas se practicarán con arreglo a lo establecido para el juicio verbal, debiendo tenerse en cuenta las previsiones que en materia de aportación de hechos, actividad probatoria y reglas sobre la prueba se contienen en el art. 752 LEC.

D) Sentencia

La sentencia que se dicte deberá pronunciarse sobre si procede o no dejar sin efecto las medidas de apoyo en su día adoptadas, o sobre si deben o no modificarse las mismas y en qué términos, debiendo precisar las nuevas medidas que, en su caso, se adopten, así como los actos a las que las mismas se refieran y el alcance asistencial o representativo de la actuación de quien ejerza el apoyo a la persona con discapacidad conforme a lo establecido en el art. 269 CC.

V. MEDIDAS JUDICIALES DE APOYO A MENORES CON DISCAPACIDAD DE MÁS DE 16 AÑOS AL TIEMPO DE LA NULIDAD, SEPARACIÓN O DIVORCIO[7]

Cuando se prevea razonablemente en los dos años anteriores a la mayoría de edad que un menor sujeto a patria potestad o a tutela pueda, después de alcanzada aquella, precisar de apoyo en el ejercicio de su capacidad jurídica, la autoridad judicial podrá acordar, a petición del menor, de los progenitores, del tutor o del Ministerio Fiscal, si lo estima necesario, la procedencia de la adopción de la medida de apoyo que corresponda para cuando concluya la minoría de edad. Estas medidas se adoptarán si el mayor de dieciséis años no ha hecho sus propias previsiones para cuando alcance la mayoría de edad (art. 254 CC).

A) Procedimiento

En estos casos, cabe la posibilidad de aprovechar los procesos de nulidad, separación o divorcio contenciosos o de mutuo acuerdo o por uno de los cónyuges con el consentimiento del otro, y de medidas paterno-filiales para establecer medidas de apoyo y el modo de ejercicio de las mismas respecto de los hijos mayores de 16 años que se hallasen en situación de necesitarlas razonablemente por razón de su discapacidad, las cuales entrarán en vigor cuando el hijo alcance los 18 años, siempre y cuando no haya hecho sus propias previsiones conforme al art. 91.2 CC en relación con el art. 770.1.º, regla 8.ª y 5.ª de la LEC

Serán de aplicación las especialidades que en materia de legitimación, prueba y contenido de la sentencia establece la LEC para los procesos so-

[7] Redactado por Ana Rodrigo Fernández.

bre la adopción de medidas judiciales de apoyo a personas con discapacidad en cuanto sean de aplicación en dichos procesos y con respeto de todas la garantías previstas en los mismos (art. 91.2 CC).

Será preceptiva la previa audiencia del menor (art. 91.2 CC).

No se podrán establecer medidas judiciales de apoyo en los procesos seguidos para la adopción de medidas provisionales previas o coetáneas en los procesos de nulidad, separación o divorcio y en los de fijación de medidas paterno filiales, ni en los de modificación de medidas definitivas adoptadas en cualesquiera de los procesos anteriores (Conclusiones aprobadas en el Encuentro de los Jueces de Familia con la Abogacía y Gabinetes de Psicología y Trabajo Forense celebrado en Madrid en noviembre de 2022).

B) Competencia

El conocimiento y resolución corresponderá a los Tribunales de instancia y, en su caso, a la correspondiente Sección de Familia, Infancia y Capacidad (arts. 85 y 86 LOPJ), pero no, en su caso, a Secciones que tengan atribuida con carácter exclusivo y excluyente la competencia para el conocimiento de los expedientes y procedimientos para la provisión de medidas judiciales de apoyo a personas con discapacidad.

Dichos Tribunales o Secciones no perderán su competencia territorial para conocer de dichas medidas, aunque durante la tramitación del proceso el menor con discapacidad cambie su lugar de residencia habitual a otro partido judicial.

La competencia para el control de salvaguardas que se puedan establecer en la sentencia y la revisión de las medidas judiciales de apoyo adoptadas en procesos matrimoniales, corresponde, donde existan, a las Secciones de Familia, Infancia y Capacidad.

C) Legitimación

No obstante la intervención del Ministerio Fiscal en estos procesos (art. 749 y 757 LEC), la legitimación activa para solicitar las medidas judiciales de apoyo en este caso concreto corresponde exclusivamente a los progenitores (art. 757 LEC) y la legitimación pasiva al menor con discapacidad mayor de dieciséis años [a diferencia del procedimiento de jurisdicción voluntaria de medidas de apoyo, en el que tanto el Ministerio Fiscal como el menor con discapacidad gozan de legitimación activa conforme al art. 42 bis a) ap.3 LJV y art. 254 CC].

D) Postulación, representación y defensa

La actuación de los demandantes debe ser a través de Abogado y Procurador. La representación y defensa del menor corresponde al Ministerio Fiscal, salvo que manifieste su oposición a la adopción de medidas, en cuyo caso se procederá al nombramiento de defensor judicial, que deberá actuar a través de Abogado y Procurador (art. 750 y 771 LEC).

E) Contenido del pronunciamiento de la sentencia

En la sentencia, el Juez puede considerar que no es necesaria la adopción de medidas judiciales de apoyo, atendiendo a la existencia de medidas de autorregulación o de una guarda de hecho adecuada y suficiente ejercida por ambos o uno de los progenitores del menor con discapacidad, que puede seguir funcionando después de alcanzada por aquel la mayoría de edad.

Cuando se prevea que el menor, alcanzada la mayoría de edad, seguirá dependiendo de sus progenitores en todos o la mayor parte de los ámbitos de su vida, sin que pueda conformar una voluntad consciente y libre, procederá adoptar en el proceso matrimonial la medida judicial de apoyo pertinente, que en estos casos ha de ser una curatela representativa. Fuera de este supuesto, se adoptará la medida judicial de apoyo que corresponda en atención a las condiciones y circunstancias de la discapacidad del menor concurrentes, pudiendo establecerse desde el simple acompañamiento hasta la curatela asistencial.

La sentencia que establezca la medida judicial de apoyo fijará los controles y salvaguardas que se estimen pertinentes y el plazo de revisión de las medidas (art. 760 LEC en relación con los art. 270 y 268 CC).

VI. INTERNAMIENTO NO VOLUNTARIO POR TRASTORNO PSÍQUICO

El internamiento de una persona en un centro asistencial adecuado para el tratamiento de la enfermedad o alteración psíquica que padezca puede solicitarse y acordarse como medida cautelar en un proceso de adopción de medidas de apoyo (art. 762.1 LEC). Puede solicitarse, asimismo, por las partes en dicho proceso y acordarse por el tribunal en la sentencia que le ponga fin (art. 760.1 LEC). Pero también puede solicitarse y acordarse en el procedimiento especial que con tal objeto se regula en el art. 763 LEC, conforme al cual, cuando una persona que no esté en condiciones de decidirlo por sí misma precise ser internada, por razón de su trastorno psíquico, en un establecimiento adecuado para su debido tratamiento y asistencia, sea con carácter urgente o no, precisará autorización judicial (aunque esté sometida a patria potestad o a tutela) que será recabada del tribunal del lugar donde resida la persona afectada por el internamiento.

Sobre esta materia merecen consultarse la STEDH 17/1/2012 *(Tol 2648688)* y la STC 132/2016 *(Tol 5863817)*. También el AAP Vizcaya 24/1/2024 *(Tol 10138152)*, a propósito del régimen jurídico actual del internamiento.

A) La causa del internamiento

El presupuesto fáctico para la procedencia del internamiento y para la promoción de este procedimiento especial está constituido por una situación en la que: 1) Una persona esté afectada por un trastorno psíquico, sea permanente o no, reversible o no, que precise de un determinado tratamiento o asistencia; 2) Que para ese tratamiento resulte necesario el internamiento de la persona en un centro o establecimiento adecuado para aquel trastorno; y 3) Que la persona afectada no esté en condiciones de decidir por sí misma dicho internamiento al tener afectadas sus facultades mentales. Ello hace preciso que sea la autoridad judicial la que decida al respecto y acuerde si procede o no ese internamiento, incluso en el caso de que la persona concernida esté sometida a patria potestad o a tutela, pues se trata, en definitiva, de una medida que entraña una privación de libertad.

Por regla general se acude a este procedimiento para el ingreso de personas con trastornos psíquicos en centros médicos adecuados para el tratamiento de la enfermedad que padecen, pero se ha utilizado también, sobre la base de la existencia de un trastorno psíquico y la necesidad de su tratamiento, para acordar el ingreso de personas de avanzada edad en centros asistenciales geriátricos adecuados para su debida atención y cuidado [desde STC 13/2016, de 1 febrero *(Tol 5665873)* seguida por números autos de las Audiencias Provinciales, p. ej. AAP Valencia 11/3/2024 *(Tol 10114563)*; AAP Murcia 14/12/2023 *(Tol 10104765)*; AAP Pontevedra 6/7/2023 *(Tol 9804990)*; AAP Cádiz 1/2/2023 *(Tol 9478108*); aunque no falta algún pronunciamiento en contra [p. ej. AAP Burgos 23/12/2022 *(Tol 9620141*)].

B) La inconstitucionalidad (luego resuelta) del art. 763.1 y 3 LEC

La STC 132/2010 *(Tol 2007387)* declaró la inconstitucionalidad de los apartados 1 y 3 del art. 763 de la LEC, que posibilitan la decisión judicial sobre el internamiento no voluntario, con fundamento en que, al tratarse de una privación de libertad, esa medida sólo puede regularse mediante una ley orgánica, cualidad que no posee la LEC, pues se trata de una ley ordinaria. Sin embargo, para no provocar un vacío en el ordenamiento jurídico, no se declara la nulidad de dichos preceptos y en esa misma sentencia se declara lo siguiente: «A esta declaración de inconstitucionalidad no debe anudarse en este caso la declaración de nulidad pues esta última crearía un vacío en el Ordenamiento jurídico no deseable, máxime no habiéndose cuestionado su contenido material. Por otra parte, como recordamos en la antes aludida Sentencia del día de hoy en la cuestión de inconstitucionalidad núm. 4511-1999, (FJ 4), la posibilidad de no vincular inconstitucionalidad y nulidad ha sido reconocida por nuestra jurisprudencia. Estamos, por consiguiente, en presencia de una vulneración de la Constitución que sólo el legislador puede remediar; razón por la que resulta obligado instar al mismo para que, a la mayor brevedad posible, proceda a regular la medida de internamiento no voluntario por razón de trastorno psíquico mediante ley orgánica». Atendiendo a esa advertencia, reiterada en la STC 141/2012 *(Tol 2604674)*, el legislador confirió rango de ley orgánica al art. 763 LEC por Disposición Adicional 1.ª en la redacción dada por el art. 2.3 de la Ley Orgánica 8/2015, de 22 de julio *(Tol 5208655)*.

C) Supuestos de internamiento

En el art. 763 LEC se contemplan dos supuestos de internamiento no voluntario:

a) Ordinario: El denominado ordinario es aquel que se solicita con carácter previo al ingreso en el centro médico o asistencial, debiendo ser autorizado por el tribunal del lugar donde resida la persona afectada antes de que de lleve a cabo. La solicitud de internamiento será formulada por el Ministerio Fiscal, por los parientes del interesado o incluso por los servicios sociales que se ocupen de su atención en el ámbito de su municipio. Recibida la solicitud, se incoará el procedimiento y se actuará como previene el art. 763.

b) Urgente: El internamiento denominado urgente es el que tiene lugar cuando, en atención a las circunstancias concurrentes, se produce con ese carácter por orden de un facultativo y sin previa autorización judicial, siendo necesario el inmediato control judicial de la medida por el tribunal del lugar en que radique el centro donde se haya producido el internamiento. A tal efecto, el responsable del establecimiento en que haya producido deberá dar cuenta de ello al tribunal competente lo antes posible y, en todo caso, dentro del plazo de veinticuatro horas, a los efectos de que se proceda a la ratificación o no de aquella medida, lo que deberá efectuarse dentro del plazo de setenta y dos horas (art. 763.1, II), previa la práctica de las actuaciones que se detallan en el art. 763.3. La obligación del director del centro de comunicar al Juez competente el internamiento y los motivos que lo justificaron constituye una exigencia básica derivada del respeto al derecho fundamental a la libertad personal (art.17.1 CE) y el plazo de 24 horas para efectuar la comunicación constituye un plazo máximo, que no tiene que agotarse necesariamente ni cabe agotarlo discrecionalmente (STC 141/2012, FJ 5 c), por lo que la falta de dicha comunicación es causa de nulidad [SSTC 13/2016, de 1 febrero *(Tol 5665873)* y 34/2016, de 29 febrero *(Tol 5692306)]*.

D) Competencia

Como acaba de exponerse, en los supuestos de internamiento ordinario, la competencia se atribuye al Tribunal de Instancia del lugar donde la persona afectada tenga su residencia (art. 763.1, I LEC); en los supuestos de internamiento urgente, la competencia se atribuye al Tribunal de Instancia del lugar en que radique el centro en el que se haya producido (art. 763.1, III LEC). En su caso, será competente el Tribunal de instancia del lugar con competencia específica en materia de personas con discapacidad, allá donde exista (art. 46 LEC y art. 86 LOPJ).

Efectuado el internamiento, la competencia para seguir conociendo del procedimiento y efectuar los controles periódicos sobre el estado de la persona ingresada, corresponderá al Tribunal de Instancia del lugar en que dicha persona se encuentre, de manera que no se producirá la perpetuación de la jurisdicción que se contempla con carácter general en el art. 411 LEC y si la persona es trasladada a otro centro que radique en distinto partido judicial, será el juzgado de este lugar el que asuma la competencia [ATS 17/1/2023 *(Tol 9547147)*].

E) Legitimación

a) Internamiento ordinario: En el caso de internamiento ordinario, la legitimación activa corresponde: 1) A las mismas personas legitimadas para instar la adopción judicial de medidas de apoyo (art. 757.1 LEC); 2) Al tutor (art. 271 CC); y 3) Al Misterio Fiscal (arts. 749, 757.2 LEC y art. 3.6 y 6 EOMF). La legitimación pasiva, corresponde a la persona respecto de la que se solicita el internamiento.

b) Internamiento urgente: En el caso de internamiento urgente no cabe hablar propiamente se legitimación activa, pues el responsable del centro no insta el internamiento, sino que se limita a cumplir con su deber de ponerlo en conocimiento del tribunal competente. Una vez incoado el procedimiento relativo al internamiento no voluntario, el Ministerio Fiscal y el sujeto ingresado adoptarán la posición de parte activa y pasiva del procedimiento.

c) Intervención del Ministerio Fiscal: La actuación del Ministerio Fiscal se atendrá a las reglas generales del art. 749 LEC, de manera que: 1) Será siempre parte, aunque no haya promovido el procedimiento ni deba, conforme a la ley, asumir la defensa de alguna de las partes, velando siempre por salvaguardar el interés superior de la persona afectada; y 2) En su caso, asumirá la defensa de los menores o discapaces cuando no sea el que haya promovido el procedimiento.

F) Representación y defensa del internado

El art. 763.3, I *in fine* LEC establece que en todas estas actuaciones la persona afectada por la medida de internamiento podrá disponer de representación y defensa en los términos señalados en el art. 758 LEC. Así pues, el sujeto concernido podrá comparecer en el proceso con su propia defensa y representación. Si no lo hiciere, será representado y defendido por el Ministerio Fiscal, a no ser que haya sido éste el promotor del procedimiento, en cuyo caso se le designará un defensor judicial, que deberá proceder al nombramiento de abogado y procurador [véase lo dicho en el epígrafe III.3.C)].

G) Procedimiento

Sobre la base procedimental del juicio verbal, en lo que resulte aplicable (art. 753 LEC), las actuaciones a practicar son las siguientes:

1) Antes de conceder la autorización para el internamiento ordinario o de ratificar el internamiento urgente (en este caso dentro del plazo máximo de setenta y dos horas), el tribunal oirá a la persona afectada por la decisión (lo que se debe efectuar siempre, incluso para comprobar que no tiene juicio suficiente para ser oída), al Ministerio Fiscal y a cualquier otra persona cuya comparecencia estime conveniente o le sea solicitada por el afectado por la medida (art. 763.3, I, primer inciso LEC).

2) Además, sin perjuicio de que pueda practicar, bien a instancia de parte, bien de oficio, cualquier otra prueba que estime relevante para el caso, el tribunal deberá examinar por sí mismo a la persona de cuyo internamiento se trate y oír el dictamen de un facultativo designado por el propio tribunal (art. 763.3, I, segundo inciso LEC).

3) Tratándose de internamiento de menores se requiere en todo caso el previo informe de los servicios correspondientes de asistencia al menor, y el ingreso deberá realizarse en un establecimiento de salud mental adecuado a su edad (art. 763.2 LEC).

4) Por el resultado de las actuaciones practicadas se dictará auto autorizando o ratificando el internamiento, o denegándolos, que será recurrible en apelación (art. 763.3, II LEC). En la resolución en que se autorice o ratifique el internamiento se expresará la obligación de los facultativos que atiendan a la persona ingresada de informar periódicamente al tribunal sobre la necesidad de mantener la medida, sin perjuicio de los demás informes que el tribunal pueda requerir cuando crea pertinente (art. 763.4, I LEC).

5) También se comunicará lo necesario al Ministerio Fiscal para que promueva, si lo considera procedente, el proceso de adopción de medidas de apoyo de la persona internada (art. 763.1, III, en relación con el 757 LEC).

H) Control periódico del internamiento

Los responsables del centro en el que la persona afectada haya sido internada deben remitir al tribunal que acordó el internamiento los informes periódicos que éste haya ordenado, bien cada seis meses, bien en el plazo más corto que el tribunal hubiese dispuesto (art. 763.4, I y II LEC). Recibidos los informes, el tribunal competente (que será el del lugar en que se encuentre residiendo en ese momento el sujeto internado), previa la práctica de las actuaciones que estime imprescindibles (y entre ellas, inexcusablemente, el examen directo de la persona ingresada y el dictamen de un facultativo), acordará lo procedente sobre la continuación o no del internamiento (art. 764.4, III LEC).

I) Alta del internado

No obstante lo anterior, cuando los facultativos que atiendan a la persona ingresada consideren que no es necesario mantener el internamiento, darán el alta al enfermo y lo comunicarán inmediatamente al tribunal competente (art. 763.4, IV LEC). Éste, tras la práctica de las diligencias necesarias, acordará lo procedente, dejando sin efecto la resolución en que se hubiera acordado la autorización, ratificación o prórroga del internamiento. Y ello, sin perjuicio de que el Ministerio Fiscal o los parientes más próximos puedan promover el correspondiente procedimiento de medidas de apoyo.

Capítulo Tercero

Procesos sobre filiación, paternidad y maternidad

I. LA FILIACIÓN Y SUS PRINCIPIOS RECTORES

En el Capítulo III del Título I del Libro IV de la LEC (arts. 764 a 768), bajo la rúbrica «De los procesos sobre filiación, paternidad y maternidad», se contiene un conjunto de normas relativas a tres tipos de pretensiones que pueden ejercitarse por determinadas personas con objeto de que se declare judicialmente en un proceso contradictorio (valga el pleonasmo) la existencia o la inexistencia de una relación de filiación, de paternidad o de maternidad por naturaleza, estableciendo, además, algunas especialidades en materia de procedimiento y de prueba.

La filiación, y con ella la paternidad y la maternidad, se determinan legalmente conforme a las reglas establecidas en la legislación sustantiva: arts. 115 a 119 CC, para la filiación matrimonial, y arts. 120 a 126 CC para la filiación no matrimonial. No estando legalmente determinadas o estándolo erróneamente, podrá pedirse de los tribunales su correcta determinación por sentencia en los casos previstos en la legislación civil (art. 764.1 LEC, en relación con los arts. 115.2 y 120.3 CC). Esos casos son los que se contemplan en los arts. 131 a 134 CC, para la reclamación, y en los arts. 136 a 141 CC, para la impugnación. Así pues, mediante el cauce que ofrecen estos procedimientos, podrá pretenderse un pronunciamiento judicial en el que se constituya un estado jurídico consistente en ser una determinada persona hija de otra u otras, o en el que se declare que una persona que tenía una filiación determinada no es verdaderamente hija de otra u otras.

Destacan como principios rectores de la relación de filiación en nuestro ordenamiento jurídico, los siguientes:

1.º) *Principio de veracidad o verdad biológica, que se traduce en la libre investigación de la paternidad o maternidad.* El art. 39.2 CE establece que "La ley posibilitará la investigación de la paternidad" a fin de asegurar la correspondencia entre la persona y su filiación. Este principio inspira toda la regulación y se manifiesta singularmente al admitir en los juicios sobre filiación la investigación de la maternidad y la paternidad mediante toda clase de pruebas, incluidas las biológicas (art. 767.2 LEC).

2.º) *Principio de igualdad entre todo tipo de filiación.* Por imperativo constitucional ninguna persona puede ser discriminada por razón de nacimiento o cualquier otra condición o circunstancia personal o social (art. 14 CE). Los poderes públicos aseguran, asimismo, la protección integral de los hijos, iguales ante la ley, con independencia de su filiación (art. 39.2 CE). Consecuentemente con ello, la Ley Orgánica 3/2007, de 22 de marzo, para la igualdad efectiva de mujeres y hombres, proclama en su art. 3 el principio de igualdad de trato entre mujeres y hombres, lo que supone la ausencia de toda discriminación, directa o indirecta, por razón de sexo, y, especialmente, las derivadas de la maternidad, la asunción de obligaciones familiares y el estado civil; y en su art. 4 el principio de igualdad de trato y de oportunidades entre mujeres y hombres como un principio informador del ordenamiento jurídico que, como tal, se integrará y observará en la interpretación y aplicación de las normas.

3.º) *Principio favor filii* o primacía del interés superior de la persona menor sobre cualquier otro interés legítimo (art. 2.1 LOPJM 1/96, de 15 enero).

II. COMPETENCIA Y POSTULACIÓN

a) Competencia: La competencia objetiva se atribuye, conforme a las reglas generales, a los Tribunales de Instancia (arts. 45 y 46 LEC y arts. 85 y 86.5.d LOPJ)[8]. La territorial, al del lugar del domicilio del demandado,

---

[8] La Disposición transitoria primera de la LO 1/2025 establece que los Tribunales de Instancia se constituirán mediante la transformación de los actuales Juzgados unipersonales en las Secciones de los Tribunales de Instancia que se correspondan con las materias de las que aquellos estén conociendo.

La constitución de los Tribunales de Instancia se realizará de manera escalonada conforme al siguiente orden:

1.º) El día 1 de julio de 2025 los Juzgados de Primera Instancia e Instrucción y los Juzgados de Violencia sobre la Mujer, en aquellos partidos judiciales donde no exista otro tipo de Juzgados, se transformarán, respectivamente, en Secciones Civiles y de Instrucción Únicas y Secciones de Violencia sobre la Mujer.

2.º) El día 1 de octubre de 2025, los Juzgados de Primera Instancia, los Juzgados de Instrucción y los Juzgados de Violencia sobre la Mujer, en los partidos judiciales donde no exista otro tipo de Juzgados, se transformarán, respectivamente, en Secciones Civiles, Secciones de Instrucción y Secciones de Violencia sobre la Mujer.

que es el fuero general de las personas físicas (art. 50 LEC), debiendo tenerse en cuenta que, en su caso, puede corresponder la competencia a los Tribunales de Instancia o a las Secciones de los mismos con competencia penal en materia de Violencia sobre la mujer (art. 89.6 LOPJ), si concurren las circunstancias previstas en el art. 89.7 LOPJ (véase lo expuesto sobre este particular en el epígrafe VI del Capítulo Primero).

b) Postulación: Las partes actuarán en estos procesos defendidas por abogado y representadas por procurador (art. 750 en relación con los arts. 23 y ss. y 31 y ss. LEC). Debe tenerse en cuenta que las acciones que correspondan al hijo menor o al hijo con discapacidad que precise apoyo podrán ser ejercitadas por el Ministerio Fiscal, en cuyo caso asumirá éste su representación y su defensa (art. 765.1 LEC). Sobre la actuación del Ministerio Fiscal en este tipo de procesos, véase lo expuesto en el epígrafe II, letra *A)* del Capítulo Primero.

III. PRETENSIONES POSIBLES Y PERSONAS LEGITIMADAS PARA SU EJERCICIO

Conforme al art. 764.1 LEC podrá pedirse de los tribunales la determinación legal de la filiación, así como impugnarse ante ellos la filiación legalmente determinada, en los casos previstos en la legislación civil. En el Código civil, bajo la denominación «acciones de filiación», se comprenden las tendentes, bien a la reclamación de la filiación (arts. 131 a 134 CC), bien a su impugnación, bien a la impugnación del reconocimiento de una filiación (arts. 136 a 141 CC) que se hubiere efectuado ante el encargado del Registro Civil, en testamento o en otro documento público (art. 120.2 CC), concurriendo error, violencia o intimidación.

La legitimación activa para el ejercicio de las acciones de reclamación y de impugnación de la filiación viene establecida en la legislación civil (arts. 131 a 134 y 136 a 140 del CC), a cuya regulación se remite el art. 765 LEC. No obstante, este precepto establece como especialidad que las acciones

---

3.º) El día 31 de diciembre de 2025, los restantes Juzgados, no comprendidos en los supuestos anteriores, se transformarán en las respectivas Secciones conforme a lo previsto en la presente ley.
Hasta la definitiva implantación de los Tribunales de Instancia en cada uno de los partidos judiciales seguirá vigente en ellos el régimen de organización de los Juzgados y los correspondientes anexos de la Ley 38/1988, de 28 de diciembre, de Demarcación y Planta Judicial, anteriores a la promulgación de la LO 1/2025.

que correspondan al hijo menor de edad podrán ser ejercitadas por su representante legal o por el Ministerio Fiscal, actuando uno u otro en representación del menor. Si fuere persona con discapacidad con medidas de apoyo para su ejercicio, podrán ser ejercitadas por ella, por quien le preste el apoyo y se encuentre expresamente facultado para ello o, en su defecto, por el Ministerio Fiscal.

A) Reclamación de la filiación

La pretensión de reclamación de la filiación tiene por objeto obtener un pronunciamiento judicial en el que se determine que una persona es hija de otra u otras. Si dicha persona tenía una filiación legalmente predeterminada que resulte contradictoria con la que se pretende, a la pretensión de reclamación deberá acumularse la de impugnación de la filiación considerada errónea.

En lo atinente a la legitimación, en el Código civil se diferencian los siguientes supuestos:

a) Con posesión constante de estado: Existiendo constante posesión de estado (es decir, una situación de hecho en la que una persona es tenida en el concepto público como hija respecto de otra u otras, habiéndose formado ese concepto público por actos directos de estas últimas personas o de su familia, demostrativos de un verdadero reconocimiento voluntario y libre), además de los propios protagonistas de la relación de filiación, sea matrimonial o no matrimonial (esto es, el padre, la madre o el hijo), cualquier persona con interés legítimo estará también legitimada para solicitar que se declare la filiación manifestada por dicha constante posesión de estado (art. 131, I CC). Ahora bien, si la filiación cuya declaración pretende reclamarse contradijera otra que estuviere legalmente determinada (p. ej. por la inscripción de nacimiento, o por reconocimiento ante el encargado del Registro), no basta el interés legítimo, ni puede un tercero estar legitimado para el ejercicio de tal pretensión (art. 131, II CC), sino que en tal supuesto sólo estarán legitimados quienes afirmen ser el padre, la madre o el hijo.

Por persona con interés legítimo cabe entender aquel sujeto respecto del que la efectividad de la titularidad de un derecho dependa de que el supuesto hijo lo sea verdaderamente del supuesto progenitor (es el caso, por ejemplo, de quienes, de ser cierta la relación de filiación, pudieran resultar sucesores del presunto hijo o del presunto progenitor; o de quienes, en el caso de ser cierta esa relación, tendrían derecho a reclamar alimentos a uno u otro; etc.).

b) Sin posesión constante de estado: Si no existe constante posesión de estado, el Código civil distingue:

a') Filiación matrimonial: La acción de reclamación de la filiación matrimonial, que es imprescriptible, corresponde a cualquiera de los dos progenitores o al hijo (art. 132, I CC), y si el hijo falleciere antes de transcurrir cuatro años desde que alcanzase plena capacidad, o durante el año siguiente al descubrimiento de las pruebas en que se haya de fundar la demanda, su acción corresponde a sus herederos por el tiempo que faltare para completar dichos plazos (art. 132, II CC).

b') Filiación no matrimonial: Según el Código civil, la acción de reclamación de filiación no matrimonial, cuando falte la respectiva posesión de estado, corresponde al hijo durante toda su vida (art. 133.1, I CC), pero el TC ha declarado que también debe entenderse legitimado quien afirme ser progenitor, pues la privación a dicho progenitor de la posibilidad de reclamar una filiación no matrimonial en los casos de falta de posesión de estado no resulta compatible con el mandato del art. 39.2 CE de hacer posible la investigación de la paternidad ni, por ello, con el derecho a la tutela judicial efectiva (art. 24.1 CE) en su vertiente de acceso a la jurisdicción [STC 273/2005 *(Tol 736332)*].

Del mismo modo que en el supuesto anterior, si el hijo falleciere antes de transcurrir cuatro años desde que alcanzase la mayoría de edad o desde que se eliminaren las medidas de apoyo que tuviera previstas a tales efectos, o durante el año siguiente al descubrimiento de las pruebas en que se funde la demanda, su acción corresponde a sus herederos por el tiempo que faltare para completar dichos plazos (art. 133.1, II CC).

La Ley 26/2015, de 28 de julio, de modificación del sistema de protección a la infancia y a la adolescencia *(Tol 5214598)*, adicionó un apartado 2 a este artículo 133 CC (en consonancia con lo declarado en la STC antes citada) en el que se establece que: «2. Igualmente podrán ejercitar la presente acción de filiación los progenitores en el plazo de un año contado desde que hubieran tenido conocimiento de los hechos en que hayan de basar su reclamación. Esta acción no será transmisible a los herederos quienes solo podrán continuar la acción que el progenitor hubiere iniciado en vida».

Sobre el interés legítimo y la legitimación para la reclamación de la filiación puede verse la STC 273/2005 *(Tol 736332)*.

Sobre la caducidad para reclamación de la filiación no matrimonial sin posesión de estado, en relación con el derecho a la tutela judicial efectiva y el principio "pro actione", puede verse STC 82/2022 *(Tol 9136487)*.

B) Supuestos singulares[9]

No se debe ignorar que el sistema familiar actual es plural, es decir, que desde el punto de vista constitucional tienen la consideración de familias aquellos grupos o unidades que constituyan un núcleo de convivencia, independientemente de la forma que se haya utilizado para formarla y del sexo de sus componentes, siempre que se respeten las reglas constitucionales [STS 12 de mayo 2011 *(Tol 2124714)*], por lo que importa analizar algunos supuestos singulares:

a) La reclamación de maternidad por mujer no gestante, cónyuge o pareja de la progenitora gestante

Hasta 2007, las únicas maternidades que se consideraban jurídicamente eran la natural por nacimiento y la adopción por equiparación, si bien sólo era determinable la primera mediante la inscripción del nacimiento en el Registro Civil, fuera matrimonial o no y hubiera intervención o no de técnicas de reproducción asistida, pues la maternidad por adopción se constituye (no se determina) a través de la correspondiente sentencia. Sin embargo, tras el reconocimiento del derecho al matrimonio entre personas del mismo sexo por Ley 13/2005, de 1 de julio *(Tol 652277)* declarada constitucional por STC 198/2012, de 6 de noviembre *(Tol 2671912)*, también cabe la determinación de la maternidad de la esposa de la progenitora gestante, por Ley 3/2007, de 15 de marzo, reguladora de la rectificación registral en la mención relativa al sexo de las personas, que modificó el art. 7.3 de la Ley de Técnicas de Reproducción Humana Asistida de 14/2006, de 26 mayo *(Tol 893267)*, estableciendo que cuando la mujer estuviere casada, y no separada legalmente o de hecho, con otra mujer, esta última podrá manifestar ante el encargado del registro civil del domicilio conyugal, que consiente en que cuando nazca el hijo de su cónyuge, se determine a su favor la filiación respecto del nacido.

La jurisprudencia afirmó que no era necesario que la declaración previa se hubiera hecho ante el Encargado del Registro Civil, bastando con que se hubiera prestado en la clínica o centro sanitario, lo que servía para acreditar adecuadamente el voluntario consentimiento para la técnica de reproducción asistida y la voluntad concorde de las partes de concebir un hijo [STS 5/12/2013 *(Tol 4035995)*].

---

9 Redactado por Ana Rodrigo Fernández.

Este problema ya no se plantea con la redacción actual del art. 7.3 LTRHA, efectuada por la DA 5.ª de la Ley 19/2015 de 13 de julio, de medidas de reforma administrativa en el ámbito de la administración de Justicia y del Registro Civil *(Tol 5200857)*, pues basta con que la esposa de la gestante consienta en el momento de practicarse la inscripción del nacimiento que quede determinada la filiación del hijo respecto de ella, no siendo necesario acreditar que el hijo que desea inscribir ha sido concebido mediante técnicas de reproducción asistida. La Resolución de la Dirección General de Registros y del Notariado de 8 de febrero de 2017, con el argumento de que del actual art. 7.3 LTRHA, coincidente con el del art. 44 de la Ley de Registro Civil de 2011 (redactado también por Ley 19/2015), destaca que la intención del legislador ha sido facilitar la determinación de la filiación de los hijos nacidos en el marco de un matrimonio formado por dos mujeres, independientemente de que hayan recurrido o no a técnicas de reproducción asistida.

A diferencia de la mujer casada con varón, en caso de acudir a técnicas de reproducción asistida, la mujer no necesitará el consentimiento de su esposa, porque no se aplica el art. 116 CC y en ningún caso el hijo o hija que nazca se presumirá matrimonial. No obstante, el lugar del padre como verdad biológica a que se refiere el Código Civil, lo sustituye la Ley por la voluntad de quien desea ser progenitor y se posibilita, por tanto, la coexistencia de dos filiaciones a favor de personas del mismo sexo: una filiación materna biológica y una filiación no basada en la realidad biológica, sino en una pura ficción legal, ambas con los mismos efectos jurídicos que la filiación por naturaleza, una vez se hayan cumplimentado los requisitos expuestos, lo que implica que, en orden al ejercicio de una acción de reclamación de filiación, no sea necesaria la impugnación de la ya determinada, pues no es contradictoria con la que se establece por ley [STS 5/12/2013 *(Tol 4035995)*].

De este modo, atendiendo a la doctrina del Tribunal Supremo, el art. 131 CC debe ser interpretado de conformidad con el art. 7 de la Ley de Técnicas de Reproducción Asistida que remite a las leyes civiles la filiación de los hijos nacidos mediante técnicas de reproducción asistida, a salvo de las especificaciones establecidas en los tres siguientes artículos de la misma. Ello posibilita el ejercicio de la acción de reclamación de maternidad por la esposa de la progenitora cuya filiación no hubiera sido determinada conforme al art. 7.3 LTRHA, al amparo del art. 131 CC sobre posesión de estado, que constituye una causa para otorgar la filiación jurídica, aunque no exista el nexo biológico, y que en la práctica queda superada por la prestación del consentimiento para llevar a cabo la técnica de reproducción asistida, porque constituye la voluntad libre y manifestada por ambas litigantes del deseo de ser progenitoras, hasta el punto de que dicho consentimiento debe ser apreciado aunque la posesión de estado hubiera sido escasa o no suficientemente acreditado como de ordinario se exige, pues seguramente por esta razón el art. 8 de la Ley 14/2006, de 26 de mayo, sobre técnicas de reproducción humana asistida, considera escrito indubitado a los efectos previstos en el art. 49 de la Ley del Registro Civil el documento extendido ante el centro o servicio autorizado en el que se refleje el consentimiento a la fecundación con contribución de donante prestado por varón no casado con anterioridad a la utilización de las técnicas, quedando a salvo la reclamación judicial de paternidad.

Todo ello, unido al interés real, que no es otro que el de las hijas menores, y el de la unidad y estabilidad familiar entre las hermanas que preserve las vinculaciones conseguidas permite estimar dicha acción de reclamación de maternidad [STS 5/12/2013 *(Tol 4035995)*].

Esta orientación jurisprudencial, confirmada por el Pleno del TS [STS 15/1/2015 *(Tol 4122759)*] ha sido posteriormente matizada, desestimándose la acción de reclamación de filiación extramatrimonial por posesión de estado interpuesta por quien fuera pareja, y luego esposa, de la madre por naturaleza, precisando que la prestación de consentimiento en la clínica no determina la posesión de estado, que exige hechos públicos repetidos y encadenados de los que resulte el goce público de una relación de filiación, lo que no acontecía en el caso examinado por la brevedad del tiempo de convivencia transcurrido desde el nacimiento del hijo hasta la separación de las dos mujeres, unido a otras circunstancias concurrentes como que, tras la separación, la relación con el hijo se limitó a contactos esporádicos, más propios de la amistad con la madre que con la maternidad con el niño, respecto del cual no solicitó medidas personales y patrimoniales en el procedimiento de divorcio, no apreciándose un beneficio para la estabilidad personal y familiar del niño derivado de la creación por sentencia de una relación jurídica no basada en un vínculo biológico y que tampoco preserva una continuada y vivida relación materno filial de la demandante con el niño, que desde hace años es cuidado exclusivamente por su madre [STS 27/1/2022 *(Tol 8791218)*].

Ahora bien, si la mujer es pareja de la gestante, pero no están casadas, no podrá reclamar la filiación al amparo del art. 131 CC, sino que deberá acudir a la figura de la adopción intrafamiliar del art. 176.2. 2.ª CC, que veremos en el capítulo decimotercero; y en caso de ruptura con la progenitora gestante solamente podrá reclamar el derecho a relacionarse con el menor al amparo del art. 160.2 CC, cuyo proceso desarrollaremos en el capítulo séptimo [STS 12 de mayo 2011 *(Tol 2124714)*]. En contraste, el Derecho Catalán sí le permite determinar su maternidad no matrimonial (art. 235.13 CCCat).

b) La reclamación de la paternidad en el matrimonio homosexual entre dos hombres

A diferencia de la maternidad, no cabe la paternidad de los dos cónyuges "por naturaleza" ni tampoco en las parejas de hecho estables. En ambos casos, la única posibilidad de paternidad del cónyuge del padre natural es la adopción intrafamiliar, conforme a los arts. 175.4 y 176.2. 2.ª CC. Pero, directamente, sólo será posible la doble paternidad en la adopción conjunta por los dos padres casados o en pareja, cuyo procedimiento se analiza en el capítulo decimotercero.

c) Reclamación judicial de paternidad en caso de reproducción asistida heteróloga

En la fecundación de la mujer casada se requiere siempre el consentimiento formal, expreso y previo del marido, salvo que exista separación judicial o divorcio o separación de hecho de mutuo acuerdo que conste fehacientemente (art. 6.3 LTRHA). En el caso de empleo de gametos masculinos de un donante, el documento del centro o establecimiento en que se contenga dicho consentimiento se considera escrito indubitado para la incoación del expediente registral de paternidad (art. 8.2 LTRHA) y tanto en este caso como en la fecundación homóloga (con gametos del marido), ni el marido, ni la mujer podrán impugnar la filiación matrimonial del hijo nacido como consecuencia de tal fecundación (art. 8.1 LTRHA) ni la revelación de la identidad del donante en los casos previstos en el art. 5.5 de la ley implicará en ningún caso determinación legal de la filiación (art. 8.3 LTRHA).

No obstante, cabe entablar acción de reclamación judicial de paternidad contra el hombre que dio su consentimiento a dicha fecundación, pero que posteriormente se niega a reconocer su paternidad.

d) Reclamación de paternidad en caso de doble filiación materna

En los supuestos de determinación de doble filiación materna es posible que haya un padre conocido, pero conforme a la legislación actual no es posible que conste su paternidad junto a las madres ya que la filiación, tanto matrimonial como no matrimonial tiene el límite de ser "trilateral". Es decir, sólo cabe la determinación de la relación filial de dos personas (de cada una de ellas con el hijo o hija común). Por ello, la pretensión de determinar una filiación diferente para la misma persona, será ineficaz mientras exista la contradictoria, obligando así necesariamente al padre que pretendiera reclamar su paternidad a ejercitar la acción de impugnación conforme al art. 134 CC. Así, en un caso de inseminación artificial doméstica, esto es, al margen de la Ley de Técnicas de Reproducción Humana Asistida, y precedida de un documento privado en el que el varón donante de semen renunciaba a todo derecho de paternidad, pero luego se arrepiente y ejercita una demanda de reclamación de paternidad con impugnación de filiación materna, ésta fue estimada en primera instancia y confirmada por SAP Valencia 27/11/2017 *(Tol 6525594)*] que rechaza la aplicación analógica del art. 7.3 LTRHA negando valor contractual a la renuncia del donante, al no ser un documento conforme al art. 1255 CC por ser indisponible el estado civil, al ser contrario al interés y al orden público, pues la fijeza y seguridad del estado civil es una exigencia de ese interés, así como la verdad biológica dentro de los límites y requisitos legales.

e) Reclamación de paternidad o maternidad en los casos de maternidad subrogada o gestación por sustitución

Los contratos de maternidad subrogada son nulos de conformidad con lo establecido en el art. 10.1 LTRHA, de manera que la filiación será determinada por el parto y la madre será la mujer que da a luz (art. 10.2). Pese a ello, la DGRN, en su Instrucción de 5 de octubre de 2010 *(Tol 1948144)* estableció los requisitos de acceso al Registro Civil español de los nacimientos ocurridos en el extranjero mediante gestación subrogada cuando uno de los progenitores es de nacionalidad española, tras permitirlo en Resolución de 18 de febrero de 2009 *(Tol 1983338)* argumentando que denegar la inscripción en el Registro Civil español de la certificación registral extranjera vulnera el art. 3 de la Convención sobre los derechos del niño de 1989 *(Tol 137099)* por cuanto el interés superior de los menores, recogido en el citado precepto, exige, por una parte, que éstos queden al cuidado de los sujetos que han dado su consentimiento para ser padres, ya que ello constituye el ambiente que asegura al niño la protección y el cuidado necesarios para su bienestar y, por otra, comprende el derecho del menor a una "identidad única", que se traduce en el derecho del menor a disponer de una filiación única válida en varios países, y no de una filiación en un país y de otra filiación distinta en otro país, de modo que sus padres sean distintos cada vez que cruzan una frontera [STJUE 2 octubre 2003, caso G. A. *(Tol 307578)*; STJUE 14 octubre 2008, caso G. P. *(Tol 3242013)*]. Posteriormente, la Instrucción de 18 de febrero de 2019 de la Dirección General de los Registros y del Notariado sobre el mismo asunto, aunque estableció algunas precisiones adicionales, mantuvo la posibilidad de practicar la inscripción siempre que constara la existencia de una sentencia de las autoridades judiciales del país correspondiente firme y dotada de exequatur o que hubiera superado el debido control incidental en los términos previstos en la Instrucción de 5 de octubre de 2010.

La Jurisprudencia no ha compartido esta interpretación, rechazando la inscripción en el Registro Civil español de la filiación de unos menores nacidos tras la celebración de un contrato de gestación por sustitución a favor de los padres intencionales, determinada por las autoridades de California con base en la legislación de dicho estado por tratarse de una filiación contraria a la prevista en el art. 10 de la LTRHA y, como tal, incompatible con el orden público al realizarse en fraude de ley atentando contra la dignidad de la madre gestante y de los hijos nacidos pues tales contratos mercantilizan el embarazo y el parto cosificando a las mujeres y los hijos [STS 6/2/2014 *(Tol 4100882)* con un voto particular].

No obstante, la sentencia deja abierta la puerta al establecimiento de una relación de filiación entre los padres comitentes y los niños nacidos, a través de la acción de reclamación de paternidad del padre biológico conforme a las reglas generales del art. 10. 3 LTRHA o a través de la adopción por ambos comitentes o por el que no aportó sus gametos.

La doctrina del TS ha sido reiterada en STS 31/3/2022 *(Tol 8898029)*, 4/12/2024 (Tol 10298543) y 25/3/2025 *(Tol 10466219)*, resultando conforme a la doctrina del Tribunal Europeo de Derechos Humanos [STEDH 26/6/2014, caso Mennesson v. France y Labassee v. France con Opinión no vinculante de 16/4/2019 *(Tol 9055557)*]. Argumenta la STS 1626/2024, de 4 diciembre *(Tol 10298543)* al denegar el reconocimiento de efectos a una sentencia extranjera en caso de gestación subrogada que la concreción de lo que en cada caso constituye el interés del menor no debe hacerse conforme a los intereses de los comitentes de la gestación subrogada, pues la protección de los menores no puede lograrse aceptando acríticamente las consecuencias del contrato de gestación por sustitución suscrito por los recurrentes sino que habrá de partir de la ruptura de todo vínculo de los menores con la mujer que los gestó y alumbró, la existencia de una filiación biológica paterna y de un núcleo familiar en que estén integrados los menores. Por tanto, la protección que ha de otorgarse ha de partir de las previsiones de las leyes y convenios aplicables en España y de la jurisprudencia que los interpreta y aplica, tomando en consideración su situación actual, estableciendo la relación de filiación mediante la determinación de la filiación biológica paterna, la adopción o permitiendo la integración de los menores en un núcleo familiar mediante la figura del acogimiento familiar. Esta solución satisface el interés superior del menor, valorado en concreto y a la vez intenta salvaguardar los derechos fundamentales que resultarían gravemente lesionados si se potenciara la práctica de la gestación subrogada comercial. Lo contrario vulnera principios fundamentales reconocidos en nuestro ordenamiento jurídico. Así, la LO 1/2023, de 28 de febrero que modifica la LO 2/2010, de salud sexual y reproductiva y de la interrupción voluntaria del embarazo *(Tol 9421380)*, considera, tanto en su preámbulo como en su articulado, que la gestación por sustitución es una forma de violencia contra las mujeres y en el mismo sentido se pronuncia la Resolución del Parlamento Europeo de 17 de diciembre de 2015 sobre el informe anual sobre los derechos humanos y la democracia en el mundo y la política de la Unión Europea al respecto.

Atendiendo a la interpretación efectuada por el Tribunal Supremo y para asegurar la adecuación del tratamiento registral en casos de gestación por sustitución a nuestro ordenamiento y a las normas internacionales en materia de derechos de los menores y de las mujeres gestantes, la Instrucción de la Dirección General de Seguridad Jurídica y Fe Pública 28 de abril de 2025 sobre actualización del régimen registral de la filiación de los nacimientos mediante gestación por sustitución *(Tol 10497071)* acuerda:

1.º) Dejar sin efecto las citadas Instrucciones de 5 de octubre de 2010 y de 18 de febrero de 2019 de la Dirección General de los Registros y del Notariado.

2.º) En ningún caso se admitirá por las personas encargadas de los Registros Civiles, incluidos los Registros Civiles Consulares, como título apto para la inscripción del nacimiento y filiación de los nacidos mediante gestación subrogada una certificación registral extranjera, o la simple declaración acompañada de certificación médica relativa al nacimiento del menor, ni sentencia firme de las autoridades judiciales del país correspondiente.

3.º) Las solicitudes pendientes de inscripción de la filiación de menores nacidos mediante gestación subrogada a la fecha de la publicación de la Instrucción en el BOE (1/5/2025), no se practicarán.

4.º) Los solicitantes podrán obtener de las autoridades locales, si procede, el pasaporte y permisos correspondientes para que los menores puedan viajar a España y, una vez aquí, la determinación de la filiación se efectuará a través de los medios ordinarios previstos en el ordenamiento español: filiación biológica, en su caso, respecto de alguno de los progenitores de intención y filiación adoptiva posterior cuando se pruebe la existencia de un núcleo familiar con suficientes garantías.

En definitiva, la jurisprudencia, admite al amparo del art. 131 CC la reclamación de la filiación no matrimonial con posesión de estado respecto de menores nacidos mediante contratos de gestación por sustitución por parte del progenitor biológico (que aportó gametos u óvulos), pero no respecto del progenitor comitente no biológico, que habría de acudir a la adopción. No existiendo adopción de los hijos biológicos de la pareja, en caso de ruptura, la filiación de los menores sólo quedará determinada respecto del progenitor biológico [ver STS 16/5/2023 *(Tol 9566612)* caso Bosé-Palau y sus cuatro hijos].

C) Impugnación de la filiación

Para el ejercicio de la pretensión de impugnación de la filiación, el Código civil atribuye legitimación a las personas y en los casos siguientes:

a) Con posesión de estado: Cuando exista posesión de estado, la acción de impugnación corresponderá a quien aparece como hijo o progenitor y a quienes por la filiación puedan resultar afectados en su calidad de herederos forzosos. La acción caducará pasados cuatro años desde que el hijo, una vez inscrita la filiación, goce de la posesión de estado correspondiente (art. 140, II CC). Los hijos tendrán en todo caso acción durante un año después de alcanzar la mayoría de edad o de recobrar capacidad suficiente a tales efectos (art. 140, III CC).

b) Sin posesión de estado: Cuando falte en las relaciones familiares la posesión de estado, la filiación paterna o materna no matrimonial podrá ser impugnada por aquellos a quienes perjudique (art. 140, I CC).

c) Supuestos de ejercicio:

a') Por el marido: 1) El marido podrá ejercitar la acción de impugnación de la paternidad en el plazo de un año contado desde la inscripción de la filiación en el Registro Civil. Sin embargo, el plazo no correrá mientras el marido ignore el nacimiento. Fallecido el marido sin conocer el nacimiento, el año se contará desde que lo conozca el heredero.

2) Si el marido, pese a conocer el hecho del nacimiento de quien ha sido inscrito como hijo suyo, desconociera su falta de paternidad biológica, el cómputo del plazo de un año comenzará a contar desde que tuviera tal conocimiento.

3) Si el marido falleciere antes de transcurrir el plazo señalado en los párrafos anteriores, la acción corresponderá a cada heredero por el tiempo que faltare para completar dicho plazo (art. 136 CC, redactado por ley 26/2015, que incorporó la doctrina establecida en las SSTC 138/2005 y 156/2005].

b') Por el hijo: 1) La filiación del padre o progenitor no gestante podrá ser impugnada por el hijo durante el año siguiente a la inscripción de la filiación. Si fuere menor o persona con discapacidad con medidas de apoyo, para impugnarla, el plazo del año se contará desde la mayoría de edad o desde la extinción de las medidas de apoyo.

El ejercicio de la acción en interés del hijo que sea menor corresponderá, asimismo, durante el año siguiente a la inscripción de la filiación, a la madre que ostente la patria potestad, a su representante legal o al Ministerio Fiscal.

Si se tratare de persona con discapacidad con medidas de apoyo, esta, quien preste el apoyo y se encuentre expresamente facultado para ello o, en su defecto, el Ministerio Fiscal, podrán, asimismo, ejercitar la acción de impugnación durante el año siguiente a la inscripción de la filiación.

2) Si el hijo, pese a haber transcurrido más de un año desde la inscripción en el registro, desde su mayoría de edad o desde la extinción de la medida de apoyo, desconociera la falta de paternidad biológica de quien aparece inscrito como padre o progenitor no gestante, el cómputo del plazo de un año comenzará a contar desde que tuviera tal conocimiento.

3) Cuando el hijo falleciere antes de transcurrir los plazos establecidos en los párrafos anteriores, su acción corresponderá a sus herederos por el tiempo que faltare para completar dichos plazos.

4) Si falta en las relaciones familiares la posesión de estado de filiación matrimonial, la demanda podrá ser interpuesta en cualquier tiempo por el hijo o sus herederos (art. 137 CC).

c') Por la madre o progenitor que conste como gestante: La madre o progenitor que conste como gestante podrá ejercitar la acción de impugnación de la filiación justificando la suposición del parto o no ser cierta la identidad del hijo (art. 139 CC).

D) Impugnación del reconocimiento

El reconocimiento y demás actos jurídicos que determinen conforme a la ley una filiación matrimonial o no matrimonial podrán ser impugnados por vicio de consentimiento (art. 138 CC). La acción de impugnación del reconocimiento realizado mediante error, violencia o intimidación corresponde a quien lo hubiere otorgado. La acción caducará al año del reconocimiento o desde que cesó el vicio de consentimiento, y podrá ser ejercitada o continuada por los herederos de aquél, si hubiere fallecido antes de transcurrir el año (art. 141 CC).

En los casos de reconocimiento de complacencia, esto es, aquellos en los que se determina una relación paterno-filial con previo conocimiento y certeza por parte del reconocedor de la inexistencia del vínculo biológico con el reconocido, por el motivo principal de complacer a la madre del hijo que se reconoce, con quien el reconocedor sostiene una relación sentimental y que produce los efectos jurídicos propios del reconocimiento, la jurisprudencia ha admitido la legitimación del propio reconocedor para ejercer la acción de impugnación de la filiación determinada fundada en el hecho de no ser el padre biológico del reconocido y también de la madre que consintió dicho reconocimiento, sin necesidad de nombrar un defensor judicial al menor, siempre que la acción se ejercite dentro de los plazos legales. Dicha acción será la regulada en el art. 136 CC si la paternidad determinada legalmente por el reconocimiento es matrimonial en el momento de ejercicio de la acción; y será la que regula el art. 140.II CC si la paternidad es no matrimonial y ha existido posesión de estado, aunque ésta no persista al tiempo del ejercicio de la acción. Si la acción de impugnación prospera, el reconocimiento devendrá ineficaz [SSTS 15/7/2016 *(Tol 5780303)*, 28/11/2016 *(Tol 5899845)* y 13/11/2024 *(Tol 10287803)*].

E) Acumulación de pretensiones

a) Reclamación e impugnación: Como dijimos anteriormente, al tratar de la pretensión de reclamación de la filiación, ésta tiene por objeto obtener un pronunciamiento jurisdiccional en el que se determine que una persona es hija de otra u otras. Por ello, si dicha persona tenía una filiación legalmente predeterminada que resulte contradictoria con la que se pretende, a la pretensión de reclamación deberá acumularse la de impugnación de la filiación considerada errónea, dirigiéndose la demanda frente a todos los que deban resultar afectados por dicho pronunciamiento [p. ej. STS 3/7/2015 *(Tol 5205512)*; STS 25/9/2023 *(Tol 9724370)*; SAP Madrid 25/1/2024 *(Tol 10012193)*]. En este sentido, establece el art. 134 CC que «el ejercicio de la acción de reclamación, conforme a los artículos anteriores, por el hijo o el progenitor, permitirá en todo caso la impugnación de la filiación contradictoria», siempre que ésta no hubiere sido establecida por una anterior sentencia firme (art. 764.2 LEC).

b) Reclamación y alimentos: Cabe acumular también la pretensión de reclamación de filiación y la de alimentos cuando ambas se ejerciten por un progenitor frente al otro en nombre y representación de los hijos menores (conforme al art. 748.4.º LEC), pues ambas demandas deben sustanciarse por el mismo cauce del juicio verbal especial (art. 753 LEC). Mayor duda ofrece la posibilidad de acumulación de ambas pretensiones cuando se ejerciten por un hijo mayor de edad frente a su progenitor. Cabría entender que la acumulación resulta posible porque el art. 250.8.º LEC establece que la demanda de alimentos se sustanciará, por razón de la materia, por los trámites del juicio verbal, con lo que el cauce procesal sería el mismo en uno y otro caso; aunque no cabe ignorar que ese juicio sobre alimentos es el verbal ordinario por razón de la materia, mientras que el de filiación es un juicio especial del Libro IV de la LEC (que remite al procedimiento del juicio verbal), con lo que una interpretación rigurosa del art. 73.1.2.º LEC podría llevar a la conclusión de que se trata de «juicios de diferente tipo» que impiden la posibilidad de la acumulación.

c) Reclamación y relación paterno filial: Aunque, en principio, la competencia objetiva para conocer de la primera corresponde a los Juzgados de Primera Instancia y de la segunda a los Juzgados de Familia, se considera que son acumulables la acción principal de filiación y la acción de las medidas paterno filiales, por ser ésta accesoria de la anterior y derivadas de la filiación reconocida, y además por ser posible la acumulación objetiva de ambas, al no ser incompatibles entre sí, ni deber ser ventiladas en procesos de diferente tipo [p. ej. SAP Madrid 7/11/2019 *(Tol 8212768)*].

E) Menores o discapaces con medidas de apoyo

a) Menores: Las acciones de determinación o de impugnación de la filiación que, conforme a lo dispuesto en la legislación civil, correspondan al hijo menor de edad podrán ser ejercitadas por su representante legal o por el Ministerio Fiscal, indistintamente (art. 765.1, I LEC). Esta norma no atribuye legitimación para el ejercicio de aquellas pretensiones al representante legal o al Ministerio Fiscal. Las personas legitimadas son, en todo caso, los menores, por quienes actúan quienes en cada caso les representan. Lo singular del precepto radica en que por dichos menores pueden actuar sus representantes legales o el Ministerio Fiscal «indistintamente», es decir, sin que la actuación de este último deba ser subsidiaria o a falta de la actuación de aquéllos, de modo que, en atención al interés público que representa la defensa y la representación de dichos menores o incapacitados, podrá ser asumida en cualquier caso por el Ministerio Fiscal.

b) Personas con discapacidad: Tratándose de personas con discapacidad, dichas acciones podrán ser ejercitadas por ella misma, por quien le preste el apoyo y se encuentre expresamente facultado para ello o, en su defecto, por el Ministerio Fiscal. Como en el supuesto anterior, las personas legitimadas son, en todo caso, las personas discapaces, que actuarán por sí o con el auxilio o con la representación, en su caso, de quien asuma las funciones de apoyo. La actuación del Ministerio Fiscal en interés y en representación del discapaz se establece con carácter subsidiario y sólo tendrá lugar en defecto de la actuación de aquellas personas (art. 765.1, II LEC).

IV. LEGITIMACIÓN PASIVA

A) Personas pasivamente legitimadas

La legitimación pasiva corresponde a aquella o a aquellas personas respecto de las que se pretende la determinación o la impugnación de la filiación. Según el art. 766 LEC, serán parte demandada en estos procesos (salvo que hubieren interpuesto ellos la demanda) las personas a las que en la demanda se atribuya la condición de progenitores o de hijo, cuando se pida la determinación de la filiación, y las personas que aparezcan como progenitores o como hijo en virtud de la filiación legalmente determinada, cuando se impugne ésta. Si cualquiera hubiera fallecido, serán parte demandada sus herederos.

a) Cuando se ejercite la pretensión de reclamación de la filiación, la demanda deberá dirigirse frente a aquellas personas a las que, según la filiación cuya determinación se pretende (y según quién sea el que promueva el proceso), correspondería la condición de padre, madre o hijo.

b) Cuando se ejercite la pretensión de impugnación de una filiación legalmente determinada, la demanda deberá dirigirse frente a quienes tengan atribuida la condición de padre, madre o hijo que se impugna (según quién sea el que promueva el proceso).

En ambos casos, cuando cualesquiera de las personas que deban ser demandadas hubieran fallecido, la demanda deberá dirigirse frente a sus herederos (art. 766 LEC), ya sean voluntarios, forzosos o abintestato [p. ej. SAP Barcelona 31/7/2013 *(Tol 4000457)*]. Si la persona frente a la que se dirige la pretensión tuviera limitada su capacidad como consecuencia de la adopción de medidas de apoyo respecto de la misma, por ella comparecerá quien legalmente le represente y, en su caso, el Ministerio Fiscal, conforme a lo establecido en los arts. 7 y 8 LEC.

B) Litisconsorcio pasivo

a) Regla general: La regla contenida en el art. 766 LEC, según la cual deberán ser demandadas las personas a las que se atribuye la condición de progenitores (en caso reclamación) o las que aparezcan como progenitores (en caso de impugnación), así como al hijo (cuando no sea el demandante) y, en el caso de que alguna de ellas hubiere fallecido, a sus herederos, establece un litisconsorcio pasivo necesario, de modo que, si cualquiera de las personas que ha de resultar afectada por la declaración o por la impugnación no fuera traída al proceso, se habría constituido defectuosamente la relación jurídico procesal, debiendo apreciarse tal defecto incluso de oficio [p. ej. STS 25/9/2023 *(Tol 9724370);* SAP Pontevedra 18/6/2020 *(Tol 8038495)*]. La falta de litisconsorcio pasivo necesario se manifiesta de manera particularmente clara en los casos de ejercicio de acciones de impugnación de la filiación [SAP Valencia 4/10/2023 *(Tol 9.866.577)*], así como en los casos de acumulación de pretensiones de reclamación y de impugnación [STS 3/7/2015 *(Tol 5205512)*; véase también la STS 25/9/2023, FJ 4.º *(Tol 9724370)*].

La exigencia relativa al litisconsorcio pasivo debe complementarse con la previsión contenida en el art. 753.1 LEC, según la cual, el letrado de la Administración de Justicia debe dar traslado de la demanda al Ministerio Fiscal, cuando proceda, y a las demás personas que, conforme a la ley, deban ser parte en el procedimiento, hayan sido o no demandados, emplazándoles para que la contesten dentro del plazo legalmente establecido, de manera que, de oficio, deberá proveerse desde el principio del proceso, por el letrado de la Administración de Justicia, para que se constituya debidamente la relación jurídico procesal con todos los interesados en el pronunciamiento que se solicite en la demanda.

b) Supuestos singulares: Los tribunales han matizado la exigencia del litisconsorcio pasivo necesario, declarando que no lo hay cuando entre el progenitor demandado por el otro y el hijo que no lo ha sido, no existe conflicto de intereses [p. ej. SAP Guipúzcoa 31/5/2011 *(Tol 4389161)*], o cuando el progenitor no demandado manifiesta expresamente dentro del proceso, al declarar como testigo, su conformidad con la demanda [p. ej. SAP Santa Cruz de Tenerife 9/3/2023 *(Tol 9582165);* SSAP Madrid 13/6/2018 *(Tol 6772031)* y 19/6/2017 *(Tol 6358021)*]. En cambio, la falta de emplazamiento de los herederos del progenitor respecto de quien se impugna la filiación, no podría ser suplida por su declaración como testigo [así, p. ej. SAP Castellón 1/7/2010 *(Tol 1955225)*].

c) Caso de acumulación de pretensiones: Cuando se ejercita una pretensión de reclamación existiendo una determinación legal de filiación que resulte contradictoria con la que se solicita, ello entraña que el actor está manifestando su disconformidad con la paternidad que se establece en el asiento registral, de manera que la estimación de la demanda ha de llevar consigo la consiguiente rectificación. Consecuentemente, un pronunciamiento sobre tal impugnación, correlativo al correspondiente a la acción de reclamación, no puede realizarse sin la presencia en el proceso de todos los interesados, como claramente establece el artículo 766 de la Ley de Enjuiciamiento Civil [STS 3/7/2015 *(Tol 5205512)*].

C) Intervención del Ministerio Fiscal

Cuando no actúe como demandante, en representación de menores o discapaces necesitados de apoyo, el Ministerio Fiscal será parte en estos procesos, en defensa de la legalidad y del interés superior de la persona afectada (art. 749 LEC) [véase el epígrafe II, *A)* del Capítulo I)].

V. PROCEDIMIENTO Y PRUEBA

Las demandas en que se ejerciten pretensiones sobre reclamación o sobre impugnación de la paternidad, maternidad o filiación, se sustanciarán conforme al procedimiento establecido para el juicio verbal, al que remite el art. 753 LEC, con la particularidad de que el letrado de la Administración de Justicia, de oficio, debe dar traslado de la demanda al Ministerio Fiscal, cuando proceda, y a las demás personas que, conforme a la ley, deban ser parte en el procedimiento, hayan sido o no demandados, emplazándoles para que la contesten dentro del plazo legalmente establecido (véase el epígrafe V, apartado *A)* del Capítulo I, sobre el procedimiento en general).

En lo que sigue nos ocuparemos de las cuestiones atinentes a la admisibilidad de la demanda y a la prueba y la determinación de los hechos. La regulación normativa de esta materia se contiene en los arts. 753, 764.2 y 767 LEC.

A) Admisibilidad de la demanda

La admisión a trámite de la demanda está sujeta a un doble condicionamiento: por una parte, por el límite que represente la eficacia de la cosa juzgada resultante de una sentencia anterior en la que se haya proferido un pronunciamiento sobre la filiación cuya declaración o impugnación se pretenda en la demanda (art. 764.2 LEC); y por otra, por la exigencia de un principio de prueba del que resulte la buena apariencia y verosimilitud de la pretensión que se ejercita (art. 767.1 LEC), sin cuya aportación no cabe iniciar al proceso.

a) El límite de la cosa juzgada: El art. 764.2 LEC establece en su párrafo primero que los tribunales rechazarán la admisión a trámite de cualquier demanda que pretenda: 1) la impugnación de la filiación declarada por sentencia firme, o 2) la determinación de una filiación contradictoria con otra que hubiere sido establecida también por sentencia firme. Ello tendrá lugar cuando, de la demanda presentada y de los documentos que a la misma se acompañen, se desprenda claramente la existencia de una sentencia firme que se haya pronunciado previamente sobre dicha filiación, ahora nuevamente reclamada o impugnada. Si la existencia de dicha sentencia firme se acreditare una vez iniciado el proceso, el tribunal, procederá de plano a su archivo (mismo artículo, párrafo segundo) en el momento en que se encuentre.

Con esta exigencia se trata de impedir que se declare judicialmente una filiación que resulte contradictoria con otra previamente declarada por sentencia firme, o que se declare la nulidad de una filiación que hubiera sido previamente determinada por una sentencia firme, es decir, se trata de garantizar la eficacia de la cosa juzgada, evitando que, declarada o negada judicialmente una filiación, esa misma cuestión pueda ser nuevamente discutida en un proceso posterior, y no ya sólo por quienes fueron parte en el anterior, sino también por cualesquiera otras personas, en consonancia con lo establecido en el art. 222.3, II LEC, según el cual las sentencias sobre filiación tendrán efectos frente a todos a partir de su inscripción o anotación en el Registro Civil. Así pues, la exclusión del nuevo proceso sobre el mismo objeto tendrá lugar con independencia de quiénes sean parte en él y quiénes lo hayan sido en el anterior. Ahora bien, la desestimación de la demanda de reclamación interpuesta por la madre en nombre y representación del hijo menor, no ha impedido que se considerase procedente la demanda sobre el mismo objeto interpuesta por el hijo después de haber alcanzado la mayoría de edad [así, en la STS 17/11/2022 *(Tol 9318691)*].

b) Aportación de un principio de prueba: El art. 767.1 LEC establece que en ningún caso se admitirá la demanda sobre determinación o impugnación de la filiación si con ella no se presenta un principio de prueba de los hechos en que se funde. La trascendencia de estos procesos ha llevado al legislador a exigir un requisito de admisibilidad que evidencie que la presentación de la demanda no obedece a un mero capricho, sino que responde a una base fáctica que le otorga verosimilitud. El criterio con el que la jurisprudencia ha interpretado esta exigencia ha sido de cierta amplitud, habiendo considerado que queda cumplido con la aportación de actas notariales de manifestaciones, fotografías e incluso con el ofrecimiento razonado sobre el contenido de la prueba a practicar, no siendo preciso que el principio de prueba consista en un documento [SAP León 14/3/2024 *(Tol 10025356)* y Madrid 15/2/2024 *(Tol 10011152)*].

c) La exigencia de actividad negociadora previa a la vía jurisdiccional, como requisito de procedibilidad para la promoción de determinados procesos, está expresamente excluida para los que tengan por objeto la filiación, paternidad y maternidad [art. 5.2, letra d) de la L.O. 1/2025].

B) La prueba y la determinación de los hechos

a) En general: En materia de aportación de hechos, prueba y determinación fáctica de la cuestión a decidir, deberá estarse, en primer lugar, a las reglas contenidas en el art. 752 LEC, conforme al cual: 1) Estos procesos se decidirán con arreglo a los hechos que hayan sido objeto de debate y resulten probados, con independencia del momento en que hubieren sido alegados o introducidos de otra manera en el procedimiento; 2) Sin perjuicio de las pruebas que se practiquen a instancia del Ministerio Fiscal y de las demás partes, el tribunal podrá decretar de oficio cuantas estime pertinentes; 3) La conformidad de las partes no vinculará al tribunal ni podrá éste decidir la cuestión litigiosa basándose exclusivamente en dicha conformidad o en el silencio o respuestas evasivas sobre los hechos alegados por la parte contraria; 4) Tampoco estará el tribunal vinculado a las disposiciones generales de la LEC en materia de valoración legal de las pruebas (véase lo dicho al respecto en el anterior epígrafe 4 del Capítulo I).

b) Reglas específicas: El artículo 767 LEC contiene, además, las siguientes reglas específicas:

a') Sobre los medios de prueba: En los juicios sobre filiación será admisible la investigación de la paternidad y de la maternidad mediante toda clase de pruebas, incluidas las biológicas (art. 767.2).

b') Sobre determinación de los hechos: 1) Pruebas indirectas: Aunque no haya prueba directa, podrá declararse la filiación que resulte del reconocimiento expreso o tácito, de la posesión de estado, de la convivencia con la madre en la época de la concepción o de otros hechos de los que se infiera la filiación de modo análogo (art. 767.3 LEC); 2) Presunciones: La negativa injustificada a someterse a la prueba biológica de paternidad o maternidad permitirá al tribunal declarar la filiación reclamada, siempre que existan otros indicios de la paternidad o maternidad y la prueba de ésta no se haya obtenido por otros medios. No se trata de que se pueda inferir la paternidad por la simple negativa del demandado a la práctica de la prueba biológica, sino de que, de acuerdo con la doctrina establecida por el Tribunal Constitucional [p. ej. STC 177/2007 *(Tol 1126523)*] y por la Sala Civil del Tribunal Supremo [p. ej. SSTS 28/5/2015 *(Tol 5166524)*, 18/7/2017 *(Tol 6209579)* y

4/5/2022 *(Tol 8941284)*], a falta de prueba directa de la paternidad, la negativa injustificada a que se practique la prueba biológica es un indicio que, unido a las pruebas concurrentes acreditadas, conduce a apoyar la determinación de la paternidad reclamada. Así, en la última resolución citada se afirma que "Los indicios de la paternidad del actor que resultan de la prueba practicada (documental, fotográfica y testifical) son muy relevantes y, junto a la negativa injustificada a la sumisión de la práctica de prueba por la parte demandada, conducen a que la paternidad del demandante deba quedar determinada, de acuerdo con la doctrina antes reseñada".

VI. MEDIDAS CAUTELARES

Bajo la denominación de «medidas cautelares» el art. 768 LEC contempla la posibilidad de que, durante la sustanciación del procedimiento, se adopten las que fueren oportunas para la protección de la persona y bienes de quien aparece como hijo o reclama la filiación. La lectura del precepto pone de relieve que no se trata de medidas cautelares en el sentido que se les atribuye en el art. 721 LEC, pues con ellas no se persigue asegurar la efectividad de la sentencia que se dicte o de la tutela que se pretende (la determinación o la impugnación de la filiación), sino de otorgar la protección necesaria a quien se encuentre en una posición de desvalimiento frente a quien aparece como progenitor.

A) Medidas a adoptar

a) En el proceso de impugnación: En el proceso en que se impugne la filiación, el tribunal adoptará las medidas de protección oportunas sobre la persona y bienes del sometido a la potestad del que aparece como progenitor (art. 768.1 LEC). Si el impugnante se encuentra bajo la potestad (por ser menor de edad) de quien aparece como progenitor (que es quien debe alimentarle, velar por él y administrar su patrimonio con la debida diligencia, conforme a los arts. 110, 154 y 164 CC), el legislador ha considerado necesario que, ante la eventualidad de que el progenitor demandado, cuya paternidad o maternidad se pone en duda, dejara de atender aquellos deberes y actuara en beneficio propio y en perjuicio del sometido a su potestad, puedan acordarse por el tribunal las medidas que se consideren necesarias para evitarlo. Entre las medidas de protección relativas a la persona, podría acordarse, por ejemplo, la privación de la custodia del hijo menor, o la atribución de un domicilio para el mismo, pero también, en su caso, la prohibición de salida del territorio nacional, la prohibición de expedición de pasaporte o la retirada del que se hubiere expedido, si existiere riesgo de sustracción del menor; y entre las relativas a la protección de los bienes, la privación de la administración de los mismos, la prohibición de enajenarlos, la formación de inventario, etc. También cabría acordar el embargo preventivo de bienes para garantizar el deber de seguir prestando alimentos.

Dados los términos en que se expresa este precepto —«el tribunal adoptará»— y la finalidad tuitiva a la que el mismo responde, se ha podido entender que estas medidas pueden ser acordadas de oficio por el tribunal [p. ej. SAP Vizcaya 18/2/2019 *(Tol 7261063)*; SAP Barcelona 14/4/2021 *(Tol 8481801)*].

b) En el proceso de reclamación: a') Medidas de protección: Cuando se reclame judicialmente la filiación, el tribunal podrá adoptar, asimismo, las medidas de protección que resulten necesarias respecto de la persona o bienes, conforme a lo establecido en el apartado 1 del art. 768 LEC, a que antes se ha hecho referencia.

b') Alimentos provisionales: También se podrán acordar alimentos provisionales a cargo del progenitor demandado (el art. 768.2 habla sólo de «demandado», pero no ofrece duda de que sólo pueden reclamarse por parte del hijo demandante respecto de quien afirme que es su progenitor, y nunca por éste, en el caso de que fuera el demandante, con cargo a su hijo). Se trata de una medida anticipativa del deber de prestación de alimentos, cuyo cumplimiento corresponderá al progenitor demandado, en el caso de que se estime la demanda, con efectos retroactivos desde la fecha de su interposición [SAP Málaga 21/3/2016 *(Tol 5799462)*; SAP Barcelona 14/4/2021 *(Tol 8481801)*; STS 29/9/2016 *(Tol 5832223)*]. Será procedente esta anticipación de la prestación de alimentos cuando resulte necesario para proteger los intereses del hijo demandante, cuando concurran los requisitos de: 1) Apariencia de buen derecho —como ocurre, por ejemplo, cuando se aporta con la demanda una sólida base documental sobre la posible paternidad del demandado o cuando ha recaído en primera instancia sentencia estimatoria de la demanda [SAP Granada 11/11/2022 *(Tol 9421589*)]— y 2) Situación de peligro —como se da, por ejemplo, en caso de inexistencia o escasez de recursos del demandante o del progenitor con quien convive [SAP Barcelona 10/11/2020 *(Tol 8250403)*]. En materia de reclamación de alimentos puede verse también la SAP La Coruña 24/1/2024 *(Tol 9977940)*.

Sin perjuicio de lo anterior, también podrán reclamarse alimentos definitivos en la demanda (acumulando esta pretensión a la de filiación, según vimos en el anterior epígrafe II apartado *D)*, de este mismo Capítulo, para que la sentencia se pronuncie sobre ello.

c) Duración de las medidas: Estas medidas tienen carácter accesorio y solamente pueden mantenerse mientras dure el procedimiento en que se impugna o en que se reclama la filiación [SAP Navarra 15/2/2023 *(Tol 9661839)*], de manera que el límite inicial está determinado por el momento de la admisión de la demanda y el final por la firmeza de la sentencia definitiva [p. ej. SAP Barcelona 25/2/2020 *(Tol 7876483)*].

B) Procedimiento

Para la adopción de las medidas, el art. 768 LEC contempla dos supuestos:

a) Tramitación ordinaria: Por regla general, las medidas se adoptarán previa audiencia de las personas que pudieran resultar afectadas, para lo que deberá estarse al procedimiento establecido en los arts. 734, 735 y 736 (art. 768.3, I LEC). Así pues, recibida la solicitud (o, en su caso, planteada de oficio la conveniencia de su adopción), el letrado de la Administración de Justicia convocará a las partes a una vista, que se celebrará dentro de los diez días siguientes, en la que podrán exponer lo que consideren conveniente a su derecho, sirviéndose de cuantas pruebas dispongan. Terminada la vista, el tribunal resolverá por medio de auto, contra el que podrá interponerse recurso de apelación, sin efectos suspensivos en caso de acordarse las medidas.

b) Supuestos de urgencia: Cuando concurran razones de urgencia, se podrán acordar las medidas sin más trámites, es decir, mediante auto que dicte el tribunal sin audiencia previa de los interesados (ese auto deberá contener la motivación específica acerca de la necesidad de adoptar la medida inaudita parte que se exige por el art. 733.2 LEC). En tal caso, una vez adoptadas, el letrado de la Administración de Justicia mandará citar a los interesados a una comparecencia, que se celebrará dentro de los diez días siguientes y en la que, tras oír las alegaciones de los comparecientes sobre la procedencia de las medidas adoptadas (no se contempla la posibilidad de practicar prueba), el tribunal resolverá por medio de auto sobre el mantenimiento, modificación o supresión de la medida o medidas adoptadas (art. 768.3, II LEC).

c) No necesidad de caución: Para la adopción de estas medidas, podrá no exigirse caución a quien las solicite (art. 768.3, III LEC).

d) Pieza separada: Para todo lo concerniente a la solicitud, adopción y ejecución de las medidas de protección que se adopten, deberá formarse la oportuna pieza separada.

Capítulo Cuarto

Procesos matrimoniales y de familia (1) Disposiciones generales. Procedimiento contencioso

I. POSIBLES OBJETOS

Bajo la denominación de «procesos matrimoniales», en el Capítulo IV del Título I del Libro IV de la LEC (arts. 769 a 778) se contienen las normas relativas a un conjunto de procedimientos, con pluralidad de posibles objetos, en los que, con relación a la existencia de una relación familiar, pueden ejercitarse alguna de las siguientes pretensiones: 1) la de nulidad matrimonial; 2) la petición de separación y divorcio legal, contencioso o consensual; 3) la de adopción de medidas provisionales, previas a la demanda o derivadas de su admisión (tanto en relación a los consortes como con respecto a los hijos); 4) la de adopción de medidas definitivas (tanto respecto de los consortes como de los hijos comunes) derivadas de la nulidad, la separación o el divorcio; 5) las relativas a la guarda y custodia y a los alimentos de los hijos habidos de uniones no matrimoniales que cesan en su convivencia; 6) la de adopción de medidas respecto de los animales de compañía; 7) la de modificación de las medidas definitivas; 8) la relativa a la efectividad de las relaciones familiares reconocidas en el art. 160 CC; y 9) la tendente a solicitar el reconocimiento de eficacia civil a las resoluciones canónicas.

Esta diversidad de posibles objetos impide que pueda hablarse de un único tipo de proceso, aunque haya tratado de lograrse la simplificación procedimental reconduciendo su tramitación a los modelos establecidos en el art. 770 (contencioso) y en el art. 777 (de común acuerdo). Aun así, pese a la aparente uniformidad que parece desprenderse de la regulación contenida en un sólo precepto (bien sea el art. 770, bien el art. 777), en el que se establece una tramitación procedimental común (para el procedimiento contencioso y para el consensual, respectivamente), ha de tenerse en cuenta que:

1.º) El llamado proceso matrimonial no sólo tiene por objeto las pretensiones tendentes a la modificación, a la disolución o a la extinción del matrimonio, sino que una de sus características es, precisamente, la diversidad de los posibles objetos procesales acumulados, relacionados con el Derecho de Familia, cuya actuación se rige por normas de distinta naturaleza.

2.º) Las normas procesales que se contienen en las disposiciones generales del Capítulo I del Título I del Libro IV y las reglas procedimentales que de ellas se deriven, resultarán o no aplicables en cada caso, en atención a cuál sea en cada supuesto concreto el objeto del proceso (así ocurrirá, por ejemplo, respecto de la determinación de la legitimación, o en lo relativo a la renuncia, el allanamiento, la transacción o el desistimiento, o acerca de la posibilidad de acordar pruebas de oficio).

3.º) En consideración a cuál sea el objeto de cada proceso o procedimiento matrimonial o a cuáles sean los diferentes objetos acumulados en un mismo procedimiento, serán distintos o regirán en distinta medida los principios mismos del proceso. Así, mientras que la nulidad o los efectos comunes para con los hijos menores son materias regidas por el *ius cogens* y sustraídas, por tanto, a la disposición de las partes, las cuestiones económicas entre los cónyuges estarán sometidas por entero a los principios de oportunidad y dispositivo, que conformarán en este aspecto el proceso. Del mismo modo, en los procesos de separación y divorcio sin hijos menores o con discapacidad, su objeto es disponible, de modo que cabrá renuncia, desistimiento y transacción, y también podrá ser concluido el proceso por carencia sobrevenida del objeto, o por mediación.

4.º) En lo concerniente a la separación y el divorcio la constitución de tal estado civil se hace depender de la sola voluntad del demandante, de modo que la naturaleza jurídica del procedimiento en el que se solicita y se obtiene la resolución judicial que así lo acuerda es, en cuanto a ese extremo, la de un expediente de jurisdicción voluntaria.

II. JURISDICCIÓN Y COMPETENCIA

1. Reglas generales

La competencia objetiva para el conocimiento de estos procesos se atribuye a los Tribunales de Instancia y, en su caso, a las Secciones de Familia, Infancia y Capacidad, donde existan[10]; la territorial se determina, básicamente, por el lugar correspondiente al último domicilio común, aunque

[10] La Disposición transitoria primera de la LO 1/2025 establece que los Tribunales de Instancia se constituirán mediante la transformación de los actuales Juzgados

caben otros fueros subsidiarios. Por razón de la atribución objetiva y funcional de la competencia que se realiza en el art. 89.6 y 7 LOPJ, el conocimiento de estos procesos puede corresponder a los Tribunales o Secciones con competencia penal en materia de Violencia sobre la Mujer.

La regulación normativa de esta materia se contiene en los arts. 45, 46 y 769 de la LEC; en los arts. 85, 86.5, 89.6 y 7 de la LOPJ; y en el Reglamento 2019/111 del Consejo, de 25 de junio de 2019, relativo a la competencia, el reconocimiento y la ejecución de resoluciones judiciales en materia matrimonial y de responsabilidad parental *(Tol 7.336.463)*.

A) Jurisdicción y competencia internacional

Conforme al Reglamento (UE) 2019/1111 del Consejo, de 25 de junio de 2019, relativo a la competencia, el reconocimiento y la ejecución de resoluciones en materia matrimonial y de responsabilidad parental, y sobre la sustracción internacional de menores en el ámbito de la Unión Europea *(Tol 7.336.463)*, cuando la demanda se dirija frente a quien tenga su residencia habitual o sea nacional de un Estado miembro, la competencia se determinará:

a) Tratándose de procesos matrimoniales, con arreglo a lo establecido en sus artículos 3 (competencia general), 4 (competencia para la demanda

---

unipersonales en las Secciones de los Tribunales de Instancia que se correspondan con las materias de las que aquellos estén conociendo.
La constitución de los Tribunales de Instancia se realizará de manera escalonada conforme al siguiente orden:
1.º) El día 1 de julio de 2025 los Juzgados de Primera Instancia e Instrucción y los Juzgados de Violencia sobre la Mujer, en aquellos partidos judiciales donde no exista otro tipo de Juzgados, se transformarán, respectivamente, en Secciones Civiles y de Instrucción Únicas y Secciones de Violencia sobre la Mujer.
2.º) El día 1 de octubre de 2025, los Juzgados de Primera Instancia, los Juzgados de Instrucción y los Juzgados de Violencia sobre la Mujer, en los partidos judiciales donde no exista otro tipo de Juzgados, se transformarán, respectivamente, en Secciones Civiles, Secciones de Instrucción y Secciones de Violencia sobre la Mujer.
3.º) El día 31 de diciembre de 2025, los restantes Juzgados, no comprendidos en los supuestos anteriores, se transformarán en las respectivas Secciones conforme a lo previsto en la presente ley.
Hasta la definitiva implantación de los Tribunales de Instancia en cada uno de los partidos judiciales seguirá vigente en ellos el régimen de organización de los Juzgados y los correspondientes anexos de la Ley 38/1988, de 28 de diciembre, de Demarcación y Planta Judicial, anteriores a la promulgación de la LO 1/2025.

reconvencional) y 5 (conversión de la separación en divorcio). Si de los artículos anteriormente citados no se deduce la competencia de ningún órgano jurisdiccional de un Estado miembro, la competencia se determinará, en cada Estado miembro, con arreglo a las leyes de dicho Estado (art. 6).

b) Tratándose de demandas sobre responsabilidad parental, se estará a las reglas de los arts. 7 y 10 (competencia en general), 8 (derechos de visita), 9 (traslado o retención ilícitos), a la regla especial del art. 11 (competencia basada en la residencia de un menor) y a la regla residual del art. 14, conforme a la cual, si de los artículos anteriores no se deduce la competencia de ningún órgano jurisdiccional de un Estado miembro, la competencia se determinará, en cada Estado miembro, con arreglo a las leyes de dicho Estado miembro.

Excepcionalmente, los órganos jurisdiccionales de un Estado miembro competentes para conocer del fondo del asunto, si consideran que un órgano jurisdiccional de otro Estado miembro con el que el menor tenga una vinculación especial está mejor situado para conocer del asunto o de una parte específica del mismo, y cuando ello responda al interés superior del menor, podrán: a) suspender el conocimiento del asunto o de parte del mismo e invitar a las partes a presentar una demanda ante el órgano jurisdiccional de ese otro Estado miembro, o b) solicitar al órgano jurisdiccional del otro Estado miembro que ejerza su competencia con arreglo a lo establecido, respectivamente en los arts. 12 y 13 del Reglamento. Estas posibilidades se aplicarán, bien a instancia de parte, bien de oficio, bien petición del órgano jurisdiccional de otro Estado miembro con el que el menor tenga una vinculación especial.

En materia de medidas provisionales y cautelares urgentes, se estará al art. 15, y en lo concerniente a las cuestiones incidentales, al art. 16.

B) Competencia objetiva

La competencia objetiva corresponde a los Tribunales de Instancia (arts. 769.1 y 45 LEC y 85 LOPJ) y, en aquellos Partidos judiciales en los que se hayan constituido las Secciones de Familia, Infancia y Capacidad (art. 46 LEC y art. 86.5 LOPJ), serán estos los que conozcan de los procesos de que aquí se trata[11]. La atribución de competencia exclusiva a las Secciones de Familia para el conocimiento de determinados asuntos implica

---

[11] La Disposición transitoria primera de la LO 1/2025 establece que los Tribunales de Instancia se constituirán mediante la transformación de los actuales Juzgados

que los mismos no podrán conocer de ninguna otra materia que no sea de su específica competencia, ya que para que sea admisible la acumulación de pretensiones es preciso que el tribunal que deba entender de la acción principal posea competencia por razón de la materia para conocer de la acumulada o acumuladas (art. 73.1, 1.º LEC) y que las acciones acumuladas no deban, por razón de su materia, ventilarse en juicios de diferente tipo (art. 73.1, 2.º LEC).

C) Competencia territorial

a) Caracterización general: En atención a la naturaleza de las relaciones matrimoniales y paterno filiales y a los hechos mismos que dan lugar a las pretensiones que se deducen en los procedimientos que versan sobre dichas materias, la ley toma en consideración como criterio básico determinante de la competencia territorial el fuero del domicilio familiar: el tribunal adecuado por razón del territorio para decidir una controversia de aquella naturaleza es el del lugar donde la familia reside.

Así como en los procesos dispositivos las normas sobre competencia territorial tienen, por regla general, igual carácter, de modo que sólo se aplican en defecto de sumisión expresa o tácita de las partes (a excepción de las reglas imperativas contenidas en los números 1.º y 4.º a 15.º del apar-

---

unipersonales en las Secciones de los Tribunales de Instancia que se correspondan con las materias de las que aquellos estén conociendo.

La constitución de los Tribunales de Instancia se realizará de manera escalonada conforme al siguiente orden:

1.º) El día 1 de julio de 2025 los Juzgados de Primera Instancia e Instrucción y los Juzgados de Violencia sobre la Mujer, en aquellos partidos judiciales donde no exista otro tipo de Juzgados, se transformarán, respectivamente, en Secciones Civiles y de Instrucción Únicas y Secciones de Violencia sobre la Mujer.

2.º) El día 1 de octubre de 2025, los Juzgados de Primera Instancia, los Juzgados de Instrucción y los Juzgados de Violencia sobre la Mujer, en los partidos judiciales donde no exista otro tipo de Juzgados, se transformarán, respectivamente, en Secciones Civiles, Secciones de Instrucción y Secciones de Violencia sobre la Mujer.

3.º) El día 31 de diciembre de 2025, los restantes Juzgados, no comprendidos en los supuestos anteriores, se transformarán en las respectivas Secciones conforme a lo previsto en la presente ley.

Hasta la definitiva implantación de los Tribunales de Instancia en cada uno de los partidos judiciales seguirá vigente en ellos el régimen de organización de los Juzgados y los correspondientes anexos de la Ley 38/1988, de 28 de diciembre, de Demarcación y Planta Judicial, anteriores a la promulgación de la LO 1/2025.

tado 1 y en el apartado 2 del art. 52 y de los demás casos señalados en el art. 54 LEC), en los procesos no dispositivos aquellas normas tienen carácter imperativo en todo caso. Esa cualidad de norma imperativa se afianza en el artículo 769 de la LEC con una doble garantía: 1) Imponiendo al órgano jurisdiccional ante el que se presente la demanda el deber de examinar de oficio su propia competencia con arreglo a lo establecido en el propio precepto, y 2) Declarando nulos los acuerdos de las partes que se opongan a lo dispuesto en el mismo (art. 769.4).

El artículo citado, al establecer esas reglas determinantes de la competencia territorial, lo hace separadamente para los procedimientos matrimoniales contenciosos, el procedimiento de común acuerdo y los que versen exclusivamente sobre guarda y custodia o alimentos reclamados por un progenitor para los hijos.

b) Procedimiento matrimonial contencioso: La determinación de la competencia territorial se hace tomando en consideración la existencia o no de domicilio conyugal.

a') Existencia de domicilio conyugal: Existiendo domicilio conyugal, será tribunal competente para conocer de todos los procedimientos matrimoniales contenciosos el Tribunal de instancia o la Sección de Familia correspondiente a dicho domicilio (art. 769.1). Esta primera regla se subordina en el propio precepto a que en la ley no se disponga expresamente otra cosa, cuya excepción debe entenderse referida solamente al caso de la solicitud de medidas provisionales previas a la demanda, que debe instarse ante el Tribunal de instancia del domicilio del solicitante, atendido lo dispuesto en el artículo 771.1 LEC.

Por domicilio conyugal debe entenderse aquel en el que los cónyuges viven juntos, de manera estable, aquel en el que tienen fijada su residencia habitual conjunta y que ambos han determinado con ese objeto de común acuerdo [p. ej. SAP Salamanca 19/10/2022 *(Tol 9339807)*]. Puesto que se presume, salvo prueba en contrario, que los cónyuges viven juntos (art. 69 CC), se debe presumir igualmente que el domicilio conyugal existe mientras los cónyuges no estén separados, legalmente o de hecho.

b') Inexistencia de domicilio conyugal: En caso de inexistencia de domicilio conyugal, deben tomarse en consideración para la determinación de la competencia los siguientes supuestos de hecho:

1) Si los cónyuges residen en distintos partidos judiciales se establecen dos fueros electivos, otorgando al demandante la facultad de optar por uno u otro: será tribunal competente, a elección del demandante, el del

último domicilio del matrimonio o el de residencia del demandado (art. 769.1, I, segundo párrafo).

2) Si los cónyuges residen en el mismo partido judicial, pero éste es diferente de aquel en el que tuvieron el domicilio conyugal, la LEC no contempla este supuesto, pero la solución debe ser la misma que la prevista para el caso anterior, siendo lo más razonable que se opte por el domicilio del demandado que, además, resulta ser el de los dos.

3) Si los cónyuges no tienen domicilio ni residencia fijos, se establecen con carácter sucesivo los siguientes fueros: en primer lugar, el del lugar en que se hallen o el de su última residencia, a elección del demandante; y, en segundo lugar, cuando no pudiere determinarse así la competencia, corresponderá ésta al tribunal del domicilio del actor (art. 769.1, II LEC).

Todas estas reglas determinantes de la competencia serán también de aplicación, por el orden que en el art. 769 se establece, en aquellos casos en que la demanda se interponga, no por uno de los cónyuges frente al otro, sino por un tercero legitimado, es decir, cuando se ejercite la acción de nulidad conforme a los artículos 74 y 75 CC, incluyendo tanto al tercero como al Fiscal.

c) Procedimiento consensual: En el procedimiento de separación o de divorcio de mutuo acuerdo (el del art. 777 LEC), la competencia territorial se atribuye, bien al tribunal del último domicilio común, bien al del domicilio de cualquiera de los solicitantes, a elección de éstos (art. 769.2 LEC). Determinada así la competencia del órgano, el pronunciamiento que homologue la decisión de separación o de divorcio corresponderá al juez o al letrado de la Administración de Justicia según existan o no hijos menores no emancipados o con discapacidad con medidas de apoyo adoptadas judicialmente que dependan de sus progenitores.

d) Procedimiento sobre guarda y custodia o alimentos: En los procedimientos que versen exclusivamente sobre guarda y custodia de hijos menores o sobre alimentos que un progenitor reclame del otro en nombre de dichos hijos, tanto si se trata de uniones matrimoniales como extramatrimoniales, las reglas determinantes de la competencia territorial, establecidas en el art. 769.3, atienden, en esencia, a los mismos criterios que las contenidas en el número 1 del mismo artículo, de modo que: 1) En principio será competente el tribunal del lugar del último domicilio común de los progenitores; 2) Si residen en distintos partidos judiciales, será competente, a elección del demandante, el tribunal del domicilio del demandado o el de la residencia del menor (estos son los dos supuestos que el artículo 769.3 contempla expresamente, pero a ellos deben añadirse los siguientes); 3) Si los progenitores residen en un mismo partido, pero distinto de aquél en el que tenían su anterior domicilio común, deberá aplicarse la misma solución que en el caso de los procedimientos matrimoniales contenciosos, entendiendo que será competente el del domicilio del demandado; 4) En el caso de que ni los progenitores ni el menor tuvieren domicilio o residencia fijos, deberían aplicarse los mismos criterios establecidos para los procedimientos matrimoniales en el artículo 769.1, II, de manera que: en primer lugar, se consideraría competente el tribunal del lugar en que se hallen o el de su última residencia, a elección del demandante; y en segundo lugar, cuando no pudiere determinarse así la competencia, correspondería ésta al tribunal del domicilio del actor.

e) Procedimiento para la adopción de medidas previas a la demanda: Para conocer de la solicitud de medidas provisionales previas a la interposición de la demanda de nulidad, de separación o de divorcio, o de las medidas cautelares que sean adecuadas, previas también a la interposición de la demanda que verse exclusivamente sobre guarda y custodia o alimentos para los hijos, será territorialmente competente el tribunal del domicilio del solicitante (arts. 771.1, I y 770, 6.ª LEC).

Para la adopción de las medidas coetáneas a dichas demandas, la competencia corresponde, obviamente, al propio tribunal que debe conocer de las mismas.

f) Procedimiento para la modificación de medidas definitivas: Conforme a lo establecido en el art. 775 LEC, la competencia para conocer de la modificación de las medidas definitivas se atribuye al mismo órgano judicial que las hubiera acordado. Se trata de una atribución de competencia mediante la aplicación de un criterio funcional.

D) Tratamiento procesal

a) Control de oficio: Siendo imperativas las normas determinantes de la competencia y nulos los posibles acuerdos de las partes que se opongan a ellas (art. 769.4, II LEC), el tribunal debe examinar de oficio su propia competencia (arts. 769.4, I) y debe hacerlo inmediatamente después del momento de la presentación de la demanda [art. 58 LEC y ATS 11/9/2012 *(Tol 3415427)*]. Si estimare que no es competente dictará auto absteniéndose de conocer.

b) Declinatoria: El tribunal ha de controlar de oficio su competencia (art. 769.4 LEC), pero, si no lo hace así, la LEC concibe la declinatoria como el medio procesal único por el que el demandado puede cuestionar la jurisdicción del tribunal ante el que se ha interpuesto la demanda, por corresponder el conocimiento de ésta a tribunales extranjeros, y la competencia de todo tipo, genérica, objetiva, funcional y territorial de los tribunales españoles. La falta de jurisdicción o de competencia debe ser denunciada por la parte demandada antes de contestar a la demanda, interponiendo la declinatoria en el plazo y del modo establecidos en la Ley (arts. 39, 49, 59 y 63, 64 y 65 LEC).

2. *La atribución de competencia al Tribunal de Instancia o a la Sección del mismo con competencia penal en materia de Violencia sobre la Mujer*

Cuando la controversia que constituye el específico objeto de los procesos matrimoniales o de familia concurra con una situación de violencia que haya dado lugar a la incoación de un proceso penal por alguno de los hechos que se determinan en los artículos 89.5, letra a) y 89.5, letra h) de la LOPJ, en esos casos, la competencia objetiva para el conocimiento del procedimiento matrimonial o de familia se atribuye funcionalmente al Tribunal de Instancia o a la Sección del mismo con competencia en materia de Violencia sobre la Mujer que esté conociendo del proceso penal relativo a los actos de violencia denunciados. Esa singular atribución de competencia supone dotar de competencia civil (genérica) a órganos del orden penal únicamente para aquel específico objeto.

A) Atribución genérica de competencia objetiva para determinadas materias de orden civil

Los Tribunales de instancia o las Secciones con competencia para conocer de los delitos de Violencia sobre la Mujer podrán conocer en el orden civil, en todo caso de conformidad con los procedimientos y recursos previstos en la Ley 1/2000, de 7 de enero, de Enjuiciamiento Civil, de los siguientes asuntos:

a) Los relativos al matrimonio y a su régimen económico matrimonial y los que tengan por objeto la adopción o modificación de medidas de trascendencia familiar y otras acciones derivadas de la crisis matrimonial o de la unión de hecho.

b) Los que versen exclusivamente sobre guarda y custodia de hijos e hijas menores o sobre alimentos reclamados por un progenitor contra el otro en nombre de los hijos e hijas menores.

c) Los relativos a modificación de medidas adoptadas en los procesos que versen sobre las materias previstas en las letras anteriores.

d) Los que versen sobre maternidad, paternidad, filiación y adopción.

e) Los relativos a las relaciones paternofiliales.

f) Los relativos a la protección del menor, incluidas en los capítulos IV bis y V del título I del libro IV de la Ley 1/2000, de 7 de enero, de Enjuiciamiento Civil.

g) Los expedientes de jurisdicción voluntaria en materia de personas y familia, con excepción de los regulados en los capítulos IX y X del título II de la Ley 15/2015, de 2 de julio, de Jurisdicción Voluntaria.

h) Los que versen sobre los procedimientos de liquidación del régimen económico matrimonial instados por los herederos de la mujer víctima de violencia de género, así como los que se insten frente a estos herederos.

i) Los que versen sobre el reconocimiento de eficacia civil de resoluciones o decisiones eclesiásticas en materia matrimonial.

j) El reconocimiento y la ejecución de sentencias y resoluciones judiciales extranjeras civiles sobre menores y familia.

k) Los procesos para la efectividad de los derechos reconocidos en el artículo 160 del Código Civil (art. 89.6 LOPJ).

B) Atribución funcional de competencia para el conocimiento de las anteriores materias

La atribución a las Secciones de Violencia sobre la Mujer de competencia exclusiva y excluyente para el conocimiento de las anteriores materias civiles se producirá cuando concurran simultáneamente los siguientes requisitos que enumera el artículo 89.7 LOPJ:

1.º) Que se trate de un proceso civil que tenga por objeto alguna de las expresadas materias.

2.º) Que alguna de las partes del proceso civil sea víctima de actos de violencia de género, en los términos a que hace referencia el apartado 5, letra a) del art. 89 LOPJ, es decir: homicidio, aborto, lesiones, lesiones al feto, delitos contra la libertad, delitos contra la integridad moral, contra la libertad e indemnidad sexual, contra la intimidad y el derecho a la propia imagen, contra el honor o cualquier otro delito cometido con violencia o intimidación, siempre que se hubiesen cometido contra quien sea o haya sido su esposa o mujer que esté o haya estado ligada al autor por análoga relación de afectividad, aun sin convivencia, así como de los cometidos sobre los descendientes, propios o de la esposa o conviviente, o sobre los menores o personas con discapacidad que con él convivan o que se hallen sujetos a la potestad, tutela, curatela, acogimiento o guarda de hecho de la esposa o conviviente, cuando también se haya producido un acto de violencia de género.

O sea víctima de actos de violencia sexual, en los términos a que hace referencia el apartado 5, letra h) del mismo artículo, es decir: mutilación genital femenina, matrimonio forzado, acoso con connotación sexual y la trata con fines de explotación sexual cuando la persona ofendida por el delito sea mujer.

3.º) Que alguna de las partes del proceso civil sea imputado como autor, inductor o cooperador necesario en la realización de actos de violencia de género o de violencia sexual. Por «imputado» debe entenderse la persona a la que se atribuye en el marco de un proceso penal la realización de hechos que revisten caracteres de delito, y esa condición se adquiere mediante la decisión del Juez instructor de citarle para ser oído acerca de su posible intervención en la ejecución de determinado hecho punible, o la de mandar detenerle, o la de recibirle declaración en calidad de detenido, una vez puesto a su disposición por quien lo hubiera hecho en cualquiera de los casos previstos por la ley, o la de admitir a trámite una denuncia o querella y comunicar su admisión al denunciado o querellado.

4.º) Que se hayan iniciado ante el Tribunal o la Sección de Violencia sobre la Mujer actuaciones penales por delito o delito leve a consecuencia de un acto de violencia de género o de un acto de violencia sexual, o se haya adoptado una orden de protección a una víctima de violencia de género.

C) Tratamiento procesal de la pérdida de la competencia del Tribunal o Sección civil

La simultánea existencia de un procedimiento civil sobre alguna de las materias de que aquí se trata y de un proceso penal por hechos constitutivos de violencia de género o de violencia sexual de los anteriormente relacionados, supone la pérdida de la competencia objetiva del tribunal civil que esté conociendo del asunto de tal clase en primera instancia y su atribución al Tribunal o Sección con competencia en materia de Violencia sobre la mujer que esté conociendo del asunto penal, salvo que se haya iniciado materialmente la vista o comparecencia del procedimiento civil contencioso o de jurisdicción voluntaria (art. 49 bis. 1 LEC). De lo establecido en este artículo resulta lo siguiente:

a) Actuación del tribunal civil

Pueden darse estas dos situaciones:

a') Existencia de un previo proceso penal (inhibición): El tribunal de instancia que esté conociendo de un procedimiento civil, del que pudiera ser competente un tribunal o Sección de Violencia sobre la mujer, recabará la oportuna consulta al sistema de registros administrativos de apoyo a la Administración de Justicia, así como al sistema de gestión procesal correspondiente a fin de verificar los datos determinantes de la atribución de competencia. Si se tuviese noticia de la comisión de un acto de violencia de los definidos en el art. 89.5.a) o 5.h) que haya dado lugar a la iniciación de un proceso penal o a una orden de protección, tras verificar la concurrencia de los requisitos previstos en el apartado 7 del artículo 89 LOPJ, deberá inhibirse, remitiendo los autos en el estado en que se hallen a la Sección de Violencia sobre la Mujer que resulte competente, salvo que se haya iniciado la celebración de la vista o comparecencia (art. 49 bis 1 LEC). Debe entenderse que el proceso penal no existe si, al tiempo de acordarse la inhibición, ya se había acordado el sobreseimiento de la causa penal [ATS 19/9/2023 *(Tol 9724219)*, con cita del ATS del Pleno 14/6/2017; en igual sentido ATS 28/3/2023 *(Tol 9506062)*].

b') Inexistencia de un previo proceso penal (comunicación al Ministerio Fiscal): Cuando el Tribunal de instancia que esté conociendo de un procedimiento civil tuviese noticia de la posible comisión de un acto de violencia de género que no haya dado lugar a la iniciación de un proceso penal, ni a dictar una orden de protección, tras verificar que concurren los requisitos del artículo 89.7 LOPJ, deberá inmediatamente citar a las partes a una comparecencia con el Ministerio Fiscal, que se celebrará en las siguientes 24 horas, a fin de que éste tome conocimiento de cuantos datos sean relevantes sobre los hechos acaecidos. Tras ella, el Fiscal, de manera inmediata, habrá de decidir si procede, en las 24 horas siguientes, a denunciar los actos de violencia de género o a solicitar orden de protección ante el Tribunal o Sección de Violencia sobre la Mujer que resulte competente. En el supuesto de que se interponga denuncia o se solicite la orden de protección, el fiscal habrá de entregar copia de la denuncia o solicitud en el tribunal de instancia, el cual continuará conociendo del asunto hasta que sea, en su caso, requerido de inhibición por el de Violencia sobre la Mujer competente (art. 49 bis 2 LEC).

b) Actuación del Tribunal o Sección de Violencia. Requerimiento de inhibición

Cuando un Tribunal o Sección competente en materia de Violencia sobre la Mujer que esté conociendo de una causa penal por violencia de género o sexual tenga conocimiento de la existencia de un proceso civil, y verifique la concurrencia de los requisitos del apartado 7 del artículo 89 de la LOPJ, requerirá de inhibición al tribunal civil, el cual deberá acordar de inmediato su inhibición y la remisión de los autos al órgano requirente. A tal efecto, el requerimiento de inhibición se acompañará de testimonio de la incoación de diligencias previas o de juicio de faltas, del auto de admisión de la querella, o de la orden de protección adoptada (art. 49 bis 3 LEC).

c) Exclusión de la declinatoria

En los casos previstos en los apartados 1 y 2 del art. 49 bis, no serán de aplicación las restantes normas de la sección (arts. 46 a 49), ni se admitirá declinatoria (art. 49 bis 4 LEC), aunque las partes que quieran hacer valer la competencia del Tribunal o Sección de Violencia sobre la Mujer podrán: 1) Bien poner en conocimiento del mismo la existencia del proceso civil para que acuerde lo procedente sobre el requerimiento de inhibición, o 2) Bien poner en conocimiento del tribunal civil la existencia del proceso penal incoado por el de Violencia, presentando testimonio del auto de incoación de las diligencias previas o del juicio de faltas, del auto de admisión de la querella, o de la orden de protección adoptada, para que dicho juzgado civil acuerde lo procedente en orden a su inhibición.

d) Efectos de la inhibición y de su aceptación (perpetuatio iurisidictionis)

La cuestión que se suscita es si, concluido el procedimiento penal o la actuación propia del Tribunal o Sección de Violencia durante la tramitación del mismo, este órgano debe seguir conociendo del proceso civil cuya inhibición a su favor hubiere requerido o aceptado en su momento. No parece ofrecer dudas que, una vez terminada la instrucción de la causa por delito o dictada la sentencia en el juicio de faltas, el Tribunal o Sección de Violencia deberá proseguir la tramitación del proceso civil hasta su conclusión, pues así lo impone el principio de consolidación definitiva de la competencia conocido como *perpetuatio iurisdictionis* [p. ej. ATS 7/11/2023 *(Tol 9780385)*]. Pero si la decisión del Tribunal o Sección de violencia es la de poner fin al proceso penal acordando el sobreseimiento libre y archivo de las actuaciones por no ser los hechos constitutivos de infracción penal, en este caso se ha planteado la posibilidad de inhibirse de nuevo a favor del tribunal civil correspondiente. Esta posibilidad no parece procedente, por opuesta a lo establecido en el artículo 89.8 LOPJ. En este precepto se establece que cuando el juez de Violencia «apreciara que los actos puestos en su conocimiento, de forma notoria, no constituyen expresión de violencia de género o de violencia sexual, podrá inadmitir la pretensión, remitiéndola al órgano judicial competente», de lo que parece desprenderse que esa posibilidad de rechazar el conocimiento del asunto ha de constreñirse a aquellos supuestos en que, sin llegar a practicar ninguna actuación propia del orden penal, el juez de Violencia acuerda no haber lugar a incoar proceso penal alguno por considerar que no existe de manera manifiesta infracción penal. En los demás casos, una vez asumido el conocimiento del asunto civil, se producirán los efectos propios de la litispendencia y, entre ellos, el de la *perpetuatio iurisdictionis.* En este mismo sentido puede verse el AAP Alicante 8/4/2024 *(Tol 10140735)*, referido a un supuesto de sobreseimiento provisional.

Sobre la asunción de competencia exclusiva y excluyente por los Juzgados de Violencia pueden consultarse el ATS 6/5/2015 *(Tol 5007493)*, el ATS 15/2/2017 *(Tol 5981022)* y el ATS 12/3/2024 *(Tol 9950167)*.

III. EL PROCEDIMIENTO CONTENCIOSO

El art. 770 LEC regula el procedimiento para la nulidad matrimonial, así como para la separación y el divorcio llamados contenciosos, estableciendo las reglas singulares a las que ha de sujetarse su sustanciación (las generales son las del juicio verbal más las del Capítulo I del mismo Título y Libro, a las que aquel artículo expresamente se remite).

En lo que atañe a la nulidad, este es el único cauce posible para obtenerla, cualquiera que sea la causa legal en que se funde, no existiendo posibilidad de acudir al procedimiento consensual del art. 777 LEC. Por afectar a la existencia y configuración misma del matrimonio, el legislador ha dispuesto que todas las pretensiones que se deduzcan con fundamento en cualesquiera de las causas del art. 73 CC se sustancien por el procedimiento contencioso.

La separación y el divorcio se conciben, en cambio, como una facultad de cada uno de los cónyuges cuyo ejercicio no está sujeto a otra causa que a la voluntad y a la libre decisión de aquel que ya no desea seguir vinculado con quien, en su día, contrajo matrimonio, sin otro requisito que el de haber transcurrido tres meses desde su celebración (salvo cuando se acredite la existencia de un riesgo para la vida, la integridad física o moral, la libertad o la indemnidad sexual del cónyuge demandante o de los hijos de ambos o de cualquiera de los miembros del matrimonio, en cuyo caso no se requiere el transcurso de plazo alguno). Consecuentemente, para obtener la declaración de separación o de divorcio puede acudirse al procedimiento consensual o al contencioso (arts. 81 y 82 CC), según exista o no acuerdo entre ellos al respecto. Ahora bien, aun en este último caso debe destacarse que: 1) No hay que expresar ni acreditar causa ninguna para fundar la petición de separación o de divorcio, sino manifestar simplemente la voluntad de separarse o de divorciarse para que el órgano jurisdiccional así lo acuerde; 2) El demandado de separación o de divorcio no puede oponerse a lo que constituye el objeto principal del procedimiento (la separación o el divorcio pretendidos por el actor); 3) Consecuentemente, si en lo concerniente a la separación o al divorcio no puede existir ya controversia entre las partes, ello significa que esa concreta materia ya no es objeto de un verdadero proceso (caracterizado por la contradicción), sino de un procedimiento de jurisdicción voluntaria al que, en su caso, puede acumularse un proceso en sentido propio en lo que concierne a las pretensiones sobre medidas o efectos comunes derivados de la separación o el divorcio.

Estos procesos serán de tramitación preferente siempre que alguno de los interesados en el procedimiento sea menor, persona con discapacidad con medidas judiciales de apoyo con funciones representativas o esté en situación de ausencia legal (art. 753.3 LEC).

En los procesos matrimoniales en que existieran hijos comunes mayores de dieciséis años que se hallasen en situación de necesitar medidas de apoyo por razón de su discapacidad, se seguirán, en su caso, los trámites establecidos en esta ley para los procesos para la adopción judicial de medidas de apoyo a una persona con discapacidad (Regla 8.ª del art. 770, introducida por la Ley 8/2021).

1. Ámbito objetivo

El ámbito objetivo de aplicación del procedimiento contencioso se delimita, en principio, en el primer párrafo del art. 770 LEC, al decir que se sustanciarán conforme al mismo: «las demandas de separación y divorcio, salvo las previstas en el artículo 777, las de nulidad del matrimonio y las demás que se formulen al amparo del Título IV del Libro I del Código Civil». Pero de lo dispuesto en dicho título y en los artículos 769.3, 770, 6.ª, 774 y 775 de la propia LEC, se desprende un ámbito posible de aplicación de mayor amplitud.

A) Pretensiones y peticiones posibles

Este procedimiento será el adecuado para sustanciar las demandas que tengan por objeto:

1) La separación matrimonial y el divorcio, cuando no exista acuerdo entre los cónyuges o no medie el consentimiento de uno de ellos a la petición formulada por el otro.

2) La pretensión de nulidad matrimonial, cualquiera que sea la causa en que se funde.

3) Pretensiones sobre los denominados «efectos comunes de la nulidad, la separación y el divorcio» (arts. 90 a 101 CC), tanto de contenido patrimonial (atribución del uso de la vivienda familiar, señalamiento de pensión por desequilibrio económico, indemnización al cónyuge de buena fe cuyo matrimonio se declare nulo), como relativos a los hijos (patria potestad y su ejercicio, medidas sobre cuidado y educación, régimen de visitas, comunicación y estancia, alimentos o el destino de los animales de compañía).

4) Uniones no matrimoniales: Conforme a la regla 6.ª del art. 770, se tramitarán conforme al procedimiento contencioso las pretensiones que versen exclusivamente sobre la guarda y custodia de los hijos menores habidos de dichas uniones, o sobre alimentos reclamados por los progenitores en nombre de tales hijos, cuando no exista acuerdo entre las partes. Las pretensiones de naturaleza patrimonial basadas en las consecuencias económicas derivadas de la ruptura de una unión extramatrimonial no pueden sustanciarse por este procedimiento, sino por el declarativo que corresponda en atención a la cuantía (juicio ordinario o juicio verbal).

5) Visitas y comunicación de los nietos con los abuelos: El art. 160 CC establece que «no podrán impedirse sin justa causa las relaciones personales del hijo con sus abuelos y otros parientes y allegados» y que «en caso de oposición, el juez, a petición del menor, abuelos, parientes o allegados, resolverá atendidas las circunstancias...» Por su parte, el art. 94, II CC dispone que el juez «podrá determinar, previa audiencia de los padres y de los abuelos, que deberán prestar su consentimiento, el derecho de comunicación y visita de los nietos con los abuelos, conforme al art. 160 de este Código, teniendo siempre presente el interés del menor». Lo anterior significa que uno de los objetos posibles del procedimiento contencioso

puede estar constituido por el establecimiento del régimen de comunicación y de visitas entre los nietos y sus abuelos. Pero ello sólo será así cuando la cuestión se suscite en un proceso entre los progenitores, decidiéndose entonces esa controversia en el ámbito del procedimiento del artículo 770 LEC, con audiencia de los abuelos. Cuando se trate del ejercicio por los abuelos del derecho de visitas y de comunicación que les reconoce el art. 160 CC, su pretensión en tal sentido no se sustanciará por el procedimiento establecido en el art. 770, sino por el cauce del juicio verbal, aunque con las peculiaridades establecidas en el Capítulo I, Título I del Libro IV de la LEC (art. 250.12.º LEC).

6) Otras pretensiones posibles: Este procedimiento es también el que debiera seguirse en otras materias, como las relativas a: 1') Fijación del domicilio conyugal en caso de discrepancia entre los cónyuges (art. 70 CC); y 2') Cumplimiento de derechos y deberes entre cónyuges (arts. 67 y 68 CC) y singularmente la petición de alimentos entre ellos (art. 68 en relación con el 143, 1.º CC). En realidad, resulta difícil imaginar que pueda constituir el objeto de un proceso de esta clase una pretensión de exigencia de respeto o de convivencia entre los cónyuges, pero distinto es el caso en que la petición de cumplimiento del deber de ayuda mutua se concrete en la solicitud de alimentos. En el caso hipotético de que un cónyuge solicitara del otro el cumplimiento de la obligación de alimentos con fundamento en lo dispuesto en el artículo 68 CC, el procedimiento debería ser también el del artículo 770 LEC.

B) Ampliación del objeto mediante la reconvención

El demandado, además de contestar a la demanda, puede aprovechar la existencia del litigio para formular reconvención, es decir, para interponer una pretensión contra el demandante ante el mismo juez y en el mismo procedimiento en el que comparece, iniciando con ello un nuevo proceso que se acumulará al ya existente y que se resolverá en la misma sentencia. Las pretensiones que el demandado puede formular contra el demandante por la vía de la reconvención han de guardar una especial relación de conexidad con el objeto mismo del proceso que promovió el actor con su demanda, de modo que sólo será procedente la reconvención si existe homogeneidad entre los objetos de ambos procesos, es decir, un nexo entre ambas pretensiones por razón de la materia que sea objeto de una y de otra, estando atribuida la decisión de ambas al ámbito objetivo que es propio del procedimiento matrimonial contencioso. El artículo 770, 2.ª LEC lo concreta del siguiente modo «Sólo se admitirá la reconvención:

a) Cuando se funde en alguna de las causas que puedan dar lugar a la nulidad del matrimonio. b) Cuando el cónyuge demandado de separación o de nulidad pretenda el divorcio. c) Cuando el cónyuge demandado de nulidad pretenda la separación. d) Cuando el cónyuge demandado pretenda la adopción de medidas definitivas, que no hubieran sido solicitadas en la demanda, y sobre las que el tribunal no deba pronunciarse de oficio» [Véase, infra, el epígrafe 4 letra *C)*].

2. Requisito de procedibilidad

Cuando el objeto del proceso esté constituido por materias disponibles, es decir, aquellas sobre las que las partes pueden decidir y convenir libremente acerca de su abandono, renuncia o transacción según sus personales intereses (por ejemplo, cuestiones patrimoniales entre cónyuges), se deberá acreditar en la demanda que, antes de interponerla, se ha dado cumplimiento al requisito de procedibilidad establecido con carácter general en el art. 5.1 de la L.O. 1/2025, conforme al cual, para que sea admisible la demanda se deberá acreditar que se ha acudido previamente a algún medio adecuado de solución de controversias de los previstos en el artículo 2 de la misma Ley, es decir, a "cualquier tipo de actividad negociadora, reconocida en esta u otras leyes, estatales o autonómicas, a la que las partes de un conflicto acuden de buena fe con el objeto de encontrar una solución extrajudicial al mismo, ya sea por sí mismas o con la intervención de una tercera persona neutral".

Dicho requisito, cuando fuere exigible, se considerará cumplido si se acredita haber acudido previamente a la mediación, a la conciliación o a la opinión neutral de una persona experta independiente, o si se emplea cualquier otro tipo de actividad negociadora reconocida en esta u otras leyes, estatales o autonómicas. Singularmente, se considerará cumplido el requisito cuando la actividad negociadora se haya desarrollado directamente por las partes, o entre sus abogados o abogadas bajo sus directrices y con su conformidad (art. 5.1, párrafo segundo).

El requisito no será exigible cuando el objeto del proceso esté constituido por pretensiones no disponibles por las partes según la legislación civil (art. 4.1, párrafo segundo), ni, en particular, cuando se trate de la adopción de las medidas previstas en el artículo 158 del Código Civil [art. 5.2, b)], lo que no excluye la posibilidad de acudir voluntariamente al sistema de solución extrajudicial de conflictos en relación con los efectos y medidas previstos en los artículos 102 y 103 del Código Civil, y sin perjuicio de la homologación judicial del acuerdo alcanzado (art. 4.1, párrafo segundo).

Tampoco será exigible este requisito para la interposición de medidas cautelares previas a la demanda (art. 5.3), debiendo entenderse incluida en esta excepción el supuesto en que las medidas cautelares se soliciten juntamente con la demanda principal. Y tampoco lo será en aquellos supuestos en los que el conocimiento del proceso civil corresponda a los Tribunales o Secciones del orden penal competentes en materia de Violencia sobre la mujer con arreglo a lo establecido en el art. 89.6 y 7 LOPJ (art. 4.2 LO 1/2025 y art. 89.9 LOPJ).

3. Los sujetos del proceso

La variedad de objetos y la diversidad de intereses que confluyen en los procedimientos matrimoniales contenciosos hacen posible que actúen en él una pluralidad de sujetos.

La regulación normativa de esta materia se contiene en los arts. 749, 750 y 770 LEC; arts. 92, 156 y 159 CC; art. 9 LO 1/1996, de Protección Jurídica del Menor *(Tol 301481)*; y art. 3.6 y 7 EOMF.

A) Las partes, en general

En los procesos matrimoniales las partes son, en principio, los cónyuges, teniendo la condición de parte procesal legítima quienes en tal concepto comparecen y actúan en el juicio como titulares de la relación jurídica u objeto litigioso (art. 10 LEC). Demandante será aquel que interponga la pretensión de nulidad, las peticiones de separación o de divorcio, y, en su caso, las pretensiones relativas a los denominados «efectos comunes» del matrimonio, o a la guarda y custodia o alimentos de los hijos menores, en caso de uniones no matrimoniales, afirmando frente al otro cónyuge o progenitor la realidad del supuesto de hecho de la norma en que basa la declaración o la tutela que pretende. Demandado será el otro cónyuge o progenitor frente a quien se pide dicha tutela, que podrá reconvenir en los casos que autoriza la regla 2.ª del artículo 770 LEC. Cuando la persona legitimada sea menor de edad o discapaz con medidas de apoyo, actuará por ella en el proceso la persona que legalmente la represente.

En general, la legitimación activa corresponderá, en la nulidad, a aquel de los cónyuges que no haya dado lugar a la causa que se invoque, y la pasiva a aquel frente a quien esa causa se invoque y, en su caso, al Ministerio Fiscal; en los casos de separación o divorcio, corresponde a cualquiera de los cónyuges; los cónyuges o progenitores actuarán en interés de los hijos en lo que concierne a los «efectos comunes» derivados de la nulidad, la separación o el divorcio.

Tratándose de pretensiones relativas al mantenimiento de los hijos menores, la legitimación corresponde a éstos, aunque, a causa de su falta de capacidad procesal, deberán actuar por ellos sus progenitores, siendo la contraposición de intereses entre ellos la razón determinante de la intervención del Ministerio Fiscal en estos procesos. Si esas pretensiones se refieren a los hijos mayores aún necesitados de recursos que siguen conviviendo con sus padres, la legitimación se reconoce a aquel de estos últimos con quien convivan. La actuación procesal del progenitor en estos casos no obedece realmente a ninguna representación legal ni voluntaria de los hijos, ni consiste tampoco en un supuesto de legitimación por sustitución, sino que se trata de un caso de legitimación propia para gestionar en interés de la comunidad familiar todo lo concerniente a ella [véase, p. ej., la STS 29/6/2018 *(Tol 6660454)*]. Fuera de los casos en que, conforme a la Ley, deban ser defendidas por el Ministerio Fiscal, las partes actuarán con asistencia de abogado y representadas por procurador (art. 750.1 LEC), con la excepción que se contempla en el art. 771.1, II LEC a los solos efectos de poder solicitar la adopción de medidas provisionales previas a la demanda.

B) La intervención del Ministerio Fiscal

La intervención del Ministerio Fiscal en los procesos matrimoniales lo será, unas veces, como parte procesal necesaria, actuando en defensa del interés general, como ocurre en los procesos sobre nulidad matrimonial (art. 749.1 LEC), otras, como representante legal de discapaces, menores y ausentes, y en todo caso actuando en defensa de los intereses de los hijos menores (art. 749.2 LEC) [SSTC 17/2006 *(Tol 817559)* y 185/2012 *(Tol 2675044)*]. Véase el epígrafe II letra *A)* del Capítulo I.

C) Legitimación de terceros interesados (nulidad)

La acción para pedir la nulidad del matrimonio corresponde a los cónyuges, al Ministerio Fiscal y a cualquier persona que tenga interés directo y legítimo en ella (art. 74 CC), salvo lo dispuesto en los artículos 75 y 76 del mismo Código. La extensión de la legitimación a los terceros interesados —que no tendrá lugar cuando la nulidad se funde en la falta de edad (art. 75 CC) o en los casos de error, coacción o miedo grave (art. 76 CC)— supone que, quienes ostenten dicha condición, podrán instar la nulidad aun contra la voluntad de los contrayentes. La atribución de esa legitimación activa a los terceros se basa en la existencia de un interés que el artículo 74 CC califica de «directo y legítimo», lo que presupone que el tercero que insta la nulidad vaya a obtener con ella un beneficio jurídico, económico o incluso ético, protegido jurídicamente. Con lo cual, en la práctica, esos terceros interesados serán normalmente el padre o madre de los cónyuges, los abuelos paternos o maternos, los hijos de los cónyuges, o los parientes de los contrayentes.

D) Los hijos menores

La intervención de los hijos menores en los procesos matrimoniales promovidos por sus padres puede tener un diferente significado y obedecer a distintas razones, según que aquélla se produzca con relación a las pretensiones sobre medidas que sólo afecten a los cónyuges o lo sea con relación a las pretensiones sobre medidas que les afecten a ellos directamente. La declaración de los hijos mayores, sólo puede darse en calidad de testigos, pero respecto de los hijos menores cabría distinguir las siguientes situaciones:

a) El menor como testigo: En el proceso en que se ejercitara una pretensión de nulidad matrimonial o pretensiones patrimoniales entre cónyuges no existe ningún inconveniente, al menos teórico, para que se proponga la prueba testifical de los hijos del matrimonio y se les traiga en tal concepto al proceso a fin de que declaren sobre los hechos de los que tengan noticia y se refieran a lo que sea objeto del juicio (art. 360 LEC). Estaríamos, en tales casos, ante un propio medio de prueba sujeto a las reglas generales de los artículos 360 y ss. de la LEC.

b) El derecho del menor a ser oído: Cosa distinta de la posible declaración testifical de los hijos menores en el proceso matrimonial de sus padres es la actuación procesal de los mismos en ese mismo proceso, pero en el ejercicio de su derecho a ser oídos en él, que les corresponde en la medida en que las decisiones que se hayan de adoptar les afecten directa y personalmente. La naturaleza de la actuación procesal del menor en estos casos, que puede consistir en una manifestación oral ante el tribunal, no es la de un medio de prueba, sino la de un instrumento que garantiza la efectividad del derecho a una audiencia que se presta al menor en su propio interés. Ese derecho viene reconocido en el artículo 9 de la LO 1/1996, de 15 de enero, de protección del menor y también se contempla en el art. 92.2 CC.

Sobre el derecho del menor a ser oído, véase la STS 2/2/2022 *(Tol 8797330).*

c) La necesidad de oír al menor: Lo pida o no lo pida el menor u otra persona en su nombre, el juez tiene el deber de oír siempre que sea necesario a los hijos menores que tuvieren suficiente juicio y en todo caso a los mayores de doce años, en todos los procesos en que deba adoptar pronunciamientos sobre medidas que les afecten (art. 159 CC). También habrán de ser oídos los hijos mayores cuando precisen apoyo para el ejercicio de su capacidad jurídica y este les sea prestado por los progenitores, así como los hijos con discapacidad, cuando se discuta el uso de la vivienda familiar y la estén usando (art. 770.4.ª, III LEC). Esta audiencia de los hijos no es un medio de prueba, ya que con ella no se trata de fijar ningún hecho controvertido a los efectos del proceso, sino de que el tribunal obtenga elementos de juicio con los que decidir de la forma más adecuada las cuestiones que afectan al interés de los hijos menores (aparte de que esa actuación pueda ser también el medio por el que estos últimos ejerciten el derecho a ser oídos).

E) La audiencia de los abuelos y parientes

En las sentencias de nulidad, separación o divorcio, el juez, en defecto de acuerdo de los cónyuges o en caso de no aprobación del mismo, determinará, entre otras cosas, las medidas procedentes en relación con los hijos conforme a lo establecido en los artículos 92 y siguientes del Código civil (art. 91 CC). Si entre las medidas propuestas por alguna de las partes que deban ser aprobadas por el tribunal se contemplara el régimen de visitas y comunicación de los nietos con sus abuelos (art. 90, I, b) CC), o se pretendiera atribuir a los abuelos o a otros parientes o personas la guarda y custodia (como excepcionalmente se contempla en el art. 103, 1.ª, II CC), el juez deberá oír a estos últimos y recabar su consentimiento sobre el contenido de la propuesta, citándoles al efecto. Dicha audiencia deberá tener lugar en el acto de la vista (o, en su caso, en el plazo de treinta días al que se refiere el artículo 770.4.ª, I LEC).

4. La demanda y sus requisitos

El art. 770 LEC no establece ninguna singularidad respecto de ese acto procesal de iniciación del procedimiento contencioso, limitándose a señalar en su regla 1.ª cuáles son los documentos que deberán acompañarse a la demanda. Los requisitos atinentes a la redacción del escrito de demanda no afectan a su forma, sino, fundamentalmente, a su contenido, según cuál sea la pretensión que en ella se ejercite y el objeto del proceso que con la misma se proponga. La regulación normativa de esta materia se contiene en el art. 770.1.ª y también en los arts. 266, 269, 399 y 752 LEC.

A) Contenido de la demanda

La demanda deberá redactarse con el contenido y forma propios del juicio ordinario (art. 399, al que remiten los arts. 770, I y 437.1 LEC). Aparte de los datos relativos a la identidad de las partes y de sus abogados y de las demás menciones que se consideran habituales en todo encabezamiento y en el cuerpo de un escrito de esta clase, la demanda por la que se promueva un procedimiento con alguno de los objetos propios de los procesos de que aquí se trata deberá contener las referencias precisas sobre las siguientes circunstancias:

a) Datos determinantes de la competencia: Deberá indicarse el lugar donde esté o haya estado el último domicilio conyugal o, en su caso, el lugar de residencia o en el que se halle el demandado, a los efectos de lo dispuesto en el artículo 769.1 y 4 LEC, que obliga al tribunal a examinar de oficio su propia competencia territorial conforme a los fueros que en dicho precepto se establecen.

b) Datos sobre el matrimonio y sobre los hijos: Será igualmente necesario especificar el lugar y fecha de celebración del matrimonio respecto del que se solicita la declaración de nulidad, la separación o el divorcio, así como la fecha de nacimiento y la identidad y demás circunstancias de los hijos habidos del mismo. Esos mismos datos, referidos a los hijos, son los que deberán hacerse constar también en los procesos que versen exclusivamente sobre guarda y custodia de hijos menores nacidos de uniones no matrimoniales, o sobre alimentos reclamados por uno de los progenitores en nombre de dichos hijos.

c) Datos sobre el objeto de la pretensión: En atención a lo que constituye el objeto de estos procedimientos, el contenido de la demanda deberá hacer referencia a los siguientes extremos:

a') Relativos a la nulidad: Se expresarán con la necesaria separación y precisión los hechos en que se base la pretensión de nulidad, con la afirmación correspondiente al hecho básico que integre la causa en que la misma se funde, o los determinantes de las distintas causas que se aleguen, en el caso de ser varias. Debe tenerse en cuenta que, de conformidad con lo dispuesto en el artículo 400 de la LEC, «cuando lo que se pida en la demanda pueda fundarse en diferentes hechos o en distintos fundamentos o títulos jurídicos, habrán de deducirse en ella cuantos resulten conocidos o puedan alegarse al tiempo de interponerla, sin que sea admisible reservar su alegación para un proceso ulterior».

b') Relativos a la petición de separación o de divorcio: No es preciso establecer unos hechos que puedan considerarse el supuesto fáctico de la separación o del divorcio, puesto que no existen causas legales para ello, sino que la causa determinante de la suspensión o disolución que se pretenda radica en la mera expresión de la voluntad de la persona que, por la razón que sea, ya no desea seguir vinculada por el matrimonio que en su día contrajo, siempre que hayan transcurrido tres meses, al menos, desde su celebración. En principio sólo se deberá expresar con la necesaria claridad: 1) La celebración del matrimonio, 2) La voluntad de separación o de divorcio, y 3) Los datos y las fechas a tener en cuenta para el cómputo del plazo de tres meses. En su caso, se expondrán los hechos que justifiquen la interposición de la demanda antes del referido plazo, es decir, aquellos que impliquen la existencia de un riesgo para la vida, la integridad física, la libertad, la integridad moral o la libertad e indemnidad sexual del cónyuge demandante o de los hijos de ambos o de cualquiera de los miembros del matrimonio (art. 81. 2.º, párrafo segundo CC).

En el caso de que los cónyuges no sean de nacionalidad española, en la demanda se deberán alegar los hechos que sean determinantes de la aplicación de la correspondiente norma de conflicto (arts. 9.2 y 107 CC), así como el tenor literal y la vigencia del derecho extranjero que resulte aplicable.

c') Hechos y causa de pedir relativos a las pretensiones sobre medidas o «efectos comunes»: Si a la pretensión declarativa de nulidad o a la petición constitutiva de separación o de divorcio se acumulan las pretensiones relativas a las materias a las que el Código Civil denomina «efectos comunes a la nulidad, separación y divorcio», así como cuando el proceso tenga este único objeto, en la demanda deberán exponerse también, en sus respectivos casos, con la necesaria separación y claridad: los hechos relativos a las peticiones que se formulen en orden al ejercicio de la patria potestad respecto de los hijos menores; a las medidas sobre cuidado y educación; al régimen de visitas y comunicación; a la atribución del uso de la vivienda y ajuar familiar; a los alimentos, a la pensión compensatoria o a la indemnización que en su caso se reclame o proceda. Ello comportará que se detallen todas las circunstancias concernientes al cuidado y atención que precisen los hijos, a la vivienda y título jurídico en virtud del cual se disfruta, al origen e importe de los gastos que deben atenderse (vivienda, colegios, deudas aplazadas, etc.), a la profesión, ingresos o medios de vida de los cónyuges, a las cargas de las que cada uno de ellos debe responder, etc., etc. Es decir, todos aquellos hechos que constituyan la base de la causa de pedir de las pretensiones y peticiones que se ejerciten.

d') En su caso, se dejará constancia del intento previo de solución de la controversia, si esta versare sobre materias disponibles.

d) Fundamentación: En los fundamentos de Derecho, además de los que se refieran al asunto de fondo planteado, se incluirán, con la adecuada separación, las alegaciones que procedan sobre capacidad de las partes, representación de ellas o del procurador, jurisdicción, competencia y clase de juicio en que se deba sustanciar la demanda, así como sobre cualesquiera otros hechos de los que pueda depender la validez del juicio y la procedencia de una sentencia sobre el fondo (art. 399.4 LEC).

e) Petición: En la demanda se deberá fijar «con claridad y precisión lo que se pida» (art. 399.1 LEC), lo que se hará expresando con la debida separación (art. 399.5 LEC) cada una de las peticiones que se formulen al órgano jurisdiccional acerca de la nulidad, la separación o el divorcio, y sobre cada una de las medidas definitivas cuya adopción se solicite, interesando, en su caso, el consiguiente pronunciamiento de condena. La claridad y precisión que la Ley exige respecto de la petición que se formule acerca de cada pretensión, aconseja que cada una de esas peticiones se concreten en el suplico de manera expresa y no por remisión al contenido de la demanda.

B) Documentos a acompañar

a) Procesales: Con la demanda se deberán acompañar la certificación del registro electrónico de apoderamientos judiciales o referencia al número asignado por dicho registro (art. 264.1.º LEC); el documento que acredite, en su caso, la representación que el litigante se atribuya (art. 264.2.º LEC, p. ej. en el caso en que se actúe en nombre del cónyuge menor de edad o discapaz con medidas de apoyo representativas); el documento que acredite el lugar del domicilio conyugal o el del domicilio o residencia de los cónyuges, a los efectos de determinar la competencia territorial; y las copias de la demanda y de todos los documentos que con ella se aporten para su traslado a la parte demandada y al Ministerio Fiscal (art. 273.4 LEC).

En su caso, se acompañará el documento que acredite el cumplimiento del requisito de procedibilidad consistente en el intento previo de la solución de la controversia, si es que esta versare sobre materias disponibles (arts. 264.4 y 403.2 LEC).

b) Específicos de fondo: En el art 770.1.ª LEC se contiene una norma especial que viene a concretar, en unos casos, y a reiterar de forma ejemplificativa, en otros, la regla general cobre la presentación de los documentos relativos al fondo del asunto (art. 265.1. 1.º LEC), tomando en consideración la especialidad de lo que constituye el objeto de estos procesos. Así pues, a la demanda deberá acompañarse:

1) El relativo al matrimonio respecto del que se pretenda la nulidad, la separación o el divorcio, lo que se concreta en el art. 770.1.ª LEC con la exigencia de aportar la correspondiente certificación de la inscripción de dicho matrimonio;

2) Los documentos relativos a la identidad de los hijos habidos del matrimonio, a cuyo fin el precepto citado exige la aportación de certificación de la inscripción del nacimiento de dichos hijos en el Registro Civil;

3) Aquellos en los que el actor funde su derecho a la tutela que pretende, ya se trate sobre la pretensión o petición principal, ya de la formulada sobre los llamados efectos comunes que sirvan de soporte a cada una de las medidas definitivas que solicite, tanto las de carácter personal y relativas a los hijos, como las de carácter patrimonial (los del art. 265 LEC);

4) Respecto de estas últimas se precisa en aquel precepto que el actor deberá aportar los documentos de que disponga que permitan evaluar la situación económica de los cónyuges y, en su caso, de sus hijos, tales como declaraciones tributarias, nóminas, certificaciones bancarias, títulos de propiedad o certificaciones registrales;

5) De igual forma se deberá acreditar, de existir, la resolución judicial o acuerdo en virtud del cual corresponde el uso de la vivienda familiar.

c) Consecuencias de la falta de aportación: a') La falta de aportación de los documentos procesales constituye un defecto subsanable, sujeto al régimen de los arts. 231 LEC y 243.3 LOPJ. También se ha considerado subsanable la falta de aportación con la demanda de la certificación relativa a la inscripción de matrimonio o la del nacimiento de los hijos [p. ej. SAP Barcelona 17/3/2021 *(Tol 8427020)*]. En los dos casos anteriores, si la parte requerida no los aportare en el plazo que el letrado de la Administración de Justicia le señale a tal efecto, se inadmitirá la demanda (art. 269.2 en relación con el 266.4.ª LEC) [p. ej. AAP Valencia 9/2/2022 *(Tol 8946727)*].

b') Respecto de los documentos materiales o de fondo, esto es, aquellos en los que la parte funda su derecho a la tutela judicial que pretende, su falta de aportación con la demanda no afecta a la admisibilidad de la misma, sino a su fundamentación y, en definitiva, a la prosperabilidad o estimación de la pretensión o petición. Es por ello que, con arreglo a las normas generales sobre aportación de documentos, esa omisión no constituye un defecto subsanable, sino que implica que precluya la posibilidad de su aportación en un momento posterior (arts. 296.1 y 272 LEC). Esta consecuencia es propia de los procesos regidos enteramente por el principio de aportación de parte y precisamente por ello la aplicación del principio de preclusión aparece notablemente atenuada en los procesos matrimoniales, de ahí que en atención a su diversidad de posibles objetos se deban distinguir estos dos supuestos:

– Cuando la pretensión se refiera a materias sobre las que las partes puedan disponer libremente según la legislación civil aplicable, la aportación de los documentos en que dicha pretensión se fundamente quedará sujeta al régimen común establecido en los artículos 265, 269 a 272 LEC (art. 752.4 LEC).

– Cuando la pretensión se refiera a materias no disponibles habrá de estarse a lo dispuesto en el artículo 752.1 LEC, según el cual los procesos sobre dichas materias se decidirán con arreglo a los hechos que hayan sido objeto del debate y resulten probados «con independencia del momento en que hubieren sido alegados o introducidos de otra manera en el proceso». Ello unido a que el Juez puede acordar de oficio, sin perjuicio de las pruebas que las partes propongan, cuantas estime pertinentes, habrá de conducir a una interpretación muy flexible en cuanto a la posibilidad de subsanar la falta de aportación inicial de los documentos que a dichas pretensiones se refieran [p. ej. SAP Madrid 2/11/2021 *(Tol 8829763)*].

C) Ampliación de la demanda

Sin perjuicio de considerar aplicable lo establecido en el art. 400 LEC, la norma específica contenida en el art. 752.1 LEC permite la alegación de hechos y su introducción en el procedimiento en cualquier momento.

5. Contestación y reconvención

Admitida a trámite la demanda (arts. 438 y 404 LEC), se dará traslado de la misma al demandado, así como al Ministerio Fiscal, si hay hijos menores o con discapacidad (art. 749 y 770.6.ª LEC), y también a las demás personas que, conforme a la ley, deban ser parte en el procedimiento, aunque no hubieren sido demandadas [véase el supuesto de terceros interesados, a los que se hace referencia en el epígrafe 2 letra *C)* de este mismo Capítulo], emplazándoles para que la contesten en el plazo de veinte días conforme a lo establecido en el art. 405 (art. 753.1, I LEC).

Las actitudes posibles del demandado pueden consistir en: 1) No comparecer ni contestar a la demanda, lo que comportará su declaración en rebeldía; 2) Comparecer y no contestar, lo que le permitirá intervenir en cualquier estado posterior del proceso; 3) Plantear antes de la contestación a la demanda la falta de concurrencia del presupuesto procesal relativo a la jurisdicción o a la competencia de todo tipo por medio de la declinatoria; 4) Comparecer y allanarse (sólo en las materias de libre disposición); 5) Contestar a la demanda; y 6) Contestar y formular reconvención. En lo que sigue nos ocuparemos únicamente de las tres últimas.

La regulación normativa de esta materia se contiene en los arts. 753.1, 438.1, 405 y 770.2.ª LEC.

A) Conformidad con la demanda

El demandado que decida comparecer y contestar puede mostrar su conformidad con la demanda, adoptando alguna de las siguientes posturas:

a) Allanamiento: Nada obsta a que el demandado se allane a la petición principal de separación o de divorcio, aunque el juez siempre deberá comprobar la concurrencia del requisito temporal que la ley exige para dictar sentencia estimatoria de la demanda. No es posible, en cambio, el allanamiento respecto de la pretensión de nulidad, atendida la indisponibilidad de lo que constituye el objeto del proceso sobre esta materia (art. 751.1 LEC). En lo concerniente a las pretensiones sobre medidas definitivas o «efectos comunes», el allanamiento no es admisible en principio (art. 751.1 LEC), y solamente cabrá respecto de aquellas medidas de contenido patrimonial relativas a materias sobre las que las partes pueden disponer libremente según la legislación civil (art. 751.3 LEC).

b) Admisión de hechos: El demandado puede mostrar su conformidad limitándose a admitir los hechos expuestos en la demanda. Pero esa admisión no vinculará al tribunal, salvo en aquello que se refiera a las materias sobre las que las partes puedan disponer libremente (art. 752.2 y 4 LEC).

c) Petición de transformación del procedimiento en convencional: Lo propio en esos casos en los que el demandado manifestara su conformidad con los hechos de la demanda será que ambas partes, de conformidad con lo previsto en el artículo 770, 5.ª, soliciten que continúe el procedimiento por los trámites establecidos en el artículo 777 LEC, si concurren los requisitos que en el mismo se señalan. Pero ello no significa que se haya producido propiamente un allanamiento o, al menos, que de ese comportamiento se generen los efectos que le son propios, ya que, así como en los procesos dispositivos, cuando el demandado se allane a todas las pretensiones del actor, el tribunal dictará sentencia condenatoria de acuerdo con lo solicitado por éste (art. 21.1 LEC), en el procedimiento matrimonial de común acuerdo el juez dictará sentencia concediendo o denegando la separación o el divorcio según sea o no procedente con arreglo a la ley (lo que ocurrirá siempre que hayan transcurrido tres meses desde su celebración) y, en su caso, deberá pronunciarse sobre el convenio regulador, pudiendo no aprobarlo en todo o en parte cuando así lo exija el interés de los hijos menores (art. 777.6 y 7 LEC).

B) Contestación

En la contestación a la demanda el demandado podrá mostrar su oposición a las pretensiones o peticiones del actor.

a) Forma, plazo y requisitos en general: La contestación se ajustará a lo establecido para la del juicio ordinario, disponiendo para ello de un plazo de veinte días (arts. 753.1, 438.1 y 405 LEC).

En lo que atañe a su contenido, como en cualquier otro proceso, en la contestación deberán alegarse todas las defensas que el demandado tenga frente a lo solicitado por el actor. En primer lugar, se deberán oponer las excepciones relativas a la falta de presupuestos procesales (sólo la de los concernientes a las partes, como la falta de capacidad, de legitimación o de postulación, ya que la falta de jurisdicción o de competencia deben proponerse siempre mediante la declinatoria), así como aquellas que se refieran al objeto del proceso (como la cosa juzgada o la indebida acumulación de pretensiones), a la determinación del procedimiento adecuado por razón de la materia, o a la falta de requisitos de la demanda; seguidamente se realizarán las alegaciones sobre la cuestión de fondo, negando o admitiendo los hechos alegados por el actor y exponiendo los relativos a las excepciones materiales que se aduzcan; sobre la necesidad de acompañar a la contestación los documentos procesales y los materiales en que el demandado funde su resistencia, puede reproducirse lo dicho anteriormente respecto de la demanda (lo dispuesto en los artículos 264 y ss. y 752 LEC se refiere tanto a la demanda como a la contestación).

b) Contenido sobre la cuestión de fondo: Sobre el contenido de la contestación en lo concerniente a la cuestión de fondo, procede distinguir lo siguiente:

1) Nulidad: Frente a la pretensión de nulidad, el demandado podrá negar los hechos constitutivos de la demanda o admitirlos, ya sea total o parcialmente, y también alegar hechos nuevos, bien para desvirtuar los alegados por la parte demandante, en cuanto impeditivos, extintivos o excluyentes de la pretensión de este último, bien para justificar la petición que se formule. En definitiva, podrá oponerse a la demanda por motivos materiales.

2) Separación o divorcio: La separación y el divorcio se conciben en nuestro ordenamiento como una facultad que corresponde a cualquiera de los cónyuges para poner fin a la relación matrimonial, no dependiendo su ejercicio de otra condición que la derivada de su propia voluntad, ni de otro requisito que el de haber transcurrido tres meses desde la celebración del matrimonio (salvo en los supuestos de grave riesgo para la vida, la integridad física o moral, la libertad o la indemnidad sexual que se contemplan en el art. 81.2.º CC). En nuestro ordenamiento jurídico la separación y el divorcio son dos opciones a las que puede acudir libremente cualquiera de los cónyuges para poner fin a la vida en común y la causa determinante del efecto jurídico que con esa petición se pretende no es otra que la expresión de la voluntad que acerca de ello se formule por el solicitante. Consecuencia de ello es que basta con que uno de los esposos no desee la continuación del matrimonio para que pueda demandar el divorcio o la separación, sin que el demandado pueda oponerse a la petición por motivos materiales, y sin que el juez pueda rechazar la petición, salvo por motivos procesales. Ninguna resistencia cabe formular por motivos de fondo a la solicitud de separación o de divorcio. El demandado sólo puede oponerse a la petición de separación o divorcio: 1') Por motivos procesales, y 2') Por faltar el requisito temporal o por no concurrir los hechos constitutivos de la excepción al cumplimiento de dicho requisito temporal.

3) Efectos comunes: En cuanto a las pretensiones sobre efectos comunes, podrá negar los hechos constitutivos de la demanda, o admitirlos, ya sea total o parcialmente, y también alegar hechos nuevos, bien para desvirtuar los alegados por la parte demandante, bien para justificar la adopción de otras medidas cuando no sea necesario para ello formular reconvención con arreglo al artículo 770, 2.ª LEC (esto es, cuando se trate de una petición sobre medidas que hubieren sido solicitadas en la demanda y sobre las que el juez deba pronunciarse de oficio, como por ejemplo, en materia

de patria potestad, custodia, visitas, cuantía de alimentos para los hijos o vivienda familiar).

c) Petición: Consecuentemente con lo manifestado en el escrito de contestación, el demandado deberá expresar su petición de desestimación de la demanda, en su caso, en cuanto a la nulidad, la separación o el divorcio, así como la petición de desestimación de la demanda y de absolución respecto de las pretensiones sobre efectos comunes que se hubieren ejercitado. Asimismo, y con la debida separación, expresará las demás peticiones que se formulen al órgano jurisdiccional sobre las medidas cuya adopción se solicite por el demandado, interesando, el consiguiente pronunciamiento estimatorio de las mismas.

C) Reconvención

El demandado, además de contestar a la demanda, puede aprovechar la existencia del litigio para formular reconvención, es decir, para interponer una pretensión contra el demandante ante el mismo juez y en el mismo procedimiento en el que comparece, iniciando con ello un nuevo proceso que se acumulará al ya existente y que se resolverá en la misma sentencia. Las pretensiones que el demandado puede formular contra el demandante por la vía de la reconvención han de guardar una especial relación de conexidad con el objeto mismo del proceso que promovió el actor con su demanda, de modo que sólo será procedente la reconvención si existe homogeneidad entre los objetos de ambos procesos, es decir, un nexo entre ambas pretensiones por razón de la materia que sea objeto de una y de otra, estando atribuida la decisión de ambas al ámbito objetivo que es propio del procedimiento matrimonial contencioso. El artículo 770, 2.ª LEC lo concreta del siguiente modo: «Sólo se admitirá la reconvención: a) Cuando se funde en alguna de las causas que puedan dar lugar a la nulidad del matrimonio. b) Cuando el cónyuge demandado de separación o de nulidad pretenda el divorcio. c) Cuando el cónyuge demandado de nulidad pretenda la separación. d) Cuando el cónyuge demandado pretenda la adopción de medidas definitivas, que no hubieran sido solicitadas en la demanda, y sobre las que el tribunal no deba pronunciarse de oficio». Ello nos lleva a distinguir lo siguiente:

a) Pretensiones o peticiones principales (nulidad, separación o divorcio): 1) Si en la demanda se pide la nulidad, el demandado podrá oponerse a ella y reconvenir solicitando bien la separación, bien el divorcio, lo que implica la alegación de hechos distintos encaminados a la obtención de un efecto jurídico diferente. Pero también puede reconvenir pidiendo la nulidad por una causa legal distinta de la invocada por el actor como fundamento de la demanda, lo que supone la alegación de hechos diferentes para la obtención de un mismo efecto jurídico.

2) Si en la demanda se solicita la separación, el demandado podrá oponerse y reconvenir, bien formulando una pretensión de nulidad, bien solicitando el divorcio, lo que supone la alegación por el demandado de hechos distintos en los que se fundamenta una pretensión o petición diversa basada en una diferente causa de pedir y encaminada a la obtención de un efecto jurídico también diferente.

3) Si en la demanda se solicita el divorcio, el demandado podrá oponerse y reconvenir formulando una pretensión de nulidad, lo que entraña igualmente la alegación de hechos distintos en los que se fundamenta una pretensión diferente para la obtención de un distinto efecto jurídico. Pero no cabe reconvenir pretendiendo la separación, pues, desaparecidas de nuestro ordenamiento jurídico las causas legales tanto del divorcio como de separación (y, por tanto, los hechos configuradores de tales causas), ya no resulta posible la alegación por el demandado «de un hecho» diferente para fundar una petición diversa, sino que se trataría simplemente de la exteriorización de una voluntad distinta (la de separarse frente a la de divorciarse), cuyo efecto jurídico (cese de la vida en común) está comprendido dentro del que ya produce el divorcio, a cuya petición no cabe oponerse en ningún caso por motivos materiales y debe ser acogida forzosamente por el juez (salvo que no concurra el requisito temporal o lo impidan motivos procesales).

b) Pretensiones sobre medidas definitivas: Si, además de las pretensiones o peticiones principales relativas a la nulidad, la separación o el divorcio, el objeto del proceso matrimonial contencioso lo integran también las pretensiones relativas a las medidas definitivas derivadas de la cesación de la relación matrimonial, es indudable que esas cuestiones podrán ser introducidas en el proceso tanto por el actor en su demanda como por el demandado en la reconvención. Ahora bien, la procedencia de la reconvención sobre estas cuestiones se sujeta en el artículo 770.2.ª, d) LEC a una doble restricción, ya que sólo se admitirá si concurren estas condiciones: 1.ª) Que no hayan sido solicitadas en la demanda (porque, en tal caso, ya se ha introducido en el proceso lo concerniente a ellas como objeto de debate entre las partes); y 2.ª) Que no sean de aquellas sobre las que el juez debe pronunciarse de oficio (porque su introducción en el debate viene impuesta por ministerio de la Ley y la decisión sobre su adopción no parece estar sujeta al principio de rogación), para lo que deberá estarse a lo dispuesto en el artículo 774.4 LEC, en relación con los artículos 91 a 96 CC (el Juez, en defecto de acuerdo de los cónyuges o en caso de no aprobación del mismo, deberá pronunciarse de oficio en la sentencia sobre las siguientes materias: patria potestad y custodia de los hijos, contribución a alimentos de los mismos, régimen de visitas, atribución del uso de la vivienda familiar, si hay hijos, y adopción de las cautelas o garantías respectivas). Así pues, partiendo de la dicción literal del artículo 770, 2.ª d) LEC, aunque nada hubiera solicitado el demandante sobre la adopción de dichas medidas que pueden adoptarse de oficio, el demandado podría formular sobre ellas la petición que considerase oportuna sin necesidad de formular reconvención y sin que esa petición expresa, en caso de formularse, deba ser admitida y tramitada como tal reconvención [p. ej. SAP Sevilla 12/3/2024 *(Tol 10123885)*; SAP Murcia 9/1/2024 *(Tol 9991436)*; SAP Barcelona 4/4/2023 *(Tol 9644188)*; etc.].

c) El caso de la pensión compensatoria: La cuestión que con mayor frecuencia se ha dado en la práctica ha sido la relativa a la pensión compensatoria y a la necesidad de formular o no reconvención expresa respecto de la misma. La reconvención debe ser en todo caso expresa (art. 406.3 LEC), aunque el TS ha llegado a la conclusión de que, si no se ha formulado de ese modo, sino de manera implícita, el tribunal puede pronunciarse acerca de la solicitud así efectuada por el demandado en el caso de que haya sido el propio demandante quien haya introducido la cuestión como objeto de debate en el proceso, manifestando en la demanda su negativa a que se reconozca al demandado el derecho a percibir una pensión compensatoria. Basta con ello para que, producido el debate entre las partes acerca de la pensión compensatoria y formulada una petición al respecto por el demandado, pueda pronunciarse el tribunal acerca de su concesión o denegación, a pesar de que no haya existido reconvención expresa [p. ej. STS 10/9/2012 *(Tol 2675498)* y 3/6/2013 *(Tol 3774228)*; SAP Jaén 27/5/2024 *(Tol 10153849)*].

En algunas resoluciones se ha considerado necesario formular reconvención cuando el demandado interesa el reintegro de un préstamo [p. ej. SAP Madrid 13/7/2012 *(Tol 2620550)*] o a la petición del uso de bienes comunes [p. ej. SAP Madrid 25/1/2010 *(Tol 1817179)*]. No obstante, en otras resoluciones [p. ej. SAP Huesca 24/2/2016 *(Tol 5701035)*], se ha entendido con buen criterio que cuestiones como el pago de préstamos o las relativas al destino del saldo de las cuentas bancarias del matrimonio, no deberían ser objeto de reconvención, sino ser resueltas en procedimiento que corresponda, bien declarativo, bien, en su caso, el de liquidación del régimen económico matrimonial.

d) La reconvención en el proceso de modificación de medidas: Donde se han planteado con mayor frecuencia cuestiones relacionadas con la reconvención no ha sido en los procedimientos de nulidad, de separación o de divorcio, sino en los procesos posteriores promovidos para la modificación de las medidas acordadas en aquéllos por haber variado las circunstancias que se tuvieron en cuenta en los anteriores para su adopción. La reconvención será posible en estos casos siempre que exista homogeneidad entre los objetos de ambas pretensiones, de modo que por razón de la materia corresponda su conocimiento al mismo juez y deba resolverse en la misma clase de procedimiento. Promovido por uno de los cónyuges o ex-cónyuges procedimiento para la modificación de las medidas acordadas por ellos en procedimiento de común acuerdo o contencioso, o adoptadas por el juez en la sentencia a falta de acuerdo, el demandado podrá introducir por vía reconvencional la pretensión de que esa medida cuya modificación se pretende por el actor se modifique en sentido distinto del solicitado por el mismo, y también cabría entender que podrá reconvenir solicitando que se modifique otra de aquellas medidas, o que se adopte otra medida diferente. Pero lo que no cabe es pretender por vía reconvencional nada relativo a la relación matrimonial. Así pues, frente a la pretensión de modificación formulada por el demandante, el demandado podrá deducir también cualquier otra pretensión tendente a la modificación de las medidas, mediante reconvención expresa. No es posible aplicar en este procedimiento la regla del artículo 770.2.ª, d) LEC, porque el juez no puede aquí modificar ni adoptar de oficio ninguna medida, ni puede entenderse incluida *ex lege* esa posibilidad como materia u objeto necesario del proceso.

e) Traslado: Admitida la reconvención, se regirá por las normas previstas para el juicio ordinario, salvo el plazo para su contestación, que será de diez días (art. 438.2, II LEC).

D) Tramitación posterior

Contestada la demanda y, en su caso, la reconvención, se abrirá el plazo común de cinco días a que se refiere el art. 438.8 LEC a fin de que las partes propongan la prueba que les interese e indiquen, en su caso, las personas que, por no poder presentar ellas mismas, hayan de ser citadas por el tribunal. Dentro del mismo plazo podrán realizar las alegaciones que tengan por conveniente con respecto a las excepciones procesales planteadas por el demandado en su escrito de contestación, o por el actor en su contestación a la reconvención, que pudieran impedir la válida prosecución y término del proceso mediante sentencia sobre el fondo. En los tres días siguientes al traslado del escrito de proposición de prueba podrán formular las impugnaciones a las que se refieren los artículos 280, 283, 287 y 427 (art. 438.9). Transcurrido este último plazo, resolverá el tribunal por auto sobre las excepciones procesales planteadas, sobre la admisión de la prueba propuesta y sobre el señalamiento para la celebración de la vista (art. 440).

6. Asistencia a la vista

La vista se celebrará conforme a las reglas establecidas para el juicio verbal, con la particularidad de que a dicho acto deberán concurrir las partes por sí mismas, con apercibimiento de que su incomparecencia sin causa justificada podrá determinar que se consideren admitidos los hechos alegados por la parte que comparezca para fundamentar sus peticiones sobre medidas definitivas de carácter patrimonial. También será obligatoria la presencia de los abogados respectivos.

La regulación normativa de esta materia se contiene en el art. 770.3.ª LEC y también en los arts. 440, 442, 443 y 753 de la misma Ley.

A la vista deben concurrir las partes por sí mismas, siendo también obligatoria la presencia de sus respectivos abogados (art. 770, 3.ª LEC). La representación procesal de las partes mediante procurador, que el artículo 750 LEC establece como necesaria en estos procesos, no excluye el deber de asistencia personal de las mismas al acto de la vista, que se configura en la Ley como una carga procesal. La razón de esta exigencia, acorde con la naturaleza no dispositiva de algunos de los objetos del proceso, obedece sustancialmente a la conveniencia de que el Juez pueda interrogar a ambos esposos y contrastar sus manifestaciones en orden a comprobar la concurrencia de determinadas circunstancias, singularmente, las que se refieran a hechos de los que dependan los pronunciamientos sobre medidas que afecten a los hijos menores o discapaces necesitados de medidas de apoyo.

En caso de inasistencia de las partes no pueden producirse en todo caso los efectos establecidos con carácter general en el artículo 442 LEC para el juicio verbal, sino que en atención a las singularidades de estos procesos hay que distinguir lo siguiente:

A) Incomparecencia de ambas partes

Si no compareciere ninguna de las partes, se hará constar en el acta por el letrado de la Administración de Justicia y se dictará auto de sobreseimiento del proceso, ordenando el archivo de las actuaciones. Ni el art. 770 ni el art. 442 LEC contienen previsión expresa al respecto, pero si se diera semejante situación, ésa parece que debe ser la solución a adoptar en un acto oral y concentrado como es la vista (así ocurre, por ejemplo, en el supuesto al que se refiere el art. 414.3 LEC respecto de la audiencia previa en el juicio ordinario). No parece posible en estos procedimientos, atendido lo que constituye su objeto, adoptar la solución prevista en el artículo 432.2 LEC para el caso de inasistencia de ambas partes al juicio ordinario (declarar el pleito visto para sentencia).

B) Incomparecencia del demandante

Si no comparece el demandante, la consecuencia prevista por el artículo 442.1 LEC para el juicio verbal (al que el art. 770 se remite), es la de tenerle por desistido, a no ser que el demandado alegare interés legítimo en la continuación del proceso para que se dicte sentencia sobre el fondo. Pero esa norma no puede ser de automática aplicación al proceso matrimonial en todo caso de incomparecencia de la persona del demandante, sino que la misma requiere alguna matización. Aquel precepto se refiere a la incomparecencia al acto del juicio verbal de la parte demandante, es decir, a la del propio demandante cuando deba comparecer personalmente por no ser preceptiva su representación procesal, o a la del procurador que le represente, cuando la misma sea necesaria conforme a lo dispuesto en el artículo 23 LEC. Sin embargo, en el proceso matrimonial la representación procesal es siempre preceptiva, de ahí que se deba distinguir lo siguiente:

1) La incomparecencia de la parte demandante en cuanto tal (esto es, con el abogado y el procurador que integran su capacidad de postulación), permitirá que se pueda tener a dicha parte por desistida de la demanda, a no ser que el demandado comparecido alegare interés legítimo en la continuación del proceso o que se oponga a ello el Ministerio Fiscal (cuya conformidad es necesaria según lo establecido en el art. 751.2. 2.º, 3.º y 4.º LEC).

2) En cambio, si quien no comparece es el demandante por sí mismo (la persona del demandante), habiéndolo hecho el procurador que le representa en el proceso y su abogado, no será posible tenerle por desistido, ya que la parte procesalmente constituida sí que ha comparecido, sino que deberá acordar se en todo caso la continuación del juicio [p. ej. SAP Murcia 26/2/2019 *(Tol 7226447)*; SAP Las Palmas 19/1/2021 *(Tol 8483056)*; SSAP Madrid 7/10/2020 *(Tol 8208325)* y 24/4/2023 *(Tol 9654552)*].

En los casos de continuación del juicio, los efectos de la inasistencia personal del actor no serán otros que los establecidos en el artículo 770, 3.ª LEC en orden a la posibilidad de tener por admitidos los hechos alegados por la parte contraria para fundamentar sus peticiones sobre medidas definitivas de carácter patrimonial. El carácter no dispositivo de todo lo demás que es objeto del proceso hace inaplicable a esas materias lo dispuesto en los artículos 440.1, III, y 304 LEC.

C) Incomparecencia del demandado

Si no comparece el cónyuge o progenitor demandado, se procederá a la celebración del juicio (art. 442.2 LEC) con la posibilidad de que se produzcan los efectos que prevé el artículo 770, 3.ª LEC sobre la admisión de hechos respecto de materias dispositivas de carácter patrimonial. En alguna resolución se ha considerado que el precepto es inaplicable ante la inexistencia de una mínima prueba de los presupuestos exigidos para el establecimiento de la pensión compensatoria [así, p. ej. en SAP Tarragona 9/5/2019 *(Tol 7254557)*].

D) Incomparecencia de los abogados de las partes

Los abogados de las partes han de comparecer necesariamente al acto de la vista (art. 770, 3.ª LEC). Esa exigencia, unida a lo dispuesto en el artículo 238.4.º LOPJ, que reputa nulos los actos que se realicen sin intervención de abogado en los casos en que la Ley la establezca como obligatoria, comportará que, en caso de incomparecencia de alguno de los abogados, se deba acordar la suspensión del acto y efectuar nuevo señalamiento, sin perjuicio de exigir, cuando así proceda, la responsabilidad a que diere lugar el comportamiento de quien hubiere dejado de asistir injustificadamente a la vista [p. ej. SAP Madrid 11/2/2021 *(Tol 8424244)*]. Si no comparece el procurador, pero han comparecido personalmente las partes, no se suspenderá la vista.

E) Incomparecencia del Ministerio Fiscal

La presencia del Ministerio Fiscal, en los casos en los que sea parte o deba intervenir conforme a lo dispuesto en el artículo 749 LEC, se configura en nuestro ordenamiento jurídico como necesaria. Es muy poco probable que deje de asistir un representante del Ministerio Fiscal a la vista señalada si no es por alguna causa de imposibilidad. La estructuración orgánica del Ministerio público normalmente habrá de permitir siempre la asistencia al acto señalado de alguno de sus miembros. Pero, si así no fuera, acreditada en autos la causa o motivo a que obedezca la incomparecencia, deberá procederse a la suspensión del acto y al señalamiento de nuevo día para la vista, sin perjuicio de la responsabilidad que, en su caso, pudiera ser exigible a quien hubiere provocado injustificadamente la suspensión.

7. Celebración de la vista

La vista se desarrollará conforme a lo previsto para el juicio verbal en el art. 443 LEC, con las especialidades que resulten de lo dispuesto en los arts. 770, 3.ª a 5.ª y 7.ª, 752, 753, 754 y 774, y con observancia de las reglas generales contenidas en los arts. 185 y siguientes de la misma Ley. Aparte de los motivos generales por los que podrá solicitarse un nuevo señalamiento de la vista y los determinantes de su suspensión o interrupción conforme a lo dispuesto en los arts. 183, 188 y 193 de la LEC, también podrá solicitarse la suspensión con arreglo a lo establecido en el art. 770.7.ª para someterse a mediación o que continúe el procedimiento por los trámites del de mutuo acuerdo (art. 770.5.ª LEC).

La dinámica procedimental de la vista será la propia del juicio verbal, debiendo desarrollarse en unidad de acto toda la actividad procesal conducente a la fijación de los hechos controvertidos y a la práctica de las pruebas, lo que no excluye que su celebración pueda prolongarse durante varias sesiones en días sucesivos, dentro del plazo que el tribunal señale y que no podrá exceder de treinta días (art. 770.4.ª, I LEC).

La regulación normativa de esta materia se contiene en loe arts. 182 a 193, 443, 752, 753, 754, 770, 3.ª a 5.ª y 7.ª, y 774 LEC.

A) Acuerdos posibles

La primera cuestión que debe abordarse en la vista es la de comprobar si existe o no la controversia que dio lugar al inicio del proceso (art. 443.1, primer inciso LEC).

a) Acuerdo previo: En el caso de que las partes hubieren llegado antes de la vista a un acuerdo extrajudicial, el proceso carecería de sentido por haber perdido su objeto. En tal caso, si ya no hay litigio, el proceso podría terminar de dos formas: 1.ª) Por desistimiento del demandante, con el consentimiento del demandado y del Ministerio Fiscal cuando deba intervenir (art. 751.2, 2.º a 4.º LEC); y 2.ª) Por la homologación judicial del acuerdo extrajudicialmente alcanzado, lo que exigirá que las partes soliciten que concluya el procedimiento contencioso y que continúe conforme a los trámites que se establecen en el artículo 777 (art. 770, 5.ª LEC). En caso de que se sólo se hubieren alcanzado previamente acuerdos parciales sobre efectos comunes, continuará el procedimiento contencioso respecto de aquello sobre lo que no se hubiere alcanzado el acuerdo y también para la correspondiente homologación (tratándose de medidas económicas) o aprobación (si se refieren a los hijos) de los mismos.

b) Acuerdos en el acto de la vista: Si, iniciada la vista, se alcanza en ella un acuerdo para poner fin al proceso, esa avenencia requerirá, también, la homologación o la aprobación del tribunal, para lo cual, las partes, del mismo modo que en el caso anterior, deberán solicitar que se acuerde la continuación del procedimiento por los trámites del artículo 777. También serán posibles, naturalmente, los acuerdos parciales sobre los llamados efectos comunes, que requerirán la correspondiente homologación o aprobación. Salvo en aquellas materias de contenido patrimonial respecto de las que las partes tienen la libre disponibilidad, el acuerdo que se alcance no será vinculante para el juez, quien acordará en la sentencia lo que proceda en orden a su aprobación o no, teniendo siempre en cuenta el interés de los hijos menores, a los que deberá oír, así como al Ministerio Fiscal, del mismo modo que se establece para el procedimiento de mutuo acuerdo en el artículo 777.5 LEC.

B) La petición de transformación del procedimiento

Conforme a la regla 5.ª del art. 770 LEC, en cualquier momento del proceso, concurriendo los requisitos señalados en el art. 777, las partes podrán solicitar que continúe el procedimiento por los trámites que se establecen en dicho artículo. Aunque nada se diga en este precepto, parece obvio que la posibilidad de transformar el procedimiento contencioso del art. 770 en el consensual del art. 777 solamente procederá cuando el acuerdo se refiera, bien a la separación o al divorcio, bien a las medidas definitivas relativas a los denominados efectos comunes derivados de la separación o el divorcio, bien a las medidas que versen exclusivamente sobre la guarda y custodia de hijos menores o alimentos reclamados en nombre de los mismos por un progenitor frente a otro. Para que tenga lugar la transformación del procedimiento contencioso en consensual se requiere, además de lo dicho anteriormente acerca de su procedencia (esto es, que el objeto de la petición se refiera a la separación o al divorcio y, en su caso, a la adopción o a la modificación de medidas definitivas): 1.º) Que así lo soliciten ambas partes, y 2.º) Que se acompañe, en su caso, la propuesta del convenio regulador.

La mera solicitud no es, por lo demás, suficiente para que el procedimiento prosiga por los trámites del art. 777 LEC si no es luego ratificada por separado por ambos cónyuges en la comparecencia que al efecto se señale por el tribunal. En el caso de que el convenio no fuere ratificado posteriormente por alguna de las partes, el procedimiento debe ser sobreseído [SAP Barcelona 31/5/2017 *(Tol 6405651)*; SAP Lleida 30/4/2021 *(Tol 8489799)*]. La petición de transformación también puede tener lugar en la segunda instancia [p. ej. SAP Orense, 25/5/2015 *(Tol 5162452)*; SAP Barcelona 27/5/2015 *(Tol 5400637)*; SSAP Cádiz 19/2/2020 *(Tol 7889177)* y 1/4/2019 *(Tol 7269207)*].

C) Suspensión para someterse a mediación

La regla 7.ª del art. 770 LEC (que es norma específica, frente a la general del art. 443.1) dispone que «las partes de común acuerdo podrán solicitar la suspensión del proceso de conformidad con lo previsto en el artículo 19.4 de esta Ley, para someterse a mediación». La finalidad perseguida es la de poder lograr un acuerdo con la mediación de un tercero, no tanto respecto de la separación o el divorcio, sino sobre las medidas definitivas a adoptar. La solicitud debe formularse por ambas partes, actuando de común acuerdo, y aunque nada se dice en la norma acerca del tiempo en que puede deducirse la petición, parece indudable que podrá efectuarse en cualquier momento del procedimiento, del mismo modo y por la misma razón que se contempla en la regla 5.ª para el caso de solicitar la continuación del procedimiento contencioso por los trámites del de común acuerdo. No obstante, la petición de mediación es inviable una vez tramitado el procedimiento por completo hasta su conclusión.

El tribunal debe valorar si la petición de suspensión pudiera perjudicar el interés superior de los menores, si los hubiere (lo que exigiría la audiencia del Ministerio Fiscal), y en su caso la acordará mediante auto y por un plazo que no supere los sesenta días (art. 19.4 LEC). Deberá estarse luego a lo establecido en el artículo 179.2 LEC, de modo que: 1) Dentro de dicho plazo se reanudará el curso del procedimiento cuando así lo solicite cualquiera de las partes; 2) Si transcurrido el plazo por el que se acordó la suspensión nadie pidiera su reanudación en los cinco días siguientes, se archivarán provisionalmente los autos y permanecerán en tal situación mientras no se solicite la continuación del proceso o se produzca la caducidad de instancia. Debe tenerse en cuenta que en los procesos en los que existan hijos menores o discapaces necesitados de medidas de apoyo o en situación de ausencia legal siempre será parte el Ministerio Fiscal (art.

749.2 LEC), que podrá solicitar en interés de los mismos lo que considere procedente en cuanto a la reanudación del procedimiento. La petición de suspensión para someterse a mediación puede tener lugar también en la segunda instancia.

Atendido lo que constituya el objeto de la controversia y de conformidad con lo dispuesto en el apartado número 5 del art. 19 y en el art. 443.2 LEC, el juez también podrá plantear a las partes la posibilidad de derivar el litigio a mediación o a otro medio adecuado de solución de controversias, siempre que considere, mediante resolución motivada que podrá ser oral, que concurren circunstancias que posibilitan una solución del conflicto en dicho ámbito. La derivación requerirá la conformidad de las partes, que podrán pedir conjuntamente la suspensión del procedimiento.

Si con la mediación se logra un acuerdo, el mismo deberá ponerse en conocimiento del órgano judicial, instando la prosecución del procedimiento a los efectos que procedan, pudiendo darse alguna de estas situaciones:

a) Acuerdo total: Si se lograra un acuerdo total, el procedimiento deberá continuar por los trámites del de común acuerdo, de conformidad con lo establecido en la regla 5.ª del art. 770 en relación con el art. 777 LEC, y terminará con resolución judicial constitutiva sobre la separación o el divorcio y de homologación o de aprobación, en su caso, del acuerdo alcanzado sobre las medidas relativas a los llamados efectos comunes, debiendo estarse a lo establecido en el apartado 7 del mismo art. 777 para el caso de que no se aprobara en todo o en parte el acuerdo alcanzado en la mediación.

b) Acuerdo parcial: Si se lograra sólo un acuerdo parcial, es decir, únicamente sobre alguno de los extremos de la controversia que las partes mantienen, en su momento se procederá por el juzgado a su homologación (si versa sobre aspectos patrimoniales entre los cónyuges) o a su aprobación (en lo que se refiera a los hijos menores o discapaces necesitados de medidas de apoyo, con audiencia del Ministerio Fiscal), pero deberá proseguir el procedimiento contencioso respecto de lo demás en lo que no exista acuerdo, acerca de lo cual se decidirá en la sentencia, que dispondrá también lo conducente sobre la separación o el divorcio.

D) Fijación de los hechos del debate. Alcance

Si no existiere acuerdo, o en aquella parte que no existiere, se dará la palabra a las partes (a sus abogados) para que fijen con claridad los hechos sobre los que exista contradicción (art. 443.3 LEC). No se trata de que las partes determinen ahora cuáles son los hechos en los que fundamenten sus pretensiones (esto deben haberlo hecho necesariamente, con la claridad y precisión que la ley exige, en sus respectivos escritos de demanda, contestación, reconvención y contestación a ésta), sino de que establezcan los hechos respecto de los que discrepan: aquellos que constituyen el verdadero objeto del debate y que deberán ser materia de prueba. Es de advertir que la conformidad de las partes sobre los hechos no vinculará en todo caso ni de igual modo al tribunal, debiendo tenerse en cuenta lo siguiente:

1) Si la conformidad en los hechos se refiere a materias sobre las que las partes pueden disponer libremente (cuestiones patrimoniales entre cónyuges), no cabe duda que quedarán definitivamente fijados los hechos en los que estén conformes. Esos hechos afirmados o aceptados por ambas partes habrán de ser estimados como existentes en los términos en que éstas los admiten, y el juez no podrá desconocerlos en la sentencia.

2) Por el contrario, si esa conformidad sobre los hechos afecta a materias sobre las que las partes no pueden disponer libremente (nulidad o medidas que afecten a hijos menores), su aceptación por los litigantes carecerá de eficacia determinante y el juez podrá acordar de oficio la práctica de las pruebas que estime necesarias para comprobar la concurrencia de las circunstancias exigidas en cada caso por el Código Civil para acordar lo que legalmente proceda (arts. 751, 752.2 y 4 y 770, 4.ª LEC).

3) La función delimitadora de los hechos objeto del debate permite también efectuar aclaraciones, rectificaciones o alegaciones complementarias acerca de los mismos (sin alterar en ningún caso lo que el actor fijó como objeto del proceso en su demanda, ni lo que el demandado determinó como objeto del debate en su contestación, ni lo expuesto, en su caso, en la reconvención y en la contestación a ésta), así como alegar hechos nuevos o de nueva noticia que guarden relación con las pretensiones ejercitadas y aportar los documentos o dictámenes que los justifiquen. Respecto de la alegación de hechos no se debe olvidar la regla especial de los procesos no dispositivos según la cual, éstos «se decidirán con arreglo a los hechos que hayan sido objeto del debate y resulten probados, con independencia del momento en que hubieren sido alegados o introducidos de otra manera en el proceso» (art. 752 LEC).

E) Complemento y delimitación de la prueba

La proposición de prueba que se hubiere realizado en el trámite escrito a que se refiere el art. 438.8 podrá completarse en el acto de la vista con arreglo a lo dispuesto en el art. 429.1 (art. 443.4).

Una vez fijados los términos del debate, debe abordarse en la vista la delimitación del tema de prueba. En principio, los hechos admitidos por las dos partes, es decir, los no controvertidos, no precisan ser probados, pero en los procesos matrimoniales debe tenerse en cuenta la regla especial del artículo 752.2 LEC, según la cual, «la conformidad de las partes sobre los hechos no vinculará a tribunal, ni podrá éste decidir la cuestión litigiosa basándose exclusivamente en dicha conformidad». Consecuentemente, en todas las materias sobre las que las partes no puedan disponer libremente según la legislación civil, la conformidad de las partes no implica que los hechos de que se trate queden excluidos de la prueba, como ocurre en los procesos dispositivos.

8. Especialidades en materia de prueba

Los medios de prueba que hubieren sido admitidos se practicarán en el acto de la vista, bien de forma inmediata, bien dentro del plazo que se señale, que no podrá exceder de treinta días (art. 770.4.ª, I). Los medios de prueba que pueden utilizarse no son diferentes de los de cualquier otro proceso civil. La singularidad radica, por una parte, en las especialidades sobre el objeto, la carga y la valoración de la prueba, y, por otra, en la posibilidad de acordar prueba de oficio (arts. 752 y 770.4.ª, II).

A) Objeto y tema de prueba

Atendida la naturaleza de las materias que pueden ser objeto del procedimiento contencioso, se ha de distinguir lo siguiente:

a) Hechos sobre la pretensión principal: a') En materia de nulidad matrimonial la admisión por la parte demandada de cualquiera de los hechos en que la pretensión se basa será absolutamente irrelevante, pues para que un matrimonio pueda declararse nulo deberá demostrarse por la parte que la invoque, o quedar acreditada, en su caso, por la actividad desplegada por el juez, la realidad del supuesto de hecho contemplado en la causa legal en que aquella pretensión se funde.

b') En materia de separación o divorcio, la obtención del efecto jurídico pretendido con la petición de separación o de divorcio no precisa de prueba alguna. La constitución del estado de separado o divorciado no requiere la demostración de ningún hecho causal: basta la declaración de voluntad del solicitante para que el tribunal quede vinculado por ello y deba acordarlo así. sólo se debe acreditar por el solicitante el requisito temporal exigido por el actual artículo 81.2.º (que hayan transcurrido más de tres meses desde la celebración del matrimonio) o, en su caso, el hecho determinante de su excepción (el riesgo para la vida, integridad, libertad o indemnidad que permite obtener la separación o el divorcio antes de que haya transcurrido aquel plazo).

b) Hechos relativos a las pretensiones sobre medidas: a') Medidas económicas entre cónyuges: En esta materia rige enteramente el principio dispositivo, de modo que la admisión de hechos por una parte exonera de su prueba a la contraria. No será, por tanto, objeto de prueba en el proceso lo admitido al respecto por las partes.

b') Hechos de los que dependan los pronunciamientos sobre medidas que afecten a los hijos menores o con discapacidad: 1) Tratándose de los hechos relativos a los ingresos o medios de fortuna con que cuenta la parte que debe satisfacer los alimentos, la admisión de los mismos por el demandado excluye la necesidad de su prueba; 2) Por el contrario, la admisión por las partes de los hechos relativos a la atribución del uso de la vivienda familiar, la guarda y custodia o la patria potestad, no excluye la necesidad de que queden acreditadas todas las circunstancias que sean determinantes del pronunciamiento que deba adoptarse al respecto en interés de los hijos.

c) Máximas de la experiencia: En atención a la naturaleza de las relaciones personales que se debaten en el proceso matrimonial, con frecuencia se habrán de tomar en consideración en él determinadas máximas de la experiencia para valorar ciertos hechos y conductas y, sobre todo, para decidir lo que resulte más adecuado a los intereses en juego (qué debe entenderse por interés del hijo menor, qué es lo más conveniente para la estabilidad y el cuidado de los hijos menores de los cónyuges que ponen fin a su vida en común, etc.). Esas máximas son las que permiten tener por cierto, con carácter general, que los hijos menores deben permanecer en la casa en que han vivido; que deben estar bajo custodia de quien lleve una vida más ordenada; que no se les debe privar de la compañía y afecto de los dos progenitores, ni de la inserción en el ámbito familiar más amplio al que pertenecen (abuelos paternos y maternos); o qué cantidad de dinero es o no suficiente en un determinados tiempo y lugar para poder atender a los gastos de alimentación de los hijos; etc. Pues bien, cuando esos juicios hipotéticos de contenido general en que la máxima de la experiencia consiste pertenecen al acervo común, no necesitarán ser probados por las partes para que cumplan en el proceso esa función que les es propia, pudiendo el órgano jurisdiccional, por el propio conocimiento que de ellas tenga, extraer la conclusión que proceda.

B) Carga de la prueba

También en esta materia la singularidad del objeto del proceso hace que las consecuencias de la falta de prueba no siempre sean las mismas que en los procesos dispositivos.

a) Pretensión de nulidad: La parte que alega una causa de nulidad debe probar los hechos en que la misma se basa. No basta con alegar una causa legal de nulidad para que el juez haya de proceder, de oficio, a desplegar la actividad procesal necesaria para dejar constancia de su existencia. Lo que la Ley permite es que el juez pueda acordar la práctica de prueba para «comprobar» la concurrencia de las circunstancias exigidas en cada caso por el Código Civil. Esa diferencia terminológica entre el significado de probar y comprobar pone de relieve que ha de existir una previa actividad de la parte tendente a la demostración del hecho constitutivo de la pretensión alegada, de modo que la actuación del juez será simplemente complementaria y tendente a confirmar o verificar lo ya inicialmente acreditado o, al menos, lo que inicialmente trató de acreditarse. Si la realidad de la causa invocada no se prueba por la parte que la alega, la consecuencia no puede ser otra que la desestimación de su pretensión.

b) Petición de separación y divorcio: Ya se ha dicho que, en materia de separación o divorcio, basta la expresión de la voluntad de los cónyuges para la obtención del efecto jurídico pretendido, sin necesidad de prueba alguna respecto de ningún hecho causal, por lo que no cabe hablar de carga de la prueba. Sólo ha de acreditarse el requisito relativo al transcurso de los tres meses desde la celebración del matrimonio o la concurrencia de las circunstancias excluyentes de la observancia de dicho plazo, lo que ha de justificarse en el escrito de demanda.

c) Materias de libre disposición: Tratándose de pretensiones económicas entre cónyuges, es decir, de materias sometidas a su libre disposición según la legislación civil, la falta de prueba del hecho en que las mismas se basen perjudicará a la parte a quien incumbía la carga de su acreditación, según las reglas del artículo 217 LEC, y ello determinará, sin más, la no aplicación de la consecuencia jurídica pedida.

d) Pretensiones sobre medidas acerca de hijos menores o con discapacidad: En cuanto a los hechos y circunstancias que se refieran a las medidas solicitadas por las partes respecto de los hijos menores o con discapacidad en orden a la guarda y custodia, régimen de comunicación y visitas, uso de la vivienda y alimentos, y de cuya constancia dependan los pronunciamientos que al respecto deban adoptarse por el tribunal, éste, atendidas las exigencias de derecho necesario por el que se rige esta materia, sustraída por entero a la disposición de las partes, podrá acordar de oficio cuantas pruebas juzgue oportunas, decidiendo lo que proceda con arreglo a su resultado y con independencia de la actividad probatoria que se hubiere desplegada por las partes. Sobre esas medidas, que el tribunal puede acordar incluso de oficio, no rige, obviamente, el principio de la carga de la prueba, ni cabe, por tanto, aplicar sus consecuencias.

No ocurre lo mismo, naturalmente, si los hijos son mayores de edad y la pretensión que se ejercita en su interés consiste simplemente en la petición de alimentos para los mismos. En esos casos incumbe al actor probar la situación personal y económica en la que los hijos comunes se encuentran.

C) Valoración de la prueba

a) Cuestiones económicas entre cónyuges: En lo que concierne a las cuestiones económicas entre los cónyuges, rige el sistema mixto, propio de nuestro proceso civil, de modo que: 1) La conformidad prestada por las partes en la prueba de interrogatorio vinculará al tribunal en los términos establecidos en el artículo 361.1 LEC; 2) La fuerza probatoria de los documentos públicos será la que resulta de lo dispuesto en las reglas legales que se contienen en los artículos 320 a 323 LEC; 3) La de los documentos privados, la que establece el artículo 326 LEC; y 4) La de los demás medios de prueba será la que resulte de su libre valoración por el tribunal.

b) Materias no disponibles: En aquellas materias sobre las que las partes no pueden disponer (causas legales de nulidad y medidas que afecten a hijos menores o con discapacidad) regirá en todo caso el sistema de libre valoración, es decir, el que toma en consideración las máximas de la experiencia, las reglas de la sana crítica, del sentido común o el racional criterio humano, sin que deba atenderse a las reglas legales que en materia de fuerza probatoria del interrogatorio de las partes, de los documentos públicos y de los documentos privados, se contienen en la LEC (art. 752.2).

D) Prueba de oficio

La iniciativa de la actividad probatoria corresponde, en principio, a las partes: «Las pruebas se practicarán a instancia de parte. Sin embargo, el tribunal podrá acordar, de oficio, que se practiquen determinadas pruebas o que se aporten documentos, dictámenes u otros medios e instrumentos probatorios, cuando así lo establezca la ley» (art. 282 LEC). Esa previsión legal, en cuanto al proceso matrimonial y de familia, se contempla con carácter general en el artículo 752.1, II, LEC, según el cual, «sin perjuicio de las pruebas que se practiquen a instancia del Ministerio Fiscal y de las demás partes, el tribunal podrá decretar de oficio cuantas estime pertinentes»; y también en el artículo 770, 4.ª, II, LEC, en el que se dispone que durante el plazo de prueba «el tribunal podrá acordar de oficio las pruebas que estime necesarias para comprobar la concurrencia de las circunstancias en cada caso exigidas por el Código Civil para decretar la nulidad, separación o divorcio, así como las que se refieran a hechos de los que dependan los pronunciamientos sobre medidas que afecten a los hijos menores o a los mayores con discapacidad que precisen apoyo, de acuerdo con la legislación civil aplicable». Otras previsiones singulares son las de los artículos 339.5 LEC y 92, V, CC, a propósito del dictamen de especialistas.

9. Dictamen de especialistas: el informe del gabinete psicosocial

Sin perjuicio de las pruebas que se practiquen a instancia de las partes, el tribunal puede acordar, de oficio, cuantas estime pertinentes, y, entre ellas, el dictamen de especialistas para que le ilustren sobre los hechos que precise conocer o valorar (arts. 339.5 y 752 LEC y art. 92, V, CC). El juez podrá, de oficio, designar un perito cuando precise de los especiales conocimientos de un profesional de la psicología, de la psiquiatría o de la educación para valorar hechos o circunstancias relevantes o adquirir certeza sobre ellos, y en tales casos, el procedimiento para la designación del perito y para la realización y emisión del dictamen, será el que se establece en las normas generales de los arts. 341 a 346 LEC. Pero en determinados órganos jurisdiccionales existe, adscrito a ellos, lo que se denomina gabinete o equipo psicosocial, al que el juez suele encomendar (y las partes pueden solicitar también) la emisión de un informe en todos los procesos matrimoniales en los que hayan de adoptarse medidas respecto de los hijos menores y sea conveniente dicho dictamen. La particularidad de la actuación de ese gabinete es que la misma no se contempla en la Ley de Enjuiciamiento Civil.

La regulación normativa de esta materia se contiene en el art. 473.2 LOPJ y en los arts. 335, 339, 340, 343 a 348 LEC.

A) Naturaleza

El informe del llamado equipo psicosocial consiste en una actuación procesal que tiene la naturaleza propia de una prueba pericial, pues, aunque en el procedimiento de designación no se cumplan las previsiones del articulo 341 LEC y el resultado de su actividad no tienda a la fijación de hechos controvertidos, su finalidad es la de auxiliar al juez procurándole los conocimientos científicos, técnicos o prácticos que precise mediante la emisión, por parte de los profesionales que los poseen, de un dictamen que se ha de emitir conforme a las reglas de sus respectivas ramas de conocimiento y con la mayor objetividad. La actuación de esos profesionales está prevista en el artículo 473.2 de la LOPJ: se trata de personal laboral contratado al servicio de cada Administración de Justicia Autonómica que actuarán bajo la dependencia funcional del Tribunal o Juzgado respectivo. Allí donde el gabinete no exista, la emisión de esos informes puede y suele encomendarse en la práctica, con el mismo fin, a los equipos psicosociales dependientes de los Ayuntamientos de la residencia de los menores.

B) Procedencia

Puede acordarse el informe del gabinete psicosocial, tanto de oficio como a instancia de parte, en todos los casos que se considere oportuno su dictamen para evaluar pautas de comportamiento, aspectos de la personalidad, aptitudes, o cuestiones concernientes a relaciones personales, tanto de los progenitores, como de los hijos o de unos y otros entre sí. Sin que la existencia de ese equipo excluya la posibilidad de que se solicite el dictamen de otros especialistas designados conforme a las reglas generales de la LEC.

C) Objeto

El objeto del dictamen estará constituido, tanto por el análisis y valoración de la capacidad y la aptitud de los progenitores para el desempeño de sus deberes relativos a los hijos, es decir, los concernientes a la guarda y custodia, patria potestad y régimen de comunicación, como por el examen y apreciación de las circunstancias personales de los hijos y la relación de los mismos con sus progenitores, con la finalidad de comprobar aquello que sea más adecuado y conveniente para su cuidado, estabilidad, formación y desarrollo.

D) Procedimiento

El demandante o el demandado pueden solicitar en sus respectivos escritos de demanda y de contestación (no en el acto de la vista, art. 339.2 LEC) que se proceda a la emisión del informe pericial por el equipo psicosocial adscrito al Juzgado, si lo estiman conveniente o necesario. El tribunal, bien en virtud de esa petición, bien de oficio, si considera pertinente y útil ese dictamen tiene dos opciones: 1) Acordar inmediatamente su práctica para que ya esté hecho en el acto de la vista, y 2) Acordarlo así en el acto de la vista, disponiendo lo necesario para que se lleve a cabo y señalando plazo al efecto, que no podrá superar el de treinta días establecido en el artículo 770, 4.ª, I, LEC.

Los miembros integrantes del equipo psicosocial actúan en el proceso en calidad de peritos judiciales, por lo que, en principio, los mismos podrían ser recusados de conformidad con lo establecido en los arts. 124 y ss. de la LEC. Sin embargo, no todas las causas de recusación de los peritos se ajustan a su actuación profesional (por ejemplo, la 1.ª del art. 124, ya que es muy probable que en el ejercicio de su función deban emitir varios dictámenes en el mismo asunto). Es por ello por lo que, en atención a su condición de personal laboral al servicio de la Administración de Justicia, quizás debiera sujetarse su recusación al régimen establecido en los artículos 99 a 101 y 121 a 123 LEC.

Las operaciones periciales se realizarán en las dependencias donde tenga su sede el equipo o en el lugar que se considere más idóneo, debiendo efectuarse el examen de los menores de la forma más adecuada a su situación y desarrollo evolutivo y cuidando de preservar su intimidad (art. 9.1, II, LO 1/1996). Estas circunstancias atinentes al menor y las demás que afectan al conflicto entre los padres, aconsejan que, en las operaciones periciales, tal como se prevé en el artículo 345.1, *in fine*, LEC, no estén presentes las partes ni sus defensores. Si alguna de las partes solicitare expresamente estar presente en esas operaciones, el tribunal decidirá lo que proceda con arreglo a lo establecido en ese precepto.

La emisión del informe, su traslado a las partes y la posible actuación de los miembros del equipo en la vista, se ajustará a las normas generales de los artículos 346 y 347 LEC.

El informe no será en ningún caso vinculante y se valorará por el tribunal, como todo dictamen pericial, conforme a las reglas de la sana crítica (art. 348 LEC).

10. La audiencia de los hijos menores y con discapacidad

Dispone el art. 770.4.ª, III LEC que cuando se estime necesario por el tribunal, bien de oficio, bien a petición del fiscal, de las demás partes o miembros del equipo técnico judicial o de los propios hijos, éstos podrán ser oídos cuando tengan menos de doce años, debiendo ser oídos en todo caso si hubieran alcanzado dicha edad. También habrán de ser oídos cuando precisen apoyo para el ejercicio de su capacidad jurídica y este sea prestado por los progenitores, así como los hijos con discapacidad, cuando se discuta el uso de la vivienda familiar y la estén usando. En las audiencias con los hijos menores o con los mayores con discapacidad que precisen apoyo para el ejercicio de su capacidad jurídica se garantizará por la autoridad judicial que sean realizadas en condiciones idóneas para la salvaguarda de sus intereses, sin interferencias de otras personas, y recabando excepcionalmente el auxilio de especialistas cuando ello sea necesario.

Esta actividad no constituye propiamente un medio de prueba, ya que no se trata de fijar, mediante ella, los hechos controvertidos en el proceso, sino de que el tribunal obtenga elementos de juicio con los que decidir de la forma más adecuada las cuestiones que afectan al interés de los hijos menores, aparte de que la audiencia es el medio por el que estos últimos pueden ejercitar el derecho a ser oídos que les reconoce la LO 1/1996, de 15 de enero, de protección jurídica del menor.

La regulación normativa de esta materia se contiene en el art. 770.4.ª, III y IV de la LEC y en el art. 9 de la LO 1/1996, de 15 de enero, de Protección Jurídica del Menor *(Tol 301481)*.

Sobre la audiencia de los hijos menores y el derecho del menor a ser oído, pueden consultarse las SSTC 64/2019 *(Tol 7265229)* y 5/2023 *(Tol 9441346)* y las SSTS 19/7/2021 *(Tol 8529820)* y 2/2/2022 *(Tol 8797330)*.

A) El derecho del menor a ser oído

a) Concepto: Ese derecho (que también se contempla en los arts. 92.2, 156, V y 159 CC, y en el art. 770, 4.ª LEC), viene reconocido en el art. 9 de la LO 1/1996, de 15 de enero, de Protección Jurídica del Menor en los términos siguientes: «El menor tiene derecho a ser oído y escuchado sin discriminación alguna por edad, discapacidad o cualquier otra circunstancia, tanto en el ámbito familiar como en cualquier procedimiento administrativo, judicial o de mediación en que esté afectado y que conduzca a una decisión que incida en su esfera personal, familiar o social, teniéndose debidamente en cuenta sus opiniones, en función de su edad y madurez. Para ello, el menor deberá recibir la información que le permita el ejercicio de este derecho en un lenguaje comprensible, en formatos accesibles y adaptados a sus circunstancias».

b) Procedencia: La petición de audiencia por el menor es procedente en todo proceso matrimonial o sobre guarda y custodia o petición de alimentos respecto de hijos comunes en el que se haya de adoptar alguna decisión que afecte a los hijos menores en su esfera familiar o personal. Los titulares del derecho a ser oído que se reconoce en la LO 1/1996, de protección del menor, son todos los menores de 18 años (art. 1 LO 1/96 y art. 770.4.ª, III LEC), pero la posibilidad de su ejercicio sólo se garantiza a quienes puedan ejercitarlo por sí mismos o a través de la persona que designen para que les represente, cuando tengan «suficiente madurez» (art. 9.2, I). Esa madurez o suficiencia de juicio se presume que existe siempre que el menor sea mayor de doce años (art. 9.2, I, in fine y art. 770.4.ª. III LEC), pues esa es la edad a partir de la cual dispone el Código Civil que se recabe necesariamente su opinión para los asuntos que le afecten. Pero también los menores de esa edad pueden poseer la idoneidad que la ley requiere, por lo que debería analizarse en cada caso si, en atención a las concretas circunstancias del menor, puede existir ese mínimo grado de madurez que permita solicitar el ejercicio del derecho. Para determinar esa aptitud debe tenerse en cuenta que el ejercicio del derecho a ser oído no consiste en que el menor exprese su voluntad, sino de que manifieste «su opinión» (art. 9.2, II), de manera que será preciso que se posea una capacidad intelectual que permita formarse una opinión conforme a las reglas de la lógica y, además, que la misma pueda ser expresada libre y racionalmente. Si no se es capaz de ello no sería procedente la concesión de la audiencia.

Sobre la audiencia del menor y el derecho del menor a ser oído, véase la STS 27/5/2024 *(Tol 10.0348.643)*.

c) Forma de ejercitar el derecho a ser oído: a') Si se atiende a la persona que actúa, el menor podrá ejercitar ese derecho: 1) Por sí mismo; 2) Por medio de la persona que designe expresamente; 3) Por medio de otras personas que por su profesión o su relación de confianza con él puedan transmitir su opinión objetivamente (art. 9.2). Aunque la LOPM prevé, con carácter general, que el menor puede ejercitar su derecho a ser oído también por medio de la persona que legalmente le represente, que será normalmente su padre o su madre, no cabe duda de que, en los procesos matrimoniales, dada la contraposición de intereses existentes, no es admisible que el menor pueda ser oído a través de uno de sus progenitores enfrentados. En cuanto a la forma de realizar la designación expresa de la persona que debe actuar por el menor, en principio cabría admitir cualquier manera o procedimiento que ofrezca garantías de fiabilidad, teniéndose por efectuada, bien por la acreditación que de ello se haga por el tercero que a tal efecto comparezca en el proceso, bien por la manifestación oral del propio menor ante el Juzgado.

b') Si se atiende al modo de realizarse la actuación procesal por esas personas, la misma podría tener lugar:

1) Cuando el derecho se ejercite por el propio menor mediante solicitud oral o escrita, lo propio será que se le convoque al acto de la vista para que manifieste oralmente su opinión en ella, pudiendo expresarse verbalmente o a través de formas no verbales de comunicación y ser asistido, en su caso, por intérpretes (art. 9.2, II). El acto se celebrará, en todo caso, con intervención de las partes. La prevención de la Ley tendente a preservar la intimidad del menor que desea comparecer y expresar su opinión, permitirá que se excluya la publicidad, pero nunca la presencia de los abogados de las partes, pues nada puede haber secreto en el proceso para ellos.

2) Cuando sea una persona designada por el menor la que comparezca en el proceso para manifestar la opinión de aquél en el ejercicio de su derecho a ser oído, lo deberá manifestar mediante solicitud escrita en la que justifique dicha designación y la calidad en la que actúa, de cuyo escrito se deberá dar traslado a las partes para que conozcan su contenido y puedan preguntar y debatir sobre él en el acto de la vista, a la que será convocada dicha persona, pudendo serlo también el propio menor.

En todo caso, en las audiencias con los hijos menores se garantizará por la autoridad judicial que sean realizadas en condiciones idóneas para la salvaguarda de sus intereses, sin interferencias de otras personas, y recabando excepcionalmente el auxilio de especialistas cuando ello sea necesario (art. 770.4.ª, IV LEC).

B) La audiencia del menor acordada de oficio o a petición de parte o del equipo técnico

a) Concepto: Lo pida o no lo pida el menor u otra persona en su nombre, si el juez lo estima necesario, ya sea de oficio, ya a petición de las partes, ya de los miembros del equipo técnico judicial, acordará oír a los hijos que tengan menos de doce años y, en todo caso, a los que hubieren alcanzado dicha edad (art. 770. 4.ª, III LEC), en todos los procesos en que deba adoptar pronunciamientos sobre medidas que les afecten. Esta audiencia, llamada en la práctica exploración del menor, no es un medio de prueba, ya que con ella no se trata de fijar ningún hecho controvertido a los efectos del proceso, sino de que el tribunal obtenga elementos de juicio con los que decidir de la forma más adecuada las cuestiones que afectan al interés de los hijos menores.

b) Procedencia: A la exploración de los hijos menores en el procedimiento contencioso se refiere la regla 4.ª, párrafos tercero y cuarto del art. 770 LEC. De la literalidad del precepto parece desprenderse que los hijos mayores de doce años serán oídos siempre y que los menores de dicha edad sólo lo serán cuando el juez lo estime necesario. Pero la interpretación de esa norma requiere tener en cuenta: 1) Que puede haber hijos mayores de doce años que no posean en absoluto aptitud intelectual ninguna para tener y emitir opiniones, por lo que éstos, a pesar de superar aquella edad, no deberían ser oídos acerca de su opinión sobre las medidas a adoptar (otra cosa es que sean examinados para valorar su capacidad intelectual o su situación personal); y 2) Que, salvo en aquellos supuestos en los que por la muy corta edad de los niños sea evidente que carecen del suficiente juicio y resulta, por ello, innecesario oírles, en los demás, para apreciar la necesidad o no de su audiencia, el juez ha de poder examinarlos previamente, pese a ser menores de doce años, pues sólo así le será posible determinar si, en el caso concreto, concurre o no aquella necesidad.

El TS tiene declarado desde antiguo que cuando su edad y madurez hagan presumir que tienen suficiente juicio y, en todo caso, cuando sean mayores de 12 años, los menores habrán de ser oídos en los procedimientos judiciales en los que se resuelva sobre su guarda y custodia, sin que la parte pueda renunciar a la proposición de dicha prueba *(sic)*, debiendo acordarla, en su caso, el juez de oficio [STS 20/10/2014 *(Tol 4538478)*].

c) Forma de practicarla: «En las audiencias con los hijos menores se garantizará por la autoridad judicial que sean realizadas en condiciones idóneas para la salvaguarda de sus intereses, sin interferencias de otras personas, y recabando excepcionalmente el auxilio de especialistas cuando ello sea necesario» (art. 770, 4.ª, IV LEC). Conforme a este precepto, en los casos en que la salvaguarda del interés del menor lo requiera y así se precise para preservar su intimidad y asegurar la libre y sincera exposición de sus opiniones, la diligencia de exploración o audiencia del mismo podrá practicarse en todo caso a puerta cerrada. En la celebración del acto el juez o letrado de la administración de justicia debe preservar la intimidad del menor, velando en todo momento por que sus manifestaciones se circunscriban a las necesarias para la averiguación de los hechos y circunstancias controvertidos, de modo que la exploración únicamente verse sobre aquellas cuestiones que guarden estricta relación con el objeto del expediente [STC 9/5 2019 *(Tol 765229)*].

La audiencia puede practicarse sin la presencia de los padres del menor, pero esa exclusión de la publicidad (fundada en los arts. 754 LEC y 9.1

LO 1/1996) no lleva implícita necesariamente la exclusión de la presencia de los abogados y procuradores; como tampoco la expresa declaración de esa actuación como reservada excluye que la misma pueda ser conocida luego por ellos, sino sólo por terceros (art. 140.3, II LEC). No se puede ignorar que en nuestro sistema procesal los abogados de las partes tienen derecho a estar presentes en todos los actos del proceso, sin que ninguno de ellos les resulte secreto. Otra cosa es que se admita por todos como menos violento y más conveniente para el menor que sea sólo el juez quien lo examine, por sí o con el auxilio del gabinete psicosocial, lo cual no impide para nada que aquéllos puedan sugerir, bien por escrito, bien oralmente, las preguntas que les interesen o los hechos acerca de los cuales debiera ser oído el menor por el juez o por el especialista cuyo auxilio se recabe. En cualquier caso, la audiencia de manera reservada no permite excluir la intervención del Ministerio Fiscal [STC 17/2006 *(Tol 817559)]*.

El resultado de la audiencia del menor ha de quedar reflejado en el acta, pues se trata de una actuación procesal que, como todas, ha de ser documentada por el letrado de la Administración de Justicia para su debida constancia, para el conocimiento de las partes y para el del tribunal que conozca, en su caso, de la apelación. La fe pública judicial corresponde en exclusiva al letrado de la Administración de Justicia, que es el único funcionario competente para dar fe con plenitud de efectos de las actuaciones judiciales (art. 453.1 LOPJ). El acta (grabada o documentada) deberá reflejar lo dicho por el menor, aunque si éste manifestara su deseo de que no se hiciera constar alguna opinión o comentario acerca de sus progenitores, o expresara su temor a que los mismos se enterasen de ello, el Juez deberá valorar en cada caso si se debe o no omitir esa concreta manifestación al objeto de preservar su intimidad. Pero el dato que resultare omitido no podrá tomarse en consideración, obviamente, para fundar en él la decisión que se adopte. Los hechos con trascendencia penal nunca podrán ser omitidos y darán lugar a que se mande deducir el tanto de culpa.

C) Audiencia de hijos con discapacidad

Si existieren hijos menores con discapacidad, la necesidad o no de su audiencia en el proceso se ajustará a lo establecido con carácter general para la audiencia de los hijos menores, debiendo adoptarse las prevenciones necesarias en atención a sus circunstancias personales.

Tratándose de hijos con discapacidad que sean mayores de edad, el art. 770.4.ª, III LEC establece que:

1) Habrán de ser oídos cuando precisen apoyo para el ejercicio de su capacidad jurídica y este sea prestado por los progenitores. Esta audiencia se establece con la finalidad de conocer directamente la opinión del discapaz sobre los hechos que le afecten, evitando la influencia que pudiera ejercer sobre él el progenitor que le preste apoyo.

2) Asimismo, serán oídos los hijos con discapacidad cuando se discuta el uso de la vivienda familiar y la estén usando.

En todo caso, en las audiencias con los hijos menores o con los mayores con discapacidad que precisen apoyo se garantizará por la autoridad judicial que sean realizadas en condiciones idóneas para la salvaguarda de sus intereses, sin interferencias de otras personas, y recabando excepcionalmente el auxilio de especialistas cuando ello sea necesario (art. 770.4.ª IV LEC).

D) El hijo menor como testigo

En el proceso en que se ejercitara una pretensión de nulidad matrimonial o pretensiones patrimoniales entre cónyuges no existe ningún inconveniente, al menos teórico, para que se proponga la prueba testifical de los hijos del matrimonio que posean la idoneidad general conforme al art. 361 LEC y se les traiga en tal concepto al proceso a fin de que declaren sobre los hechos de los que tengan noticia y se refieran a lo que sea objeto del juicio (art. 360 LEC). Estaríamos, en tales casos, ante un propio medio de prueba sujeto a las reglas generales de los artículos 360 y ss. de la LEC.

11. Terminación del proceso. Sentencia

El modo normal de terminación del proceso es por sentencia que resuelva acerca de lo que constituye su objeto. El artículo 770 LEC no contiene, como es lógico, ninguna disposición especial en cuanto a la sentencia que ponga fin al proceso matrimonial, por lo que serán de aplicación las reglas generales del artículo 209 LEC en cuanto a su estructura, las del artículo 218 en cuanto a los requisitos de exhaustividad congruencia y motivación, y lo establecido en el artículo 447 en cuanto al plazo para dictarla, que habrá de serlo en el de los diez días siguientes a la conclusión de la vista.

A) Pronunciamientos sobre la pretensión principal

En la sentencia se deberá resolver sobre la causa o causas de nulidad invocadas en la demanda, estimándolas o desestimándolas y, en su caso, sobre la petición de separación o de divorcio, cuando sea este su objeto. Respecto de esta petición de separación o de divorcio debe tenerse en cuenta que, tanto la suspensión de la vida en común de los cónyuges, como la disolución del matrimonio, en el CC se hacen depender exclusivamente de la voluntad de aquel de ellos que ya no desea seguir unido por ese vínculo, sin que se exija otra condición para que pueda solicitarse y obtenerse el correspondiente pronunciamiento judicial en que así se acuerde, que el mero requisito temporal consistente en que hayan transcurrido tres meses desde la celebración del matrimonio (con la excepción que el artículo 81.2.º CC contempla), quedando vinculado el juez por dicha petición.

B) Pretensiones patrimoniales entre cónyuges

La sentencia ha de pronunciarse también acerca de las demás pretensiones que se hubieren deducido en la demanda o en la reconvención sobre medidas de carácter patrimonial u otras cuestiones económicas entre cónyuges. Estas materias de libre disposición, como lo son las relativas al uso de la vivienda o a la pensión compensatoria, están sujetas al principio de rogación, de modo que sólo cabrá pronunciarse sobre ellas en la medida en que así se haya solicitado oportunamente por las partes. Mediando petición de parte, el juez deberá pronunciarse forzosamente en la sentencia sobre los llamados efectos o medidas patrimoniales que se deriven de la nulidad, la separación o el divorcio. A ellos se refiere el artículo 774.4 LEC al disponer que el juez determinará lo que proceda sobre la vivienda familiar, las cargas del matrimonio, la disolución del régimen económico y las cautelas o garantías respectivas. Aunque el artículo 91 CC sigue refiriéndose al pronunciamiento sobre liquidación del régimen económico, es evidente que la sentencia que se dicte no debe pronunciarse sobre esa materia (sino solo sobre la disolución del régimen económico de comunidad de bienes, como un efecto o consecuencia legal de la separación o el divorcio), ya que la liquidación ni siquiera puede ser objeto del proceso matrimonial y la pretensión relativa a ella debe sustanciarse por el procedimiento especial que se regula en los artículos 806 a 811 de la LEC. Tampoco es preciso que se declare expresamente en la sentencia la disolución de la sociedad de gananciales, pues ello es una consecuencia que viene legalmente determinada en el artículo 95 CC, conforme al cual, «la sentencia firme producirá, respecto de los bienes del matrimonio, la disolución del régimen económico matrimonial». De igual modo dispone el 1392 CC que «la sociedad de gananciales concluirá de pleno derecho: 1.º Cuando se disuelva el matrimonio. 2.º Cuando sea declarado nulo. 3.º Cuando judicialmente se decrete la separación de los cónyuges».

C) Pronunciamientos sobre medidas en relación con los hijos

Existiendo hijos menores o discapaces necesitados de apoyo, la sentencia deberá pronunciarse necesariamente acerca de la guarda y custodia, patria potestad, alimentos, vivienda y régimen de visitas respecto de los mismos, concretando en todo caso esas medidas y precisando, cuando así proceda, las que hubieren de sustituir a las ya adoptadas con anterioridad (arts. 91 a 95 CC y 774.3 y 4 LEC). Ese pronunciamiento deberá emitirse siempre, tanto si las medidas ya hubieren sido adoptadas en concepto de provisionales, como si se hubieren propuesto con posterioridad (art. 774.3 LEC), y para ello se deberá atender, en primer lugar, a lo que hubieren podido acordar los progenitores, y a falta de acuerdo, o en caso de no aprobación del mismo, se determinará lo que sea procedente en consideración al interés de aquéllos. Al objeto de justificar esos pronunciamientos sería muy conveniente que se fijaran en la sentencia, mediante su declaración como hechos probados (art. 209, 2.ª, *in fine*, LEC), todos aquellos de los que dependa la adopción de las referidas medidas.

Haya o no petición de los cónyuges (aunque siempre la habrá del Ministerio Fiscal), la sentencia deberá pronunciarse sobre todos esos extremos, no siendo admisible que guarde silencio sobre ninguno de ellos, ni siquiera cuando haya existido una previa resolución sobre medidas provisionales acerca de los mismos (art. 774.3 y 4 LEC). En la jurisprudencia de las AAPP se pueden encontrar numerosos ejemplos de que en la adopción de las medidas que deben acordarse en favor de los hijos menores, juegan elementos de orden público no siempre sometidos al principio de rogación y que son tutelables de oficio [así p. ej. en la ya antigua SAP Madrid 15/10/2001 *(Tol 6397361)* y en otras muchas posteriores, como la SAP Málaga 22/1/2015 *(Tol 5220792)*].

D) Pronunciamiento sobre animales de compañía

El tribunal determinará en la sentencia las medidas que, en su caso, hayan de adoptarse o que deban sustituir a las ya adoptadas con anterioridad en relación con la atribución, convivencia y necesidades de los animales de compañía (art. 90 bis b) CC y art. 774.4 LEC), fijando, en su caso, la forma en la que el cónyuge al que no se le hayan confiado podrá tenerlos en su compañía, así como el reparto de las cargas asociadas al cuidado del animal, todo ello atendiendo al interés de los miembros de la familia y al bienestar del animal, con independencia de la titularidad dominical de este y de a quién le haya sido confiado para su cuidado (art. 94 bis CC).

E) Pronunciamiento sobre costas

Toda sentencia debe pronunciarse sobre las costas causadas en el proceso en que se dicta. La LEC no contiene ninguna disposición especial respecto de los procesos matrimoniales y la regla general que establece, en cuanto a las de la instancia en los procesos declarativos, es la de su imposición a la parte que haya visto rechazadas todas sus pretensiones, salvo que el tribunal aprecie que debe hacerse una excepción por presentar el caso serias dudas de hecho o de derecho (art. 394 LEC). Esa norma resulta claramente aplicable en los procesos dispositivos, pero no lo es tanto en los procesos matrimoniales y de familia en los que puede y suele haber una pluralidad de pretensiones tanto en la demanda como en la reconvención, no sólo constitutivas, sino también declarativas de condena, y aunque la estimación o desestimación de estas últimas tal vez pudiera tomarse en consideración para aplicar lo dispuesto en la regla general, distinguiendo entre proceso principal sobre nulidad, separación o divorcio y procesos acumulados sobre los demás objetos, lo cierto es que, la singularidad de esos objetos y las especiales características del conflicto que enfrenta a las partes, hacen que el criterio general de los tribunales sea el de la no imposición de costas [p. ej. SSAP Madrid 1/6/2020 *(Tol 8003394)* y 13/11/2019 *(Tol 7735207)*].

Donde sí se aplica, en cambio, la regla general de vencimiento, es en los procesos sobre modificación de medidas. Las razones de la distinción entre procesos sobre nulidad, separación o divorcio, en los que no es de aplicación rigurosa aquella regla, y procesos sobre modificación de medidas, en los que sí debe serlo, se recogen, por ejemplo, en la SAP Madrid 19/12/2019 *(Tol 7865320)* o en la SAP Barcelona 12/12/2019 *(Tol 7828938)*, representativas del criterio generalmente aplicado por los tribunales.

Capítulo Quinto

Procesos matrimoniales y de familia (2) Medidas de carácter personal o patrimonial en relación con los cónyuges o con los hijos. Medidas sobre los animales de compañía. Ejecución forzosa de las medidas

Quien se proponga interponer demanda de nulidad, separación o divorcio (procesos matrimoniales) podrá solicitar, con carácter previo a su interposición o al tiempo de interponerla, la adopción de los efectos y de las medidas previstos en los arts. 102 y 103 CC que sean inherentes a la pretensión que se ejercite o se vaya a ejercitar y a las peticiones que se pretenda formular, tanto de carácter personal y patrimonial con relación a los cónyuges, como con relación a los hijos (art. 771.1 LEC). Asimismo, en los procesos que versen exclusivamente sobre guarda y custodia de hijos menores o sobre alimentos reclamados por un progenitor a otro en nombre de los hijos menores (parejas de hecho), se podrá solicitar del mismo modo la adopción de las medidas cautelares que sean adecuadas a dichos procesos conforme a lo establecido para la adopción de medidas previas en aquellos procesos de nulidad, separación o divorcio (art. 770.6.ª LEC). Se trata, en ambos casos, de una solicitud de tutela provisional anticipada.

Aparte de lo anterior, e independientemente de que se pretenda promover o no alguno de dichos procesos, el art. 158 CC contempla la posibilidad de que, en aquellos casos en los que se tenga noticia de que los progenitores incumplan el deber esencial de velar por los hijos y alimentarles (arts. 110 y 111 del CC), o de que los titulares de la patria potestad incumplan las funciones que les corresponden (art. 154 CC), el Juez, de oficio o a instancia del propio hijo, de cualquier pariente o del Ministerio Fiscal, pueda acordar con carácter urgente la adopción de las medidas que fueren necesarias para proteger al menor de cualquier situación adversa y procurarle el pleno ejercicio de todos sus derechos.

En todo caso, en los procesos matrimoniales, juntamente con la pretensión principal relativa a la declaración de nulidad del matrimonio, a la separación o al divorcio, pueden y suelen acumularse otras pretensiones relativas a cuestiones económicas o patrimoniales entre los cónyuges, derivadas de la nulidad, la modificación o la extinción de la relación matrimonial, así como otras pretensiones y peticiones de carácter personal y patrimonial relativas a los hijos y a sus relaciones con ellos, como consecuencia de esa misma anulación, extinción o modificación de la relación matrimonial. Tanto si se han solicitado medidas provisionales (previas o coetáneas) acerca de la regulación de esas relaciones económicas y personales mientras se sustancia el proceso, como si no, en la sentencia que ponga fin al mismo, el tribunal debe pronunciarse con carácter definitivo sobre lo que en el Código Civil se denominan «efectos comunes de la nulidad, la separación o el divorcio» (arts. 91 a 101 CC) y en la LEC «medidas» para regular las consecuencias de la nulidad, la separación o el divorcio (art. 774.1).

En los procesos entre uniones o parejas de hecho sobre relaciones paternofiliales que versen sobre guarda y custodia de los hijos menores o alimentos reclamados por un progenitor del otro en nombre de los mismos, en la sentencia que se dicte el tribunal deberá pronunciarse también, a solicitud de los progenitores o de oficio, sobre las medidas definitivas que sean adecuadas en dichos procesos para el interés de los hijos menores o discapaces (art. 770.6.ª LEC).

I. NORMAS COMUNES A TODOS LOS PROCESOS QUE AFECTEN A MENORES: EL CONVENIO DE ESTRASBURGO (REMISIÓN)

En los todos los procesos que afecten a menores, que se analizan en los apartados siguientes, además de la normativa civil comprendida en el Código Civil y en la Ley de Enjuiciamiento Civil, serán de aplicación las normas contenidas en el Convenio Europeo de Estrasburgo sobre el Ejercicio de los derechos de los Niños de 25 de enero de 1996 (CEDN), ratificado por España el 16 de febrero de 2015 y con entrada en vigor el día 1 de abril de 2015 *(Tol 4720192)*, que es derecho interno no sólo en virtud de la previsión contenida de forma genérica en el art. 96 CE, sino también por disposición del art. 39.4 CE, que establece que los niños gozarán de la protección prevista en los acuerdos internacionales que velan por sus derechos. En consecuencia, las normas del Convenio Europeo de Estrasburgo son directamente invocables en todo aquello que no previsto en la normativa civil aplicable, la cual en muchos casos se limita a establecer una previsión legal pero sin concretar su contenido, como el proceso de decisión de la autoridad judicial y los derechos procesales de los niños, niñas y adolescentes.

El CEDN se aplicará a los niños, niñas y adolescentes (NNA) que no hayan alcanzado la edad de 18 años.

Sobre el objeto del Convenio y sus principios rectores, véase el Capítulo Primero, Epígrafe VII.

II. MEDIDAS URGENTES O DE PROTECCIÓN: EL ART. 158 CC[12]

A) La situación de necesidad

El art. 158 del Código Civil enumera una serie de medidas de carácter excepcional para la protección de los menores, compatibles con el resto de las medidas cautelares, pero que tienen como presupuesto para su solicitud y obtención, la existencia de un *periculum in mora*, esto es, que el menor se encuentre en una situación de necesidad por la existencia de un riesgo o perjuicio inminente que exige una actuación urgente de la autoridad judicial y hace desaconsejable acudir a los cauces ordinarios de tutela provisional anticipada porque el transcurso del tiempo ordinario le haría perder su finalidad, esto es, proteger al menor.

B) Legitimación para la solicitud de las medidas

Dichas medidas se pueden adoptar de oficio o a instancia del propio hijo, de cualquier pariente (sin limitación de grado) o del Ministerio Fiscal.

En caso de posible desamparo del menor, el Juzgado comunicará las medidas a la Entidad Pública.

C) Las medidas urgentes de protección

Podrán acordarse al amparo del art. 158 CC:

1.°) Las medidas convenientes para asegurar la prestación de alimentos y proveer a las futuras necesidades del hijo, en caso de incumplimiento de este deber, por sus padres.

---

12 Redactado por Ana Rodrigo Fernández.

Estas medidas podrán ser garantías, depósitos, retenciones u otras medidas cautelares que el juez determine (art. 103.3.ª CC).

2.º) Las disposiciones apropiadas a fin de evitar a los hijos perturbaciones dañosas en los casos de cambio de titular de la potestad de guarda.

Esta medida está encaminada a resolver situaciones en las que se produce una modificación que afecta a la titularidad de la guarda del menor, que normalmente la ostentan los padres, pero que también pueden ostentar, por diversas circunstancias, una entidad pública o institución idónea (arts. 172.1 y 2 y 103.1 CC), los acogedores del menor (art. 173.3 CC) o un tercero de hecho (art. 237 CC) o de derecho (art. 103.1.ª, párr. 2 CC). En particular, cobra relevancia en situaciones en las que los menores conviven con determinados guardadores de hecho, abuelos u otros parientes (familia extensa), y se plantea la conveniencia de que se continúe o finalice esta guarda, llamada a consolidarse y convertirse en definitiva a través de la constitución de la tutela ordinaria (en el correspondiente procedimiento), cuando es satisfactoria para el interés del menor (art. 222 CC).

3.º) Las medidas necesarias para evitar la sustracción de los hijos menores por alguno de los progenitores o por terceras personas y, en particular, las siguientes:

a) Prohibición de salida del territorio nacional, salvo autorización judicial previa.

b) Prohibición de expedición del pasaporte al menor o retirada del mismo si ya se hubiere expedido.

c) Sometimiento a autorización judicial previa de cualquier cambio de domicilio del menor.

El art. 158.3.º CC tiene igual contenido que el de la medida 1.ª del art. 103 CC, que, de forma explícita, dentro de las medidas provisionales de los procedimientos de nulidad, separación o divorcio, permite al Juez acordar las medidas preventivas necesarias para evitar la sustracción de los hijos menores de forma ilegal por alguno de los progenitores o por terceras personas, para ser llevados al extranjero sin que el otro cónyuge lo sepa o contra su voluntad, lesionando así la guarda y custodia o el derecho de visita.

Estas medidas cobran relevancia cuando la sustracción del menor se puede producir a ciertos países que, por su legislación, características sociales y religiosas, hacen muy difícil el retorno del menor, sobre todo si se trata de un secuestro internacional a un país no signatario del Convenio de La Haya de 1980 sobre aspectos civiles de la sustracción internacional de menores.

4.º) La medida de prohibición a los progenitores, tutores, a otros parientes o a terceras personas de aproximarse al menor y acercarse a su domicilio o centro educativo y a otros lugares que frecuente, con respecto al principio de proporcionalidad.

5.º) La medida de prohibición de comunicación con el menor, que impedirá a los progenitores, tutores, a otros parientes o a terceras personas establecer contacto escrito, verbal o visual por cualquier medio de comunicación o medio informático o telemático, con respeto al principio de proporcionalidad.

El *principio de proporcionalidad,* opera como presupuesto de constitucionalidad de las medidas que restringen o limitan derechos fundamentales, exige que la aplicación de ambas medidas sea adecuada a la finalidad legítima perseguida, que no es otra que la protección del interés superior del menor, como principio de orden público. En consecuencia, sólo serán aplicables cuando el bien jurídico protegido (el interés del menor) sólo pueda tutelarse, en última instancia, a través de la privación o restricción de aquellos derechos. La medida debe ser por tanto adecuada, necesaria y razonable. Lo que conlleva por parte del Juez a una ponderación de los derechos en colisión, que como ha establecido el TC [SSTC 199/2013, de 5 diciembre *(Tol 4052770)* y 23/2014, de 13 de febrero *(Tol 4129146)*] se ha de concretar en tres condiciones: a) juicio de idoneidad: si tal medida es susceptible de conseguir el objetivo propuesto; b) juicio de necesidad: si, además, es necesaria, en el sentido de que no exista otra medida más moderada para la consecución de tal propósito con igual eficacia; y c) juicio de proporcionalidad en sentido estricto: si la medida es ponderada o equilibrada, por derivarse de ella más beneficios o ventajas para el interés general que perjuicios sobre otros bienes o valores en conflicto

6.º) La suspensión cautelar en el ejercicio de la patria potestad y/o en el ejercicio de la guarda y custodia, la suspensión cautelar del régimen de visitas y comunicaciones establecidos en resolución judicial o convenio judicialmente aprobado y, en general, las demás disposiciones que considere oportunas, a fin de apartar al menor de un peligro o de evitarle perjuicios en su entorno familiar o frente a terceras personas. Lo cual supone una fórmula abierta.

D) Procedimiento para su adopción

La adopción de las medidas de protección podrá acordarse dentro de cualquier proceso civil, penal o bien en un procedimiento de jurisdicción voluntaria, siempre que los intereses de los menores deban de protegerse de forma urgente e inaplazable, aunque ya existiera una resolución en vía civil, siempre y cuando las circunstancias hayan cambiado.

Se pueden solicitar y obtener:

a) En el proceso civil de nulidad, separación o divorcio:

- como medidas provisionales previas a la demanda (art. 771 LEC)
- modificando las medidas previas, tras la admisión de la demanda (art. 772 LEC),
- como medidas provisionales coetáneas a la demanda (art. 773 LEC)
- en la sentencia que apruebe las medidas definitivas (art. 774 LEC)
- en la sentencia que modifique las medidas definitivas (art. 775 LEC)
- en la fase de ejecución forzosa (art. 776 LEC)

b) Incoándolas con carácter autónomo, al margen de un proceso contencioso, a través del correspondiente procedimiento de jurisdicción voluntaria (art. 87 a 89 Ley 16/2015, de 2 de julio, de la Jurisdicción Voluntaria), que se analiza en el apartado cuarto del capítulo decimocuarto de la Parte Segunda de este libro.

c) Dentro de cualquier proceso penal en el que se revele su necesidad, como veremos en el apartado VI.

E) Audiencia del menor

En todos estos procedimientos, la autoridad judicial habrá de garantizar la audiencia de la persona menor de edad, pudiendo el Tribunal ser auxiliado por personas externas para garantizar que pueda ejercitarse este derecho por sí misma (art. 158 CC in fine y art. 9 LOPJM).

III. MEDIDAS PROVISIONALES PREVIAS A LA DEMANDA

Quien tenga el propósito de interponer una demanda de nulidad, separación o divorcio podrá solicitar del tribunal competente, con carácter previo a su interposición, la adopción de los efectos y de las medidas previstos en los arts. 102 y 103 CC que sean inherentes a la pretensión que vaya a ejercitar y a las peticiones acumuladas que pretenda formular, de carácter personal o patrimonial, sea con relación a los cónyuges, sea con relación a los hijos y, en su caso, respecto de los animales de compañía (art. 771.1 LEC). Del mismo modo, quien pretenda interponer una demanda que verse exclusivamente sobre guarda y custodia de hijos menores o sobre alimentos reclamados por un progenitor a otro en nombre de los hijos menores (parejas de hecho), podrá solicitar, con carácter previo, la adopción de las medidas cautelares que sean adecuadas para lograr, desde ese momento, la protección del interés que con ese proceso persiga (art. 770.6.ª LEC).

Dada la naturaleza cautelar de la tutela que se pretende con la adopción de estas medidas, no es exigible el requisito de procedibilidad establecido en el art. 5.1 de la LOPJ, relativo a haber acudido previamente a algún medio adecuado de solución extrajudicial de controversias, según se establece en el apartado número 3 del mismo artículo. Ello no excluye, sin embargo, la posibilidad de acudir voluntariamente al sistema de solución extrajudicial de conflictos en relación con los efectos y medidas previstos en los artículos 102 y 103 del Código Civil, con objeto de someter luego a homologación judicial el acuerdo alcanzado (art. 4.1 párrafo segundo LOPJ).

La regulación normativa de esta materia se contiene en los arts. 771 y 770.6.ª LEC y en los arts. 102, 103 y 104 CC.

1. Los efectos y las medidas objeto de solicitud de tutela provisional

A) Procesos sobre nulidad, separación o divorcio

El art. 104 CC establece que el cónyuge que se proponga demandar la nulidad, separación o divorcio de su matrimonio puede solicitar los efectos y las medidas a que se refieren los dos artículos anteriores.

a) Efectos. Los efectos son los relativos a: 1) El cese de la convivencia en común; 2) La revocación de los consentimientos y poderes que uno hubiere otorgado al otro; y 3) El cese de la posibilidad de vincular los bienes privativos del otro cónyuge en el ejercicio de la potestad doméstica (art. 102 CC).

b) Medidas. Las medidas son las atinentes a:

1) Determinar, en interés de los hijos, con cuál de los cónyuges (o, en su caso, abuelos, parientes u otras personas) han de quedar los sujetos a la patria potestad de ambos y tomar las disposiciones apropiadas sobre la forma en que el cónyuge que no ejerza la guarda y custodia de los hijos pueda cumplir el deber de velar por éstos y el tiempo, modo y lugar en que podrá comunicar con ellos y tenerlos en su compañía (art. 103.1.ª, I y II CC).

2) Establecer, cuando exista riesgo de sustracción del menor por alguno de los cónyuges o por terceras personas, las medidas necesarias en orden a la prohibición de salida del territorio nacional, salvo autorización judicial previa, la prohibición de expedición del pasaporte al menor o retirada del mismo si ya se hubiere expedido o el sometimiento a autorización judicial previa de cualquier cambio de domicilio del menor (art. 103.1.ª, III CC).

3) Determinar, teniendo en cuenta el interés familiar más necesitado de protección, cuál de los cónyuges e hijos ha de continuar en el uso de la vivienda familiar y, asimismo, previo inventario, los bienes y objetos del ajuar que continúan en ésta y los que se ha de llevar el otro cónyuge, así como también las medidas cautelares convenientes para conservar el derecho de cada uno (art. 103.2.ª CC).

4) Determinar, atendiendo al interés de los miembros de la familia y al bienestar del animal, si los animales de compañía se confían a uno o a ambos cónyuges, la forma en que el cónyuge al que no se hayan confiado podrá tenerlos en su compañía, así como también las medidas cautelares convenientes para conservar el derecho de cada uno (art. 103. 1.ª bis CC).

5) Fijar la contribución de cada cónyuge a las cargas del matrimonio, incluidas si procede las «litis expensas», establecer las bases para la actualización de cantidades y disponer las garantías, depósitos, retenciones u otras medidas cautelares convenientes, a fin de asegurar la efectividad de lo que por estos conceptos un cónyuge haya de abonar al otro (art. 103.3.ª CC).

6) Señalar, atendidas las circunstancias, los bienes gananciales o comunes que, previo inventario, se hayan de entregar a uno u otro cónyuge y las reglas que deban observar en la administración y disposición, así como en la obligatoria rendición de cuentas sobre los bienes comunes o parte de ellos que reciban y los que adquieran en lo sucesivo (art. 103.4.ª CC).

7) Determinar, en su caso, el régimen de administración y disposición de aquellos bienes privativos que por capitulaciones o escritura pública estuvieran especialmente afectados a las cargas del matrimonio (art. 103.5.ª CC).

B) Procesos entre parejas de hecho que versen exclusivamente sobre guarda y custodia de hijos menores o alimentos reclamados en su nombre

Conforme al art. 770.6.ª LEC en los procesos que versen exclusivamente sobre guarda y custodia de los hijos menores o sobre alimentos reclamados en su nombre por un progenitor frente al otro, serán de aplicación aquellas medidas cautelares, de las anteriormente mencionadas, que sean adecuadas a dichos procesos (las relacionadas en los números 1) al 4) del precedente apartado *A*) letra b).

C) Indeterminación de las medidas

El Código civil no contiene un catálogo de medidas. Sólo se refiere a los aspectos de las relaciones de los cónyuges entre sí y de ellos con sus hijos que pueden o que deben ser regulados durante la pendencia del proceso, señalando en algunos casos los criterios a los que se debe atender para su adopción (el interés más necesitado de protección). Las concretas medidas están, en realidad, indeterminadas, y serán las que, en cada caso, se acuerden o se aprueben por el juez en los autos a los que se refieren los artículos 771 LEC (medidas previas), 772 o 773 LEC (medidas derivadas de la admisión de la demanda), en los que adoptará los pronunciamientos que sean procedentes acerca de los siguientes extremos: 1) La efectividad de la separación personal; 2) La guarda y custodia de los hijos menores o sometidos a medidas de apoyo; 3) Los alimentos para los mismos; 4) El régimen de visitas, comunicación y estancia; 5) La asignación del uso de la vivienda familiar; 6) La determinación bajo inventario del ajuar que deba quedar en la vivienda familiar y de los bienes que deba llevarse el otro cónyuge, así como de los bienes gananciales o comunes que deban entregarse a uno u otro; 7) Los alimentos para el cónyuge que los necesite (art. 142 y ss. CC); 8) La contribución de cada cónyuge a las cargas del matrimonio; 9) Las previsiones respecto de los animales de compañía; 10) Las cautelas o garantías necesarias para asegurar, en sus respectivos casos, la efectividad de las medidas acordadas.

2. *Presupuestos procesales*

A) Competencia

La competencia objetiva para conocer de este procedimiento corresponde a los Tribunales de instancia y, en su caso, a la correspondiente Sección de Familia, Infancia y Capacidad (arts. 85 y 86 LOPJ). En materia de competencia territorial existe norma especial que la atribuye al tribunal del domicilio del solicitante de las medidas (art. 771.1 LEC). El TS interpretó antiguamente este precepto en el sentido de que esa determinación especial de la competencia se establecía para los supuestos en que se trataba de un propio proceso matrimonial (entre cónyuges, según se desprendía del art. 770, I LEC), y no, en cambio, cuando se trataba de un proceso que versara exclusivamente sobre guarda y custodia de hijos menores o sobre alimentos reclamados por un progenitor contra el otro en nombre de los hijos menores (entre miembros de parejas de hecho), en cuyo caso, consideraba competente, a elección del demandante, el juzgado del domicilio del demandado o el de la residencia del menor, conforme a lo establecido en el art. 769.3 LEC. Con posterioridad, el Alto Tribunal cambió de criterio y a partir del ATS del Pleno de 6/2/2017 *(Tol 5967873)* viene entendiendo que en este último caso es también aplicable el fuero del domicilio del demandante conforme a lo previsto en el art. 771.1 LEC. Así se ha reiterado, p. ej., en el ATS 26/2/2019 *(Tol 7106258)*].

Con arreglo al art. 771.1 LEC, la competencia territorial para conocer de la demanda de medidas provisionales previas a la demanda de nulidad, divorcio o separación corresponde al tribunal del domicilio de la parte demandante (lo que exigirá que se afirme y se acredite por la actora en su solicitud cuál sea dicho domicilio), sin que el traslado circunstancial a otra ciudad al tiempo de interponerse aquélla suponga otra cosa que un mero cambio de residencia, irrelevante en orden a alterar el fuero determinado por su verdadero domicilio [ATS 29/11/2016 *(Tol 5914396)*].

B) Legitimación y postulación

La iniciación del proceso de medidas provisionales sólo podrá tener lugar a instancia de parte, como se establece con carácter general en el art. 721 y resulta de lo dispuesto en el art. 771.1 LEC. La legitimación corresponderá a quien pretenda promover un proceso sobre nulidad, separación o divorcio o sobre guarda y custodia o alimentos en nombre de los hijos comunes, que será, normalmente, uno de los cónyuges, en el primer caso, y uno de los progenitores, en el segundo. Pero ha de advertirse que para promover el proceso de nulidad, se reconoce legitimación al Ministerio Fiscal y a otros sujetos con interés directo y legítimo (art. 74 CC) y que en caso de minoría de edad o discapacidad de alguno de los cónyuges o progenitores, interpondrán la demanda y actuarán por ellos en el proceso las personas que legalmente representen, de manera que todos ellos podrán también solicitar las medidas provisionales adecuadas en interés de los hijos y de las personas a las que representen [cfr. STC 311/2000 *(Tol 81734)* y, singularmente, el voto particular concurrente]. Asimismo, y por lo que se refiere a las medidas que se adopten en relación con la vivienda familiar, la decisión que en esta materia se establezca en el seno de proceso matrimonial —que se debe establecer atendiendo al interés familiar más digno de protección con el solo objeto de resolver los problemas que plantea la crisis matrimonial—, en principio, sólo vinculará a los cónyuges, sin prejuzgar, por consiguiente, los derechos de contenido patrimonial que un tercero pueda ostentar sobre el inmueble que sirve o ha servido de domicilio conyugal, ya que respecto de estos terceros la resolución que se dicte en el proceso matrimonial no produce los efectos de la cosa juzgada y tiene carácter de *incidenter tantum*, por ello carece de legitimación para intervenir quien dice ostentar derechos patrimoniales sobre la vivienda que constituya domicilio familiar [STC 166/2003 *(Tol 313354)*].

Tratándose de los cónyuges o progenitores, para formular la solicitud de medidas provisionales previas a la demanda no será precisa la intervención de procurador ni de abogado, pero sí será necesaria la intervención de dichos profesionales para todo escrito y actuación posterior (art. 771.1, II LEC).

3. Procedimiento

A) Supuesto ordinario

Presentada y admitida a trámite la solicitud, el letrado de la Administración de Justicia citará a las partes (incluido el Ministerio Fiscal, si hubiere hijos menores o con discapacidad) a una comparecencia que se celebrará dentro de los diez días siguientes y a la que deberán asistir aquéllas con abogado y procurador (art. 771.2, I y 771.1, II LEC). En la citación que se les haga deberá advertírseles de que su falta de asistencia, sin causa justificada, podrá determinar que se consideren admitidos los hechos alegados por el que haya comparecido para fundar sus peticiones sobre medidas provisionales de carácter patrimonial (art. 771.3, II LEC).

En la comparecencia se intentará que las partes lleguen a un acuerdo (art. 771.2, I LEC). Si se lograre, se oirá al Ministerio Fiscal en lo que afecte a hijos menores o discapaces necesitados de apoyo y, si el mismo no se opusiere, se aprobará, en su caso, por el juez. Si no hubiere acuerdo, o se opusiera al mismo el Ministerio Fiscal, o no se aprobara en todo o en parte por el juez, continuará la comparecencia en la que se oirán las alegaciones de las partes y se practicarán las pruebas que propongan y resulten pertinentes, así como la que, en su caso, el juez acuerde de oficio. Si alguna prueba no pudiera practicarse en el acto, se señalará fecha para su continuación dentro de los diez días siguientes (art. 771.3, I LEC). Finalizada la comparecencia, el juez resolverá en el plazo de tres días por medio de auto no recurrible [art. 771.4 LEC; vid., p. ej. AAP Barcelona 21/5/2024 *(Tol 10164748)*]. En al ámbito de esta comparecencia no cabe la reconvención.

B) Casos de urgencia

En el art. 771.2, II LEC se contempla la posibilidad de que las medidas provisionales previas se adopten *inaudita parte* en casos de urgencia. Cuando así se solicite o cuando, sin solicitud expresa, del contenido de la solicitud se desprenda la existencia de una situación de urgencia, el letrado de la Administración de Justicia dará cuenta en el mismo día al tribunal para que éste pueda acordar de inmediato, si la urgencia del caso lo aconsejare, los efectos a que se refiere el art. 102 CC y lo que considere procedente en relación con las medidas concernientes a la custodia de los hijos y al uso de la vivienda familiar, a la atribución, convivencia y necesidades de los animales de compañía, y al uso del ajuar doméstico (no respecto de las otras materias que menciona el art. 103 CC). Una vez adoptadas dichas medidas urgentes sin audiencia del demandado, se convocará a las partes a la comparecencia prevista en el art. 771.3 LEC. Dicha comparecencia tendrá por objeto: 1) Oír a las partes sobre las medidas acordadas sin previa audiencia, a fin de que puedan alegar sobre la pertinencia de las mismas, su mantenimiento o modificación y proponer prueba al respecto; 2) Oírlas también sobre las demás medidas solicitadas que no hubieran sido objeto del pronunciamiento con carácter urgente, para que puedan alegar y proponer prueba sobre las mismas en los términos que se contemplan en el art. 771.3 LEC. Concluido el acto, en el plazo de tres días se resolverá por auto sobre el alzamiento, mantenimiento o modificación de las medidas urgentes, así como sobre la adopción de las demás medidas no urgentes que se hubieren solicitado.

C) Sustanciación

En ambos casos, para la sustanciación del procedimiento de medidas provisionales previas a la demanda, se formará la correspondiente pieza separada que, en caso de interponerse posteriormente dicha demanda, se unirá a los autos principales.

4. Vigencia de las medidas previas

A) Duración y ejecutividad de las medidas

Los efectos y las medidas acordados con carácter provisional y previo a la presentación de la demanda tienen una vigencia limitada a treinta días desde su adopción y sólo subsistirán si dentro de dicho plazo se interpone la demanda de nulidad, separación o divorcio, o sobre guarda y custodia o alimentos solicitados por los progenitores en nombre de los hijos menores. Si no llegara a interponerse, quedarán sin efecto (arts. 771.5 LEC y 104, II CC). El cómputo del plazo de treinta días se iniciará a partir la fecha de notificación a las partes del auto en que se adopten las medidas, conforme a lo establecido en el art. 133 LEC [p. ej. AAP Cáceres 1/6/2018 *(Tol 6.831.497)*]. Desde el momento en que se adopten, tienen plena eficacia ejecutiva [p. ej. AAP Barcelona, 9/12/2020 *(Tol* 8289388*)*.

B) Confirmación o modificación

Si se interpone la demanda promoviendo el proceso principal, el letrado de la Administración de Justicia unirá a dichos autos las actuaciones correspondientes a la adopción de las medidas. En el caso de que el tribunal competente para conocer del proceso principal (art. 769 LEC) no fuera el mismo que hubiera conocido y resuelto sobre las medidas provisionales previas (art. 771 LEC), el letrado de la Administración de Justicia del primero de ellos solicitará al del segundo la expedición del oportuno testimonio para su unión a los autos principales (art. 772.1 LEC). Las medidas provisionales acordadas mantendrán su eficacia sin necesidad ninguna de ratificación y desde ese momento pasan a tener la consideración de provisionales coetáneas [p. ej. SAP Barcelona 22/12/2016 *(Tol 6024314)*]. Sólo en el caso de que el tribunal que conozca del proceso principal considere que procede completar o modificar aquellas medidas, ordenará que se convoque a las partes a una comparecencia que se sustanciará con arreglo a lo dispuesto en el art. 771.3 LEC, resolviendo luego por auto lo que proceda, sin ulterior recurso (art. 772 LEC).

IV. MEDIDAS PROVISIONALES COETÁNEAS A LA DEMANDA O A LA CONTESTACIÓN

El cónyuge que presente demanda de nulidad, divorcio o separación matrimonial, podrá solicitar en ella que se acuerden por el tribunal, siempre que no lo hubieren sido con anterioridad, los efectos legales y las medidas provisionales que considere pertinentes, de los que se contienen en los arts. 102 y 103 CC. Asimismo, el progenitor que interponga una demanda que verse exclusivamente sobre guarda y custodia de hijos menores o sobre alimentos reclamados al otro progenitor en nombre de los mismos (parejas de hecho), podrá solicitar en ella la adopción de las medidas cautelares que sean adecuadas a dichos procesos, siempre que no lo hubieren sido con anterioridad. Se trata de solicitar y obtener un pronunciamiento provisional sobre el régimen al que deben sujetarse las relaciones personales y patrimoniales de los cónyuges entre sí y de los progenitores con sus hijos menores, así como, en su caso, con el resto de la familia, mientras dure la sustanciación del proceso principal y hasta que se dicte en él una sentencia que establezca una regulación definitiva sobre dichas materias.

En la contestación a la demanda, el demandado podrá también solicitar la adopción de dichas medidas provisionales, siempre que no se hubieren adoptado con anterioridad ni hubieren sido solicitadas por el actor en su demanda.

Dada la naturaleza cautelar de la tutela que se pretende con la adopción de estas medidas, no será de aplicación la exigencia del art. 5.1 de la LOPJ, relativa al requisito de procedibilidad de haber acudido previamente a algún medio adecuado de solución extrajudicial de controversias, según se establece en el apartado número 3 del mismo artículo. Ello no excluye, sin embargo, la posibilidad de acudir voluntariamente al sistema de solución extrajudicial de conflictos en relación con los efectos y medidas previstos en los artículos 102 y 103 del Código Civil, con objeto de someter luego a la homologación judicial el acuerdo alcanzado (art. 4.1 párrafo segundo LOPJ).

La regulación normativa de esta materia se contiene en los arts. 773 y 770.6.ª LEC y en los arts. 102 y 103 CC.

1. Medidas

Las medidas que pueden solicitarse y acordarse son las mismas a las que se ha hecho referencia en el apartado 1 del anterior epígrafe II, al que nos remitimos (arts. 102 y 103 CC y 770, 6.ª LEC).

Conviene recordar que el Código civil no contiene un catálogo de medidas. Sólo se refiere a los aspectos de las relaciones de los cónyuges entre sí y de ellos con sus hijos que pueden o que deben ser regulados durante la pendencia del proceso, señalando en algunos casos los criterios a los que se debe atender para su adopción (el interés más necesitado de protección). Las concretas medidas están, en realidad, indeterminadas, y serán las que, en cada caso, se acuerden o se aprueben por el juez en los autos a los que se refieren los artículos 771 (medidas previas), 772 o 773 LEC (medidas derivadas de la admisión de la demanda), en los que adoptará los pronunciamientos que sean procedentes acerca de los siguientes extremos: 1) La efectividad de la separación personal; 2) La guarda y custodia de los hijos menores y discapaces; 3) Los alimentos para los mismos; 4) El régimen de visitas, comunicación y estancia; 5) La asignación del uso de la vivienda familiar; 6) La determinación bajo inventario del ajuar que deba quedar en la vivienda familiar y de los bienes que deba llevarse el otro cónyuge, así como de los bienes gananciales o comunes que deban entregarse a uno u otro; 7) Los alimentos para el cónyuge que los necesite (art. 142 y ss. CC); 8) La contribución de cada cónyuge a las cargas del matrimonio; 9) Las cautelas o garantías necesarias para asegurar, en sus respectivos casos, la efectividad de las medidas acordadas; 10) Determinar, atendiendo al interés de los miembros de la familia y al bienestar del animal, si los animales de compañía se confían a uno o a ambos cónyuges, la forma en que el cónyuge al que no se hayan confiado podrá tenerlos en su compañía, así como también las medidas cautelares convenientes para conservar el derecho de cada uno (art. 103 1.ª CC).

2. *Presupuestos procesales y requisitos*

A) Presupuestos procesales

La competencia para conocer y resolver sobre las medidas corresponde funcionalmente al Tribunal de Instancia ante el que se haya presentado la demanda principal y que resulte competente para conocer de la misma (art. 769 LEC). La legitimación, a quienes actúen como demandante y demandado en el proceso promovido con dicha demanda. Obviamente, las partes actuarán representadas por procurador y defendidas por abogado.

B) Requisitos

La incoación del procedimiento para la adopción de las medidas provisionales se hace depender de dos requisitos: 1.º) La admisión a trámite de la demanda principal (art. 773.2 LEC), y 2.º) Que las medidas que se soliciten no se hayan adoptado ya con anterioridad (art. 773.1 LEC), bien como medidas provisionales previas a la demanda que ahora se presenta (al amparo del art. 771), bien en otro proceso anterior que siga produciendo sus efectos (p. ej. en un proceso de separación anterior al de nulidad matrimonial que luego se promueva y en el que ya se adoptaron tales medidas, como provisionales que aún subsistan por no haber terminado o como definitivas que aún se mantengan). En cualquier caso, para que opere este impedimento, las medidas anteriores han de encontrarse en vigor (no lo estarían, por ejemplo, si después de adoptadas con carácter previo a la demanda, no se presentara ésta en el plazo de treinta días, en cuyo supuesto sí podrían solicitarse en la nueva demanda que posteriormente se presentara). Lo que se pretende por el legislador con esta restricción es evitar que se dupliquen o solapen las peticiones de unas mismas medidas con el mismo objeto durante la pendencia del proceso.

3. El posible acuerdo de las partes

El art. 773.1 LEC contempla la posibilidad de que las partes puedan someter al tribunal el acuerdo al que hubieren llegado sobre las medidas a adoptar (de las comprendidas en el art. 103 CC), ya sea con anterioridad a la presentación de la demanda, ya con motivo de su presentación, ya con posterioridad a ella. En los dos primeros casos, el actor deberá hacerlo constar así en su demanda, o el demandado en su contestación, acompañando la propuesta de acuerdo, aunque también podrán manifestar las partes la existencia de dicho acuerdo previo, coetáneo o posterior en el acto de la comparecencia. Tal acuerdo (que precisará la audiencia del Ministerio Fiscal en lo que se refiera a hijos menores o discapaces necesitados de apoyo) no será vinculante para las pretensiones y peticiones respectivas de las partes en lo que se refiera al objeto del proceso principal y a las medidas definitivas que postulen en el mismo, ni vinculará tampoco al tribunal respecto de la decisión que pueda adoptar, tanto en lo relativo a las medidas provisionales como, en su momento, a las definitivas (art. 773.1, segundo inciso, LEC), pues, salvo en las materias patrimoniales entre cónyuges de naturaleza dispositiva, deberá atender siempre a lo que resulte de las normas de *ius cogens* que deban aplicarse y especialmente al interés superior de los hijos menores o discapaces.

4. Procedimiento

A) A solicitud del actor

La solicitud de adopción de medidas provisionales se formulará, bien en la misma demanda, aunque separadamente de lo que constituya su objeto principal (antiguo "otrosí"), bien en escrito independiente que con aquella se acompañe. En cualquier caso, la solicitud contendrá la exposición clara y precisa de aquello que se solicite, con la relación de los antecedentes de hecho que resulten necesarios, la expresión de la causa de pedir y la fundamentación jurídica en que se apoye la petición que se formule. Es su caso, se acompañará el acuerdo al que se hubiere llegado entre los cónyuges o progenitores.

Si la demanda principal fuera admitida a trámite (art. 773.2 LEC), el letrado de la Administración de Justicia mandará formar la oportuna pieza separada para la sustanciación de todo lo relacionado con las medidas provisionales y, tras dar traslado de la demanda al demandado y, en su caso, al Ministerio Fiscal, emplazará a las partes a una comparecencia que se ajustará, en cuanto a su convocatoria y a su celebración, a lo previsto en el art. 771 (art. 773.3 LEC). Así pues: 1) La comparecencia deberá señalarse dentro de los diez días siguientes a la admisión de la demanda (art. 771.2 LEC); 2) En la citación se deberá advertir a las partes de los posibles efectos de su incomparecencia (en orden a que pudieran considerarse admitidos los hechos alegados por el compareciente para fundamentar sus peticiones sobre medidas de carácter patrimonial, art. 771.3, II LEC), así como de la carga de acudir con los medios de prueba de que intente valerse y de que debe asistir asistido por abogado y procurador; 3) Si no hubiere acuerdo sobre las medidas a adoptar o, habiéndolo, no fuere aprobado en todo o en parte por el tribunal, se oirán las alegaciones de los concurrentes y se practicarán las pruebas útiles y pertinentes que éstos propongan, así como las que el tribunal pueda acordar de oficio (art. 771.3 LEC).

Concluida la comparecencia, el tribunal resolverá sobre las peticiones que se hubieren formulado y, en su defecto, acordará lo que proceda, dando cumplimiento en todo caso a lo dispuesto en el art. 103 CC (art. 773.2 LEC), lo que evidencia que sobre las materias que afecten a los hijos menores (no respecto de las cuestiones patrimoniales entre cónyuges) puede acordar de oficio aquello que estime más conveniente para ellos. El auto es irrecurrible (art. 773.3, II LEC) y tendrá desde luego eficacia ejecutiva.

B) A solicitud del demandado

El demandado podrá solicitar en su escrito de contestación a la demanda (mediante petición separada) la adopción de medidas provisionales de las que se contemplan en el art. 103 CC cuando no se hubieren adoptado con anterioridad ni hubieran sido solicitadas por el actor (art. 773.4, primer inciso, LEC). La sustanciación de esta petición, para la que se mandará formar pieza separada, puede ser diversa, en atención a lo siguiente:

a) Si la vista que deba celebrarse con motivo de la demanda principal pudiera señalarse dentro de los diez días siguientes a la presentación de la contestación, se sustanciará en esa vista (normalmente con carácter previo a lo que constituya su objeto principal) lo relativo a las medidas provisionales solicitadas. Concluida la vista: 1) Si la sentencia pudiera dictarse inmediatamente después, se resolverá en ella acerca de todas las cuestiones debatidas, incluidas las medidas solicitas, pero no con carácter provisional (pues no tiene sentido), sino con carácter definitivo; 2) Si la sentencia no pudiera dictarse inmediatamente después (p. ej., porque no hubiera podido practicarse toda la prueba o porque se hubiera acordado prueba de oficio, debiendo continuar la vista dentro de los diez días siguientes, conforme al art. 771.3, I, *in fine* LEC), el tribunal resolverá sobre las medidas provisionales por medio de auto no recurrible (art. 773.4, *in fine* LEC).

b) Si la vista que deba celebrarse con motivo de la demanda principal no pudiera señalarse dentro del plazo indicado, el letrado de la Administración de Justicia convocará a las partes a la correspondiente comparecencia que se ajustará a lo establecido en el art. 771 (al que remiten los arts. 773.4; II y 773.3 LEC).

5. *Duración y eficacia de las medidas*

Las medidas provisionales adoptadas en el auto en que se resuelva sobre ellas serán inmediatamente ejecutivas (art. 774.5 LEC) y quedarán sin efecto cuando sean sustituidas por las que establezca definitivamente la sentencia, o cuando se ponga fin al procedimiento de otro modo (art. 773.5 LEC y art. 106 CC) [p. ej. AAP Valencia 11/3/2024 *(Tol 10112844)*; AAP Barcelona 20/9/2023 *(Tol 9755918)*].

V. LAS MEDIDAS DEFINITIVAS

En los procesos matrimoniales, juntamente con la pretensión principal relativa a la declaración de nulidad del matrimonio, a la separación o al divorcio, pueden y suelen acumularse otras pretensiones relativas a cuestiones económicas o patrimoniales entre los cónyuges, derivadas de la nulidad, la modificación o la extinción de la relación matrimonial, así como otras pretensiones y peticiones de carácter personal y patrimonial relativas a los hijos y a sus relaciones con ellos, como consecuencia de esa misma anulación, extinción o modificación de la relación matrimonial. Tanto si se han solicitado medidas provisionales (previas o coetáneas) acerca de la regulación de esas relaciones económicas y personales mientras se sustancia el proceso, como si no, en la sentencia que ponga fin al mismo, el tribunal debe pronunciarse con carácter definitivo sobre lo que en el Código Civil se denominan «efectos comunes de la nulidad, la separación o el divorcio» (arts. 91 a 101 CC) y en la LEC «medidas» para regular las consecuencias de la nulidad, la separación o el divorcio (art. 774.1). Tratándose de pretensiones económicas entre los cónyuges (p. ej., pensión compensatoria, indemnización en caso de nulidad, que son materias enteramente dispositivas), el pronunciamiento sobre tales efectos o medidas definitivas, sólo se proferirá a falta de acuerdo entre las partes y en tanto haya sido solicitado expresamente por ellas; mientras que, en lo que atañe a los efectos o medidas respecto de los hijos menores o discapaces (patria potestad, guarda y custodia, permanencia en el domicilio familiar, visitas, comunicación, alimentos), el tribunal deberá pronunciarse necesariamente sobre los mismos, aún sin petición de los progenitores litigantes.

En los procesos entre uniones o parejas de hecho sobre relaciones paternofiliales que versen sobre guarda y custodia de los hijos menores o alimentos reclamados por un progenitor del otro en nombre de los mismos, el tribunal deberá pronunciarse también, a solicitud de los progenitores o de oficio, sobre las medidas definitivas que sean adecuadas en dichos procesos para el interés de los hijos menores o discapaces (art. 770.6.ª LEC).

Se podrán solicitar también, en su caso, las medidas que procedan sobre atribución, convivencia y necesidades de los animales de compañía.

Las medidas definitivas que se adopten en la sentencia serán inmediatamente ejecutivas y podrán modificarse, a petición de los cónyuges o progenitores y del Ministerio Fiscal en cuanto a los hijos menores o discapaces, cuando hayan variado sustancialmente las circunstancias tenidas en cuenta para aprobarlas o adoptarlas.

La regulación normativa de esta materia se contiene en los art. 774 y 775 de la LEC y en los arts. 91 a 101 del CC.

1. Las medidas

Según el art. 774.4 LEC (que reproduce sustancialmente el art. 91 CC), en defecto de acuerdo de los cónyuges o en caso de no aprobación del mismo, el tribunal determinará en la sentencia las medidas que hayan de sustituir a las ya adoptadas con anterioridad en relación con los hijos menores (patria potestad, guarda y custodia, visitas y comunicación, alimentos), hijos con discapacidad mayores de 16 años que precisen apoyos (medidas de apoyo que entrarán en vigor cuando cumpla 18 años), la vivienda familiar, las cargas del matrimonio, la atribución, convivencia y necesidades de los animales de compañía, disolución del régimen económico y las cautelas o garantías respectivas, estableciendo las que procedan si para alguno de estos conceptos no se hubiera adoptado ninguna.

Esa relación no es completa ni exacta, pues, por un lado, no se contienen todos los efectos o medidas definitivas que se regulan en los arts.

92 a 101 CC (falta, concretamente, la pensión compensatoria del art. 97 CC) y, por otro, se incluyen las cargas del matrimonio, que no constituyen propiamente una medida definitiva (como luego veremos, al tratar de los pronunciamientos necesarios y posibles de la sentencia).

En realidad, el CC no contiene un catálogo de medidas. Sólo se refiere a los aspectos de las relaciones de los cónyuges entre sí y de ellos (o de los progenitores) con sus hijos que pueden o que deben ser regulados en la sentencia que ponga fin al proceso. Tales medidas hacen referencia a la regulación de los siguientes extremos: 1) La determinación de la persona a cuyo cuidado hayan de quedar los hijos sujetos a la patria potestad de ambos, o hijos con discapacidad mayores de 16 años (de oficio ex art. 91.2 CC), o hijos con discapacidad mayores de 18 años o emancipados (a petición de los progenitores ex art. 94.2 y 3 CC); 2) El ejercicio de la patria potestad; 3) El régimen de visitas, comunicación y estancia de los hijos menores o discapaces mayores de edad con el progenitor que no conviva con ellos; 4) La atribución del uso de la vivienda y ajuar familiar; 5) La contribución a los alimentos de los hijos menores o discapaces; 6) La pensión compensatoria que, en su caso, corresponda satisfacer a uno de los cónyuges; y 7) la atribución, convivencia y necesidades de los animales de compañía; 8) Las respectivas cautelas o garantías para la efectividad de cada una de dichas medidas.

Todas esas medidas (las que se determinen en cada caso en la sentencia, conforme a lo establecido en los arts. 92 y ss. CC) se establecen con carácter permanente e inmutable para regular en lo sucesivo, de modo estable, las consecuencias de la nulidad, la modificación o la extinción de la relación matrimonial, o el régimen de las relaciones paternofiliales en las uniones de hecho que han cesado en la convivencia; lo que no excluye que agoten su virtualidad cuando así lo imponga la relación jurídico material (p. ej. el régimen de visitas o el abono de alimentos cuando los hijos menores alcancen la mayoría de edad), o que la aparición de nuevas circunstancias pueda dar lugar a un nuevo proceso en el que se adopten medidas diferentes, acordes con ellas.

2. *Posibles acuerdos entre las partes*

La LEC prima los acuerdos entre las partes en materia de procesos matrimoniales y de familia. Con relación a las medidas definitivas establece el art. 774.1 que, en la vista del juicio, si no lo hubieren hecho antes, las partes podrán someter al tribunal los acuerdos a que hubieren llegado para regular las consecuencias de la nulidad, separación o divorcio, o la relación paternofilial. Esos acuerdos pueden producirse y exteriorizarse de varias formas: Así, por ejemplo, el demandante puede acompañar a la demanda el documento público o privado en que conste el acuerdo alcanzado, y el demandado admitir su autenticidad en su contestación a la demanda; puede también el actor afirmar en la demanda la existencia de un acuerdo verbal con el demandado, relatando su contenido, y este último expresar en su contestación la realidad de dicho acuerdo y manifestar su conformidad con él; puede suceder que el demandado manifieste en su contestación su conformidad con las pretensiones y peticiones formuladas por el actor; puede también lograrse el acuerdo antes del inicio de la vista o en ese mismo acto; puede también solicitarse la suspensión de la vista para someterse a un medio adecuado de solución. En cualquier caso, logrado el acuerdo total o parcial sobre las medidas a adoptar, dicho acuerdo deberá ser objeto de homologación (si se trata de medidas relativas a materias disponibles entre los cónyuges) o de aprobación judicial (en lo que afecta a las medidas relativas a los hijos menores o discapaces, que requerirá la previa audiencia del Ministerio Fiscal). La homologación o aprobación del acuerdo se realizará en la sentencia.

A falta de acuerdo, se practicará la prueba útil y pertinente propuesta por las partes que hubiere sido admitida y la que el tribunal acuerde de oficio sobre las medidas a adoptar (art. 744.2 LEC). Este precepto requiere alguna explicación, ya que: sobre las materias económicas disponibles entre las partes, el juez no puede acordar prueba de oficio (art. 752.4 LEC); y aun existiendo acuerdo sobre las medidas relativas a los hijos menores o discapaces, podrá el tribunal acordar de oficio las pruebas o actuaciones que considere procedentes para resolver sobre las mismas (art. 770.4.ª LEC).

3. El procedimiento y la resolución

A) El procedimiento (remisión)

El procedimiento para debatir y resolver sobre los denominados efectos comunes de la nulidad, la separación o el divorcio, es el contencioso del art. 770 LEC. Sobre el ámbito objetivo del procedimiento, las pretensiones posibles, la ampliación del objeto mediante la reconvención y la procedencia de la reconvención sobre medidas definitivas, nos remitimos a lo expuesto anteriormente en los epígrafes III.1 y III. 4 del Capítulo Cuarto. Téngase en cuenta también lo dicho en los epígrafes III.6 a III.9 del mismo Capítulo sobre el desarrollo de la vista y las especialidades en materia de prueba, dictamen de especialistas y exploración de los menores. Si las partes acudieran al procedimiento consensual, deberá estarse a lo establecido en el art. 777 LEC y a lo dicho en el Capítulo Séptimo.

B) La resolución. Pronunciamientos de la sentencia sobre las medidas definitivas.

La resolución que decida sobre las medidas definitivas será la sentencia que ponga fin al proceso, tanto si se hubieren solicitado de común acuerdo, como si existiera discrepancia, y tanto si hubiera existido un previo pronunciamiento al adoptarlas en concepto de provisionales, como si no (art. 774.3 LEC). En ningún caso será posible deferir para un momento posterior la decisión sobre estas medidas (art. 774.3 y 4 LEC), debiendo entenderse derogada por la LEC la posibilidad que contempla el art. 91 CC de que se acuerden «en ejecución» de la sentencia (el art. 419 LEC lo impide también, con carácter general, en cuanto a las medidas económicas y dinerarias).

El tribunal resolverá en la sentencia sobre las medidas solicitadas, pero también sobre aquellas otras respecto de las que deba pronunciarse de oficio, en interés de los hijos menores o discapaces, aunque no se hubieren solicitado (lo que no será probable, dada la actuación del Ministerio Fiscal, que solicitará en todo caso lo que considere procedente en interés de los mismos). En atención a la diferente naturaleza de las medidas a adoptar, cabe distinguir estos dos tipos de pronunciamientos:

a) Pronunciamientos posibles:

a') Relativos a las relaciones económicas entre cónyuges:

1) Pensión compensatoria e indemnización en caso de nulidad: La petición de una pensión compensatoria (en los casos de separación y divorcio) o la de una indemnización (en los de nulidad), con arreglo a lo establecido, respectivamente, en los arts. 97 y 98 CC, son cuestiones sometidas por entero al principio dispositivo, de modo que no existirá pronunciamiento al respecto si no existe petición de parte.

2) Compensación económica por trabajo en el hogar de uno de los cónyuges en el régimen de separación de bienes (art. 1438 CC), sin necesidad de que se haya producido un incremento patrimonial en el otro cónyuge [SSTS 14/7/2011 *(Tol 2185564)*, 26/3/2015 *(Tol 4839258)*, 25/11/2015 *(Tol 5579658)* que resultará de multiplicar por catorce pagas el importe del salario mínimo interprofesional mensual de una empleada del hogar por cada año de trabajo para la casa [STS 13/1/2022 *(Tol 8765167)]* Esta pen-

sión es compatible con la pensión compensatoria del art. 97 CC por cuanto tienen fundamentos distintos.

3) Disolución del régimen económico: La disolución de la sociedad de gananciales o de otro régimen de comunidad se produce *ipso iure* en los casos de nulidad, separación o divorcio (art. 1392 CC), por lo que la sentencia que declare la nulidad o acuerde la separación o el divorcio produce, sin más, esa consecuencia jurídica, sin necesidad de declaración judicial expresa. Lo normal será que la sentencia profiera dicho pronunciamiento, conforme a lo dispuesto en el art. 774.4 LEC, pero su ausencia no impide la producción de aquel efecto automático.

4) Vivienda y ajuar familiar: Si no hay hijos menores o discapaces (o mayores con convivencia y sin ingresos), tampoco habrá pronunciamiento sobre dichas materias si no media petición de parte, al tratarse de materias disponibles.

5) Cargas del matrimonio: El art. 774.4 LEC, al igual que el art. 91 CC, se refiere a las cargas del matrimonio, pero debe tenerse en cuenta que esta es una categoría propia de las medidas provisionales, no de las definitivas. Durante la pendencia del proceso matrimonial, las partes deben atender a las cargas del matrimonio (en el sentido que resulta del art. 1318 CC) y pueden solicitar la adopción de las medidas provisionales que resulten necesarias en tal sentido, pero una vez extinguido o disuelto, ya no existe régimen económico matrimonial ni, por tanto, propiamente cargas del mismo. Otra cosa es que deban contribuir a las atenciones ordinarias y extraordinarias de los hijos (lo que se enmarca en las medidas definitivas relacionadas con ellos y con su asistencia) o que deban asumir en la proporción que proceda las obligaciones económicas asumidas constante matrimonio que pesen sobre el que fuera patrimonio familiar (p. ej. créditos para la adquisición de la vivienda o de otros bienes, que deberán tomarse en consideración al liquidar la sociedad conyugal). En muchas resoluciones de Juzgados y de Audiencias Provinciales se sigue hablando, no obstante, de «contribución a las cargas del matrimonio» para referirse, unas veces, a estas obligaciones económicas que pesan sobre el patrimonio de los ex cónyuges después de disuelto o extinguido el matrimonio y, otras, a las correspondientes a la alimentación y gastos para las atenciones de los hijos, con lo que, por esta última vía, convierten impropiamente aquella mención contenida en el art. 774.4 LEC en un pronunciamiento necesario. El TS ha destacado que las cargas matrimoniales las constituyen derechos y deberes propios de la relación matrimonial viva, que la noción de cargas del matrimonio debe identificarse con la de sostenimiento de

la familia y que no merece esa conceptuación la amortización del préstamo hipotecario destinado a adquisición de la que fuera vivienda familiar [SSTS 24/4/2018 *(Tol 6591963)*, 21/7/2016 *(Tol 5784634)* o 10/3/2023 *(Tol 9460417)*].

b') Relativos a hijos mayores de 16 años con discapacidad que razonablemente persistirá al alcanzar la mayoría de edad (art. 91.2 y 254 CC): a petición exclusiva de los progenitores (casados o no casados), podrán establecerse medidas judiciales de apoyo cuando se prevea que el menor, alcanzada la mayoría de edad, seguirá dependiendo de sus progenitores en todos o la mayor parte de los ámbitos de su vida, sin que pueda conformar una voluntad consciente y libre, procederá adoptar en el proceso matrimonial la medida judicial de apoyo pertinente, que en estos casos ha de ser una curatela representativa. Fuera de este supuesto, se adoptará la medida judicial de apoyo que corresponda en atención a las condiciones y circunstancias de la discapacidad del menor concurrentes, pudiendo establecerse desde el simple acompañamiento hasta la curatela asistencial. Se analiza con mayor amplitud en el apartado V, del Capítulo II de la Primera Parte de este Libro.

c') Relativos a los animales de compañía: Se pronunciará, en caso de haberse solicitado con la demanda o contestación (mediante reconvención), sobre la atribución, convivencia y necesidades de los animales de compañía, así como sobre el reparto de las cargas asociadas al cuidado del animal, todo ello atendiendo al interés de los miembros de la familia y al bienestar del animal. Se analiza con detalle en el apartado séptimo de este capítulo.

b) Pronunciamientos necesarios: Aunque no exista petición de parte el juez debe pronunciarse necesariamente sobre las medidas sobre los hijos menores o discapaces relativas a las siguientes materias: 1) Ejercicio de la patria potestad, 2) Guarda y custodia, 3) Alimentos, 4) Contribución a los gastos ordinarios y extraordinarios, 5) Uso de la vivienda familiar, y 6) Régimen de visitas. Constituyen todos ellos pronunciamientos necesarios que no están sujetos al principio dispositivo ni al de congruencia, de modo que: podrán desconocerse o denegarse los acuerdos alcanzados por los progenitores, deberán acordarse aunque no se soliciten, o en forma diversa a la solicitada, y deberá atenderse en todo caso al interés superior de los menores. Con relación a la guarda compartida, puede verse la doctrina establecida desde antiguo por el Tribunal Supremo en las SSTS 29/4/2013, 19/7/2013 y 12/12/2013 *(Tol 4041997)*, y mantenida sin interrupción hasta la de 10/7/2024 *(Tol 10122737)*, debiendo tenerse en cuenta que la STC

185/2012 declaró inconstitucional y nulo el inciso «favorable» del informe del Ministerio Fiscal contenido en el artículo 92.8 del Código Civil, según redacción dada por la Ley 15/2005, de 8 de julio, de tal forma que corresponde exclusivamente al Juez o Tribunal verificar si concurren los requisitos legales para aplicar este régimen. Ver, asimismo STC 178/2020 *(Tol 8437045)*.

c) Cautelas: En la sentencia deberán establecerse, además, las cautelas o garantías, reales o personales, que se estimen adecuadas para asegurar la efectividad de las medidas que se acuerden (art. 774.4 *in fine* LEC). Tal sería, por ejemplo, la exigencia de fianzas, avales, prohibiciones de disponer, prohibición de sacar a los hijos del territorio nacional, retención de pasaportes, orden de retención de créditos, sueldo o pensiones, constitución de hipoteca en garantía de rentas o prestaciones periódicas, etc. Aunque todo ello es más propio del proceso de ejecución.

4. Eficacia del pronunciamiento sobre medidas definitivas

Los pronunciamientos de la sentencia sobre medidas definitivas sustituyen, desde el momento en que se dicte, a las medidas que anteriormente se hubieren acordado en concepto de provisionales (art. 774.3 LEC). No obstante, cuando la pensión de alimentos se fija por primera vez en la sentencia de primera instancia, se ha de abonar desde la fecha de interposición de la demanda. Por el contrario, cuando la sentencia definitiva modifique su cuantía (sea al alza o a la baja), solo serán eficaces desde que se dicten, momento en que sustituyen a las dictadas anteriormente [SSTS 4/4/2018 *(Tol 6566085)*, 17/1/2019 *(Tol 6998809)*, 6/2/2020 *(Tol 7745778)*]. Desde que se dictan las medidas definitivas tendrán inmediata eficacia ejecutiva, de manera que los recursos que pudieran interponerse contra la sentencia no suspenderán la eficacia de las medidas que se hubieren acordado en ella (art. 774.5 LEC), siendo susceptibles de ejecución inmediata, pero no provisional (art. 525.1. 1.ª LEC), sino definitiva.

La ejecutividad inmediata de las medidas definitivas prevista en el art. 774.5 LEC se ha estimado incompatible con la ejecución provisional regulada en los artículos 524 y ss. [p. ej. AAP Barcelona 21/5/2024 *(Tol 10164743)*]. La redacción del artículo 774.5 LEC (ejecución del pronunciamiento sobre medidas) y su comparación con la del artículo 525.1, 1.ª LEC (ejecución provisional de los pronunciamientos patrimoniales de las sentencias dictadas en procesos matrimoniales), dio lugar, desde el principio, a una duda acerca de si el precepto primeramente citado pudiera aplicarse a todas las medidas definitivas o si debían entenderse excluidas las medidas patrimoniales, atendido lo dispuesto en el último. Si la duda se resolvía admitiendo esa distinción, ya que otra cosa parecería contraria al tenor literal de la ley, ocurriría que: a) Unas medidas se cumplirían o ejecutarían de modo definitivo, con lo que la revocación de la sentencia no les afectaría, y b) Otras, las patrimoniales, se cumplirían o se ejecutarían de modo provisional, con lo que la revocación de la sentencia les afectaría, aunque pudiera distinguirse entre alimentos y otros conceptos. Ante la aparente antinomia entre el régimen del artículo 525.1, 1.ª y el del artículo 774.5, se ha venido entendiendo por la mayor parte de las AAPP que en todo caso debe prevalecer este último precepto sobre el primero. Las razones de esa prevalencia del artículo 774.5 sobre el 525 se han explicado acudiendo a criterios de sistemática y de especialidad [p. ej. AAP Sevilla 23/2/2022 *(Tol 9385060)*, AAP Huesca 28/2/2024 *(Tol 10085473)*].

Se tratará con detalle de todas estas cuestiones en el epígrafe VIII de este mismo Capítulo.

VI. MODIFICACIÓN DE LAS MEDIDAS DEFINITIVAS

Las medidas adoptadas con carácter definitivo en los procesos de familia, tanto por acuerdo entre las partes judicialmente homologado o aprobado, como por decisión judicial cuando el convenio no exista o no hubiere sido aprobado, pueden ser modificadas judicialmente (en proceso contradictorio o por nuevo convenio homologado o aprobado por el juez) cuando así lo aconsejen las nuevas necesidades de los hijos o el cambio de las circunstancias de los cónyuges o de los progenitores (arts. 90.3, 91, in fine, 100 y 101 CC). En este sentido dispone el art. 775.1 LEC que el Ministerio Fiscal, habiendo hijos menores o con discapacidad con medidas de apoyo atribuidas a sus progenitores y, en todo caso, los cónyuges o progenitores, podrán solicitar del tribunal que acordó las medidas definitivas, la modificación de las medidas convenidas por los cónyuges o de las adoptadas en defecto de acuerdo o por no aprobación del mismo, siempre que hayan variado sustancialmente las circunstancias tenidas en cuenta al aprobarlas o acordarlas. No se trata de que el pronunciamiento sobre las medidas que contenga la sentencia sea modificable, en su sentido literal, por otro distinto, sino de que la existencia de nuevos hechos puede dar lugar a un nuevo proceso en el que se ejercite una nueva pretensión que dé lugar a unas medidas acordes con las nuevas circunstancias y distintas de las adoptadas anteriormente en atención a las circunstancias entonces concurrentes.

La regulación normativa de esta materia se contiene en el art. 775 LEC y en los arts. 90, 91, 100 y 101 CC.

1. La sentencia y las medidas modificables

a) El pronunciamiento de la sentencia que declara la nulidad o acuerda la separación o el divorcio no puede ser modificado posteriormente. Ese pronunciamiento, con la firmeza de la sentencia, adquiere la eficacia de cosa juzgada y no puede producirse luego ninguna alteración sustancial que permita su modificación (cosa distinta es que pudiera ser procedente el juicio de revisión por alguna de las causas legalmente previstas).

b) El pronunciamiento que se refiera al pago de prestaciones económicas de carácter periódico suele completarse fijando en la propia sentencia las bases de su actualización para el futuro con referencia, bien al índice de precios al consumo, bien a otra cláusula de estabilización. La actualización de dichas prestaciones mediante la aplicación de dichos índice o cláusula, no entraña modificación del pronunciamiento de la sentencia, sino la aplicación de lo establecido en ella.

c) El pronunciamiento sobre indemnización al cónyuge de buena fe cuyo matrimonio hubiera sido declarado nulo (art. 98 CC) tampoco puede ser modificado; y tampoco puede serlo el que declara la consecuencia legal de la disolución del régimen económico de sociedad de gananciales. Ninguna circunstancia posterior a la sentencia puede dar lugar al ejercicio de una nueva pretensión sobre aquella indemnización ya establecida; y extinguido o disuelto el matrimonio, se extingue también el régimen económico matrimonial, sin posibilidad de modificación posterior.

d) Los hechos posteriores que supongan un cambio sustancial de circunstancias y que permiten el ejercicio de una nueva pretensión (fundada en una nueva causa de pedir) son los que pudieran afectar a las medidas adoptadas con relación a los hijos y a la pensión compensatoria. La modificación entraña un nuevo proceso en el que se ejercita una nueva pretensión tendente a que se acuerden unas medidas sobre aquellas materias acordes con las nuevas circunstancias y distintas de las anteriormente adoptadas. Como pone de manifiesto la jurisprudencia, para ello se requiere: 1.º) Que se haya producido, con posterioridad a dictarse la resolución judicial, un cambio en la situación fáctica que determinó la medida que se intenta modificar; 2.º) Que dicha mutación sea sustancial, esto es que afecte al núcleo de la medida, y no a circunstancias meramente accesorias o periféricas; 3.º) Que tal cambio sea estable o duradero, y no meramente ocasional o coyuntural; y 4.º) Que dicha alteración sea ajena a la voluntad de quien entabla la acción de modificación [véase, p. ej. SAP Madrid 19/4/2024 *(Tol 10076181)*].

Si la nueva pretensión tuviera por objeto materias disponibles, deberá cumplirse el requisito general de procedibilidad del art. 5.1 LOPJ, relativo a haber acudido previamente a algún medio adecuado de solución extrajudicial de controversias.

La posibilidad de acudir voluntariamente al sistema de solución extrajudicial de conflictos en relación con los efectos y medidas previstos en los artículos 102 y 103 del Código Civil, con objeto de someter luego a la homologación judicial el acuerdo alcanzado, se reconoce en el art. 4.1 párrafo segundo LOPJ.

2. Presupuestos procesales

a) Competencia: La competencia para conocer del proceso de modificación se atribuye funcionalmente al mismo tribunal que acordó las medidas definitivas cuya variación o sustitución se pretende (art. 775.1 LEC).

b) Legitimación: La legitimación se atribuye a quienes fueron parte en el anterior proceso en el que las medidas definitivas se adoptaron (art. 775.1 LEC). La legitimación activa corresponderá a cualquiera de los cónyuges o progenitores, o al Ministerio Fiscal si hubiere hijos menores o discapaces con medidas de apoyo atribuidas a sus progenitores. La legitimación pasiva corresponderá al otro cónyuge o progenitor, cuando el demandante sea uno de ellos, o a ambos cónyuges o progenitores, si el demandante fuera el Ministerio Fiscal. Los hijos mayores de edad respecto de los que uno de los cónyuges o progenitores hubiere solicitado alimentos para ellos (por su situación de convivencia y carencia de recursos) carecen de legitimación activa o pasiva (al no haber sido parte en el proceso anterior), pero se les ha reconocido la posibilidad de actuar en el proceso de modificación como intervinientes [art. 13 LEC y AAP Las Palmas 23/11/2023 *(Tol 6176766)*].

3. Procedimiento

a) Procedimiento de común acuerdo: Cuando la pretensión de modificación se realice por ambos cónyuges o progenitores de común acuerdo, o por uno de ellos con el consentimiento del otro, acompañando una propuesta de convenio regulador, el procedimiento se ajustará a lo establecido en el art. 777 LEC (art. 775.2, segundo inciso, LEC).

b) Procedimiento contencioso: a') Tramitación: Cuando no exista conformidad, el procedimiento para la modificación de las medidas se sustanciará conforme a lo dispuesto en el art. 770 LEC para el procedimiento contencioso (al que remite el art. 775.2, primer inciso LEC), en el que también podrán alcanzarse acuerdos parciales conforme a lo establecido en el art. 774 LEC, cuyas reglas serán igualmente aplicables. En cuanto a los requisitos de la demanda, contestación, reconvención, convocatoria y celebración de la vista, nos remitimos a lo expuesto en los epígrafes III.3 al 9, así como en el IV.4 del Capítulo Cuarto.

b') Posible petición de modificación provisional de las medidas definitivas: Las partes podrán solicitar, en la demanda o en la contestación, la modificación provisional de las medidas definitivas adoptadas en el proceso anterior. Esta petición se sustanciará conforme a lo establecido en el art. 733 (art. 775.3 LEC).

c) Decisión: Tanto si se sigue el procedimiento de común acuerdo como el contencioso, en ambos casos, el proceso de modificación terminará por sentencia, no por auto, en la que se declarará haber lugar o no a la modificación solicitada y se acordarán en dicha resolución las medidas que deban sustituir a las anteriores. Cuando las medidas son establecidas en recurso de apelación por diferente apreciación de los hechos valorados por la sentencia de primera instancia, resulta exigible un razonamiento que desmantele la argumentación de la resolución apelada [STC 8/2005 *(Tol 570194)*].

4. Eficacia «ex nunc» de la sentencia

La doctrina jurisprudencial tiene establecido que las sentencias dictadas en procesos de modificación de medidas que acuerdan la extinción, reducción o modificación de las fijadas en un anterior proceso, dada su naturaleza constitutiva, producen sus efectos desde la fecha en que se dicten y no desde el momento en que hayan tenido lugar los cambios y hechos apreciados para acordar tal extinción, reducción o modificación, ni tampoco desde a fecha de la demanda, pues así resulta de lo establecido en el art. 106 CC y 775.3 LEC. La regla general es la de que, en los supuestos de modificación de medidas, los efectos se despliegan desde que se dictan, sustituyendo a partir de entonces a las anteriores [así, p. ej., en la ya antigua STS 17/6/2015 *(Tol 5185813)*]. En particular, cuando existe una pensión alimenticia ya declarada y lo que se discute es la eficacia de una alteración de la cuantía de la pensión alimenticia ya establecida con anterioridad por un procedimiento de modificación, cada resolución desplegará su eficacia desde la fecha en que se dicte. Sin embargo, la jurisprudencia también ha declarado que si la pensión se fija como medida definitiva en sentencia de juicio matrimonial cuando previamente se ha fijado mediante auto de medidas previas "no puede entenderse que la sentencia de primera instancia haya recaído en un proceso diferente", y debe desplegar efectos desde la demanda sin perjuicio de descontar lo abonado. Esta doctrina también se aplica en caso de medidas coetáneas (STS 15/12/2022 *(Tol 9365528)*. Pueden darse, no obstante, supuestos excepcionales, en los que, por apreciarse abuso de derecho, enriquecimiento injusto, mala fe, o por destinarse la pensión recibida a finalidades distintas a la satisfacción de las necesidades alimenticias, sí pudiera ser posible la aplicación retroactiva de la sentencia en que se extingan o modifiquen las medidas, siempre que en ella se reconozca la concurrencia de cualquiera de esas excepcionales circunstancias [p. ej. AAP Vizcaya 28/6/2017 *(Tol 6357780)*]. En los casos de modificación de medidas también se admite la retroactividad de pensión alimenticia desde la fecha de interposición de la demanda, cuando se cambia el obligado al pago y se instauran por primera vez en favor de un progenitor [STS 4/4/2018 *(Tol 6566085)* y 20/12/2017 *(Tol 6462701)*.

VII. MEDIDAS CAUTELARES CIVILES EN LOS PROCESOS PENALES[13]

Como vimos en el apartado I, en el seno de un proceso penal también pueden adoptarse medidas cautelares civiles, no ya sólo las que prevé el art. 158 CC, sino también las que resultan de la tutela específica de los art. 544 quinquies LECRIM, art. 544 ter 7 LECRIM, art. 94.4 CC y art. 237.1 pfo. 2.º CC.

1. *Procesos penales por delitos de homicidio, aborto, lesiones, contra la libertad, de torturas y contra la integridad moral, trata de seres humanos, contra la libertad e indemnidad sexuales, la intimidad, el derecho a la propia imagen y la inviolabilidad del domicilio, el honor, el patrimonio, el orden socioeconómico y las relaciones familiares.*

Se trata de delitos que exceden el ámbito de la violencia doméstica y de género y en los cuales, art. 544 quinquies LECRIM, se distingue la existencia de dos supuestos.

---

13 Redactado por Ana Rodrigo Fernández.

A) Víctima menor o persona con discapacidad

Cuando resulte necesario al fin de protección de la víctima menor de edad o con discapacidad, el juez o tribunal adoptará motivadamente, de oficio o a instancia de parte, alguna de las siguientes medidas:

a) Suspender la patria potestad de alguno de los progenitores. En este caso podrá fijar un régimen de visitas o comunicación en interés del menor o persona con discapacidad y, en su caso, las condiciones y garantías con que debe desarrollarse.

b) Suspender la tutela, curatela, guarda o acogimiento.

c) Establecer un régimen de supervisión del ejercicio de la patria potestad, tutela o de cualquier otra función tutelar o de protección o apoyo sobre el menor o persona con la capacidad judicialmente modificada, sin perjuicio de las competencias propias del Ministerio Fiscal y de las entidades públicas competentes.

d) Suspender o modificar el régimen de visitas o comunicación con el no conviviente o con otro familiar que se encontrara en vigor, cuando resulte necesario para garantizar la protección del menor o de la persona con capacidad judicialmente modificada.

B) Menor en situación de riesgo o desamparo: comunicación a la entidad pública y Ministerio Fiscal

Cuando se ponga de manifiesto en el desarrollo del proceso la existencia de una situación de riesgo o posible desamparo de un menor y, en todo caso, cuando se adoptara la suspensión de la patria potestad de alguno de los progenitores o de la tutela, curatela, guarda o acogimiento, el Letrado de la Administración de Justicia lo comunicará inmediatamente a la entidad pública competente que tenga legalmente encomendada la protección de los menores, así como al Ministerio Fiscal, a fin de que puedan adoptar las medidas de protección que resulten necesarias. También se les notificará su alzamiento o cualquier otra modificación, así como la resolución a la que se refiere el apartado 3.

C) Duración de las medidas de protección adoptadas.

Una vez concluido el procedimiento, serán ratificadas o alzadas por el Juez o Tribunal, valorando exclusivamente el interés de la persona afectada.

El Ministerio Fiscal y las partes afectadas por la medida también podrán solicitar al Juez su modificación o alzamiento conforme al procedimiento previsto en el art. 770 LEC.

2. Procesos por violencia doméstica o de género

A) Con carácter general: art. 94.4 CC.

Ya se trate de medidas civiles, cautelares o no, interesadas dentro de un proceso penal o dentro de un proceso civil, el art. 94.4 CC establece taxativamente que no procederá el establecimiento de un régimen de visita o estancia, y si existiera se suspenderá en dos supuestos:

a) Respecto del progenitor incurso en un proceso penal por atentar contra la vida, integridad física, libertad, integridad moral o libertad e indemnidad sexual del otro cónyuge o sus hijos.

b) Cuando la autoridad judicial advierta, de las alegaciones de las partes y las pruebas practicadas, la existencia de indicios fundados de violencia doméstica o de género.

Ahora bien, la aplicación del art.94.4 CC no es automática, pues la STC 13/09/2022 que reconoció su constitucionalidad establece que "*cuando está en juego el interés del menor debe huirse de decisiones regladas o uniformes incluso en aquellos supuestos especialmente graves y que deberán ser tenidos en cuenta en el momento de estipular los derechos de visita relativos a los hijos, en que un progenitor esté incurso en un proceso penal, por atentar contra el otro progenitor —sea cónyuge, pareja sentimental o no mantenga relación sentimental o conyugal alguna— o contra sus hijos, o existan indicios fundados de ello. Dicha prevención resulta de que no todos los delitos tienen la misma relevancia, gravedad y alcance sobre la relación paterno o materno filial, sino que serán las concretas circunstancias del caso, la gravedad y naturaleza del delito cometido, la culpabilidad del autor, la persona o personas directamente afectadas por el mismo, entre otras, las que normalmente revelarán si el interés del menor impone que se suspendan de modo absoluto las relaciones con alguno de los progenitores o con ambos. Conforme a los pronunciamientos del Tribunal Europeo de Derechos Humanos citados (SSTEDH Gnahoré c. Francia, § 59, y Jansen c. Noruega, § 88-93), solo excepcionalmente estará justificado el cese absoluto de dichas relaciones en casos cuya gravedad o especial naturaleza o circunstancias concurrentes lo aconsejen. Esto es, la suspensión absoluta del régimen de visitas, comunicaciones y estancias vendrá exigida cuando se persiga garantizar la integridad y seguridad del menor, la suspensión resulte estrictamente necesaria para el logro de dicha finalidad, y sea adecuada y proporcionada para alcanzarla al no existir alter-*

nativas menos restrictivas, de menor intensidad, graduación o progresividad para preservar la seguridad y bienestar del menor"

B) En el seno de una orden de protección del art. 544 ter LECRIM.

Se podrán acordar las medidas del art. 544 ter.7 pfo. 3.º y 4.º LECRIM.

a) *Presupuesto:* cuando se dicte una orden de protección con medidas de contenido penal y existan indicios fundados de que los hijos e hijas menores de edad hubieran presenciado, sufrido o convivido con la violencia contra la vida, integridad física o moral, libertad sexual, libertad o seguridad de alguna de las personas del art.173.2 del Código Penal

b) *Competencia:* la autoridad judicial, de las Secciones de Violencia sobre la Mujer, de oficio o a instancia de parte deberán acordar las medidas del art. 544 ter7 pfo. 3-4 LECRIM, salvo resolución motivada en el interés superior del menor y previa evaluación de la situación de la relación paternofilial

c) *Medidas:* suspensión del régimen de visitas, estancia, relación o comunicación del inculpado respecto de los menores que dependan de él (art. 544 ter 7 pfo. 3.º), pero nada impide acordar las medidas previstas en el art. 544 quinquies LECRIM o en el art. 158 CC.

d) *Vigencia temporal de las medidas civiles contenidas en la orden de protección:* treinta días. Si dentro de este plazo fuese incoado a instancia de la víctima o de su representante legal un proceso de familia ante la jurisdicción civil, las medidas adoptadas permanecerán en vigor durante los treinta días siguientes a la presentación de la demanda. En este término las medidas deberán ser ratificadas, modificadas o dejadas sin efecto por el Juez de primera instancia que resulte competente.

Se trata de dos plazos sucesivos, el primero de ellos claramente depende de la actividad de la parte, pues sólo uno de los cónyuges puede iniciar el proceso de familia y determina la caducidad de las medidas previas adoptadas en el proceso penal de no interponerse la demanda civil dentro de los 30 días siguientes [AAP Barcelona 21/12/2020 *(Tol 8216162).* No es exigible que la parte inste la ratificación de las medidas, sino que interponga la correspondiente demanda de medidas paterno-filiales [AAP Valencia 31/3/2022 *(Tol 9427713).* Si se presenta dentro de esos 30 días, las medidas quedarán automáticamente prorrogadas [AAP Valencia 11/11/2009 *(Tol 6698818)*]

C) Guarda y custodia de hijos menores

Cuando los menores se encuentren bajo la patria potestad, tutela, guarda o acogimiento de una víctima de violencia de género o doméstica, las actuaciones de los poderes públicos estarán encaminadas a garantizar el apoyo necesario para procurar la permanencia de los menores, con independencia de su edad, con aquélla, así como su protección, atención especializada y recuperación (art. 12.3 LOPJM).

D) Guarda de hecho

Ante la imposibilidad o dificultad en el cumplimiento de las funciones inherentes a la patria potestad como consecuencia de situaciones de violencia de género, la mujer, temerosa por la vida o integridad física o psíquica de sus hijos o la suya propia, puede confiar la guarda de aquéllos a un tercero, sean o no familiares, para evitar males mayores. En estos casos no se produce una situación de desamparo, si los menores no quedan privados de la necesaria asistencia moral o material (art. 172.1. pfo. *2.º* CC). Mientras se mantenga la situación de guarda de hecho y hasta que se constituya la medida de protección adecuada, si procediera, se podrán otorgar judicialmente facultades tutelares a los guardadores (art. 237.1 CC).

En los supuestos de maltrato, tanto a la madre como al menor, con peligro para este último, el juez podrá decidir *ex art. 158.2.º CC si deben o no permanecer los menores en el domicilio familiar o continuar con una situación temporal de guarda de hecho. situación que conllevará a cargo del guardador los deberes de velar por el menor, tenerlo en su compañía, alimentarle, educarle y procurarle una formación* una formación integral, salvo que otra cosa acuerde el Juez.

VIII. LOS ANIMALES DE COMPAÑÍA EN LOS PROCESOS MATRIMONIALES Y DE RUPTURA DE PAREJA ESTABLE[14]

La nueva concepción de los animales como seres dotados de sensibilidad tiene repercusión tanto en la estructura familiar como en la configuración de las familias "multiespecie" o "interespecie", caracterizadas por estar constituidas por humanos y animales de compañía que se relacionan entre sí por un vínculo de afectividad forjado en la convivencia en el mismo núcleo familiar.

---

[14] Redactado por Ana Rodrigo Fernández.

1. De bienes muebles semovientes a seres sintientes

Hasta el año 2021, el Código Civil consideraba a los animales como "cosas" o "bienes semovientes". Dicha regulación, siguiendo lo establecido en el art. 13 del Tratado de la Unión Europea y Tratado de Funcionamiento de la Unión Europea de 2010 que considera a los animales como "seres sensibles", ha sido derogada por Ley 17/2021, de 15 de diciembre de modificación del CC, la Ley Hipotecaria y la LEC, sobre el régimen jurídico de los animales, en vigor desde el 5 de enero de 2022. De este modo el art 333 bis del CC, considera a los animales como seres vivos dotados de sensibilidad sobre los cuales se debe respetar su cualidad de ser sintiente[15], el art. 605 CC los declara absolutamente inembargables y el art. 111 de la Ley Hipotecaria *(Tol 314711)* prohíbe el pacto de extensión de la hipoteca a los animales de compañía.

Se impone, no sólo a los responsables de los animales, sino a todas las personas, la obligación de tratar a los animales conforme a su condición de seres sintientes (art. 24.1 Ley 7/23 de Protección Animal y art. 6.1a) Ley GVA 2/23 de Protección y Bienestar Animal), estableciéndose, además, para las personas responsables un catálogo de obligaciones específicas en que se concreta dicha imposición.

2. Medidas respecto a los animales de compañía en los procesos matrimoniales y de ruptura de pareja estable

Antes de la entrada en vigor de la Ley 17/2021, la regulación del cuidado y custodia de los animales de compañía no tenía cabida en los procesos

---

15 Término admitido por la RAE y habitual en toda la materia de bienestar animal, como se reconoce en el Preámbulo y en el Texto de la Ley 7/23, de 28 de marzo de Protección Animal *(Tol 9.466.453)*, a cuya norma importa acudir, porque garantiza el estándar mínimo de cuidado y bienestar de los animales de compañía y silvestres en cautividad, y permite concretar la previsión genérica del CC, sin perjuicio de las normativas autonómicas existentes, que pueden ampliar dicho estándar, como en la Comunidad Valencia la Ley 2/23 de 13 de marzo, de Protección, Bienestar y Tenencia de animales de compañía y otras medidas de bienestar animal *(Tol 9.438.284)*, fundamentada, según su propio Preámbulo en la Declaración universal de los derechos del animal, proclamada el 15 de octubre de 1978 *(Tol 1293078)*, los convenios de Washington *(Tol 696.307)*, Berna *(Tol 636.231)* y Bonn *(Tol 696.308)*, el Convenio europeo sobre protección de animales de compañía de 13 de noviembre de 1987 ratificado el 9 de octubre de 2015 *(Tol 6.370.129)*, que son de obligado cumplimiento desde el 1 de febrero de 2018, y los tratados, directivas y reglamentos de la Unión Europea, entre los que destaca especialmente la firma del Tratado de Lisboa, por el cual se modificó el tratado constitutivo de la Unión Europea *(Tol 1.647.153)*, donde se definen los animales como unos seres sintientes.

matrimoniales, o de ruptura de pareja estable, pudiendo los copropietarios llegar a acuerdos privados, que no serían susceptibles de ejecución en un procedimiento de familia, o bien acudir a un procedimiento ordinario [SAP Valencia 25/9/2020 *(Tol 8236209)*] si no alcanzaran consenso, pero en ningún caso sería objeto de regulación en el procedimiento de familia al no estar contemplada la atribución de los animales de compañía entre las medidas a adoptar en el procedimiento matrimonial, no siendo procedente la aplicación analógica de las normas relativas a la guarda o régimen de visitas de los progenitores respecto a los hijos menores de edad al no tener base en una relación paterno-filial [SAP Madrid 26/6/2023 *(Tol 9689082)*.

A) La previsión legal

Con la reforma llevada a cabo por la Ley 17/21, de 15 de diciembre, el art. 90 CC incluyó dentro del contenido del convenio regulador el destino de los animales de compañía, el art. 91 CC aborda el destino de los animales de compañía en las sentencias de nulidad, separación o divorcio, el art. 94 bis CC prevé la asignación de la custodia unilateral o compartida del animal de compañía, el régimen de visitas y las cargas que genera esta obligación, con independencia de la titularidad del animal, el art. 103, 1.ª bis CC establece que al determinar la custodia de los animales de compañía se debe preponderar el interés de los miembros de la familia, así como el bienestar animal, y el art. 92 CC prevé la inaplicabilidad de la custodia compartida en los supuestos de existencia de amenazas o malos tratos a los animales como un supuesto de violencia vicaria.

Esto significa, que los cónyuges deben determinar la custodia de los animales de compañía, mediante un convenio regulador y en caso negativo será la autoridad judicial quien lo determine, ya sea como medida previa o coetánea a la demanda de nulidad, separación, divorcio o de guarda de menores en las rupturas de parejas de hecho (art. 771 LEC) o como medida definitiva (art. 774 LEC), conforme al art. 94 bis CC.

B) Ámbito objetivo

Las citadas normas, introducidas en sede matrimonial, no son aplicables a las uniones de hecho, a no ser que concurran hijos menores de los convivientes [STS 17/7/2024 *(Tol 10122861)*: *"solo es posible el convenio (art. 90 CC) o las medidas judiciales (art. 91 CC) referidas a los animales de compañía, así como la tramitación por la vía de los procesos matrimoniales y de menores (arts.*

769 ss. LEC) cuando los animales de compañía se hayan poseído durante la vigencia de un matrimonio o, aun sin estar casados, los miembros de la pareja tengan hijos menores, pero no en otro caso, es decir, cuando los animales de compañía hayan sido de una pareja no casada que no tenga hijos menores".

C) Ámbito territorial

El art. 94 bis CC no es aplicable en Cataluña, por un principio de territorialidad (art. 14.1 del Estatuto de Autonomía de Cataluña y 111-3.1 CCCat.). Los efectos de la nulidad, separación y divorcio vienen recogidos en el art. 233.4 CCCat, entre los que no se incluye regulación alguna sobre los animales de compañía [SSAP Barcelona 26/6/2024 *(Tol 10177573)* y 13/5/2024 *(Tol 10138444)*].

3. Procedimiento extrajudicial

No existiendo hijos menores o discapacitados precisados de medidas de apoyo, los cónyuges (que no los miembros de la pareja estable) podrán formalizar el convenio regulador que afecte a sus animales de compañía ante el letrado de la Administración de Justicia o el notario, pero si éstos considerasen que alguno de los acuerdos pudiera ser dañoso o gravemente perjudicial para el bienestar de los animales de compañía, lo advertirán a los otorgantes y darán por terminado el expediente. En este caso, los cónyuges sólo podrán acudir ante el juez para la aprobación de la propuesta de convenio regulador (art. 90.2. CC).

4. Procedimiento judicial

A) Reglas generales

a) La pretensión sobre los animales de compañía y las cargas asociadas a los mismos debe ser introducida debidamente en el momento de determinar el objeto del proceso, bien por el demandante, bien por la demandada mediante reconvención. No cabe su introducción en cualquier momento del procedimiento al amparo del art. 752 LEC [STS 17/7/2024 *(Tol 10122861)*].

b) No se prevé la intervención del Ministerio Fiscal en defensa del bienestar animal: el Ministerio Fiscal sólo interviene si alguno de los interesados es menor, persona con discapacidad o si está en situación de ausencia legal [STS 17/7/2024 *(Tol 10122861)*].

c) No cabe la práctica de oficio de pruebas referidas al bienestar animal: las pruebas que el tribunal puede acordar de oficio ex art. 770.4.º LEC son las que estime necesarias para comprobar la concurrencia de las circunstancias en cada caso exigidas por el Código Civil para decretar la nulidad, separación o divorcio, así como las que se refieran a hechos de los que dependan pronunciamientos sobre medidas que afecten a hijos menores o mayores con discapacidad que precisen apoyo, de acuerdo con la legislación civil aplicable.

B) Contenido de la resolución judicial

a) Contenido: la autoridad judicial confiará para su cuidado a los animales de compañía a uno o ambos cónyuges, y determinará, en su caso, la forma en la que el cónyuge al que no se le hayan confiado podrá tenerlos en su compañía, así como el reparto de las cargas asociadas al cuidado del animal (art. 94 bis CC)

b) Principio rector: dicha resolución atenderá al interés de los miembros de la familia y al bienestar del animal, con independencia de la titularidad dominical de este y de a quién le haya sido confiado para su cuidado [SAP Madrid 12/7/2024 *(Tol 10212490)*, SAP Madrid 15/11/2024 *(Tol 10347542)*], lo que obliga a ponderar el vínculo afectivo existente entre el animal y los miembros de la familia [SAP Córdoba 14/10/2022 *(Tol 9383404)* y SAP Huelva 23/2/2023 *(Tol 9847875)*].

c) El juez podrá apartarse de los acuerdos de los cónyuges recogidos en el convenio que sean gravemente perjudiciales para el bienestar animal (art. 90.2 CC).

d) A falta de acuerdo de los cónyuges o en caso de no ser aprobado, el juez determinará en la sentencia las medidas que hayan de sustituir a las ya adoptadas con anterioridad en relación con el destino de los animales de compañía (art. 91.1 CC y 774.4 LEC) [ver STS 17/7/2024 *(Tol 10122861)*]

e) Guarda y custodia del animal y régimen de visitas: la autoridad judicial confiará para su cuidado a los animales de compañía a uno o ambos cónyuges, y determinará, en su caso, la forma en la que el cónyuge al que no se le hayan confiado podrá tenerlos en su compañía [SAP Pontevedra 18/6/2024 (Tol 10193534), SAP Huelva 23/2/2023 *(Tol 9847875)*], sin que exista una vinculación jurídica necesaria entre la atribución del uso de la vivienda familiar y la asignación del cuidado de los animales de compañía, pues la atribución del uso de la vivienda familiar a los hijos es una manifestación del principio del interés del menor. No obstante, en algún caso, en función de las circunstancias concurrentes, la asignación a uno u otro de los progenitores del uso de la vivienda podrá ser tomada en consideración, a su vez, para realizar la tarea valorativa del "interés de los miembros de la familia y el *bienestar del animal*", que son los criterios que el art. *94 bis* prevé para resolver esta cuestión [SAP Pontevedra 18/6/2024 *(Tol 10193534)*].

f) Reparto de las cargas asociadas al animal: la resolución judicial podrá establecer una pensión económica mensual a favor del cónyuge al que se atribuyó la custodia del animal de compañía, para contribuir a sus gastos [SAP Madrid 12/7/2024 *(Tol 10212490)*, SAP Pontevedra 3/11/2023 *(Tol 9896402)*] o la obligación de costear determinados gastos del animal [SAP Pontevedra 27/9/2024 *(Tol 10297492)*].

g) Cabe acordar también la custodia compartida del animal por semanas alternas, determinando lugar y hora de recogida y reintegro, con reparto por mitad de las cargas económicas derivadas de dicha custodia [SAP Huelva 23/2/2023 *(Tol 9847875)*].

C) Anotación en Registro de Identificación de Animales

La resolución judicial que determine el destino del animal de compañía, así como el reparto de las cargas asociadas al mismo, se hará constar en el correspondiente registro de identificación de animales (art. 94 bis in fine CC).

IX. EJECUCIÓN FORZOSA DE LOS PRONUNCIAMIENTOS SOBRE MEDIDAS

Si no se cumplen voluntariamente los pronunciamientos sobre medidas, sean provisionales o definitivas, que se adopten en el proceso, se podrá solicitar y obtener su ejecución forzosa conforme a lo establecido en el Libro III de la LEC, con las especialidades que se contemplan en el art. 776 LEC y aquellas otras que resultan de la particular naturaleza de la materia de que se trata, ya sea en orden a su ejecutividad inmediata, ya al cómputo del plazo de caducidad de la acción ejecutiva, ya en lo relativo a la inexistencia de límites para acordar el embargo de sueldos o pensiones con los que atender al pago de pensiones alimenticias (art. 608 LEC).

1. Especialidades relativas al proceso de ejecución

Además de las especialidades relativas a la actividad ejecutiva, a las que se refiere el art. 776 LEC y de las que trataremos en el siguiente epígrafe, importa destacar, en primer lugar, otras singularidades relativas al título ejecutivo, al objeto del proceso de ejecución y al ejercicio de la acción ejecutiva.

A) El título ejecutivo

El título que permite la ejecución forzosa de las medidas adoptadas puede estar constituido por cualquiera de las siguientes resoluciones judiciales:

1) El auto de medidas previas urgentes (art. 771.2, II LEC).

2) El auto de medidas provisionales previas a la demanda (art. 771.4 LEC) (ambos con duración limitada a treinta días).

3) El auto de modificación de las medidas previas tras la admisión de la demanda (art. 772.2 LEC).

4) El auto de medidas provisionales coetáneas a la demanda (art. 773.3 LEC).

5) La sentencia que ponga fin al proceso y resuelva sobre las medidas definitivas, tanto en el proceso contencioso como en el de común acuerdo (arts. 774 y 777 LEC).

6) El auto que resuelva sobre la modificación provisional de las medidas definitivas (art. 775.3 LEC).

7) La sentencia que resuelva el proceso sobre modificación de medidas (art. 775.2 LEC).

Todos los autos mencionados anteriormente son firmes desde que se dictan, pues contra ellos no cabe recurso alguno, por lo que integran el título ejecutivo al que se refiere el art. 517.2. 9.º LEC. Las sentencias sobre medidas definitivas o sobre modificación de las mismas, aun no siendo firmes, integran título ejecutivo conforme a lo establecido en el art. 774.5 en relación con el art. 773.5 y el art. 517.2. 9.º LEC.

8) A las anteriores resoluciones debe añadirse el auto que declare la condición de extraordinario de un gasto no expresamente previsto en el auto o sentencia que resuelva sobre las medidas definitivas o provisionales (art. 776.4.ª LEC). De este auto no se dice que sea irrecurrible, pero su ejecutividad debe quedar equiparada a la que resulta de lo establecido en el art. 774.5 LEC.

9) También constituye título ejecutivo el auto que homologue el acuerdo que se hubiere alcanzado por las partes en un medio de solución ex-

trajudicial de controversias (si se hubiere acudido a él en los casos que proceda), así como el decreto del letrado de la Administración de Justicia que homologue el convenio regulador en el procedimiento consensual, en los casos en que procede por no existir hijos menores o discapaces, cuya resolución es firme desde que se dicta (art. 777.10 LEC).

Todas las resoluciones mencionadas tienen eficacia ejecutiva desde el momento mismo en que se dictan y la despliegan hasta que sean sustituidas por la siguiente resolución que se dicte en el proceso y en la que se establezca una modificación, cambio o extinción de las anteriormente acordadas. La ejecución a la que dan lugar cada uno de esos títulos es, en todo caso, definitiva, no provisional [p. ej. AAP Barcelona 23/10/2023 *(Tol 9854531)*; AAP Málaga 15/2/2023 *(Tol 9811469)*; SAP Sevilla 20/5/2021 *(Tol 8670362)*].

B) El objeto de la ejecución

El ámbito objetivo del proceso de ejecución viene delimitado por las obligaciones establecidas en el título, por lo que sólo cabe ejecutar lo ordenado en la correspondiente resolución [p. ej. SAP Barcelona 5/12/2017 *(Tol 6483702)*; AAP Málaga 21/2/2024 *(Tol 1010578)*]. En consecuencia, cuando la sentencia establece el deber de ambos cónyuges de contribuir al pago de las cuotas hipotecarias del bien inmueble ganancial, una vez disuelta la sociedad y pendiente de liquidación, cabe la posibilidad de ejecución a instancia del cónyuge que las ha satisfecho íntegramente frente al otro para la realización de la proporción que corresponde a éste [p. ej. SAP Ciudad Real 4/7/2019 *(Tol 7453215)*; AAP Málaga 3/5/2023 *(Tol 9811727)*]. Para la inclusión en el ámbito de la ejecución de gastos extraordinarios no previstos en el título, se deberá promover el incidente al que se refiere el art. 776.4.ª LEC (al que se hará referencia en el siguiente epígrafe). Cualesquiera otras cuestiones deberán ser resueltas en el correspondiente proceso declarativo [p. ej. AAP Barcelona 27/9/2017 *(Tol 6469606)*; AAP Castellón 15/6/2022 *(Tol 9720890)*]. El cauce del proceso de ejecución no permite la modificación de las medidas adoptadas, para lo que se debe acudir, en defecto de acuerdo entre las partes, al específico proceso de modificación del artículo 775 LEC [p. ej. AAP Gerona 23/5/2019 *(Tol 7267861)*; AAP Barcelona 4/11/2022 *(Tol 9394936)*; AAP Almería 23/1/2024 *(Tol 10103409)*; AAP Málaga 29/2/2024 *(Tol 10.105.762)*]. Cuando en la sentencia se prevé el cumplimiento gradual o por fases de una medida podrá instarse y lograrse su ejecución cuando el paso de una fase a otra dependa únicamente de un dato objetivo, como lo es el simple transcurso del tiempo, pero no cuando requiera la concurrencia de determinadas condiciones cuya valoración sea más bien propia de un incidente de modificación [p. ej. AAP Granada 30/6/2005 *(Tol 676973)*, en el que se resolvía un caso en que el convenio aprobado establecía un régimen de visitas a desarrollar en tres fases, haciéndose depender el paso de una a otra de que tanto la hija como el padre estuvieran en condiciones de asumir un contacto cada vez más estrecho].

C) El plazo de espera

Cuando la acción ejecutiva se funda en un título judicial, el art. 548 LEC establece que no se despachará ejecución dentro de los veinte días posteriores a aquél en que la resolución de condena o de aprobación del convenio haya sido notificada al ejecutado. Pero esa previsión, que es propia de los procesos sobre materias sometidas a la disposición de las partes, no se aviene con las características de lo que es objeto de los procesos no dispositivos, en los que prima un interés público, por lo que importa distinguir lo siguiente:

a) Medidas provisionales: Los pronunciamientos sobre medidas provisionales relativas a los hijos, ya sean previas o coetáneas a la interposición de la demanda, deben ejecutarse de inmediato en interés de los mismos, sin quedar sujetas a plazo de espera alguno. Ni el régimen de guarda y custodia, ni la atención alimenticia, ni la ocupación de la vivienda atribuida, ni las visitas y compañía del progenitor con quien no convivan, admiten demora de ningún género para su efectiva actuación y cumplimiento, dada su naturaleza y finalidad [así, p. ej., se pronuncia el AAP Barcelona 29/9/2017 *(Tol 6468015)*, aunque hay también resoluciones, como el AAP Coruña 11/12/2019 *(Tol 7871059)* y la SAP Zamora 1/2/2019 *(Tol 7.090.455)*, que no lo entienden así]. Otro tanto cabría decir respecto de las medidas provisionales relativas a las relaciones de los cónyuges entre sí que consistan en la prestación de alimentos, o en la atribución del uso de la vivienda y del ajuar necesario para vivir, o en la entrega de los bienes u objetos precisos para realizar una actividad profesional. La naturaleza y finalidad de la medida relativa a la atribución del uso de la vivienda familiar al titular del interés más necesitado de protección, hace que tampoco debiera aplicarse a estos supuestos derivados de los procesos matrimoniales y de menores lo dispuesto en el artículo 704 LEC acerca del plazo de entrega de la vivienda habitual, pues esa previsión se establece con carácter general para las ejecuciones en las que lo que se pretende es el cumplimiento de prestaciones derivadas de relaciones obligatorias comunes y distintas de las familiares o paternofiliales.

Como muestra del criterio que *considera que no existe plazo de espera para la ejecución de resoluciones en procesos de familia cuando se trata de ejecutar cuestiones de* marcado interés público, pueden verse AAP Málaga 8/3/2023, FJ 4.º, segunda letra c) *(Tol 9807269)*; AAP Murcia 15/2/2024 *(Tol 10143527)*.

b) Medidas definitivas: Las medidas definitivas que se acuerden en la sentencia, desde que se adoptan en ella sustituyen a las provisionales que sean iguales (art. 773.5 LEC) y éstas, normalmente, ya se habrán ejecutado en su día, o se estarán ejecutando en el momento en que la sentencia se dicte, de modo que, en estos casos, carece de sentido plantearse ninguna cuestión acerca del plazo de espera. La medida provisional ya ejecutada (custodia de los hijos, entrega de la vivienda) adquirirá, tras la sentencia, el carácter de medida definitiva ya cumplida, y las que se estén ejecutando como provisionales (prestaciones periódicas, visitas) se seguirán ejecutando con el nuevo carácter de definitivas, si son las mismas.

Si las medidas definitivas se adoptan por vez primera en la sentencia o en ella se modifican las anteriormente acordadas como provisionales, esos nuevos pronunciamientos serán objeto de ejecución con base en ese nuevo título, y para instarla no debería exigirse plazo ninguno de espera en lo que concierne a las medidas relativas a los hijos, ni en las que se refieran a las relaciones de los cónyuges entre sí que consistan en la atribución del uso de la vivienda o en la entrega del ajuar necesario para vivir, o en la de los bienes u objetos precisos para realizar una actividad profesional. La ejecución podrá instarse en cualquier momento y la razón es la misma que antes se ha expuesto: una exigencia derivada de la naturaleza y la finalidad de esas medidas definitivas.

Puede verse, sobre esta materia, el AAP Barcelona 23/10/2023, FJ 2.º *(Tol 9854531)*.

c) Pensión compensatoria: En cuanto a la pensión compensatoria se debería distinguir lo siguiente:

1) Si se trata de una pensión periódica, el pronunciamiento sobre la misma comprenderá, normalmente, todos los pormenores relativos al día del mes y número de cuenta y entidad bancaria en que debe ser satisfecha, y si lo que ha hecho la sentencia es convertir en pensión compensatoria lo que previamente se había fijado en concepto de medidas provisionales como alimentos al otro cónyuge, el régimen para la ejecución forzosa de uno y otro pronunciamiento debería ser el mismo, de modo que, vencido

el día señalado y no abonada la cantidad debida en tal concepto, podrá instarse, sin más, la ejecución.

2) Si la pensión compensatoria periódica se fija por vez primera en la sentencia deberán seguirse las pautas comunes de cualquier ejecución dineraria en cuanto a la observancia del plazo de espera.

3) Si lo que se señalara como debido en la sentencia es una pura indemnización consistente en una cantidad alzada (caso del artículo 98 o de la sustitución prevista en el artículo 99), en tal caso deberán seguirse también las pautas comunes de cualquier ejecución dineraria y cumplirse el plazo de espera.

D) El plazo de caducidad

Conforme al art. 518 LEC «La acción ejecutiva fundada en sentencia, en resolución judicial que apruebe una transacción judicial o un acuerdo alcanzado en el proceso o en resolución arbitral caducará si no se interpone la correspondiente demanda ejecutiva dentro de los cinco años siguientes a la firmeza de la sentencia o resolución» (art. 518 LEC). El abandono o el desinterés en el ejercicio de la pretensión ejecutiva basada en uno de dichos títulos provoca la fatal consecuencia prevista en dicha norma. Pero esa consecuencia no puede producirse más que en aquellos casos de efectiva dejadez en el ejercicio de la pretensión ejecutiva y no, en cambio, cuando esa falta de ejercicio se debe, precisamente, a que las prestaciones periódicas o de tracto sucesivo establecidas en una resolución judicial se vienen cumpliendo voluntariamente y de modo regular por el obligado. De no entenderlo así y proceder, por contra, a una aplicación automática o mecánica del art. 518 LEC en todo caso, se habrían de producir situaciones absolutamente incompatibles con el principio de tutela judicial efectiva que la Constitución garantiza, pues si el obligado, a partir del quinto año dejara de cumplir la prestación, ello provocaría una situación de total desamparo para el acreedor, que no podría exigir el cumplimiento forzoso por haber caducado su derecho. Si estas razones permiten excluir la aplicación del art. 518 LEC cuando se vienen cumpliendo voluntariamente prestaciones periódicas en general, mayor peso alcanzan cuando se trata de las pensiones establecidas en resoluciones dictadas en procesos matrimoniales y de menores. Así se entendió desde un principio por alguna Audiencia Provincial [p. ej. AAP Madrid 5/10/2001 *(Tol 124701)*], y así se ha venido interpretando con posterioridad por las Audiencias Provinciales, en el sentido de que podrán reclamarse pensiones vencidas dentro de los cinco años anteriores a la interposición de la demanda, aunque la firmeza de la resolución ejecutada sea anterior a ese plazo [p. ej. AAP Málaga 30/6/2023 *(Tol 9863976)*], y que cuando se trata de título de los que nazcan derechos de prestaciones periódicas, como el devengo sucesivo de los alimentos o de la pensión compensatoria, sólo podrá aplicarse a partir del *dies a quo* en que nace el derecho, es decir, desde el día en que dejan de abonarse [p. ej. SAP Cáceres 23/1/2020 *(Tol 7921302)*; AAP Valencia 3/4/2024 *(Tol 10146851)*; AAP Castellón 27/2/2024 *(Tol 10164891)*].

2. *Especialidades relativas a la actividad ejecutiva y al complemento del título*

Las especialidades establecidas en el art. 776 LEC se refieren a la actividad ejecutiva para el logro de la ejecución forzosa de los pronunciamientos sobre medidas (reglas 1.ª, 2.ª y 3.ª) y al incidente para la inclusión en el ámbito de la ejecución de un gasto extraordinario no expresamente previsto en la resolución que resolvió sobre las medidas definitivas o provisionales (regla 4.ª). A esas especialidades deben añadirse las establecidas en el art. 608 en cuanto al embargo de sueldos o pensiones para la efectividad de las medidas relativas al pago de la prestación por alimentos.

La regulación normativa de esta materia se contiene en los arts. 776, 607 y 608 de la LEC.

A) Reglas especiales sobre el embargo de sueldos o salarios

Conforme a lo establecido en el art. 608 LEC, lo dispuesto en el art. 607 de la misma Ley a propósito de la inembargabilidad de la cantidad a que asciende el salario mínimo interprofesional y de la escala porcentual que en ese precepto se fija para proceder al embargo de las cuantías adicionales que excedan de dicho salario mínimo, «no será de aplicación cuando se proceda por ejecución de sentencia que condene al pago de alimentos, en todos los casos en que la obligación de satisfacerlos nazca directamente de la Ley, incluyendo los pronunciamientos de las sentencias dictadas en procesos de nulidad, separación o divorcio sobre alimentos debidos al cónyuge o a los hijos o de los decretos o escrituras públicas que formalicen el convenio regulador que los establezcan. Tampoco será de aplicación lo dispuesto en el artículo anterior cuando se proceda por ejecución de sentencia, decreto o escritura pública que establezca el pago de pensión compensatoria siempre que la parte ejecutante así lo solicite y acredite una necesidad económica que lo justifique, previa ponderación de la situación económica del ejecutante y ejecutado. En estos casos, así como en el de las medidas cautelares correspondientes, el tribunal fijará la cantidad que puede ser embargada». Esa referencia a las medidas cautelares permite incluir en las previsiones de libre embargabilidad que este artículo contempla, tanto el caso en que se proceda a la ejecución del pronunciamiento definitivo contenido en la sentencia, como si lo que se ejecuta es el proferido en el auto en que se fijen los alimentos con el carácter de medidas provisionales. De lo establecido en dicha norma se desprende que: 1) No hay límite cuantitativo para el embargo de sueldos o salarios cuando se trata de ejecutar pronunciamientos relativos a alimentos, provisionales o definitivos, tanto para el cónyuge como para los hijos; 2) Sí existe ese límite y sí deben seguirse las previsiones y las escalas del artículo 607 cuando se proceda al embargo de sueldos o salarios para lograr la efectividad de la pensión compensatoria, salvo cuando se acredite una necesidad económica que lo justifique, previa ponderación de la situación económica del ejecutante y del ejecutado; 3) Cuando se proceda conjuntamente a la ejecución por alimentos y por pensión compensatoria, la cantidad a embargar por uno y otro concepto deberá fijarse separadamente conforme al régimen que les es propio; 4) El tribunal el que debe fijar en cada caso, en atención a las circunstancias concurrentes, la cantidad que debe ser embargada, dejando en todo caso al ejecutado una parte que le permita cubrir aun cuando sea mínimamente sus necesidades más básicas. Por lo demás, en la libre embargabilidad del sueldo se comprende la de las cantidades precisas para la efectividad de todos los atrasos por alimentos, de manera que la retención que mensualmente se practique se hace extensiva no sólo a las cantidades que por alimentos se vayan devengando y que el deudor no satisface voluntariamente, sino también a la satisfacción de los atrasos.

B) Reiteración en el impago de obligaciones pecuniarias

Existiendo sueldos o salarios sobre los que practicar la correspondiente retención mensual, las pensiones se irán satisfaciendo periódicamente con cargo a los mismos (art. 621.2 LEC). Ello significa que, si el embargo ha recaído sobre el sueldo, una vez iniciada la ejecución y ordenado lo que ese precepto dispone, la persona o entidad pagadora irá reteniendo y transfiriendo a la Cuenta de Consignaciones y Depósitos la cantidad procedente, sin que pueda darse, por tanto, la ampliación de la ejecución ni la imposición de multas coercitivas. Pero cuando ello no resulta posible, porque no se ha producido embargo sobre el sueldo, y es el obligado quien debe efectuar mensualmente el pago o el ingreso, en caso de no hacerlo se ofrecen estas dos posibilidades:

a) Ampliación de la ejecución: Si, despachada la ejecución, venciera alguna nueva mensualidad, aquélla se entenderá ampliada por el importe de los nuevos vencimientos, por principal e intereses, si así lo pidiere el ejecutante y sin necesidad de retrotraer el procedimiento (art. 578.1 LEC). La ampliación de la ejecución puede solicitarse en la misma demanda ejecutiva, en cuyo caso, al notificar al ejecutado el auto que despache la ejecución se le advertirá que la ejecución se entenderá ampliada automáticamente si, en las fechas de vencimiento, no se consignan a disposición del juzgado las cantidades correspondientes (art. 578.2 LEC).

b) Imposición de multas coercitivas: Al cónyuge o progenitor que incumpla de manera reiterada las obligaciones de pago de cantidad que le correspondan podrán imponérsele multas coercitivas, con arreglo a lo dispuesto en el artículo 711 LEC y sin perjuicio de hacer efectivas sobre su patrimonio las cantidades debidas y no satisfechas (art. 776, 1.ª LEC). En caso de impago deberá seguirse el apremio tanto para la efectividad de la multa como para la de las pensiones insatisfechas, y en tal caso, si no existieran bienes bastantes para lograr su satisfacción, debe fijarse un orden de preferencia para su abono. El art. 776, 1.ª se limita a decir que al que incumpla podrán imponérsele multas «sin perjuicio de hacer efectivas sobre su patrimonio las cantidades debidas y no satisfechas», significando con ello que el abono de la multa no le exonera de responsabilidad. Pero esa exclusión de todo perjuicio que la ley proclama para la pensión alimenticia o compensatoria, permite también sostener que la satisfacción de las mismas deberá ser preferente, en caso de insuficiencia de bienes, al ingreso del importe de la multa en las arcas del Tesoro.

c) Fondo de garantía de alimentos[16]*:* Los incumplimientos frecuentes del pago de alimentos establecidos por sentencia firme a favor de los hijos menores de edad en los supuestos de divorcio, separación, declaración de nulidad del matrimonio, o en procesos de filiación o de alimentos motivó, a fin de garantizar el superior interés del menor, que la LO 1/2004, de 28 de diciembre, de protección integral contra la violencia de género *(Tol 518787)*, estableciera en su DA 19.ª que el Estado garantizará el pago de alimentos reconocidos e impagados a favor de los hijos e hijas menores de edad en convenio judicialmente aprobado o en resolución judicial, a través de una legislación específica que concretará el sistema de cobertura en dichos supuestos y que, en todo caso, tendrá en cuenta las circunstancias de las víctimas de violencia de género. Posteriormente, la Ley 15/2005, de 8 de julio, por la

[16] Redactado por Ana Rodrigo Fernández.

que se modificó el Código Civil y la Ley de Enjuiciamiento Civil en materia de separación y divorcio, reiteró en su DA única que el Estado garantizará el pago de alimentos reconocidos e impagados a favor de los hijos e hijas menores de edad en convenio judicialmente aprobado o en resolución judicial, a través de una legislación específica que concretará el sistema de cobertura en dichos supuestos. Como consecuencia de estas previsiones legales, la Ley 42/2006, de 28 de diciembre, de Presupuestos Generales del Estado para el año 2007, creó un Fondo *(Tol 1018402)*, en su DA 53.ª, dotado inicialmente con 10 millones de euros, destinado a garantizar, mediante un sistema de anticipos a cuenta, el pago de alimentos reconocidos a favor de los hijos menores de edad en convenios judicialmente aprobados o resolución judicial, en los supuestos de separación legal, divorcio, declaración de nulidad del matrimonio, procesos de filiación o de alimentos. Posteriormente, la LO 3/2007, de 22 de marzo, para la igualdad efectiva de hombres y mujeres, consignó en su DT 11.ª una habilitación expresa al Gobierno para regular, en el año 2007, el Fondo de Garantía del Pago de Alimentos. Finalmente, el régimen jurídico del Fondo de Garantía del Pago de Alimentos se ha completado con la previsión legal de que el Estado se subrogará de pleno derecho, hasta el importe total de los pagos satisfechos al interesado, en los derechos que asisten al mismo frente al obligado al pago de alimentos, teniendo dicho importe la consideración de derecho de naturaleza pública

De este modo, ante el fracaso de la ejecución judicial del título que reconoció el derecho a alimentos cabe en última instancia acudir al Fondo de Garantía del Pago de Alimentos para que el Estado sufrague con cargo a los fondos públicos las cantidades mínimas necesarias para que la unidad familiar en que se integra pueda atender a las necesidades del menor, subrogándose el Estado en los derechos que asisten al menor frente al obligado al pago de alimentos, contra el que repetirá el importe total satisfecho a título de anticipos. Los requisitos para ser beneficiario de dicho fondo y obtener los anticipos vienen regulados en el RD 1618/2007 de 7 de diciembre, sobre organización y funcionamiento del Fondo de Garantía del Pago de Alimentos *(Tol 1210865)*.

Véase: https://www.portalclasespasivas.gob.es/sitios/clasespasivas/es-es/pensionesprestaciones/anticipospensionesalimenticias/paginas/anticipopensionesalimenticias.aspx

C) Obligaciones no pecuniarias de carácter personalísimo

En la ejecución forzosa de los pronunciamientos sobre medidas, atendida la naturaleza y el contenido de las obligaciones impuestas en ellos, se ha de procurar su cumplimiento en forma específica, de ahí que se establezca que «no procederá la sustitución automática por el equivalente pecuniario prevista en el apartado tercero del artículo 709 LEC y podrán, si así lo juzga conveniente el tribunal, mantenerse las multas coercitivas mensuales todo el tiempo que sea necesario más allá del plazo de un año establecido en dicho precepto» (art. 776.2.ª LEC). Ello significa que se deberá intentar por todos los medios posibles la exacta realización de lo dispuesto en el título, sin que sea admisible su mecánica o instantánea sustitución, pero no que se excluya la posibilidad de esa sustitución, que podrá tener lugar en determinados casos en los que así lo permita la naturaleza patrimonial de la medida (entrega del uso de la vivienda, por ejemplo), siempre que al ejecutante le interese o se avenga a aceptar la sustitución de la prestación no realizada por un equivalente pecuniario.

Lo que está implícito en esa norma es el reconocimiento de que la ejecución no es siempre patrimonial, pudiendo ser en ocasiones impuesta la prestación personal por medios coactivos. Si el cónyuge guardador del hijo impide al otro el ejercicio del derecho de visita, la verdadera ejecución no puede consistir, ni en la sustitución por dinero, ni en la multa coercitiva, ni en la acusación por delito de desobediencia; la verdadera ejecución tiene que consistir en la imposición coactiva de la comunicación entre progenitor e hijo. Además de ello se dispone de un medio de compulsión para lograr la efectiva realización de la prestación debida, aparte del requerimiento personal y del apercibimiento de poder incurrir en delito de desobediencia, medio consistente en la multa coercitiva, que, dada su excepcionalidad, su aplicación no puede producirse más que cuando exista un interés especialmente cualificado y deba atemperarse al patrimonio del deudor [AAP Tarragona 14/7/2021 *(Tol 8597217)*]. El apremio consistirá, en estos casos, en la imposición de una multa por cada mes que transcurra sin llevar a cabo lo ordenado, cuya cuantía se fijará del modo establecido en el artículo 711 LEC y cuya duración no estará limitada al período señalado en el artículo 709 LEC, sino que podrá mantenerse todo el tiempo que sea necesario, más allá del plazo de un año establecido en dicho precepto (art. 776, 2.ª, *in fine* LEC).

D) Incumplimiento reiterado del régimen de visitas (modificación)

Las obligaciones personalísimas de hacer son las que se refieren al ejercicio de la guarda y custodia y al régimen de visitas, y respecto de ellas sólo cabe la ejecución forzosa en forma específica, pudiendo adoptarse para su efectividad los apremios (multas coercitivas) —AAP Madrid 12/2/2021 *(Tol*

8424260)— y los apercibimientos personales (de incurrir en responsabilidad penal) que resulten necesarios, así como utilizarse medios directos de ejecución por sustitución (auxilio de la fuerza pública) cuando resulte imprescindible, aunque en todos estos casos la actividad ejecutiva más idónea y eficaz será, probablemente, la que resulte del auxilio del denominado Equipo psico-social adscrito a los Tribunales de Familia. No se debe olvidar a la hora de ejecutar estas medidas que tanto la guarda y custodia como el régimen de visitas constituyen deberes de los progenitores y que su ejercicio debe realizarse siempre en beneficio de los hijos. No se trata, pues, de derechos de los padres que deban ejecutarse en su interés, sino del cumplimiento de obligaciones de éstos para con sus hijos. El incumplimiento reiterado de las obligaciones derivadas del régimen de visitas, tanto por parte del progenitor guardador como del no guardador, podrá dar lugar a la modificación por el tribunal del régimen de guarda y visitas, siempre y cuando sea acorde con la evaluación del interés superior del menor realizada previamente (art. 776.3.º LEC). Así, STS 31/1/2023 *(Tol 3020982)*. En las actuaciones tendentes a la ejecución de los pronunciamientos sobre estas medidas relativas al régimen de visitas, no será admisible la promoción de ningún incidente dentro del procedimiento de ejecución forzosa, sino que todas las alegaciones de hechos con las que se pretenda la limitación, la rectificación o la suspensión de dichas medidas, deberán ser objeto de un distinto proceso declarativo de modificación de medidas.

E) Inclusión de gastos extraordinarios no previstos en el título

El proceso de ejecución sólo puede tener por objeto la realización forzosa de lo expresado en el título. Así pues, cuando se pretenda incluir en el ámbito de la ejecución forzosa gastos extraordinarios que no hubieran sido expresamente previstos en las medidas provisionales o definitivas, deberá promoverse un específico incidente, solicitando, previamente al despacho de ejecución, la declaración de que la cantidad reclamada tiene la consideración de gasto extraordinario. Se ha entendido que en este caso sólo podrá pedirse y despacharse la ejecución una vez haya sido liquidada la deuda y haya transcurrido también el plazo previsto en el art. 548 LEC sin que el deudor haya cumplido voluntariamente su obligación [p. ej. AAP Vizcaya 6/6/2019 *(Tol 7458921)*]. Del escrito solicitando la declaración de gasto extraordinario se dará vista a la contraria y, en caso de oposición dentro de los cinco días siguientes, el tribunal convocará a las partes a una vista que se sustanciará con arreglo a lo dispuesto en los artículos 440 y siguientes LEC y que resolverá mediante auto (art. 776.4.ª) [pueden verse AAAP Valencia 17/7/2019 *(Tol 7454124)* y 6/5/2024 *(Tol 10173482)*; AAP Almería 14/5/2024 *(Tol 10168666)*].

Capítulo Sexto

Procesos matrimoniales y de familia (3) El procedimiento de común acuerdo

En el artículo 777 de la LEC se establece el procedimiento para la tramitación de las peticiones de separación matrimonial y de divorcio que se promuevan por los cónyuges de común acuerdo, así como para la regulación de los efectos de dicha separación o divorcio en el orden personal, familiar y patrimonial que se plantee por aquellos, también de común acuerdo, en la propuesta de convenio que a tal efecto han de presentar ante el tribunal. Este procedimiento consensual será, también, el adecuado para la adopción de todas las medidas definitivas que se refieran a la guarda, custodia y alimentos de los hijos habidos de uniones no matrimoniales cuando los progenitores soliciten su adopción de común acuerdo, bien conjuntamente, bien por uno de ellos con el consentimiento del otro, y acompañen la correspondiente propuesta de convenio regulador. Podrá acudirse, asimismo, a este procedimiento para la modificación posterior, siempre de común acuerdo y aportando el oportuno convenio regulador, de las medidas definitivas que se hubieran adoptado en un anterior procedimiento, tanto si éste hubiera sido consensual, como contencioso.

I. CONSIDERACIONES GENERALES

La suspensión de la vida en común de los cónyuges o la disolución del matrimonio se hacen depender exclusivamente de la voluntad de quienes ya no desean seguir unidos por ese vínculo, sin que se exija otra condición para que pueda solicitarse la separación matrimonial o el divorcio, y obtenerse el correspondiente pronunciamiento judicial en que así se acuerde, que la acreditación del mero requisito temporal consistente en que hayan transcurrido tres meses desde la celebración del matrimonio.

En la solicitud que a tal efecto se formule suele producirse normalmente una acumulación de peticiones (unas de orden estrictamente matrimonial, otras patrimoniales, otras relativas a los hijos), y ello da lugar a una distinta tramitación y también a un régimen procesal diverso, que afecta incluso a la determinación del órgano competente, según que las mismas afecten o no a hijos menores o discapaces.

El procedimiento establecido en el art. 777 LEC es el que debe seguirse cuando los cónyuges que quieren separarse o divorciarse están de acuerdo no sólo en la separación o el divorcio, sino también en la adopción de las medidas que han de regular sus efectos; así como, en las uniones de hecho, cuando los progenitores están de acuerdo en la regulación de las medidas a adoptar en relación con los hijos de la pareja (art. 770.6.ª LEC).

A) Ámbito objetivo

El ámbito objetivo de aplicación de este procedimiento comprende:

1) La separación matrimonial consensual.

2) El divorcio consensual.

3) La regulación consensual de los efectos comunes derivados de la separación y del divorcio solicitados de mutuo acuerdo, incluyendo, en su caso, el régimen de visitas y comunicación de los nietos con sus abuelos.

4) La modificación, de común acuerdo, de las medidas definitivas relativas a los efectos comunes derivados de la separación o el divorcio, y también de la nulidad matrimonial (art. 777.9 LEC).

5) Obviamente, se acomodará a este procedimiento la continuación del que se hubiere iniciado como contencioso cuando así lo soliciten las partes (art. 770.5.ª LEC).

6) La regulación (y la modificación posterior) de las medidas definitivas que se refieran a la guarda, custodia y alimentos de los hijos habidos de uniones no matrimoniales cuando los progenitores soliciten su adopción de común acuerdo, bien conjuntamente, bien por uno de ellos con el consentimiento del otro, y acompañen la correspondiente propuesta de convenio regulador (art. 770.6.ª LEC).

7) En su caso, las previsiones que se adopten de común acuerdo respecto de los animales de compañía.

B) El procedimiento y su naturaleza

El legislador establece un procedimiento propio, caracterizado por la sencillez, la flexibilidad y la brevedad en su tramitación, sin que la inclusión del mismo en el Libro IV de la LEC —el relativo a los procesos especiales— le haga perder su verdadera naturaleza de procedimiento de jurisdicción voluntaria, cuya nota esencial es la ausencia de controversia entre los interesados, que actúan con la voluntad concorde de obtener una resolución judicial constitutiva, en lo relativo a su estado civil, y que apruebe u homologue la propuesta de convenio presentada por los mismos para regular los efectos personales y patrimoniales derivados de la separación o el divorcio.

Si no existen hijos menores o discapaces, el procedimiento es extraordinariamente sencillo, pues se limita a la comprobación del requisito legal relativo al transcurso del período de tres meses exigido por el Código Civil y a la homologación de las medidas patrimoniales convenidas entre los cónyuges, cuyo convenio, por recaer sobre materia dispositiva que sólo a ellos afecta, no puede dejar de homologarse (salvo que fuera contrario a la ley o al orden público, art. 1255 CC).

Si hay hijos menores o discapaces la tramitación ha de ser más compleja pues, atendido su interés y al tener que afectarles forzosamente la resolución que se dicte, puede resultar necesaria la audiencia de los menores o discapaces, si tuvieren suficiente juicio, así como, en su caso, la de los abuelos respecto del régimen de visitas y comunicación que les afecte, y en todo caso la del Ministerio Fiscal, que asume por ministerio de la ley la representación y la defensa de aquéllos, lo cual exige arbitrar un trámite procedimental específico (art. 777.5 LEC). Por otra parte, la propuesta de convenio, en lo que se refiera y afecte a los hijos menores o con discapacidad, es materia sustraída a la disposición de los cónyuges que habrá de ser objeto de examen por el tribunal para su aprobación, lo que puede requerir la práctica de pruebas para apreciar si procede o no aprobar en cada caso la propuesta que se formule. Las actuaciones relativas a la audiencia de los menores y a la práctica de las pruebas se deberían desarrollar sobre la base de las sencillas reglas procedimentales del juicio verbal, y en todo lo no previsto en el artículo 777 se observarán las normas generales sobre el régimen de los actos procesales contenidas en la LEC.

C) Postulación

En los procedimientos de separación y divorcio de común acuerdo, los cónyuges pueden valerse de un mismo abogado que les asista y de un mismo procurador que les represente (art. 750.2 LEC), lo que obedece a la inexistencia de controversia entre ellos. Si no hay contienda, sino acuerdo, tampoco hay incompatibilidad ninguna en la defensa del interés común y en la actividad procesal necesaria para lograr la finalidad que por ambos solicitantes se persigue, pudiendo ser encomendadas aquellas funciones a unos mismos profesionales. Se trata de una facultad que no excluye la posibilidad de que cada uno de los promotores se valga de su propio abogado y procurador, aunque lo normal será que se actúe siempre bajo la misma dirección técnica y con una representación común, tanto por razones de eficacia como por las ventajas prácticas de todo orden, incluidas las económicas, que de ello se derivan.

Ante la posibilidad de que surgiera alguna discrepancia entre los solicitantes en el caso de que el convenio por ellos propuesto no fuere aprobado en todo o en parte por el Juzgado (cosa que se contempla en el art. 777.7 LEC), el artículo 750.2, II LEC dispone que, en tal caso, se les requerirá para que en el plazo de cinco días manifiesten si desean continuar con la defensa y representación únicas o si, por el contrario, prefieren actuar cada uno con su propia defensa y representación. Ante la eventualidad de una disparidad de criterios en el modo de plantear la propuesta de nuevo convenio, se ofrece a cada uno de los interesados la posibilidad de contar con el asesoramiento técnico de un abogado que individualmente les asista. Pero la previsión contenida en este precepto carece de toda relevancia procesal, ya que la única actividad para la que se les requiere es para que propongan un nuevo convenio (limitado, en su caso, a los puntos no aprobados), lo que deberán hacer necesariamente de común acuerdo. La otra posibilidad es, simplemente, no proponerlo o dejar constancia de sus diferencias de criterio, pero nunca plantear un incidente contradictorio que debiera ser resuelto como tal por el juez. Así se desprende claramente de la ordenación procedimental que el artículo 777.7 LEC establece para el supuesto al que nos referimos: «si la sentencia no aprobase en todo o en parte el convenio regulador propuesto, se concederá a las partes un plazo de diez días para proponer nuevo convenio, limitado, en su caso, a los puntos que no hayan sido aprobados por el tribunal. Presentada la propuesta o transcurrido el plazo concedido sin hacerlo», el tribunal dictará auto decidiendo lo procedente.

Distinto del anterior es el caso al que se refiere el último inciso del art. 750.2, II LEC cuando dispone que, una vez suscrito y homologado el acuerdo, si una de las partes pide la ejecución judicial de dicho acuerdo, se requerirá a la otra para que nombre abogado y procurador que le defienda y represente. Aquí se trata de que se ha iniciado un verdadero proceso de ejecución al no haberse cumplido voluntariamente el convenio, por lo que uno de los interesados insta frente al otro, al que considera obligado, la ejecución forzosa de su contenido, para lo cual, obviamente, cada una de las dos partes, ejecutante y ejecutada, habrán de actuar dirigidas por un letrado y representadas por un procurador (arts. 776 y 539.1 LEC). El problema que podría plantearse en estos casos es el de si el abogado que asesoró a los dos cónyuges y el procurador que les representó en el procedimiento de mutuo acuerdo, puede luego asumir la defensa o la representación de uno de ellos en el proceso de ejecución que por cualquiera de los mismos se inste contra el otro. Procesalmente no parece haber inconveniente alguno, ya que se trata de un nuevo y diferente proceso, con distinto objeto (la ejecución de un título judicial) y seguido entre quienes anteriormente no fueron partes enfrentadas, aunque desde un punto de vista deontológico tal vez pudiera considerarse poco apropiada esa actuación profesional, en la medida en que se han conocido y pudieran hacerse valer por dichos profesionales hechos que les han sido directamente revelados y confiados por quien antes fue su cliente y ahora es la parte contraria del otro cliente al que defienden o representan.

D) Distribución de la competencia

1) Existiendo hijos menores no emancipados o discapaces que tengan establecidas medidas de apoyo para el ejercicio de su capacidad, la competencia corresponde al juez o magistrado del Tribunal de Instancia o Sección de Familia que sea territorialmente competente conforme a las reglas del art. 769 LEC.

2) Si no los hubiere, corresponderá al letrado de la Administración de Justicia del mismo tribunal (art. 777.4 y 10 LEC).

E) La separación y el divorcio notarial

Los cónyuges, cuando no tuvieren hijos menores no emancipados o mayores con discapacidad respecto de los que se hayan establecido judicialmente medidas de apoyo, podrán acordar su separación matrimonial o divorcio de mutuo acuerdo, mediante la formulación de un convenio regulador en escritura pública. Deberán prestar su consentimiento ante el Notario del último domicilio común o el del domicilio o residencia habitual de cualquiera de los solicitantes y deberán estar asistidos en el otorgamiento de la escritura pública de Letrado en ejercicio.

La solicitud, tramitación y otorgamiento de la escritura pública se ajustarán a lo dispuesto en el Código Civil y en la Ley del Notariado [art. 54 Ley del Notariado *(Tol 63786)*].

II. PROCEDIMIENTO

En el procedimiento se distingue una primera fase alegatoria que comprende las siguientes actuaciones: la solicitud o petición escrita, la ratificación oral y la posibilidad de completar o subsanar la documentación aportada, cuando fuera insuficiente. Tras ella, la tramitación es diferente, según corresponda su cocimiento (por razón de la materia que integre su objeto) al letrado de la Administración de Justicia o al tribunal.

1. Solicitud y documentos a acompañar

El procedimiento se inicia mediante una solicitud escrita a la que la Ley, con acertado criterio, no denomina demanda (pues no es el acto de parte de iniciación de un «proceso contencioso» frente a un demandado), sino petición (art. 777.1 LEC), a la que deberá acompañarse la certificación de la inscripción del matrimonio y, en su caso, las certificaciones de inscripción de nacimiento de los hijos en el Registro Civil, sí como la propuesta de convenio regulador conforme a lo establecido en la legislación civil y el documento o documentos en que el cónyuge o cónyuges funden su derecho, incluyendo, en su caso, el acuerdo final alcanzado en el procedimiento de mediación familiar. Si algún hecho relevante no pudiera ser acreditado mediante documentos, en el mismo escrito se propondrá la prueba de que los cónyuges (o progenitores, en su caso) quieran valerse para ello.

La regulación normativa de esta materia se contiene en el art. 777.1 y 2 de la LEC.

A) Solicitud

a) Estructura formal: En cuanto a su estructura formal, lo usual será adoptar, por su claridad y orden lógico, las pautas tradicionales de exposición que distinguen entre un encabezamiento, una exposición de hechos, una fundamentación jurídica y una petición.

b) Contenido: En lo atinente a su contenido, además de especificarse en el encabezamiento los datos relativos a la identificación y domicilio de los peticionarios, a la identidad del procurador y del abogado que asuman la representación y la defensa conjunta de ambos solicitantes y a la indicación de que estos actúan de común acuerdo o, en su caso, de que lo hace uno de ellos contando con el consentimiento del otro, en la solicitud deberá hacerse referencia a los siguientes extremos:

1) El lugar donde esté o haya estado el último domicilio conyugal, a los efectos de la determinación de la competencia.

2) El lugar y fecha de la celebración del matrimonio, así como la identidad, fecha de nacimiento y demás circunstancias relativas a los hijos.

3) En los procedimientos que versen exclusivamente sobre guarda y custodia de hijos menores nacidos de uniones no matrimoniales, los datos a expresar serán los concernientes al domicilio común y a la edad y circunstancias de los hijos.

4) Los hechos relativos a la petición de separación o divorcio, que consistirá, por lo común, en la mera expresión de la voluntad de los solicitantes relativa a que ya no desean seguir vinculadas por el matrimonio que en su día contrajeron, y a los datos y fechas a tener en cuenta para el cómputo del plazo de tres meses desde su celebración.

5) Los hechos relativos a las medidas pactadas para regular los efectos de la vida en común, con especificación de los que sirvan de fundamento para la aprobación de los que se refieran al ejercicio de la patria potestad respecto de los hijos menores, a las medidas sobre cuidado y educación, al régimen de visitas y comunicación y a los alimentos de los mismos (en la medida en que deben ser objeto de control y aprobación judicial). Los acuerdos sobre materias enteramente dispositivas que sólo afecten a los cónyuges (atribución del uso de la vivienda y ajuar, pensión compensatoria o indemnización) no precisan de explicación ninguna y basta con que se deje constancia de su existencia. Se acompañará, en su caso, el texto del acuerdo logrado en mediación y, siempre, el convenio regulador.

6) Proposición de prueba: Cuando algún hecho relevante respecto de las medidas relativas a los hijos no pudiera ser acreditado mediante documentos, en el mismo escrito por el que se promueva el procedimiento se propondrá la prueba de que los cónyuges intenten valerse para ello (art. 777.2, *in fine* LEC), pudiendo proponerse cualesquiera de los medios que el artículo 299 LEC contempla.

7) No es necesario que en la solicitud se exponga la fundamentación jurídica relativa a cada una de las peticiones que se formulen, siendo suficiente con que se invoque el supuesto de hecho integrante de la norma en que se base la petición de separación o de divorcio, o del que se derive la consecuencia jurídica que la Ley establece en orden a los efectos comunes. Pero lo común será, dada la intervención forzosa de un abogado que asuma la defensa técnica de los solicitantes (art. 750 LEC), que la solicitud se

fundamente, siquiera sucintamente, en las normas jurídicas que amparen la procedencia de lo que se pida.

8) Petición: En la solicitud se deberá fijar con claridad y precisión lo que se pida, lo que se hará expresando con la debida separación cada una de las peticiones que se formulen al órgano jurisdiccional relativas a la solicitud principal y a las acumuladas que se formulen. Así, en primer lugar, se pedirá que se declare la separación o el divorcio y, en segundo lugar, que se homologue o apruebe el convenio que se propone.

c) Solicitud de modificación de convenio anterior: Cuando la petición tenga por objeto la modificación consensual de un convenio anterior o la de las medidas acordadas por el tribunal en un anterior procedimiento (tanto si éste fue consensual como contencioso), además de las menciones generales, en la solicitud se deberán expresar: 1) Las circunstancias en que dicho convenio fue homologado o aprobado o en que aquella resolución de dictó; 2) Los hechos que sirvan de fundamento a los acuerdos que se hayan alcanzado en sustitución de las anteriores medidas contenidas en la propuesta de convenio cuya homologación o aprobación se solicite; 3) La fundamentación jurídica de la petición o, al menos, la cita del precepto o la mención del supuesto de hecho del que se derive la consecuencia jurídica que la Ley establece en orden a la procedencia y eficacia del acuerdo de modificación; y 4) La petición relativa a que se homologue o se apruebe el convenio que se propone en sustitución del anterior régimen de medidas.

B) Documentos a acompañar

a) Procesales: Además del documento relativo a la representación del procurador (art. 264.1.ª LEC) y a la acreditación del último domicilio conyugal o, en su caso, del domicilio o residencia de los cónyuges a los efectos de determinar la competencia territorial que el tribunal debe examinar de oficio (art. 769 LEC), cuando la solicitud no se presente por ambos cónyuges conjuntamente, sino por uno solo de ellos, a la misma se deberá acompañar copia de dicho escrito, así como de la propuesta de convenio y de los demás documentos que se aporten para su entrega al otro cónyuge al tiempo de ser citado para el acto de la ratificación. Existiendo hijos menores o con discapacidad con medidas de apoyo, se deberá acompañar, asimismo, copia de la solicitud, de la propuesta de convenio y de todos los demás documentos para su traslado al Ministerio Fiscal (arts. 273 y 749 LEC).

b) De fondo: Con este carácter deberán acompañarse: 1) El documento relativo al matrimonio respecto del que se pretenda la separación o el divorcio, lo que se concreta en el art. 777.2 LEC con la exigencia de aportar la correspondiente certificación de la inscripción de dicho matrimonio (en su caso, deberá aportarse también el documento que acredite la nacionalidad de los cónyuges, cuando ello sea necesario para determinar el derecho aplicable); 2) Los documentos relativos a la identidad de los hijos, a cuyo fin aquel mismo precepto exige la aportación de certificación de la inscripción del nacimiento en el Registro Civil; 3) La propuesta de convenio regulador, con el contenido mínimo que se determina en el art. 90 CC y con los demás acuerdos posibles a que lleguen los interesados; 4) En su caso, aquellos documentos en los que los solicitantes funden su petición en lo concerniente a la aprobación del convenio y sirvan para justificar los acuerdos alcanzados en relación con los hijos menores no emancipados o con discapacidad (incluido, en su caso, el texto del acuerdo logrado en el procedimiento de mediación).

c) Contenido del convenio regulador: A la solicitud debe acompañarse necesariamente un convenio regulador de los efectos derivados de la separación o divorcio (art. 81.1 CC) que ha de estar referido, al menos, a los siguientes extremos: 1) Ejercicio de la patria potestad; 2) Ejercicio de la guarda y custodia; 3) Contribución de los progenitores al cuidado y la manutención de los hijos, así como a los demás gastos comunes, incluyendo las bases de actualización y las garantías que se estimen necesarias; 4) Régimen de comunicación y estancia de los hijos con el progenitor que no viva habitualmente con ellos; 5) Si se considera necesario, el régimen de visitas y comunicación de los hijos con sus abuelos; 6) Atribución del uso de la vivienda y ajuar familiar; 7) Liquidación, cuando proceda, del régimen económico matrimonial; 8) Pensión que, conforme al art. 97 CC corresponda satisfacer, en su caso, a uno de los cónyuges (art. 90 CC). Podrán incluirse los demás pactos sobre cuestiones personales o patrimoniales de carácter disponible a que lleguen los interesados.

Cuando se trate de uniones no matrimoniales que pretendan regular las relaciones con sus hijos con motivo del cese de su convivencia, el convenio deberá contener, al menos, las menciones relativas a los extremos 1) al 6) del párrafo anterior.

2. *Admisión y ratificación*

Presentada la solicitud y repartida, en su caso, al Tribunal o Sección que corresponda, el letrado de la Administración de Justicia deberá examinar, en primer lugar, el presupuesto procesal de la competencia (art. 769.4 LEC) y pronunciarse luego sobre la admisión a trámite de aquélla en los términos que resultan de lo establecido en el art. 438.1 LEC (que remite al art. 404), dando ocasión a que se subsanen los defectos que fueren subsanables. Admitida la solicitud, se citará a los cónyuges o, en su caso, a los progenitores, para que se ratifiquen por separado en su petición.

A) Admisión

Conforme a lo establecido en el art. 438.1 LEC, el letrado de la Administración de Justicia deberá examinar si concurren los presupuestos procesales y los requisitos de admisibilidad de la solicitud[17], dando cuenta, en su caso, al juez para que acuerde lo procedente sobre su posible inadmisión (art. 404.2 LEC). Antes de ello deberá conceder a los solicitantes la oportunidad de subsanar los defectos que fueren subsanables (art. 231 LEC). No concurriendo defectos o una vez subsanados, acordará, mediante decreto, la admisión de la solicitud. Si la solicitud no se hubiera presentado por los dos cónyuges o progenitores, sino solo por uno de ellos, manifestando actuar con el consentimiento del otro, en el mismo decreto de admisión, además de ordenar la citación de que seguidamente se trata, dispondrá que se le entregue copia del escrito de solicitud y de los documentos acompañados a la misma. Cuando existan hijos menores no emancipados o con discapacidad con medidas de apoyo, se dará traslado de la solicitud y de los documentos al Ministerio Fiscal.

B) Citación

Admitida la solicitud presentada de común acuerdo, el letrado de la Administración de Justicia citará a los cónyuges o, en su caso, a los progenitores, dentro de los tres días siguientes para que se ratifiquen por separado en su petición. La citación deberá realizarse a través del procurador que represente a los solicitantes (art. 153 LEC). Pero si la solicitud no se hubiere presentado por los dos cónyuges conjuntamente, sino por uno solo de ellos manifestando actuar con el consentimiento del otro, ese otro no representado por el procurador será citado en el domicilio que al efecto se haya indicado por aquél o en forma telemática o cualquier otro medio

---

17 Dada la naturaleza de este procedimiento, que es de jurisdicción voluntaria, no es exigible el requisito general de procedibilidad relativo al previo intento de solución extrajudicial de la "controversia" (que aquí no existe), como resulta del art. 5.3 LOPJ.

electrónico (art. 155.2, a) y en la forma prevenida en el artículo 152 LEC, bien por correo, o por correo electrónico, bien personalmente, según proceda, de conformidad con lo establecido en los artículos 158, 160 y 161 LEC, solicitándose, en su caso, el oportuno auxilio judicial (art. 165 LEC).

Nada obsta a que, si el cónyuge a citar no fuera habido en el domicilio o lugar señalados, después de proceder con arreglo a lo dispuesto en el artículo 156, números 1 al 3, se practique la comunicación por edictos, conforme a lo previsto en el número 4 de dicho artículo en relación con el artículo 164 LEC, aunque en tales casos, obviamente, no será posible respetar el plazo de tres días. Si el así citado no compareciera, se estará a lo dispuesto en el número 3, inciso segundo, del artículo 777 LEC, es decir, se procederá al archivo de las actuaciones por no resultar posible la ratificación de dicho cónyuge ni sustanciar el procedimiento por los cauces del mutuo acuerdo.

Aunque lo normal será que se señale para el acto de la ratificación por cada cónyuge dos momentos sucesivos de un mismo día, separados por un intervalo de tiempo que garantice la libertad de actuación de cada uno de ellos, la citación de ambos cónyuges no tiene por qué ser para el mismo día, sino que puede acordarse para días distintos, dentro del plazo máximo de tres que la Ley señala, si así lo exigen las circunstancias o cuando así se solicite expresamente por los propios interesados (el hecho de que exista acuerdo entre ellos sobre la separación o el divorcio, así como en la regulación de sus efectos, no siempre significa ausencia de tensión, lo que puede hacer aconsejable que no coincidan en las dependencias del tribunal).

C) Ratificación

a) Objeto: Esa diligencia tiene por objeto que ambos cónyuges, por separado, puedan exteriorizar libremente ante el juez o letrado de la Administración de Justicia competente (según existan o no hijos menores o con discapacidad) su voluntad de separarse o de divorciarse y manifestar su consentimiento en los términos en que haya sido redactada la propuesta de convenio regulador cuya homologación o aprobación se solicita. Lo mismo harán, en su caso, ambos progenitores que no estén casados, en cuanto al convenio relativo a los hijos.

Se trata de un acto que la ley configura como expresión solemne de una concreta declaración de voluntad y como requisito esencial para la prosecución del procedimiento. Sin consentimiento expreso, concorde e inequívocamente manifestado ante el juez o el letrado de la Administración de Justicia competente por ambos cónyuges o progenitores sobre el contenido de la petición formulada, no resulta posible sustanciar un procedimiento que es de jurisdicción voluntaria, y en el que, por ello mismo, la comprobación de la existencia del común acuerdo entre aquellos (o lo que es igual, la inexistencia de controversia) es imprescindible para que pueda recaer la resolución constitutiva acerca de su estado civil que solicitan, así como para que pueda ser objeto de homologación o de aprobación la propuesta de convenio regulador que se hubiere presentado. Dicho de otro modo: la constatación de la falta de acuerdo sobre la petición principal de separación o de divorcio, o sobre los términos y cláusulas del convenio regulador, habrá de determinar el inmediato archivo de las actuaciones para que los interesados diriman sus diferencias promoviendo, si les conviniere, el correspondiente procedimiento contencioso (art. 777.3 LEC).

b) Forma: La ratificación debe hacerse por ambos cónyuges o progenitores, y separadamente. La razón de exigir que la ratificación de cada uno de ellos se realice por separado, obedece a la necesidad de garantizar que la expresión de su voluntad acerca del contenido de la solicitud presentada pueda efectuarse libremente ante el órgano competente, sin condicionamiento alguno, evitando, así, que su decisión pudiera estar determinada por nada ni por nadie y ofreciéndoles la posibilidad de que manifiesten con entera espontaneidad e independencia si están conformes en separarse o en divorciarse y en regular los efectos de su separación o de su divorcio, o, en su caso, las medidas respecto de los hijos, del modo que se plasma en la propuesta de convenio acompañada al escrito inicial. De esa exigencia de que la ratificación de cada uno de los cónyuges se realice por separado y de la finalidad que con ello se persigue, se desprende que ese acto procesal de manifestación de voluntad constituye un acto personalísimo, no siendo admisible que la ratificación se realice por un tercero, ni siquiera con poder especial para ello.

La ratificación debe realizarse en comparecencia oral, ante el juez o letrado de la Administración de Justicia que conozca del procedimiento, pudiendo concurrir también el abogado y el procurador del o de los solicitantes, y se documentará en la correspondiente acta (art. 146 LEC) que será registrada en soporte apto para la grabación y reproducción, siendo garantizada su autenticidad por el letrado de la Administración de Justicia. Cuando no pudieran constar en ese soporte, o cuando los medios de registro no se pudiesen utilizar, el acta se extenderá por procedimientos informáticos, sin que pueda ser manuscrita más que en las ocasiones en que la sala en que se esté celebrando la actuación careciera de tales medios informáticos (art. 146 LEC).

En el caso de que uno de los cónyuges residiera en lugar distinto de aquel en el que tenga su sede el Juzgado en que se sustancia el procedimiento, deberá comparecer también ante el mismo, y sólo cuando por razón de la distancia, la dificultad del desplazamiento, sus circunstancias personales o por otra causa de análogas características, resultara «imposible o muy gravosa» su comparecencia, se podría solicitar que se llevara a cabo mediante auxilio judicial (así se desprende de lo establecido en el art. 169.4, II LEC). Si alguno de ellos se encontrara imposibilitado, por razón de enfermedad o de otras circunstancias especiales, para comparecer en la sede del Juzgado, el acto de la ratificación podrá efectuarse mediante videoconferencia o en su propio domicilio, acomodándose su realización a lo previsto para el interrogatorio domiciliario en el artículo 311 LEC.

c) Irrevocabilidad: La ratificación de ambos cónyuges o progenitores entraña la expresión solemne de su conformidad con la petición formulada y con el contenido de la propuesta de convenio regulador, por lo que una vez se ha manifestado libremente su consentimiento y su acuerdo sobre dichos extremos, esa decisión resulta irrevocable dentro del procedimiento en que se emitió y vinculante en todo caso para los interesados, sin perjuicio de lo que el órgano jurisdiccional resuelva acerca de la separación o el divorcio o de la aprobación del convenio. Ratificada la solicitud sólo resta que el órgano competente se pronuncie acerca de la misma (tras la práctica, en su caso, de las diligencias de subsanación o de la prueba que sea procedente), acordando lo que corresponda. En las sentencias de las Audiencias Provinciales se ha venido entendiendo que, si la petición es ratificada en la forma legalmente establecida, ello constituye un acto propio que no admite una ulterior declaración de voluntad en sentido contrario, sin perjuicio de la posibilidad de promover la oportuna modificación de lo acordado si es que hubieran variado las circunstancias tenidas en cuenta para la adopción del acuerdo. Se trata de un acto irrevocable [p. ej. SAP Burgos 3/11/2021 (Tol 8875281); SAP León 9/11/2023 (Tol 9883832); SAP Coruña 30/9/2019 (Tol 7783214)]. Producida la ratificación, la impugnación de la misma efectuada por alguno de los cónyuges, con fundamento en la existencia de un error o de un vicio del consentimiento, no tiene cabida en este procedimiento, sino en el correspondiente juicio declarativo ordinario [p. ej. SAP Málaga 22/4/2019 (Tol 7699178); SAP Coruña 30/9/2019 (Tol 7783214) y SAP Málaga 22/4/2019 (Tol 7699178)].

Cosa distinta de la disconformidad posterior con el acuerdo ratificado es la eficacia de la reconciliación. Si ésta se produce después de la ratificación y los cónyuges, separadamente, lo ponen en conocimiento del juzgado que conoce de la solicitud de separación o de divorcio, ello supondrá que se ponga término al procedimiento, dejando sin efecto lo que en él se hubiera resuelto, sin perjuicio de mantener o modificar las medidas adoptadas en relación con los hijos menores cuando exista causa que lo justifique (art. 84 CC). Si la ratificación en la petición de separación o de divorcio debe efectuarse personal y separadamente por los dos cónyuges, la reconciliación debe comunicarse del mismo modo. Así lo dispone el párrafo primero del artículo 84 CC y así lo vienen exigiendo los tribunales [p. ej., SAP Málaga 30/10/2019 *(Tol 7792400)*].

d) Falta de ratificación: Si alguno de los cónyuges o progenitores no ratificara la petición, se acordará de inmediato el archivo de las actuaciones, sin ulterior recurso (art. 777.3 LEC). Esa falta de ratificación debe entenderse producida tanto en el caso en que así se manifieste expresamente por alguno de ellos en el acto que al efecto se haya señalado, como si cualesquiera de los citados a dicho acto con todos los requisitos legales deja de comparecer el día y hora señalados; y tanto si la manifestación expresa de no ratificación se refiere al conjunto de la solicitud (a la petición de separación o de divorcio y a la propuesta de convenio), como si afecta a cualesquiera de las peticiones (la principal o a todo o a algún aspecto del convenio). La resolución que en tal sentido se adopte por el letrado de la Administración de Justicia deberá revestir la forma de decreto (art. 206.2, 2.ª LEC), contra el que podrá interponerse recurso directo de revisión ante el tribunal (art. 777.3, *in fine* LEC). El objeto del recurso estará referido a la decisión misma de poner fin al procedimiento, tanto por no concurrir los requisitos para ello como por no haberse observado las normas y garantías procesales en la tramitación del procedimiento (por ejemplo, si se acordara el archivo tras la incomparecencia de alguno de los cónyuges cuya correcta citación no conste haberse practicado, ningún obstáculo existe para que dicha resolución pueda ser recurrida con objeto de que se proceda a la subsanación de la infracción procesal cometida).

El decreto que ordena el archivo de las actuaciones por falta de ratificación de la solicitud sólo afecta al procedimiento, que concluye, y deja imprejuzgada la petición. De ahí que quede «a salvo el derecho de los cónyuges a promover la separación o el divorcio conforme a lo dispuesto en el artículo 770» (tal como previene el art. 777.3, segundo inciso, pero también queda a salvo, aunque este último precepto no lo diga expresamente, la posibilidad de que aquellos promuevan un nuevo procedimiento de separación o de divorcio de común acuerdo conforme a lo establecido en el mismo artículo 777 LEC, ya que la no ratificación de la petición o del convenio sólo entraña desacuerdo con los términos en que se planteó, pero no excluye la posibilidad de un nuevo acuerdo sobre la separación o el divorcio y sobre el convenio que regule sus efectos, promoviendo a tal fin un nuevo procedimiento consensual para obtener su homologación y aprobación.

3. Subsanación y complementación

Una vez ratificada la solicitud por ambos cónyuges o, en su caso, por ambos progenitores, si la documentación aportada fuera insuficiente, el juez o el letrado de la Administración de Justicia competente concederá a los solicitantes un plazo de diez días para que la completen.

Anteriormente nos hemos referido a los documentos que deben acompañarse a la solicitud y a la posibilidad de que, antes de pronunciarse el letrado de la Administración de Justicia sobre su admisión a trámite, acuerde lo procedente para que se subsanen los defectos subsanables, lo que comprende la aportación de los documentos que se hubieren omitido, concretamente los procesales, las copias, las certificaciones registrales o la propuesta de convenio. El artículo 777.4 LEC contempla otra situación. De su tenor literal parece desprenderse que sólo cabrá acordar la apertura de esta fase de subsanación cuando, habiéndose aportado determinada documentación con la solicitud, la misma no sea, en cambio, suficiente para acreditar el hecho o las circunstancias requeridas en cada caso por la Ley, bien por no estar completa, al no acompañarse la totalidad de los documentos que el artículo 777.2 exige, bien por la deficiencia o la inidoneidad de su contenido. Se trataría, en cualquier caso, de «completar» la documentación ya aportada por ser «insuficiente». Ello no obstante, si se atiende a la naturaleza de acto de jurisdicción voluntaria que es propia de este procedimiento, conforme a la cual la subsanación de los actos defectuosos ha de ser posible en cualquier momento, tal vez pudiera considerarse que en el supuesto que se examina podría entenderse incluido no sólo el caso de que no sea bastante la documentación aportada para justificar lo que se pide, sino también el de su falta de aportación cuando esa falta no hubiere sido advertida en el trámite de admisión (lo que resulta muy poco probable que ocurra en la práctica). En tal caso, los documentos exigidos por el artículo 777.2 LEC cuya falta de aportación podría ser subsanada en este trámite serían: la certificación de la inscripción de matrimonio en el Registro Civil, la certificación de la inscripción en el mismo Registro del nacimiento de los hijos y el documento o documentos complementarios de los acuerdos expresados en la propuesta de convenio. En todo caso, la posibilidad de subsanación no puede alcanzar de ningún modo a la falta de aportación de la propuesta de convenio regulador con la solicitud inicial, pues ese documento debe haberse presentado, necesariamente, antes del acto de la ratificación, para que sea en él donde manifiesten los cónyuges si existe conformidad entre ellos acerca de su contenido, lo cual excluye por completo que su omisión pudiera ser completada en el trámite posterior que el artículo 777.4 contempla.

4. Tramitación posterior

La tramitación posterior difiere según que, por existir o no hijos menores no emancipados o con capacidad de obrar restringida por la adopción de medidas de apoyo (es decir, en atención la naturaleza indisponible o disponible de la materia que sea objeto del procedimiento), la competencia para decidir sobre el mismo corresponda, respectivamente, al tribunal o al letrado de la Administración de Justicia.

La regulación normativa de esta materia se contiene en el art. 777, apartados número 4 al 10 de la LEC.

A) Competencia del letrado de la Administración de Justicia

Si la competencia para conocer del procedimiento fuera del letrado de la Administración de Justicia por no existir hijos menores o mayores discapaces con medidas de apoyo atribuidas a sus progenitores y afectar únicamente a cuestiones económicas entre los cónyuges que deciden separarse o divorciarse, inmediatamente después de producida la ratificación el letrado de la Administración de Justicia dictará decreto con uno de estos posibles contenidos:

a) Si considerase que, a su juicio, alguno de los acuerdos del convenio pudiera ser dañoso o gravemente perjudicial para uno de los cónyuges o para los hijos mayores o menores emancipados afectados, lo advertirá a los otorgantes y dará por terminado el procedimiento. En este caso, los cónyuges solo podrán acudir ante el juez para la aprobación de la propuesta de convenio regulador (art. 777.10, III LEC). El precepto no dice cómo acudir ante el juez. Una posibilidad sería la de recurrir en revisión el decreto ante el juez, pero el mismo artículo la impide, al decir que ese decreto es irrecurrible (art. 777.10, IV LEC). La otra posibilidad que se ofrece es la de que, ante la petición expresa de los solicitantes, el letrado de la Administración de Justicia remita las actuaciones al juez para que prosiga la tramitación conforme a lo establecido en los apartados 4 al 7 del mismo artículo. En la norma no se contempla la posibilidad de que, advertidos los cónyuges del carácter perjudicial de un acuerdo, lo eliminen o modifiquen por otro que no lo sea, sometiéndolo de nuevo a la homologación del letrado de la Administración de Justicia, lo que habría de ser posible.

b) Si no aprecia aquel inconveniente: 1) Declarará la separación o el divorcio de los cónyuges (salvo que no hubiere transcurrido el plazo de tres meses legalmente establecido, que es el único requisito legal, y que, en caso de no concurrir, debería haberse advertido en su momento inadmitiendo la demanda); 2) Homologará lo acordado por los solicitantes en el convenio regulador (art. 777.10, I y II LEC). Tal decreto será, asimismo, irrecurrible (art. 777,10, IV LEC).

B) Competencia del juez

Cuando, por existir hijos menores no emancipados o mayores con discapacidad y medidas de apoyo atribuidas a sus progenitores, la competencia corresponderá al juez. La tramitación del procedimiento será la siguiente:

a) Eventual fase de prueba: Tras la ratificación de los cónyuges en la solicitud formulada, la ley contempla la posibilidad de que se abra una segunda fase, por un período de tiempo que se fija en el plazo de diez días, y que puede tener por objeto: 1) Que se complete por los solicitantes la documentación aportada con la petición inicial (a ella hicimos referencia en el anterior epígrafe 3); 2) La práctica de la prueba que se hubiere ofrecido por el solicitante o los solicitantes en su escrito inicial para justificar los acuerdos relativos a los hijos (en materia de acuerdos sobre medidas económicas entre cónyuges rige enteramente el principio dispositivo, de modo que nunca habrá de ser objeto de prueba lo que haya sido convenido al respecto por ellos); y 3) La práctica de las pruebas que el tribunal considere necesarias para acreditar la concurrencia de las circunstancias exigidas en cada caso por el Código Civil (la existencia del matrimonio y el transcurso del plazo de tres meses) y para apreciar la procedencia de aprobar la propuesta de convenio regulador en lo relativo a los hijos (respecto de las medidas relativas a los aspectos económicos de las relaciones entre los cónyuges no ha lugar a que se acuerde prueba de oficio) (art. 777.4 LEC).

b) Audiencia a los hijos menores: Si hubiere hijos menores o mayores con discapacidad que precisen medidas de apoyo, el juez procederá a oírles cuando lo estime necesario, bien de oficio, bien a petición del Fiscal, de las partes, de los miembros del Equipo Técnico Judicial o del propio hijo, lo que tendrá lugar dentro del plazo de diez días al que se refiere el artículo 777.4 LEC (el establecido para el complemento de la documentación aportada o para la práctica de prueba) o, en el caso de que dicho plazo no se hubiere abierto, en el plazo de cinco días (art. 777.5 LEC).

En el último párrafo de la regla 4.ª del artículo 770 LEC (relativa al proceso contencioso) se establece que «En las audiencias con los hijos menores o con los mayores con discapacidad que precisen apoyo para el ejercicio de su capacidad jurídica se garantizará por la autoridad judicial que sean realizadas en condiciones idóneas para la salvaguarda de sus intereses, sin interferencias de otras personas, y recabando excepcionalmente el auxilio de especialistas cuando ello sea necesario». Esta norma ha de entenderse también aplicable al procedimiento consensual. Conforme a ese precepto parece lógico que para preservar la intimidad del menor o discapaz y asegurar la libre y sincera exposición de sus opiniones, la diligencia de exploración o audiencia del mismo deba practicarse en todo caso a puerta cerrada y sin la presencia de sus padres, pero esa exclusión de la publicidad (fundada en los artículos 754 LEC y 9.1 LO 1/1996, de 15 de enero), no lleva implícita la exclusión de la presencia de los abogados y procuradores en todo caso. Como tampoco la expresa declaración de esa actuación como reservada excluye que la misma pueda ser conocida luego por ellos, sino sólo por terceros (art. 140.3, II, LEC). El resultado de la audiencia del menor ha de quedar reflejado en el acta, pues se trata de una actuación procesal que, como todas, ha de ser registrada o, en su caso, documentada por el Letrado de la Administración de Justicia para su debida constancia (art. 146 LEC), para el conocimiento de las partes y para el del tribunal que conozca, en su caso, de la apelación.

Sobre la forma de practicar la audiencia y exploración de los hijos menores o con discapacidad, puede verse lo expuesto en el Capítulo Cuarto, a propósito del procedimiento contencioso.

c) Posible audiencia de los abuelos: Si en la propuesta de convenio se regula el régimen de visitas y comunicación de los nietos con sus abuelos (art. 90, I, b) CC), el juez deberá oír a estos últimos y recabar su consentimiento sobre el contenido de la propuesta, convocándoles a la oportuna comparecencia. Dicha audiencia deberá tener lugar dentro del mismo plazo de diez días al que se refiere el artículo 777.4 LEC (el establecido para el complemento de la documentación aportada o para la práctica de prueba) o, en el caso de que dicho plazo no se hubiere abierto, en el plazo de cinco días (art. 777.5 LEC).

d) Informe del Ministerio Fiscal: El art. 777.5 LEC dispone que si hubiere hijos menores o mayores con discapacidad precisen apoyo para el ejercicio de su capacidad jurídica, el tribunal recabará informe del Ministerio Fiscal sobre los términos del convenio relativos a los hijos, pero no establece cómo deba recabarse ni como deba emitirse dicho informe. Atendidas las normas generales sobre actuaciones judiciales y la singularidad derivada de la tramitación escrita de este procedimiento, cabe entender que, una vez se hayan practicado todas las actuaciones subsiguientes a la ratificación de los cónyuges que en cada caso hubieren tenido lugar (aportación complementaria de documentación, práctica de pruebas y audiencia de los hijos), el letrado de la Administración de Justicia deberá acordar mediante diligencia de ordenación (art. 206.2, 1.ª LEC) que se dé traslado de los autos originales al Ministerio Fiscal, con remisión de los mismos al lugar de su sede, para que emita el correspondiente informe por escrito y los devuelva.

En cuanto al plazo para realizar esa actuación, de lo establecido en el artículo 777.5, segundo inciso, LEC, parece desprenderse que el informe debiera ser emitido dentro del mismo plazo de diez días en que se hubieren realizado los actos a que se refiere el apartado número 4 de ese mismo precepto o, si este no se hubiera abierto, dentro del plazo de cinco días señalado en el apartado número 5. Sin embargo, si se tiene en cuenta que la remisión de los autos para la emisión del informe debe efectuarse una vez se hayan llevado a cabo todas esas actuaciones dentro de los referidos plazos, en la práctica será muy difícil que el informe pueda ser emitido también dentro de esos mismos plazos. En algunos juzgados se ha adoptado el criterio de convocar al Ministerio Fiscal a un acto oral, señalado tras la conclusión de aquellas actuaciones y dentro de los referidos plazos, para que emita oralmente su informe, dándole previamente vista de lo actuado. Tal vez esta práctica sea más ajustada a la prevalencia que la LEC/2000 trata de dar al principio de oralidad.

En lo atinente a su contenido, el informe habrá de referirse a los siguientes extremos: 1) La adecuación de la propuesta de convenio regulador presentado por los progenitores a las previsiones legales contenidas en el artículo 90, apartados a), b) y c) del CC; 2) La adecuación de las concretas medidas que se propongan por los padres a las particulares circunstancias de los hijos menores o con discapacidad a quienes afecten, atendida la singularidad del caso de que se trate; 3) La manifestación de conformidad o de oposición, en su caso, al convenio, con la petición de que se apruebe, se deniegue su aprobación o se modifique en los términos que considere más adecuados; 4) La propuesta, en su caso, de las medidas que se consideren procedentes, conforme a lo dispuesto en los artículos 92, 93, 94 y 96 CC, en atención a las particulares circunstancias del caso. Puesto que el Ministerio Fiscal tiene la misión de actuar en defensa de la legalidad, de los derechos de los ciudadanos y del interés público (arts. 1 y 3 de su Estatuto Orgánico), en todos los procedimientos en los que deba intervenir, y también en estos, habrá de velar por que la legalidad se cumpla y por que se respeten las normas de orden público, singularmente las procesales.

La falta de audiencia al Ministerio Fiscal para la emisión de su informe, constituirá la infracción de una norma procesal de imperativa observancia generadora de indefensión para la adecuada tutela del concreto interés que determina la necesidad de su intervención en el procedimiento, lo que provocará la nulidad de lo actuado y la retroacción de las actuaciones para la subsanación de la falta. La jurisprudencia de las Audiencias Provinciales ha señalado el carácter preceptivo de esa intervención del Ministerio Fiscal, declarando que la consecuencia que se deriva de su falta de audiencia es la nulidad de actuaciones [p. ej. SAP Málaga 11/10/2016 *(Tol 6056803)*].

e) Decisión: Cumplido lo dispuesto en los apartados 4 y 5 del artículo 777 LEC (esto es, realizada la aportación de documentos, la práctica de prueba, la audiencia de los hijos y emitido el informe por el Ministerio Fiscal, cuando proceda) o, en otro caso, inmediatamente después de la ratificación de los cónyuges, el tribunal dictará sentencia decidiendo cobre todas las cuestiones planeadas.

a') Pronunciamiento sobre la petición principal: La sentencia se pronunciará en primer lugar sobre la constitución de la separación o el divorcio. La desestimación sólo será posible si no concurriera el único requisito que la ley exige, es decir, si no hubiera transcurrido el plazo de tres meses desde la celebración del matrimonio.

b') Pronunciamientos sobre la propuesta de convenio: Estimada la petición principal y declarada la separación o el divorcio, se entrará a resolver sobre la propuesta de convenio. En esta materia se debe distinguir lo siguiente:

1) Acuerdos patrimoniales entre cónyuges: Los acuerdos sobre cuestiones económicas entre cónyuges que sólo les afecten a ellos, constituyen una materia regida enteramente por la libre disposición, de manera que las cláusulas del convenio relativas a tales pactos (p. ej., uso de la vivienda por uno de ellos o por los dos, señalamiento o no de pensión compensatoria) no pueden ser objeto de revisión o modificación, ni son objeto de aprobación; estos acuerdos son sólo homologados. El único control posible es el relativo a la legalidad y al orden público que se configura, con carácter general, como límite a la autonomía de la voluntad (art. 1255 CC), de modo que si lo convenido fuera contrario a esos parámetros y resultara «gravemente perjudicial» para uno de los cónyuges (art. 90, II CC), el acuerdo podría ser denegado por el tribunal, lo que comportaría que se

efectuara por los cónyuges una nueva propuesta para su aprobación en los términos a los que luego se hará referencia.

2) Acuerdos en relación con los hijos: Existiendo hijos menores o discapaces con medidas de apoyo, la propuesta de convenio habrá de referirse a la guarda y custodia, patria potestad, alimentos, vivienda y régimen de visitas respecto de los mismos (art. 90 CC), y sobre cada una de dichas medidas deberá pronunciarse la sentencia, aprobándolas o no, según proceda. La sentencia deberá atender, en principio, a lo acordado por los progenitores, pues a lo que la ley tiende es que se mantengan sus acuerdos, pero el tribunal siempre deberá valorar, oídos los propios hijos y el Ministerio Fiscal, aquello que por exigencias de orden público deba imponerse a lo pactado en consideración al interés de los menores. Ello no significa que el tribunal pueda acordar, al margen de lo convenido por los progenitores, otras medidas que considere más adecuadas para los hijos, sino que la no aprobación del convenio sólo podrá fundarse en que los acuerdos alcanzados por aquéllos sean «dañosos para los hijos».

3) Acuerdos en relación con los animales de compañía: Los acuerdos de los cónyuges adoptados al respecto serán aprobados por el juez, pero si apreciara que son gravemente perjudiciales para el bienestar de dichos animales, ordenará las medidas a adoptar, sin perjuicio del convenio aprobado (art. 90.2 CC).

c') El auto sobre el convenio inicialmente no aprobado: Si en la sentencia que se dicte no se aprobara el convenio regulador, en todo o en parte, por alguna de las razones antes mencionadas, ello no significa que la petición formulada por los solicitantes al respecto y no aprobada por el tribunal, quede desestimada, sino que, en ese supuesto, se acordará la concesión de un plazo de diez días para que los solicitantes puedan proponer un nuevo convenio, limitado, en su caso, a los puntos que no hubieren sido aprobados (art. 777.7 LEC). Ante la eventual aparición de alguna posible discrepancia entre los progenitores, el artículo 750.2, II, LEC dispone que, en esos casos, se requerirá a los solicitantes para que en el plazo de cinco días manifiesten si desean continuar con la defensa y representación únicas o si, por el contrario, prefieren actuar cada uno de ellos con su propia defensa y representación.

Tanto si el nuevo convenio se presenta como si no, una vez transcurrido el plazo señalado en la ley, el juez, dentro de otro de tres días siguientes, dictará auto decidiendo lo procedente. Así pues, si el nuevo convenio se presenta, el juez lo aprobará si considera que los acuerdos que en él se contienen no son dañosos para los hijos o gravemente perjudiciales para alguno de los cónyuges. En otro caso o, si el nuevo convenio no se presenta, resolverá lo que considere procedente ateniendo para ello al interés de aquellos y a las reglas generales que se contienen en los artículos 91 al 96 CC.

d') Costas: La sentencia que pone fin al procedimiento de común acuerdo no debe contener pronunciamiento sobre costas, al no concurrir el presupuesto esencial determinante de la condena, que es el que una de las partes, en un procedimiento contencioso, haya visto rechazadas todas las pretensiones que hubiere deducido frente a otra (art. 394 LEC). Ni siquiera en los casos de desestimación de la petición cabe condena en costas, pues son los dos cónyuges los que, de común acuerdo, han formulado esa petición que se desestima.

e') Recursos: La sentencia que deniegue la separación o el divorcio y el auto que acuerde alguna medida que se aparte de los términos del convenio propuesto por los cónyuges, podrán ser recurridos en apelación. El recurso contra el auto que decida sobre las medidas no suspenderá la eficacia de éstas, ni afectará a la firmeza de la sentencia relativa a la separación o al divorcio. La sentencia o el auto que aprueben en su totalidad la propuesta de convenio sólo podrán ser recurridos, en interés de los hijos menores o discapaces, por el Ministerio Fiscal (art. 777.8 LEC).

5. *Modificación consensual del convenio regulador*

El convenio regulador que hubiere sido homologado por el letrado de la Administración de Justicia, podrá modificarse de común acuerdo por los otorgantes conforme a lo establecido en el art. 777.10 cuando concurran los requisitos necesarios para ello (art. 777.10, V), es decir, cuando hayan variado sustancialmente las circunstancias tenidas en cuenta para acordarlo y se acompañe la nueva propuesta de convenio regulador.

La modificación del convenio regulador homologado por el tribunal o la de las medidas acordadas por el mismo en el procedimiento consensual, cuando hayan variado las circunstancias que se tuvieron en cuenta para acordarlo o aprobarlo, se podrá sustanciar por el mismo procedimiento de común acuerdo establecido en el art. 777 cuando se solicite por ambos cónyuges o por uno de ellos con el consentimiento del otro con propuesta de nuevo convenio regulador (art. 777.9).

En ambos casos, si no hay acuerdo, se estará al procedimiento contencioso de modificación establecido en el art. 775 LEC.

Capítulo Séptimo

Procesos matrimoniales y de familia (4)
Otros procesos y procedimientos

I. PROCESO PARA LA EFECTIVIDAD DE LOS DERECHOS RECONOCIDOS EN EL ART. 160.2 CC

A) El derecho del menor a relacionarse con sus hermanos, abuelos, parientes y allegados y el de estos a visitar y comunicarse con el menor

El art. 160.2 CC (cuya actual redacción es fruto de la Ley 26/2015, de 28 de julio, de modificación del sistema de protección a la infancia y a la adolescencia) establece que «no podrán impedirse sin justa causa las relaciones personales del menor con sus hermanos, abuelos y otros parientes y allegados» y que «en caso de oposición, el Juez, a petición del menor, hermanos, abuelos, parientes o allegados, resolverá atendidas las circunstancias».

Esta norma y su interpretación jurisprudencial derivan de lo establecido en el artículo 8.1 de la Convención de Nueva York sobre los Derechos del Niño *(Tol 137.099)*, que establece que "Los Estados Partes se comprometen a respetar el derecho del niño a preservar su identidad, incluidos (...) las relaciones familiares de conformidad con la ley (...)".

Las pretensiones que se ejerciten para la efectividad de esos derechos deberán sustanciarse por los trámites del juicio verbal por razón de la materia, con las especialidades que para los procesos en materia de familia se establecen en el Capítulo I, Título I del Libro IV de la LEC (art. 250.1, 13.º LEC).

La regulación normativa de esta materia se contiene en el art. 160.2 del CC y en los arts. 250.1. 13.º y 749 a 755 de la LEC.

Como antes se dijo, el art. 160.2 CC contiene la previsión general de que «no podrán impedirse sin justa causa las relaciones personales del menor con sus hermanos, abuelos y otros parientes y allegados», añadiendo que «en caso de oposición, el Juez, a petición del menor, hermanos, abuelos, parientes o allegados, resolverá atendidas las circunstancias». No pueden considerarse como justa causa las desavenencias entre los padres y las circunstancias de uno de ellos, ya que no está en el poder del otro la decisión sobre si su hijo debe o no relacionarse con sus abuelos, al tratarse de un derecho del menor [SAP Rioja 17/6/2022 *(Tol 9218811)]*.

Por su parte, el párrafo sexto del artículo 94 CC dispone que "la autoridad judicial podrá reconocer el derecho de comunicación y visita previsto en el apartado segundo del artículo 160, previa audiencia de los progenitores y de quien lo hubiera solicitado por su condición de hermano, abuelo, pariente o allegado del menor o del mayor con discapacidad que precise apoyo para tomar la decisión, que deberán prestar su consentimiento. La autoridad judicial resolverá teniendo siempre presente el interés del menor o la voluntad, deseos y preferencias del mayor con discapacidad".

B) El cauce del procedimiento de nulidad, separación o divorcio y de guarda y custodia de hijos menores no matrimoniales del art. 770 LEC.

Los artículos 90.1 b) y 94.6 del Código Civil contemplan la posibilidad de que en el ámbito de un proceso de nulidad, separación o divorcio y, por analogía, de guarda y custodia de hijos menores de uniones no matrimoniales [SAP Cádiz 24/7/2021 *(Tol 7669745)*], se puedan adoptar medidas relacionadas con el derecho de visitas y comunicación de los hijos menores o mayores con discapacidad con sus hermanos, abuelos, parientes o allegados, por lo que uno de los objetos posibles del procedimiento contencioso de nulidad, separación o divorcio puede estar constituido por el establecimiento del régimen de comunicación y de visitas entre el menor con sus hermanos, abuelos, parientes y allegados. Pero ello sólo será así cuando la cuestión se suscite en un proceso entre los progenitores, resolviéndose entonces esa controversia en el ámbito del procedimiento del artículo 770 LEC, con audiencia de los abuelos, parientes o allegados [SAP Ávila 17/1/2024 *(Tol 9981687)]*.

La legitimación para solicitar (o pactar) este tipo de medidas corresponde a los progenitores del menor o discapaz, no siendo necesario que lo hayan pedido los abuelos o que éstos hayan intervenido en el procedimiento como coadyuvantes de la petición que les afecta [SAP Ávila 17/1/2024 *(Tol 9981687)]*.

También podrá establecerse un régimen de comunicación y de visitas entre el menor o discapaz con sus hermanos, abuelos, parientes y allegados en el procedimiento de modificación de medidas paterno-filiales [STS 1/3/2019 *(Tol 7099261)*].

En cualquiera de los procedimientos citados la petición deberá hacerse en tiempo y forma, es decir, con la demanda o con la contestación [SAP Ávila 17/1/2024 *(Tol 9981687)*], que es cuando se delimita el objeto del proceso y del debate.

C) El cauce del juicio verbal del art. 250.1.13.º LEC

Cuando se trate del ejercicio por parte de los abuelos, hermanos, parientes y allegados, del derecho de visitas y de comunicación que les reconoce el artículo 160.2 CC, su pretensión en tal sentido no se sustanciará por el procedimiento establecido en el artículo 770 LEC, sino por el cauce del juicio verbal (con carácter especial y plenario), aunque con las peculiaridades establecidas en el Capítulo I, Título I del Libro IV de la LEC, según se establece en el art. 250.1.13.º de la misma.

Esas especialidades se concretan en que:

1) Será siempre parte el Ministerio Fiscal (art. 749 LEC).

2) Fuera de los casos en que el Ministerio Fiscal deba asumir la defensa de los menores o discapaces, las partes actuarán con asistencia de abogado y defendidas por procurador (art. 750 LEC).

3) El objeto del proceso es indisponible (art. 751 LEC)[18].

4) Estos procesos se decidirán con arreglo a los hechos que hayan sido objeto de debate y resulten probados, con independencia del momento en que hubieren sido alegados o introducidos de otra manera en el procedimiento (art. 752.1 LEC).

5) El tribunal podrá acordar prueba de oficio (art. 752.1, II LEC).

6) La conformidad de las partes sobre los hechos no vinculará al tribunal, ni regirán las normas sobre valoración legal de la prueba (art. 752.2 LEC).

7) El letrado de la Administración de Justicia dará traslado de la demanda al Ministerio Fiscal y a las demás personas que, conforme a la ley deban ser parte en el procedimiento, aunque no hayan sido demandados (art. 753.1 LEC).

---

[18] Esa indisponibilidad determina que no sea exigible el requisito general de procedibilidad del art. 5.1 de la LO 1/2025, relativo al previo intento de solución extrajudicial de la controversia, según resulta de lo establecido en el art. 4.1, párrafo segundo de la misma Ley.

8) La tramitación tendrá carácter preferente (art. 753.3 LEC).

9) En estos procesos podrá excluirse la publicidad (art. 754 LEC).

10) La exploración de los menores será preceptiva en los mismos términos que en todos los procedimientos que les afectan directamente (véase sobre este particular el apartado III, epígrafe 9 de este mismo Capítulo).

D) Pronunciamientos jurisprudenciales de interés

a) Procedencia del reconocimiento del derecho: Procede el reconocimiento del derecho de visitas y comunicación de los abuelos, hermanos, parientes y allegados, con sus respectivos nietos, hermanos, parientes o allegados menores de edad, cuando efectivamente se impida a aquellos tener relación con estos últimos, o cuando, dadas las circunstancias concurrentes, este acceso sea muy restringido y el interés del menor exija ampliarlo.

STS 28/1/2025 *(Tol 10.389.092):*

> «*Al interpretar y aplicar este precepto, sobre todo en las relaciones entre abuelos* y nietos, hemos dicho (por todas, sentencias 532/2018, de 27 de septiembre, 18/2018, de 15 de enero, y 551/2016, de 20 de septiembre): (i) que la complejidad de las relaciones entre familiares se evidencia en los asuntos referidos a las relaciones entre parientes más alejados que los progenitores, que pueden verse impedidos de una normal relación con sus descendientes o ascendientes; (ii) que la sala se ha manifestado a favor de estas relaciones y establecido como regla que *no es posible impedir el derecho de los nietos al contacto con sus abuelos* únicamente por la falta *de entendimiento de éstos con los progenitores, pues, aunque la relación prioritaria es la paterno filial, debe prestarse una especial atención a la relación abuelos-nietos, en interés del propio menor, ya que aquellos ocupan una situación respecto de los nietos de carácter singular y desempeñan un papel fundamental de cohesión y transmisión de valores en la familia, que es el agente de solidaridad por excelencia de la sociedad civil; (iii) que, no obstante, el precepto permite denegar las relaciones del nieto con sus abuelos* cuando concurra justa causa, que no define y que debe examinarse en cada uno de los casos que se deban enjuiciar, teniendo siempre como guía fundamental el interés superior del menor, pudiendo limitarse o suspenderse dichas relaciones, en aras de dicho interés, cuando se advierta en los *abuelos* una influencia sobre el nieto de animadversión hacia un progenitor; *(iv) y que rige en la materia un criterio de evidente flexibilidad en orden a que el juez pueda emitir un juicio prudente y ponderado, en atención a las particularidades del caso y el interés superior del menor.*
>
> *Lo que no ha dicho la sala es que el art. 160.2 CC se pueda aplicar cuando no existe impedimento a la relación entre los nietos y los abuelos* o cuando la que se permite no resulta injustificadamente insuficiente.

Y es que, como dice el fiscal, con el que estamos de acuerdo, "del propio tenor literal del art. 160 CC y de una interpretación teleológica del mismo solamente procede este reconocimiento [el de visitas a los *abuelos* para poder relacionarse con sus nietos] cuando efectivamente se impida a los *abuelos* tener relación con los nietos o cuando, dadas las circunstancias concurrentes, este acceso sea muy restringido y el interés del menor exija ampliarlo».

En igual sentido puede verse STS 27/6/2024 *(Tol 10122850)*, que casa la sentencia de la Audiencia Provincial reconociendo el derecho de la abuela porque establece un régimen de visitas a favor de la recurrida, pero lo hace:

(i) sin considerar que lo pretendido en la demanda se fundamenta, únicamente, en la afirmación de la demandante de que la demandada le impide sistemáticamente visitar a su nieto; y

(ii) sin invalidar ni enmendar los hechos probados de la sentencia de primera instancia, en la que se declara que la demandante sí tiene relación con su nieto, puesto que convive con su hijo, el padre del niño, y por lo tanto lo ve y puede estar con él cuando se encuentra en el régimen de visitas con su padre.

Cobra toda su relevancia el fundamento de la medida en los casos, bien de desavenencias entre padres o abuelos, o bien de ausencia, pasividad, imposibilidad, fallecimiento o cualquier otra circunstancia concurrente en el *progenitor, hijo* del solicitante, que impida o dificulte el contacto con el menor [SAP Granada 3/3/2022 *(Tol 9154520)*].

b) Improcedencia del reconocimiento: Es improcedente en situaciones de normalidad de relaciones interfamiliares, extensiva igualmente a los casos de ruptura matrimonial o de la unión de hecho entre los *progenitores* del menor, en los que el contacto entre abuelos (junto con los demás parientes o allegados) y nietos habrá de acomodarse a las estancias que correspondan a cada *progenitor;* sin que, por la sola ruptura, proceda ampliar, o superponer, el derecho al contacto de aquéllos con el menor, sobre el del propio *progenitor* dentro de la misma línea generacional [SAP Granada 3/3/2022 *(Tol 9154520)*]

c) Reconocimiento del derecho a la mujer pareja no casada de la madre gestante en caso de ruptura sin haber adoptado al menor ex art. 176.2.2.ª CC: sólo podrá relacionarse con el menor al amparo del art. 160.2 CC en condición de "allegado" de acuerdo con la definición del diccionario de la RAE, como "dicho de una persona: cercana o próxima a otra en parentesco, amistad, trato o confianza" [STS 12 de mayo 2011 *(Tol 2124714)*].

d) Reconocimiento del derecho de visitas y comunicación del art. 160.2 CC al ex cónyuge de la madre que no es padre biológico, pero aparecía como tal antes de la impugnación de la paternidad, en condición de allegado [STS 1/3/2019 *(Tol 7099261)*].

e) El interés superior del menor: El interés superior del menor es la consideración primordial a la que deben atender todas las medidas concernientes a los menores que tomen las instituciones públicas o privadas de bienestar social, los tribunales, las autoridades administrativas o los órganos legislativos. La apreciación del interés superior del menor exige un canon de motivación reforzada. Para apreciar cuál es el interés superior prevalente del menor es necesario dar a los menores que cuenten con suficiente juicio la oportunidad de ser oídos. A los efectos de la interpretación y aplicación en cada caso del interés superior del menor, se tendrán en cuenta los siguientes criterios generales: La protección de sus necesidades básicas, tanto materiales, físicas y educativas como emocionales y afectivas y la conveniencia de que su vida y desarrollo tenga lugar en un entorno familiar adecuado y libre de violencia. El interés del menor presenta interés casacional.

STS 23/1/2025 *(Tol 10.388.927)*:

> *"Tercero. (...) 1. El interés superior del menor constituye la regla decisoria en los casos en los que se encuentre comprometido el bienestar de los niños.*
>
> *La jurisprudencia constitucional considera que «[e]l interés superior del menor es la consideración primordial a la que deben atender todas las medidas concernientes a los menores que tomen las instituciones públicas o privadas de bienestar social, los tribunales, las autoridades administrativas o los órganos legislativos», según lo previsto en el art. 3.1 de la Convención sobre los derechos del niño (por todas, SSTC 64/2019, de 9 de mayo, FJ 4; 131/2023, de 23 de octubre, FJ 3; 148/2023, de 6 de noviembre, FJ 4; 28/2024, de 27 de febrero, FJ 5 y 82/2024, de 3 de junio, FJ 2).*
>
> *La sentencia de esta sala primera 129/2024, de 5 de febrero, cuya doctrina reproduce y ratifica la STS 234/2024, de 21 de febrero, aborda el significado del interés superior del menor con las oportunas citas jurisprudenciales, y pone en evidencia su trascendencia en la decisión de los procesos en que se adoptan medidas referentes a los niños y a las niñas, al considerarlo: (i) como un principio axiológico preferente en la interpretación y aplicación de las normas; (ii) un concepto jurídico indeterminado; (iii) una regla de orden público (iv) un límite indisponible a la autonomía de la voluntad de los progenitores; (v) un principio de aplicación preferente en casos de imposibilidad de armonizarlo con los otros intereses convergentes; (vi) su determinación exige una motivación reforzada sobre la ordinaria de toda resolución judicial; (vii) constituye un instrumento de flexibilización del rigor procesal; (viii) es susceptible de apreciación mediante el auxilio de ciencias extrajurídicas como la psicología y (ix) fiscalizable a través del recurso de casación.*
>
> *2. La apreciación del interés superior del menor exige un canon de motivación reforzada. En la apreciación del interés superior del menor se ha exigido un canon de motivación especialmente reforzado cuando se encuentre afectada la esfera personal y familiar de un niño o de una niña (SSTC 28/2024, de 27 de febrero; 53/2024, de 8 de abril y 126/2024, de 27 de noviembre). De igual manera, se expresa esta Sala en sus sentencias 984/2023, de 20 de junio;*

129/2024, de 5 de febrero; 754/2024, de 28 de mayo y 981/2024, de 10 de julio, entre otras muchas.

Es decir, que el deber de motivar las sentencias (arts. 120.3 CE, 209.3 y 218.2 LEC, así como art. 248.3 LOPJ), cuando afecten a los menores en los procesos judiciales, requiere de los órganos jurisdiccionales un esfuerzo mayor, más intenso y completo, en la ponderación de las circunstancias concurrentes que el nivel ordinario de justificación del proceso causal que conduce al fallo exigible en los otros procesos de distinta naturaleza.

3. Para apreciar cuál es el interés superior prevalente del menor es necesario dar a los menores que cuenten con suficiente juicio la oportunidad de ser oídos. El Tribunal Constitucional ha declarado en la sentencia 53/2024, de 8 de abril, con cita de la 5/2023 y la 141/2000, que: «[e]l derecho del menor a ser oído y escuchado forma parte del estatuto jurídico indisponible de los menores de edad, como norma de orden público, de inexcusable observancia para todos los poderes públicos [...] existiendo una estrecha vinculación entre el derecho indisponible del menor a ser oído y escuchado, que forma parte del contenido de su derecho a la tutela judicial efectiva (art. 24.1 CE), y el derecho a la tutela judicial efectiva y a la defensa de las partes (art. 24.1 y 2 CE)».

Y esta sala se ha ocupado, igualmente, de la importancia y trascendencia que encierra tal derecho (sentencias 413/2014, de 20 de octubre; 157/2017, de 7 de marzo; 578/2017, de 25 de octubre; 18/2018, de 15 de enero; 648/2020, de 30 de noviembre; 548/2021, de 19 de julio, 577/2021, de 27 de julio, y 984/2023, de 20 de junio, entre otras).

Las manifestaciones y la voluntad expresada por los menores deben valorarse de manera razonada con arreglo a la sana crítica, según la lógica y la experiencia del juzgador. La sala ha negado que la voluntad del menor sea vinculante para el juzgador, quien debe basarse en el interés superior del menor, sin que pueda atribuírsele al menor la responsabilidad de la decisión. Pero es relevante una opinión libremente emitida, no mediatizada o interferida por la conducta o la influencia de alguno de los padres, cuando sus razones sean atendibles porque no están inspiradas en criterios de comodidad o bienestar a corto plazo, y no esté desaconsejada por la especial incidencia de otros criterios con los que, según la norma, debe ser ponderada conjuntamente la opinión de los menores. En definitiva, la voluntad libremente emitida debe ponderarse en función del interés superior del menor que, como reitera la jurisprudencia de esta sala, "no aparece definido, precisándose su configuración y concreción en cada caso. Se configura, pues, como un verdadero concepto jurídico indeterminado, que la doctrina ha venido, relacionando bien con el desenvolvimiento libre e integral de la personalidad del menor y la supremacía de todo lo que le beneficie, más allá de las preferencias personales de sus padres, tutores, guardadores o administraciones públicas, en orden a su desarrollo físico, étnico y cultural; bien con su salud y su bienestar psíquico y su afectividad, junto a otros aspectos de tipo material; bien, simplemente con la protección de sus derechos fundamentales" (sentencias 76/2015, de 17 de febrero, 93/2018, de 20 de febrero, 705/2021, de 19 de octubre, entre otras muchas).

4. El art. 2.2 de la Ley Orgánica 1/1996, de 15 de enero, de Protección Jurídica del Menor, establece que, a los efectos de la interpretación y aplicación en cada caso del interés superior del menor, se tendrán en cuenta los siguientes criterios generales: a) La protección de sus necesidades básicas, «tanto materiales, físicas y educativas como emocionales y afectivas» y c) «la conveniencia de que su vida y desarrollo tenga lugar en un entorno familiar adecuado y libre de violencia».

El preámbulo de la Ley Orgánica 8/2015, de 22 de julio, de modificación del sistema de protección a la infancia y a la adolescencia, se hace eco de los graves perjuicios que las conductas violentas generan sobre los menores, en línea con los textos internacionales, como la resolución del Parlamento Europeo, de 6 de octubre de 2021, sobre el impacto de la violencia doméstica y del derecho de custodia en las mujeres y los niños (2019/2166(INI)), que en su apartado N, exige la garantía del que el interés superior del menor sea la consideración primordial para determinar los derechos de custodia y visita en los casos de separación.

En esta línea, el art. 94.III CC contempla, con salvedades que podrán ser apreciadas por la autoridad judicial con la finalidad de velar por el interés del menor (art. 39 CE y STC 106/2022, de 13 de septiembre), la suspensión o no establecimiento del régimen de visitas y estancias respecto del progenitor que esté incurso en un proceso penal iniciado por atentar contra la vida, la integridad física, la libertad, la integridad moral o la libertad e indemnidad sexual del otro cónyuge o sus hijos.

(...)

6. La sala ha reiterado que el interés del menor presenta interés casacional (entre otras, sentencia 348/2018, de 7 de junio, y 705/2021, de 19 de octubre). Ello sin olvidar que el recurso habrá de ser desestimado cuando la sentencia recurrida haya valorado adecuadamente el interés del menor (sentencias 400/2018, de 27 de junio, 413/2018, de 3 de julio, 393/2017, de 21 de junio, 84/2018, de 14 de febrero, entre otras muchas). En estos recursos solo puede examinarse si el Juez a quo ha aplicado correctamente el principio de protección del interés del menor, motivando suficientemente, a la vista de los hechos probados en la sentencia que se recurre, la conveniencia de la medida de que se trate (entre otras, sentencias 614/2009, de 28 septiembre, 623/2009, de 8 octubre, 469/2011, de 7 julio 641/2011, de 27 septiembre y 154/2012, de 9 marzo, 579/2011, de 22 julio 578/2011, de 21 julio y 323/2012, de 21 mayo). El recurso de casación no puede convertirse en una tercera instancia, a pesar de las características especiales del procedimiento de familia."

f) Flexibilidad en la toma de decisiones y prevalencia del interés del menor: Principio esencial en esta materia es el de que el criterio de flexibilidad con que el Juez debe emitir su juicio prudente y ponderado en atención a las particularidades del caso, debe tener siempre como guía fundamental el "interés superior del menor".

SAP Málaga 6/3/2023 *(Tol 9764593)*:

"...la Ley añade dos párrafos al artículo 160 del Código Civil cuyo tenor literal del primero de ellos es el siguiente: «No podrán impedirse sin justa causa las relaciones personales del hijo con sus abuelos y otros parientes y allegados»,

disponiendo el segundo que en caso de oposición, el juez, a petición del menor, abuelos, parientes o allegados, resolverá atendidas las circunstancias, modificando también esta Ley la de Enjuiciamiento Civil al añadir un ordinal (actualmente el n.º 13) más al *artículo 250.1* estableciendo que la demanda que pretendan la efectividad de los derechos reconocidos en el *artículo 160* del Código Civil se sustanciará por el *juicio verbal* con las peculiaridades dispuestas en el capítulo I del título I del libro IV de dicha Ley. De lo anterior se infiere *que la nueva regulación, reconociendo el papel fundamental que juegan los abuelos en las relaciones del menor, normativiza éstas en atención a que ello es lo más beneficioso para el menor.*

El Tribunal Supremo tiene sentado un cuerpo de doctrina respecto del régimen de visitas y comunicación entre abuelos y nietos (STS de 27 de julio de 2009 (RJ 2009, 4577 núm. 90/2015, de 20 de febrero (RJ 2015, 583), rigiendo en la materia un criterio de evidente flexibilidad en orden a que el Juez pueda emitir un juicio prudente y ponderado, en atención a las particularidades del caso, el cual deben tener siempre como guía fundamental el "interés superior del menor" (STS 28 de junio de 2004 (RJ 2004, 4321)), si bien, y en aras de ese interés, se prevé la posibilidad de suspensión o limitación del régimen de visitas, como señala la Sentencia de 20 de septiembre de 2002 (RJ 2002, 8462), cuando se advierta en los abuelos una influencia sobre el nieto de animadversión hacia un progenitor. Este interés del menor, guía de la interpretación jurisprudencial, deriva de lo establecido en el artículo 8.1 de la Convención de Nueva York sobre los Derechos del Niño (RCL 1990, 2712), que establece que "Los Estados Parte se comprometen a respetar el derecho del niño a preservar su identidad, incluidos [...] Las relaciones familiares de conformidad con la Ley [...]", y de ahí que la doctrina jurisprudencial parta de la regla de que no es posible impedir el derecho de los niños al contacto con sus abuelos, únicamente por la falta de entendimiento de éstos con sus progenitores por diversos motivos (STS de 20 de octubre de 2011 cuya doctrina recoge la STS de 13 de febrero de 2015, Rc. 2339/2013 (RJ 2015, 681). Ahora bien, el artículo 160. 2 del Código Civil sí permite denegar las relaciones del nieto con sus abuelos cuando concurra justa causa, que no es definida y, en consecuencia, debe examinarse en cada caso, sirviendo de guía, como se ha dicho, para tal valoración el *interés superior del menor. Esta doctrina de la Sala se viene reiterando en posteriores sentencias como la de 24 de mayo de 2013 (RJ 2013, 3393) y 14 de noviembre de 2013 (RJ 2013, 7264), siendo corolario de la misma la de que se ha de estar a las circunstancias del caso y valorar singularmente en cada uno de ellos si lo que el Tribunal considera probado constituye una causa relevante y de entidad como para ser calificada de justa a efectos de impedir, aunque sea transitoria y coyunturalmente un régimen de visitas y comunicación de los abuelos con los nietos, si se tiene en consideración el papel que desempeñan los abuelos de cohesión y trasmisión de valores en la familia según recoge la Exposición de Motivos de la Ley 42 de 2003 de 21 de noviembre por la que se modificó el artículo 160 del Código Civil, entre otros. Se viene a reiterar la anterior doctrina en la sentencia núm. 18/2018, de 15 de enero (RJ 2018, 28), y en la núm. 532/2018, de 27 de septiembre (RJ 2018, 4242). Al respecto, la STS 638/2019 de 25 de noviembre (recogiendo la doctrina contenida en la STS 581/2019, de 23 octubre) indica que el interés del menor* tiene carácter prevalente, a lo que cabe añadir que no basta con argumentar que no está acreditado que el establecimiento del régimen de visitas haya de ser necesariamente perjudicial para el menor, sino que basta el mero riesgo de que ello sea así —por razón de que se les introduce en el conflicto entre los mayores— para no reconocer tal derecho a los abuelos, que siempre ha de ceder ante el *interés superior del menor"*.

g) Conformación de la relación jurídico procesal. Litisconsorcio pasivo: La demanda promoviendo el juicio verbal del art. 250.1.13.º debe dirigirse por los abuelos o allegados contra ambos progenitores, aunque no conste indicio de oposición por parte de uno de ellos. En el caso concreto no se aprecia indefensión causante de nulidad.

SAP Almería 9/1/2024 *(Tol 10027667):*

«Conforme al art 250.13 de la LEC, los procesos en que se pretenda la efectividad de derechos del art 160 del CC(entre otros, derecho de los *abuelos* a relacionarse con sus nietos) se sustancian por el *juicio verbal* con las peculiaridades dispuestas en el capítulo I, del Título I del Libro IV, esto es, 748 y *ss de la LEC y tratándose de una demanda que se dirige para establecer un régimen de visitas y relaciones con dos menores sujetas a patria potestad de ambos progenitores, la demanda debió formularse contra ambos progenitores, aun cuando no conste indicio alguno de oposición mostrada por el padre y la guarda y custodia de las menores la ostente la hoy recurrente por sentencia de divorcio conforme al art 160* y *art 94 del CC. Ahora bien, esa infracción procesal que no subsanó el Juzgado de oficio, ni a instancia de parte, sin que ninguna de las partes propusiese el interrogatorio o al menos testifical del padre para garantizar su audiencia, no puede acarrear la nulidad de actuaciones interesadas por el recurrente extemporáneamente en la alzada, cuando ese defecto procesal, ni lo planteó en la instancia (no consta en sede de contestación a la demanda, ni en el acto de juicio y ni siquiera propuso su testifical, sin ninguna alegación en conclusiones), ni a la misma le acarrea ningún tipo de indefensión material, pues la progenitora ha actuado con su postulación procesal realizando las alegaciones que ha tenido por conveniente y proponiendo sus pruebas con todas las garantías, con lo que ningún tipo de indefensión ha podido causarse, ni formal, ni mucho menos material. Es más, consta más que acreditado que el padre tiene conocimiento del proceso (tal y como consta con la documental admitida en el acto de juicio a instancias de la actora, abuela materna y de su interrogatorio) y ninguna alegación ha formulado al objeto, ni oposición a los efectos del art 160* del CC, pues la única que se opone o pone obstáculos a las relaciones abuela-nietas es la progenitora custodia recurrente.

En un supuesto muy similar al presente en SAP Huelva 12 de diciembre de 2016 se señalaba lo siguiente:" En lo que se refiere a la falta de legitimación pasiva de la madre para soportar la acción ejercitada por los abuelos paternos ejercitando un régimen de visitas a su favor para ver a la nieta y estar con ella, debe decirse que la madre como titular de la patria potestad y guardadora de la menor que en principio se opone al contacto con los abuelos es la legitimada pasivamente, pues el padre no consta se haya opuesto a ello, teniendo en cuenta que en la modificación de medidas instada por él en 2013 pidió el reconocimiento de visitas para sus padres, por cuanto que él estaba en el

Reino Unido trabajando y no podía desplazarse regularmente a ..., para que los abuelos pudieran ver a la menor. Ahora sigue la misma necesidad de las visitas entre nieta y abuelos, dado que el padre aunque vive en DIRECCION003 no ejercita el derecho de visitas con la hija, por lo que los abuelos no tienen contacto con la menor, por cuanto que lo impide su madre. Además el padre vive con los abuelos, por lo que difícilmente puede pensarse que no conoce la situación y la existencia el procedimiento, además de entender en base a la regulación que sobre la cuestión mantiene el Código Civil, que no precisa estar demandado, dado que no ejerce la guarda de la menor, a lo sumo y según el art. 94 debiera ser oído, estando clara, como dice el Ministerio Fiscal, la postura del padre sobre el particular por cuando que ya manifestó su intención de establecer el régimen de visitas que ahora se pide de motu proprio en el procedimiento de modificación de medidas instado por él en su momento, cuando además no consta que haya hecho ninguna manifestación en contra de la petición ejercitada por sus padres.

Por lo tanto ambas excepciones deben ser desestimadas, como con acierto hizo el juzgador de instancia.

También debe correr la misma suerte el alegato de nulidad de actuaciones por no haber sido demandado el padre, puesto que para que pueda acordarse la nulidad de actuaciones se precisa que se haya causado indefensión material por la vulneración de las normas de procedimiento, como requieren los arts. 225 y siguientes de la LEC, lo que en este caso no ha ocurrido por cuanto que la Sra. Lourdes, esto es, la progenitora como guardadora de la menor ha intervenido desde el inicio del procedimiento con todas las garantías y sin cortapisa alguna».

h) *Visitas y comunicación a instancia del menor*: Cuando sea el propio menor quien pretenda ejercitar su derecho a relacionarse con sus hermanos, abuelos, parientes o allegados, deberá promover el proceso el progenitor que le represente y, en su caso, si hubiera contraposición de intereses, el Ministerio Fiscal. Así, el supuesto de petición realizada por la madre del menor frente a los abuelos paternos tras el fallecimiento del padre [SAP Granada 3/3/2022 *(Tol 9154520)*].

Sobre el derecho de visitas y de comunicación, en general, que se reconoce en el artículo 160 CC a los abuelos, hermanos, parientes y allegados, pueden verse SAP Málaga 13/12/2024 *(Tol 10.407.837)*; SAP Ávila 21/11/2024 *(Tol 10.354.437)*; SAP Madrid 13/9/2024 *(Tol 10.272.590)*; SAP Alicante 18/7/2024 *(Tol 10.263.763)*; etc.

II. PROCEDIMIENTO PARA LA HOMOLOGACIÓN DE LAS RESOLUCIONES ECLESIÁSTICAS

Las resoluciones dictadas por los tribunales eclesiásticos sobre nulidad de matrimonio canónico o las decisiones pontificias sobre disolución de matrimonio rato y no consumado tendrán eficacia en el ordenamiento civil, a solicitud de cualquiera de las partes, si se declaran ajustados al Derecho del Estado en resolución dictada por el juez civil competente (art. 80 CC).

La regulación normativa de esta materia se contiene en el art. 80 CC, en el art. 778 LEC y en el art. VI, 2 del Acuerdo sobre Asuntos Jurídicos con la Santa Sede, de 3 de enero de 1979 *(Tol 1036787)*.

A) Requisitos

Las condiciones o requisitos que ha de cumplir la resolución canónica para que pueda solicitarse su homologación y eficacia en España son los que se especifican en el art. 44 en relación con el art. 46 de la Ley 29/2015, de Cooperación jurídica internacional en materia civil *(Tol 5.218.311)*, que deniega el reconocimiento de las resoluciones extranjeras: a) Cuando fueran contrarias al orden público; b) Cuando la resolución se hubiera dictado con manifiesta infracción de los derechos de defensa de cualquiera de las partes; c) Cuando la resolución extranjera se hubiere pronunciado sobre una materia respecto a la cual fueren exclusivamente competentes los órganos jurisdiccionales españoles; d) Cuando la resolución fuera inconciliable con una resolución dictada en España; e) Cuando la resolución fuera inconciliable con una resolución dictada con anterioridad en otro Estado, cuando esta última resolución reuniera las condiciones necesarias para su reconocimiento en España; f) Cuando existiera un litigio pendiente en España entre las mismas partes y con el mismo objeto, iniciado con anterioridad al proceso extranjero.

La asimilación de las sentencias eclesiásticas a las extranjeras impone al juez que las homologa actuar conforme al principio de plena jurisdicción del juez español, reconocido por el Tribunal Constitucional, para decidir acerca de los efectos civiles de las sentencias eclesiásticas. Este principio permite al juez civil rechazar el reconocimiento de efectos civiles a las resoluciones canónicas de nulidad cuando advierta, entre otras circunstancias, que la petición de reconocimiento de efectos civiles se verifica con abuso del derecho o fraude procesal, o se funda en causas contrarias al orden público estatal, o la resoluciones cuya eficacia se pretende resulta inconciliable con otra dictada en España entre las mismas partes, o concurre cualquier otra circunstancia que anuda a dicho reconocimiento la existencia de una vulneración del derecho a la tutela judicial efectiva o de otro derecho fundamental [puede verse en este sentido la SAP Castellón 18/11/2021 *(Tol 9.407.344)*].

La doctrina jurisprudencial ha precisado que el examen de fondo a que obliga el requisito del respeto o no contradicción con el orden público nacional de la sentencia cuyo reconocimiento se pretende, solamente se extiende "a constatar si las declaraciones de las sentencias dictadas conforme al Derecho canónico no están en contradicción con los conceptos jurídicos y disposiciones equiparables o análogas del Derecho estatal", esto es, si no contradicen el orden público interno integrado por "principios no solo jurídicos públicos y privados, sino también por políticos, económicos, morales e incluso religiosos y hasta supranacionales", en definitiva por los principios constitucionales y rectores del matrimonio según el derecho interno del foro [STS 23/3/2005 *(Tol 619.452)*].

B) Competencia

La competencia objetiva para conocer de las solicitudes de homologación corresponde a los Tribunales de Instancia y, en su caso, a la correspondiente Sección de Familia, Infancia y Capacidad (arts. 85 y 86.5, k) LOPJ).

En cuanto a la competencia territorial, según la Ley 29/2015, de Cooperación jurídica internacional en materia civil, la competencia para conocer de las solicitudes de exequátur de las resoluciones judiciales dictadas por un Estado extranjero corresponde a los Tribunales de Instancia del domicilio de la parte frente a la que se solicita el reconocimiento o ejecución, o de la persona a quien se refieren los efectos de la resolución judicial extranjera; subsidiariamente, la competencia territorial se determinará por el lugar de ejecución o por el lugar en el que la resolución deba producir sus efectos, siendo competente, en último caso, el tribunal ante el cual se interponga la demanda de exequátur (art. 52.1 LCJI). Sin embargo, la LEC contiene una norma específica (el art. 769) para la determinación de la competencia territorial de todos los procesos comprendidos en el Capítulo IV del Título I, entre los que se encuentra el relativo al reconocimiento de eficacia civil de las resoluciones de los Tribunales eclesiásticos o de declaraciones pontificias sobre matrimonio rato y no consumado (regulado en el art. 778).

Así pues, con arreglo al art. 769.1 LEC la competencia territorial se determinará conforme al siguiente criterio: en primer lugar, será tribunal competente el del lugar del domicilio conyugal en España; en caso de residir los cónyuges en distintos partidos judiciales, el tribunal del último domicilio del matrimonio o el de residencia del demandado, a elección del demandante; los que no tuvieren domicilio ni residencia fijos, podrán ser demandados en el lugar en que se hallen o en el de su última residencia, a elección del demandante; finalmente, si no pudiere determinarse así la competencia, corresponderá ésta al tribunal del domicilio del actor.

C) Legitimación y postulación

La legitimación para solicitar la eficacia civil de la resolución canónica corresponde a los ex cónyuges a quienes afecte y, en su caso, a sus herederos, si es que aquellos no pudieron ejercitar la acción. Distinto sería el caso en que, pudiendo haberlo hecho, no hubieran querido ejercitarla. Debe tenerse en cuenta que la legitimación ha de entenderse referida, no tanto a los que tengan o hayan tenido la condición de "cónyuges", sino a quienes hayan actuado como "parte" en el proceso canónico en el que se dictó la resolución. Así resulta de los términos en los que se expresa el art. 80 CC [puede verse también, p. ej., SAP Barcelona 18/11/2021 *(Tol 8.769.066)*].

La intervención del Ministerio Fiscal en estos procedimientos se ajustará a lo establecido en el art. 749.2 LEC.

Las partes deberán actuar con asistencia de Abogado y representadas por Procurador (art. 750 LEC).

D) Procedimiento

En el art. 778 LEC se contemplan dos procedimientos, referidos a dos supuestos diferentes: uno, para el caso en el que solamente se solicite la declaración de eficacia civil de la resolución dictada por el Tribunal eclesiástico; otro, para el caso de que, además, se solicite la adopción o la modificación de medidas.

a) Solicitud de declaración de eficacia civil de la resolución del Tribunal eclesiástico

Si la parte pretende únicamente obtener la eficacia en el orden civil de la resolución o decisión eclesiástica, de la demanda que con tal objeto se presente se dará traslado por diez días al otro cónyuge y al Ministerio Fiscal, y el juez resolverá por auto lo que proceda acerca del reconocimiento (art. 778.1 LEC). Este es el sencillo procedimiento al que remite el citado precepto, pero deberá tenerse en cuenta lo que a continuación se expone.

El procedimiento se inicia mediante demanda que deberá cumplir los requisitos mínimos de contenido que son propios de los escritos de esta clase (art. 399 LEC). Al escrito de demanda se deberá acompañar, aparte de la certificación del registro electrónico de apoderamientos judiciales o referencia al número asignado por dicho registro (art. 264.1 LEC), certificación de la inscripción en el Registro Civil relativa al matrimonio, así como al nacimiento de los hijos si los hubiere, y testimonio de la resolución canónica firme de nulidad o de la decisión pontificia sobre matrimonio rato y no consumado cuya declaración de eficacia se pretenda (art. 265.1.1.º LEC).

El art. 778.1 dice que, presentada la demanda, el tribunal "dará audiencia por plazo de diez días al otro cónyuge y al Ministerio Fiscal". Ese trámite habrá de consistir en dar al otro cónyuge y al Ministerio Fiscal traslado de la demanda, con entrega de copias, para que puedan contestarla por escrito en el mencionado plazo. La contestación deberá cumplir las exigencias propias de esta clase de escritos (art. 405 LEC), y de ella y de los documentos que se adjuntaran, deberá darse el oportuno traslado al actor, mediante entrega de copia (art. 276 LEC).

En el ámbito de este procedimiento el demandado y el Ministerio Fiscal podrán oponerse al reconocimiento de eficacia que se hubiere solicitado por el actor con fundamento en los motivos que se contemplan en el art. 46 de la Ley 29/2015, de Cooperación jurídica internacional en materia civil.

Evacuado este trámite deberá decidir el tribunal si resuelve lo procedente por medio de auto (como dice el art. 778.1 LEC) o si, en atención a los motivos de oposición aducidos y a la posible complejidad del asunto, convoca a las partes a una vista para debatir en ella lo que constituya el objeto del proceso. Dicha vista debería ajustarse a las reglas generales (arts. 185 y ss. y, en su caso, art. 770) y, tras su celebración, dictará auto el juez del Tribunal de instancia resolviendo lo procedente.

Obtenida la homologación de la resolución canónica o decisión pontificia, el título así obtenido tendrá eficacia ejecutiva en España, pudiendo inscribirse en el Registro Civil e instarse, en su caso, su ejecución forzosa.

b) Solicitud de declaración de eficacia y de adopción o modificación de medidas

Si, además de declaración de eficacia civil de la resolución canónica, se pretende por el actor la adopción o la modificación de medidas, a la demanda se le dará el trámite que corresponda conforme al art. 770 LEC (art. 778.2). En estos casos se produce una acumulación de procesos en un mismo procedimiento: uno, que tiene por objeto la declaración de eficacia de la resolución canónica o decisión pontificia y, otro, la adopción o la modificación de medidas personales o patrimoniales con relación a los cónyuges o a los hijos menores.

Sobre la tramitación del procedimiento contencioso conforme a lo establecido en el art. 770 LEC véase lo expuesto en el Epígrafe III del Capítulo Cuarto, y sobre la adopción o modificación de medidas personales o patrimoniales, el Capítulo Quinto.

E) Los motivos de oposición a la declaración de eficacia

Según el art. 46.1 de la Ley 29/2015, de Cooperación jurídica internacional, las resoluciones judiciales extranjeras firmes (a las que se equiparan las resoluciones de los tribunales eclesiásticos) no se reconocerán:

a) Cuando fueran contrarias al orden público. Por orden público debe entenderse el constituido por "el sistema de derechos y libertades individuales garantizados en la Constitución y en los convenios internacionales de derechos humanos ratificados por España, y los valores y principios que estos encarnan" [SSTS 6/2/2014 *(Tol 4.100.882)* y 4/12/2024 *(Tol 10.298.543)*].

b) Cuando la resolución se hubiera dictado con manifiesta infracción de los derechos de defensa de cualquiera de las partes. Si la resolución se hubiera dictado en rebeldía, se entiende que concurre una manifiesta infracción de los derechos de defensa si no se entregó al demandado cédula de emplazamiento o documento equivalente de forma regular y con tiempo suficiente para que pudiera defenderse.

El supuesto general incluye la infracción de cualesquiera de las garantías procesales inherentes a un proceso justo o equitativo y a la tutela judicial efectiva

El supuesto particular de la rebeldía se da en los casos en que la falta de presencia del demandado es involuntaria, por no haber sido debidamente citado y emplazado con arreglo a las normas que regulan el proceso o por haberlo sido de manera irregular o con tiempo insuficiente para preparar su defensa. La doctrina jurisprudencial tiene establecido que esta modalidad de rebeldía, en cuanto obedece a un impedimento para el adecuado respeto de los derechos de defensa, es la única que constituye un obstáculo para el reconocimiento de la sentencia extranjera, debiendo distinguirse de los casos en que el demandado no comparece voluntariamente, ya sea porque no reconoce la competencia del Juez de origen, ya sea porque no le conviene o, simplemente, porque deja transcurrir los plazos para la personación [p. ej. SAP Castellón 15/3/2022 *(Tol 9.407.344)*].

c) Cuando la resolución extranjera se hubiere pronunciado sobre una materia respecto de la que fueren exclusivamente competentes los órganos jurisdiccionales españoles. Difícilmente podrá darse este supuesto, ya que la declaración de nulidad del matrimonio canónico y la decisión sobre disolución de matrimonio rato y no consumado son de la exclusiva competencia de los Tribunales eclesiásticos y de la Autoridad pontificia, respectivamente, y no de los tribunales españoles.

d) Cuando la resolución fuera inconciliable con una resolución dictada en España.

e) Cuando la resolución fuera inconciliable con una resolución dictada con anterioridad en otro Estado, cuando esta última resolución reuniera las condiciones necesarias para su reconocimiento en España.

En ambos casos deberá entenderse que son inconciliables las resoluciones dictadas en procesos entre las mismas partes y sobre los mismos hechos que entrañen consecuencias jurídicas que se excluyan mutuamente, de manera, que sus efectos jurídicos se manifiesten como contrarios e incompatibles. En cualquier caso, la resolución canónica sobre nulidad y la resolución nacional sobre el previo divorcio no son incompatibles.

f) Cuando existiera un litigio pendiente en España entre las mismas partes y con el mismo objeto, iniciado con anterioridad al proceso extranjero. La identidad de objeto a que este apartado se refiere no puede darse respecto de la declaración de nulidad del matrimonio canónico y la decisión sobre disolución de matrimonio rato y no consumado, pues son materias de la exclusiva competencia de los Tribunales eclesiásticos y de la Autoridad pontificia, respectivamente, y no de los tribunales civiles españoles.

Capítulo Octavo

Procedimientos para liquidación del régimen económico matrimonial

I. CONSIDERACIONES GENERALES

A continuación del estudio de los procesos matrimoniales se ha considerado de interés añadir un Capítulo dedicado a los procedimientos para la liquidación del régimen económico o patrimonial del matrimonio disuelto o extinguido, pues, a pesar de que estos últimos procedimientos tienen una naturaleza jurídica diferente a la de aquellos procesos y se rigen por principios procesales distintos, ello no obstante, guardan, a efectos prácticos, una indudable vinculación con aquella materia.

A) Los procedimientos para la división judicial de patrimonios

a) Noción: En el Título II del Libro IV de la LEC, dedicado a los procedimientos especiales, se regulan bajo la rúbrica «De la división judicial de patrimonios» dos grupos de actuaciones judiciales cuyo objeto genérico es liquidar y repartir un conjunto patrimonial entre quienes, teniendo derecho a él, no se ponen de acuerdo para su reparto: 1) Unas de ellas se refieren a la actividad jurisdiccional que se proyecta sobre la totalidad de un patrimonio que, por causa del fallecimiento de su titular, ha de ser objeto de división y partición en su integridad entre sus herederos; 2) Otras, a la que afecta a la liquidación de cualquier régimen económico matrimonial de comunidad o de participación que se haya declarado disuelto; 3) Dentro de dichas actuaciones se comprenden también otros procedimientos tendentes al aseguramiento y la conservación de los bienes integrantes de la masa patrimonial a dividir. En atención a la común finalidad perseguida (integración y determinación de la masa patrimonial partible, división de la misma y adjudicación a los interesados de los bienes y derechos que la integran), y a la similitud o equivalencia de los medios jurídicos necesarios para lograrla, la LEC ha optado por agrupar sistemáticamente estos procedimientos en un mismo título, a pesar de que el de división de herencia ofrece los caracteres propios de los llamados juicios universales, de los que no participa el de división del régimen económico matrimonial.

b) Caracteres comunes: Como caracteres comunes, aparte del relativo a su finalidad divisoria de una masa patrimonial, pueden destacarse los siguientes: 1) Se tiende en todo caso a promover el acuerdo entre los interesados para resolver las discrepancias que puedan surgir entre ellos durante el curso del procedimiento. 2) En la actuación del Juez predomina la función de control y aprobación de los acuerdos y de las operaciones realizadas por los interesados; 3) Sólo a falta de acuerdo se ejerce propiamente la función jurisdiccional, decidiendo lo procedente por el cauce procedimental del juicio verbal.

B) Procedimientos para la liquidación del régimen económico matrimonial

En el Capítulo II del mencionado Título II del Libro IV de la LEC se regulan dos procedimientos especiales para la liquidación del régimen económico matrimonial que lo requiera: 1) Uno comprende las actuaciones judiciales dirigidas a liquidar el régimen económico matrimonial que, por capitulaciones matrimoniales o por disposición legal, determine la existencia de una masa común de bienes y derechos sujeta a determinadas cargas y obligaciones derivadas del matrimonio (arts. 806 a 810 LEC); 2) El otro se refiere a la liquidación del régimen económico matrimonial de participación (art. 811 LEC).

a) El fundamento de la pretensión: La pretensión de liquidación del régimen económico matrimonial puede estar fundada en alguna de estas causas:

1) Por disolverse judicialmente el vínculo matrimonial, como consecuencia de un proceso de nulidad, separación o divorcio.

2) Por haberse convenido en capitulaciones matrimoniales un régimen económico distinto al de comunidad o de participación hasta entonces existente entre los cónyuges (art. 1392 CC).

3) Por haberse disuelto judicialmente la sociedad de gananciales, a instancia de uno de los cónyuges, como consecuencia del ejercicio de alguna de las pretensiones de disolución que se relacionan en el art. 1393 CC.

4) Por haber puesto fin judicialmente al régimen de participación como consecuencia del ejercicio de la pretensión a que se refiere el art. 1416 CC.

5) Por resultar afectados los bienes gananciales por deudas contraídas por uno de los cónyuges como consecuencia de un proceso de ejecución o concursal (art. 541 LEC y art. 52.2. 2.ª LC).

Disuelto o extinguido el régimen económico matrimonial, si los cónyuges no llegan a un acuerdo podrán promover el correspondiente procedimiento para su liquidación.

b) Subsidiariedad: El procedimiento de liquidación sólo será aplicable en defecto de acuerdo entre los cónyuges (art. 806 LEC). Ese acuerdo puede haberse incorporado en las mismas capitulaciones matrimoniales, o plasmarse como un pacto más en el convenio regulador de la separación o el divorcio, o lograrse en cualquier momento posterior, iniciado o no el procedimiento de liquidación. Con relación al pacto de liquidación incluido en el convenio regulador, parece indudable que, logrado el acuerdo, no cabrá acudir al procedimiento del art. 806 LEC, y en tanto dicho convenio regulador no sea declarado judicialmente ineficaz.

II. PRESUPUESTOS Y REQUISITOS PROCESALES

Son comunes a todos los procedimientos que se regulan en este Capítulo las normas relativas a la competencia, la legitimación y la postulación. La regulación específica de esta materia se contiene en los arts. 806, 807, 808 y 810 LEC; también en los arts. 769.1, 541.2 y 61 de la misma Ley. Sobre el requisito general de procedibilidad de intento previo de solución extrajudicial, deberá estarse a lo establecido en el art. 5 LO 1/2025.

A) Legitimación

La legitimación corresponde a los cónyuges o, en el caso de haber fallecido, a sus herederos (arts. 808.1 y 810.1 LEC).

B) Competencia

La competencia objetiva corresponde a los Tribunales de Instancia (y en su caso, a las Secciones de Familia), atribuyéndose el conocimiento del asunto con arreglo a los siguientes criterios basados en la determinación funcional o territorial:

a) Regla general: La regla general es que será competente para conocer del procedimiento de liquidación el Tribunal de Instancia que esté conociendo o haya conocido o hubiera tenido la competencia para conocer del proceso de nulidad, separación o divorcio, o aquel ante el que se sigan o hayan seguido las actuaciones sobre disolución del régimen económico matrimonial por alguna de las causas previstas en la legislación civil (art. 807). Ello obliga a distinguir los siguientes supuestos:

1) Si la causa de la liquidación del régimen económico matrimonial es la disolución del matrimonio por sentencia de separación, divorcio o nulidad (arts. 85, 95, 1392.1.º, 2.º y 3.º CC), el tribunal que haya conocido de ese proceso será el que conozca también de la liquidación.

2) Si la pretensión de liquidación se basa en la disolución de la sociedad de gananciales en virtud de resolución judicial que así lo acuerde, a petición de alguno de los cónyuges (art. 1394 CC), por alguna de las causas contempladas en el art. 1393 CC, o en la extinción del régimen de participación (arts. 1415 y 1416 CC), será competente el tribunal que haya conocido del proceso para la disolución de la sociedad o para la extinción del régimen de participación.

3) La misma regla se aplicará, obviamente, en los casos de liquidación basada en la disolución del régimen económico matrimonial de patrimonios comunes previstos en la legislación foral (art. 244 del Código del Derecho Foral de Aragón, art. 232.36 del Código civil de Cataluña, Ley 87 de la Compilación de Derecho Civil Foral de Navarra, art. 95 de la Ley del Derecho Civil Foral del País Vasco).

b) Supuestos especiales: 1) Si la pretensión de liquidación se basara en haberse sustituido convencionalmente el régimen de gananciales por el de separación de bienes (art. 1392 CC), la competencia territorial corresponderá al tribunal del lugar del domicilio conyugal, conforme a lo previsto en el art. 769.1 LEC.

2) Si se solicita la liquidación de la sociedad de gananciales en un proceso de ejecución, en los supuestos que contempla el art. 541.2 y 3 LEC, corresponderá la competencia al tribunal que conoce de dicho proceso (art. 61 LEC).

c) Competencia de las Secciones de Familia: Cuando en virtud de lo establecido en los arts. 84.2, a), 86.5, a) LOPJ y 46 LEC, existan en un partido judicial Tribunales o Secciones especializados en materia de familia, a los que se atribuya el conocimiento de los procesos de nulidad, separación y divorcio, serán estos juzgados los que, de conformidad con la regla contenida en el art. 807 LEC conozcan de los procedimientos de liquidación del régimen económico matrimonial, siempre que la disolución del mismo traiga causa de la nulidad, separación o divorcio de los que haya conocido dicho tribunal. [p. ej. SAP Málaga 13/1/2023 *(Tol 9546121)* o SAP Pontevedra 16/2/2023 *(Tol 9565435)*].

d) Competencia de las Secciones de Violencia sobre la Mujer: Cuando corresponda a estos tribunales el conocimiento de los procesos sobre separación, divorcio o nulidad matrimonial con arreglo a lo establecido en el art. 89.6 LOPJ (véase el epígrafe 2 del apartado II del Capítulo Cuarto), también les corresponderá, conforme a lo previsto en el art. 807 LEC, el conocimiento del procedimiento de liquidación del régimen económico matrimonial que se solicite tras la declaración de separación, divorcio o nulidad de los cónyuges [p. ej. AAP Valencia 1/3/2023 *(Tol 9498208)*; AAP Asturias 20/4/2023 *(Tol 9798407)*]. Esta específica atribución de competencia se establece expresamente en el art. 807 LEC, tras la redacción que se le dio a este precepto por la LO 2/2022, de 21 de marzo.

C) Postulación

Será preceptiva la defensa técnica por abogado y la representación procesal por procurador, al no estar expresamente excluida su intervención en los arts. 32 y 31 LEC.

D) Requisito de procedibilidad

Para promover el procedimiento de liquidación de un régimen de comunidad (art. 784 y ss. LEC) o de un régimen de participación (art. 811 LEC), deberán observarse las normas relativas al requisito general de procedibilidad relativo al intento previo de solución extrajudicial de la controversia y a su acreditación documental (art. 5.1 LOPJ y art. 264.4.º LEC).

Si se promoviera, antes del inicio del procedimiento para la liquidación de un régimen de comunidad, el procedimiento relativo a la formación de inventario (arts. 808 y 809 LEC), no será necesario cumplir aquel requisito de procedibilidad, atendida su naturaleza cautelar y lo dispuesto en el apartado número 3 del art. 5 LO 1/2025.

III. PROCEDIMIENTO PARA LA LIQUIDACIÓN DEL RÉGIMEN ECONÓMICO MATRIMONIAL DE COMUNIDAD

Con relación a la liquidación del régimen económico matrimonial de comunidad la LEC establece, en realidad, dos procedimientos: uno, de naturaleza cautelar, que tiene por objeto la formación de un inventario judicial de los bienes y derechos integrantes de la masa común que deba ser liquidada, y otro tendente a la liquidación de esa comunidad que se haya declarado disuelta.

1. Requisitos para su procedencia

La posibilidad de acudir a este procedimiento de liquidación que la LEC regula, exige la concurrencia de determinados requisitos que resultan de lo establecido en el art. 806 y que se concretan en la previa existencia de un matrimonio y de una masa común de bienes y derechos y en la ausencia de pacto entre los cónyuges para proceder a la liquidación de otro modo.

La regulación normativa se contiene en el art. 806 LEC.

A) Matrimonio

Es necesario que exista o haya existido un matrimonio entre los titulares de la masa común a liquidar. De esta exigencia se deriva la consecuencia de no ser aplicable este procedimiento para dividir o repartir bienes comunes de uniones de hecho, debiéndose acudir al procedimiento declarativo correspondiente para la división de cosa común, que actualmente es el juicio verbal (art. 250.1. 16.º LEC).

B) Patrimonio común

La segunda exigencia está referida al objeto material de la liquidación, que ha de estar constituido, bien por haberlo convenido los interesados en capitulaciones matrimoniales, bien, en defecto de ellas, por así resultar de lo establecido en el correspondiente régimen legal supletorio, por una masa común de bienes y derechos sujeta a determinadas cargas y obligaciones derivadas del matrimonio. Así pues, aparte de lo que con tal carácter se pacte en capitulaciones, se habrá de estar a los regímenes de comunidad legalmente previstos en el Derecho común (sociedad legal de gananciales, art. 1316 CC) y en los Derechos civiles forales o especiales (entre los que destacan el consorcio conyugal en Aragón, las distintas modalidades de comunidad en Cataluña, los gananciales en Galicia, la sociedad de conquistas y comunidad universal en Navarra, la comunicación foral de bienes en el País Vasco y el pacto de germanía en la Comunidad Valenciana).

C) Supuestos especiales

En la práctica forense se han suscitado dos cuestiones relativas al procedimiento a seguir en los casos en que existen bienes comunes en el régimen de separación de bienes y en que el patrimonio común de la sociedad de gananciales está constituido por un único bien.

a) Bienes comunes en separación de bienes: Los bienes adquiridos por ambos cónyuges conjuntamente en régimen de separación de bienes les pertenecen pro indiviso, de ahí que el procedimiento adecuado para obtener su reparto sea el correspondiente juicio declarativo ordinario para la división de cosa común, que actualmente es el juicio verbal (art. 250.1.16.ª LEC), y no el especial para la liquidación de la masa común patrimonial que se forma en los regímenes económico matrimoniales de comunidad.

b) Bien único en régimen de comunidad: Cuando el patrimonio ganancial lo integra un único bien, no se ha considerado inadecuado que se acuda al procedimiento ordinario de división de cosa común, puesto que, en tal caso, no existe la masa común de bienes y derechos a que se refiere el art. 806 LEC. Pero para ello se precisa que no exista ningún otro bien, crédito o deuda de la comunidad de gananciales, pues, de ser así, se habría de acudir al procedimiento de la liquidación del citado artículo.

D) Posible acumulación de pretensiones

La cuestión de la acumulación de pretensiones ha quedado definitivamente resuelta por el RDL 6/2023, que dio nueva redacción al art. 73 LEC. Según este precepto para que sea admisible la acumulación de acciones es preciso, como regla general, que las acciones acumuladas no deban ventilarse en juicios de diferente tipo, pero seguidamente señala, como excepción, que no obstante, cabrá la acumulación de la acción para instar la liquidación del régimen económico matrimonial y la acción de división de la herencia en el caso de que la disolución del régimen económico matrimonial se haya producido como consecuencia del fallecimiento de uno o ambos cónyuges y haya identidad subjetiva entre los legitimados para intervenir en uno y otro procedimiento. En caso de que se acumulen ambas acciones se sustanciarán de acuerdo con los presupuestos y trámites del procedimiento división judicial de la herencia (art. 73.1. 2.º).

2. Procedimiento para la formación de inventario

Con carácter previo a la liquidación de cualquier régimen económico matrimonial de comunidad, la LEC regula una fase o procedimiento de naturaleza cautelar que tiene por objeto lograr la formación de un inventario judicial de los bienes y derechos integrantes de la masa común que deba ser liquidada. El carácter cautelar de este procedimiento permite sostener que no será exigible el requisito general de procedibilidad del art. 5.1 LOPJ, relativo al previo intento de solución extrajudicial de la controversia, según resulta de lo establecido en el apartado número 3 de ese mismo artículo.

Para poder instar este procedimiento tendente a la formación del inventario no es necesario que se haya disuelto por resolución firme el régimen económico matrimonial, sino que basta con que el solicitante acredite haber interpuesto, y haber sido admitida a trámite, la demanda en que pretenda dicha disolución.

A) Solicitud

a) Momento: El procedimiento para la formación judicial de inventario puede promoverse por cualquiera de los cónyuges o sus herederos una vez admitida la demanda de nulidad, separación o divorcio, o una vez iniciado el proceso en que se haya demandado por cualquier otra causa la disolución del régimen económico matrimonial (art. 808.1).

b) Requisitos: La solicitud se formulará por escrito al que deberá acompañarse: 1) Una propuesta en la que, con la debida separación, se harán constar las diferentes partidas que deban incluirse en el inventario con arreglo a la legislación civil (arts. 1397 y 1398 CC, arts. 262 y 263 CDF Aragón, Ley 89 CDCF Navarra, etc.), y 2) Los documentos que justifiquen las diferentes partidas incluidas en la propuesta (art. 808.2). Esta propuesta no tiene carácter preclusivo, pudiendo solicitarse en el acto de la comparecencia la exclusión o inclusión de determinadas partidas. También podrán aportarse en el acto de la comparecencia los documentos que justifiquen la inclusión o exclusión de las partidas.

c) Contenido de la propuesta: En la propuesta de inventario se deberán incluir los bienes, derechos, deudas y cargas comunes, con la debida separación de las diferentes partidas que componen el activo y el pasivo, según las normas sustantivas que resulten aplicables. No es imprescindible que se indique la valoración de cada uno de los bienes que integran el patrimonio común, pues la finalidad del inventario es su identificación, pero sí que deberá expresarse el importe de los créditos, de los saldos de cuentas y de los depósitos bancarios.

B) Comparecencia

Admitida a trámite la solicitud, el letrado de la Administración de Justicia señalará día y hora para que en el plazo máximo de diez tenga lugar la comparecencia prevenida por la ley, mandando citar a los cónyuges. La comparecencia será presidida por el letrado de la Administración de Justicia y tendrá por objeto la formación de inventario, conforme a lo dispuesto en la legislación civil para el régimen económico de que se trate (art. 809.1, I y II). En dicho acto los comparecientes podrán solicitar la inclusión o exclusión de bienes y aportar los documentos en que bases sus peticiones. Aunque los cónyuges deben actuar asistidos por abogado y representados por procurador, su comparecencia debe ser personal, pues sólo de ese modo pueden manifestar su acuerdo o desacuerdo con los bienes contenidos en la solicitud o con aquellos cuya inclusión o exclusión se solicite en el acto de la comparecencia. A tal fin, en la citación que se les haga se les deberá indicar que la misma es personal, y se les apercibirá de las consecuencias legales de su incomparecencia.

a) Inasistencia o acuerdo: Si alguno de los cónyuges no compareciere sin causa justificada, se le tendrá por conforme con la propuesta de inventario que formule el que hubiere comparecido. En este caso, así como cuando, habiendo comparecido los dos lleguen a un acuerdo, se consignará así en el acta y se dará el acto por concluido (art. 809.1, III). En el mismo día o en el siguiente, se resolverá por el tribunal lo que proceda sobre la administración y disposición de los bienes incluidos en el inventario (art. 809.1, IV).

b) Discrepancia: Si se suscitare controversia sobre la inclusión o exclusión de algún concepto en el inventario o sobre el importe de alguna partida, el letrado de la Administración de Justicia hará constar en el acta las pretensiones de cada una de las partes sobre los referidos bienes y su fundamentación jurídica, y citará a los interesados a una vista, continuando la tramitación del procedimiento con arreglo a la previsto para el juicio verbal.

C) Contenido de la vista

El objeto de la vista queda fijado definitivamente por las alegaciones sobre la contradicción efectuadas en la comparecencia en la que no se alcanzó el acuerdo, sin que resulte posible que las partes alteren luego lo pedido ni la causa de pedir.

D) Sentencia

La sentencia resolverá sobre todas las cuestiones suscitadas, aprobando el inventario, y dispondrá lo que sea procedente sobre la administración y disposición de los bienes comunes (art. 809.2). Dicha sentencia producirá efectos de cosa juzgada [p. ej. SAP Asturias, Secc. 6.ª, 19/9/2016 *(Tol 5844384)*].

3. Procedimiento para la liquidación

Como se ha venido repitiendo, en la liquidación del régimen económico matrimonial la LEC contempla dos fases o procedimientos sucesivos: uno, de naturaleza cautelar, que tiene por objeto la formación de un inventario judicial de los bienes y derechos integrantes de la masa común que deba ser liquidada, y otro tendente a la liquidación de cualquier régimen económico matrimonial de comunidad o de participación que se haya declarado disuelto. La formación judicial de inventario, de la que se ha tratado en el anterior epígrafe, puede terminar por acuerdo de las partes o por resolución judicial que decida sus discrepancias. Formado el inventario de uno u otro modo, podrán las partes proceder a la liquidación convencional del régimen económico matrimonial, al margen del proceso, o promover, en otro caso, la fase o procedimiento de liquidación judicial.

Regulación normativa: Arts. 810 y 784 a 789 LEC.

A) Requisitos previos

Para poder promover el procedimiento de liquidación del régimen económico matrimonial la LEC exige dos condiciones previas en su art. 810.1: 1.ª) Que se haya formado el oportuno inventario de los bienes, derechos, obligaciones y cargas que integran la masa común, ya sea por acuerdo expreso o presunto de los cónyuges (art. 809.1, III), ya por resolución judicial (art. 809.2, II); y 2.ª) Que haya alcanzado firmeza la sentencia que declare disuelto el régimen económico matrimonial, ya sea en un proceso de separación, divorcio o nulidad, ya en el proceso seguido para la disolución del mismo por cualquiera otra de las causas legalmente establecidas.

El primero de dichos requisitos obedece a que en el procedimiento de liquidación no resulta posible tratar de incluir o excluir bienes o derechos en el inventario, ni discutir la inclusión o exclusión de los mismos realizada en la anterior fase de inventario judicial. Todas esas cuestiones han debido quedar definitivamente resueltas en dicha fase [p. ej. SAP Madrid 30/6/2023 F.J. 2.º *(Tol 9.722.659)*; SAP La Rioja 5/6/2023 *(Tol 9.684.413)*; SAP La Coruña 17/3/2023 *(Tol 9.869.284)*].

Además de los anteriores, deberá acreditarse el cumplimiento del requisito general de procedibilidad, relativo al intento previo de solución extrajudicial de la controversia, establecido en el art. 5.1 de la LOPJ.

B) Necesidad de avalúo

Elemento fundamental para poder proceder a la liquidación del patrimonio común es el relativo a la valoración de los bienes inventariados. En la práctica forense se ha debatido acerca de si esa valoración debía hacerse en la fase de inventario o en la de liquidación. La duda se ha suscitado por la referencia que en el texto del art. 809.2 se hace al modo de solucionar la discrepancia que pudiera surgir entre los cónyuges «sobre el importe de cualquiera de las partidas», con lo que cabría entender que todas las partidas del inventario deberían ser objeto de determinación cuantitativa en aquella fase. Sin embargo, esta frase ha sido interpretada por la mayor parte de las Audiencias Provinciales en el sentido de que se refiere únicamente a aquellos elementos del activo del inventario que solo pueden quedar identificados mediante la determinación de su importe, como ocurre con los créditos, saldos o depósitos bancarios, pero no a los demás bienes [p. ej. SAP Valencia 4/12/2023 *(Tol 9865176)*; SAP Almería 28/1/2023 *(Tol 9859243)*; SAP Las Palmas 17/5/2023 *(Tol 9787838)*; etc.]. Debe ser, pues, en la fase de liquidación donde debe procederse a la determinación del valor de los elementos del activo, ya sea de común acuerdo, ya, en su defecto, por el contador partidor que designen los cónyuges, ya por el que, en último término, se nombre por el tribunal (art. 810.3, 4 y 5). De ello se tratará posteriormente.

C) Iniciación del procedimiento

a) Solicitud: El procedimiento se inicia a petición de cualquiera de los cónyuges o, de haber fallecido, sus herederos, mediante solicitud escrita, con la asistencia de abogado y la representación por procurador, en la que se expresará con claridad y precisión lo que se pida.

En lo que concierne a su contenido, en dicho escrito se deberá expresar que ha concluido el inventario (art. 810.1) y justificar el título jurídico en virtud del cual se insta la liquidación, lo que comportará la acreditación de la firmeza de la resolución judicial que declare disuelto el régimen económico matrimonial (art. 810.1) o, en su caso, el convenio expresado en capitulaciones matrimoniales por el que acuerden los cónyuges poner fin al régimen de comunidad.

b) Documentos a acompañar: A la solicitud deberá acompañarse una propuesta de liquidación que contenga la valoración de los bienes del activo e incluya el pago de las indemnizaciones y reintegros debidos a cada cónyuge y la división del remanente en la proporción que corresponda a cada uno, debiendo tenerse en cuenta en la formación de los lotes las preferencias que establezcan las normas civiles aplicables (p. ej. en los arts. 1406 y 1407 CC) (art. 810.1 y 2 LEC). También se acompañarán los documentos que justifiquen las valoraciones, las indemnizaciones y reintegros procedentes, y la liquidación, división y adjudicación que se proponga.

D) Comparecencia

Admitida a trámite la solicitud de liquidación, el letrado de la Administración de Justicia señalará día y hora, dentro del plazo máximo de diez días, para que los cónyuges o, de haber fallecido, sus herederos comparezcan ante el mismo al objeto de alcanzar un acuerdo y, en su defecto, designar contador y perito, en su caso, para la práctica de las operaciones divisorias (art. 810.3).

Aunque los cónyuges deben actuar asistidos por abogado y representados por procurador, su comparecencia debe ser personal, pues sólo de ese modo pueden manifestar su acuerdo o desacuerdo con el contenido de la propuesta de liquidación aportada con la solicitud o con la que se haga en el acto de la comparecencia. A tal fin, en la citación que se les haga se les deberá indicar que la misma es personal, y se les apercibirá de las consecuencias legales de su incomparecencia.

a) Inasistencia o acuerdo: Si uno de los cónyuges o, de haber fallecido, sus herederos, no compareciere sin causa justificada, se le tendrá por conforme con la propuesta de liquidación que formule el que hubiere comparecido. En este caso, así como cuando, habiendo comparecido los dos lleguen a un acuerdo, se consignará así en el acta y se dará el acto por concluido, llevándose a efecto lo acordado conforme a lo previsto en el art. 788.1 y 2 LEC (art. 810.4).

b) Desacuerdo: De no lograrse acuerdo entre los cónyuges (o, de haber fallecido, sus herederos) se procederá, mediante diligencia, al nombramiento de contador y, en su caso, peritos conforme a lo establecido en el art. 784 para el procedimiento de división de la herencia, continuando la tramitación con arreglo a lo dispuesto en los arts. 785 y ss. para el procedimiento de división de herencia (art. 810.5) (nos remitimos a lo expuesto sobre el particular en el epígrafe 5.1.2.2).

IV. PROCEDIMIENTO PARA LA LIQUIDACIÓN DEL RÉGIMEN ECONÓMICO MATRIMONIAL DE PARTICIPACIÓN

El procedimiento para la liquidación del régimen de participación (art. 1411 a 1434 CC y art. 232.13 C.c. de Cataluña) se estructura en la LEC de forma análoga al establecido para la liquidación del régimen de comunidad, con las particularidades que derivan del contenido de dicho régimen, según la legislación sustantiva que lo regula.

Importa señalar que este régimen no da lugar a un patrimonio común. Durante su vigencia los cónyuges actúan conforme a las reglas de un régimen de separación de bienes, siendo al tiempo de su disolución cuando cada uno de ellos puede hacer efectivo su derecho a participar en las ganancias obtenidas por el otro cuyo patrimonio hubiere obtenido un mayor incremento. No existe, pues, una masa común sujeta a determinadas cargas y obligaciones derivadas del matrimonio, ni un patrimonio común a liquidar y repartir. De lo que se trata es de determinar el patrimonio inicial y final de cada cónyuge, establecer el incremento obtenido por uno y otro durante la vigencia del régimen económico matrimonial de participación, y fijar, en fin, el crédito de participación en las ganancias que corresponda al que haya obtenido el menor incremento patrimonial, a cargo del que haya obtenido el incremento mayor (todo ello con arreglo a lo establecido en la correspondiente legislación sustantiva.

A) Requisitos

No podrá solicitarse la liquidación del régimen de participación hasta que no sea firme la resolución que declare disuelto el régimen económico matrimonial (art. 811.1), o si no se acredita su voluntaria resolución por acuerdo de los cónyuges que conste en capitulaciones matrimoniales.

No se contiene en este precepto, a diferencia del art. 810.1, ninguna exigencia acerca de la conclusión del inventario. Ello puede obedecer a que se haya considerado por el legislador que su realización previa no resulta necesaria para lo que constituye el objeto de este procedimiento y que la determinación de cuáles sean los bienes y derechos constitutivos del patrimonio inicial y final de cada cónyuge, que deban tomarse en consideración para establecer la participación que al mismo corresponda en las ganancias del otro, deba llevarse a cabo en el propio procedimiento de liquidación y no en unas previas actuaciones de formación de inventario. Así parece desprenderse: 1) Del contenido del art. 809.1, II, relativo a la formación de inventario, que se refiere únicamente a la del «inventario de la comunidad matrimonial»; y 2) De lo establecido en el art. 811.5, II, con arreglo al cual, en el supuesto de que los interesados no lleguen a un acuerdo y por suscitarse controversia entre ellos deba continuar el procedimiento por los trámites del juicio verbal, será en la sentencia que en él se dicte donde resolverá el tribunal sobre todas las cuestiones suscitadas, «determinando los patrimonios iniciales y finales de cada cónyuge», así como, en su caso, la cantidad que deba satisfacer el cónyuge cuyo patrimonio haya experimentado un mayor incremento.

Por lo demás, deberá acreditarse el cumplimiento del requisito general de procedibilidad, relativo al intento previo de solución extrajudicial de la controversia, establecido en el art. 5.1 de la LOPJ.

B) Solicitud

La solicitud deberá presentarse por escrito, con abogado y procurador, al que deberá acompañarse una propuesta de liquidación que incluya una estimación del patrimonio inicial y final de cada cónyuge, expresando, en su caso, la cantidad resultante a pagar por el cónyuge que haya experimentado un mayor incremento patrimonial (art. 811.2). Deberá acompañarse también el documento que acredite la disolución, modificación o extinción del régimen de participación, y los demás documentos que justifiquen el contenido y el fundamento de la propuesta que se haga.

C) Comparecencia

Admitida a trámite la solicitud, el letrado de la Administración de Justicia señalará, dentro del plazo máximo de diez días, día y hora en que los cónyuges deberán comparecer ante él al objeto de alcanzar un acuerdo (art. 811.3). Aunque los cónyuges deben actuar asistidos por abogado y representados por procurador, su comparecencia debe ser personal, pues sólo de ese modo pueden manifestar su acuerdo o desacuerdo con el contenido de la propuesta de liquidación aportada con la solicitud o con la que se haga en el acto de la comparecencia. A tal fin, en la citación que se les haga se les deberá indicar que la misma es personal, y se les apercibirá de las consecuencias legales de su incomparecencia.

a) Inasistencia o acuerdo: Cuando, sin mediar causa justificada, alguno de los cónyuges no comparezca el día señalado, se le tendrá por conforme con la propuesta de liquidación que efectúe el cónyuge que haya comparecido. En este caso, así como, habiendo comparecido ambos cónyuges, lleguen a un acuerdo, se consignará éste en el acta y se dará por concluido el acto (art. 811.4).

b) Desacuerdo: De no existir acuerdo entre los cónyuges, el letrado de la Administración de Justicia les citará a una vista y continuará la tramitación con arreglo a lo previsto para el juicio verbal (811.5, I).

D) Contenido de la sentencia

La sentencia resolverá sobre todas las cuestiones suscitadas, determinando los patrimonios iniciales y finales de cada cónyuge, así como, en su caso, la cantidad que deba satisfacer el cónyuge cuyo patrimonio haya experimentado un mayor incremento y la forma en que haya de hacerse el pago (art. 811.5, II).

Capítulo Noveno

Procesos sobre menores

Aparte de las pretensiones que puedan ejercitarse para la protección y en interés de los menores en el ámbito de los comúnmente denominados procesos de familia, de los que se ha tratado en el Capítulo quinto, en el ámbito de aplicación del Título I del Libro IV de la LEC se comprenden también otros procesos especiales cuya finalidad específica es la de procurar la mayor y más eficaz protección a los menores que se encuentren en determinadas situaciones de peligro, desvalimiento o desamparo. Se trata de los procesos sobre privación de la patria potestad (incardinables en el art. 748.4.º LEC), los procesos para la tutela de la infancia (art. 778 bis y ter LEC), los relativos a la restitución de menores en supuestos de sustracción internacional (art. 748.6.º LEC), los que tengan por objeto la oposición a las resoluciones administrativas en materia de protección de menores (art. 748.7.º LEC) y los que versen sobre la necesidad del asentimiento en la adopción (art. 748.8.º LEC). Todos ellos se caracterizan por su destacada finalidad tuitiva y, por esa razón, tal vez cabría incluir en este mismo grupo, el procedimiento general para la adopción urgente de medidas a que se refiere el art. 158 CC (aunque de este último nos ocupamos con carácter general en el epígrafe 1 del apartado IV del Capítulo quinto y como expediente de jurisdicción voluntaria en el apartado III del Capítulo decimocuarto, a los que nos remitimos).

En definitiva, estos procesos permiten supervisar y someter al control jurisdiccional el ejercicio de las funciones tuitivas de los progenitores y de la Administración que tiene encomendada la protección de los menores en cada territorio, en aras del interés superior de los niños, niñas y adolescentes, cuyos derechos y garantías, analizadas en el apartado VII del capítulo primero deben ser respetadas, si cabe con mayor esmero, por cuanto la actuación de los poderes públicos va a suponer la máxima injerencia en la vida de las personas, apartándolas en su caso de su propia familia.

I. PROCEDIMIENTOS SOBRE ACOGIMIENTO O GUARDA DE MENORES Y PRIVACIÓN DE LA PATRIA POTESTAD

1. Fundamentación legal

El derecho de los menores a desarrollarse y ser educados en su familia de origen no es un derecho absoluto, debe prestarse especial atención al interés superior del menor como *principio* rector en cualquier decisión que le afecte [SSTS 19/1272024 *(Tol 10.343.743)*, 22/7/2024 *(10124316)* y 17/3/2016 *(Tol 5681144)*. En consecuencia, la legitimidad de la intervención de los poderes públicos en la vida de la familia se fundamenta en el incumplimiento, imposible o inadecuado ejercicio de las funciones tuitivas de los progenitores o tutores respecto de los menores a su cargo, de modo que los niños, niñas y adolescentes no tengan debidamente garantizado el respeto de sus derechos.

La regulación de la protección de los menores de edad en España está contenida principalmente en la LO 1/1996, de 15 de enero de protección jurídica del menor *(Tol 301481)*, en adelante LOPJM, que define las situaciones jurídicas en torno a las que se articula el sistema de protección de los menores de edad en España: el riesgo y el desamparo.

Esta norma debe integrarse con las normas concordantes del Código Civil sobre patria potestad, tutela, curatela, guarda de hecho, acogimiento, adopción y medidas de protección entre otras.

Ha de tenerse en cuenta la LO 8/2021, de 4 de junio protección integral a la infancia y la adolescencia frente a la violencia *(Tol 8451569)*, en adelante LOPIVI, que contempla entre sus fines: fortalecer el marco administrativo para garantizar una mejor tutela administrativa de los niños, niñas y adolescentes víctimas de violencia; garantizar la especial atención a los niños, niñas y adolescentes que se encuentren en situación de especial vulnerabilidad; y garantizar una actuación coordinada y colaboración constante entre las distintas administraciones públicas y los y las profesionales de los diferentes sectores implicados en la sensibilización, prevención, detección precoz, protección y reparación (art. 8 LOPIVI).

Y además, la legislación específica en materia de protección de menores de las Comunidades Autónomas, de aplicación en su respectivo ámbito territorial, sin perjuicio de la norma estatal, de carácter orgánico: L Andalucía 4/2021; D Leg Aragón 1/2011 art.160 a 169; L Aragón 12/2001; L Asturias1/1995; L Baleares 9/2019; L Canarias 1/1997; L Cantabria 8/2010; L Castilla-La Mancha 7/2023; L Castilla y León 14/2002; D Castilla y León

131/2003; CCC art.228-1 a 228-9; L Cataluña 14/2010; L Extremadura 4/1994; L Galicia 3/2011 art.37 a 103; L Galicia 2/2006 art.5 a 26; L La Rioja 1/2006; L Madrid 4/2023; L Murcia 3/1995; LF Navarra 12/2022; L País Vasco 2/2024; L C. Valenciana 26/2018.

Tanto la normativa estatal como la autonómica establecen un sistema de medidas de protección o intervención de Derecho público, sin perjuicio de las instituciones de protección de menores propias del Derecho de familia (patria potestad, tutela, curatela, etc.) ante la situación desprotección del menor de edad que se encuentra en una situación de riesgo o desamparo, atribuyendo importantes competencias a la "entidad pública" que tiene encomendada la protección de menores, que es la Comunidad Autónoma.

Dentro de este sistema se reconoce el derecho de los menores a la protección pública con alcance general, para todas las personas menores de 18 años que se encuentren en territorio español, cualquiera que sea su origen y condición (art.1 LOPJM).

Los menores tienen derecho a recibir de las Administraciones públicas, o a través de sus entidades colaboradoras, la información en formato accesible y asistencia adecuada para el efectivo ejercicio de sus derechos, así como a que se garantice su respeto (art. 10.1 LOPJM) y las Administraciones tienen la obligación de intervenir y brindar asistencia y protección a todos los menores en situación de desprotección. Esta desprotección que se concreta en las situaciones de riesgo y de desamparo (art. 17 y 18 LOPJM).

La intervención de la Entidad Pública se llevará a cabo a través de un expediente administrativo incoado por la detección de una situación de riesgo para el menor que podrá finalizar o no con la declaración de desamparo, en cuyo caso entrará en juego la intervención máxima de la Administración y asumirá por ministerio de la ley la tutela y guarda del menor (art. 172.1 y 222 CC), se suspenderá el ejercicio de la patria potestad o tutela preexistente y podrá interesarse la privación de la patria potestad de los progenitores. La guarda del menor se realizará mediante el acogimiento, familiar o residencial.

Se trata de una tutela pública o administrativa, cuya titularidad solo puede ostentar la Entidad Pública a la que en el respectivo territorio esté encomendada la protección de los menores (art. 172.1 y 222.1 CC) y se caracteriza por las notas de provisionalidad y transitoriedad, consecuencia necesaria del derecho reinserción del menor en su propia familia (art. 172 ter.2 CC) siempre que no sea contrario a su interés superior, al que debe ordenar su actividad la Administración (STS 14/11/2011 (Tol 2.286.633), por lo que sólo se mantendrá en la medida en que subsista el presupuesto causal que le dio vida.

En cualquier caso, intervención o tutela administrativa tiene como elemento integrador la superior vigilancia del Ministerio Fiscal (art. 174 CC) y la supervisión judicial en aras del interés superior de los menores y en garantía de su respeto.

2. *El acogimiento y la guarda de menores*

Los procedimientos en materia de protección de menores relativos al acogimiento o guarda de los menores a cargo de una entidad pública (cuyo régimen jurídico se contiene en los arts. 172 a 174 CC, reformados por la Ley 26/2015, de 28 de julio, de Protección a la infancia y a la adolescencia), son de naturaleza administrativa, con intervención del Ministerio Fiscal y tienen como presupuesto, con carácter general, la previa declaración de desamparo del menor que llevará consigo la guarda del menor por parte de la Entidad Pública. No obstante, existen supuestos de guarda provisional (art. 172.4 CC) y temporal (art. 172 bis CC). Y también podrá acordarse la guarda por resolución judicial, en los casos en que legalmente proceda, adoptando la medida de protección correspondiente (art. 172 bis. 2 CC). A continuación, analizaremos el procedimiento de acogimiento y guarda de menores por cuanto resulta fundamental conocerlos para recurrir a la tutela jurisdiccional ante la vulneración de los derechos de los menores intervenidos.

A) Declaración de desamparo y tutela legal

Se considera situación de desamparo la que se produce de hecho a causa del incumplimiento o del imposible o inadecuado ejercicio de los deberes de protección establecidos por las leyes para la guarda de los menores, cuando éstos queden privados de la necesaria asistencia moral o material.

La resolución administrativa que declare la situación de desamparo y las medidas adoptadas se notificará en legal forma a los progenitores, tutores o guardadores y al menor afectado si tuviere suficiente madurez y, en todo caso, si fuere mayor de 12 años, de forma inmediata sin que sobrepase el plazo máximo de 48 horas. La información será clara, comprensible y en formato accesible, incluyendo las causas que dieron lugar a la intervención de la Administración y los efectos de la decisión adoptada, y en el caso del menor, adaptada a su grado de madurez. Siempre que sea posible, y especialmente en el caso del menor, esta información se facilitará de forma presencial.

La Entidad Pública a la que, en el respectivo territorio, esté encomendada la protección de los menores, tras constatar que un menor se encuentra en situación de desamparo (declaración previa de desamparo) tendrá por ministerio de la ley la tutela del mismo y deberá adoptar las medidas de protección necesarias para su guarda, poniéndolo en conocimiento del Ministerio Fiscal y, en su caso, del Juez que acordó la tutela ordinaria (art. 172.1.I y II CC).

B) Tutela ordinaria como excepción a la tutela legal

No obstante, se procederá al nombramiento de tutor conforme a las reglas ordinarias cuando existan personas físicas que, por sus relaciones con el menor o por otras circunstancias, puedan asumir la tutela en interés de este. En este caso, previamente a la designación judicial de tutor, o en la misma resolución, deberá acordarse la suspensión o la privación de la patria potestad o la remoción del tutor, en su caso (art. 222.2 y 3 CC)

Estarán legitimados para ejercer las acciones de privación de patria potestad, promover la remoción del tutor y solicitar el nombramiento de tutor de los menores en situación de desamparo, el Ministerio Fiscal, la entidad pública y los llamados al ejercicio de la tutela (art. 222.4 CC).

C) Efectos de la tutela legal

1) La entidad pública asumirá la guarda de los menores, que se realizará preferentemente mediante el acogimiento familiar, regulado en el art. 173 y 173 bis CC, con prioridad para los menores de seis años, y no siendo posible o conveniente para el menor, mediante el acogimiento residencial (art. 172 ter CC)

2) La asunción de la tutela atribuida a la Entidad Pública lleva consigo la suspensión de la patria potestad o de la tutela ordinaria. No obstante, serán válidos los actos de contenido patrimonial que realicen los progenitores o tutores en representación del menor y que sean en interés de éste (art. 172.1.III CC).

3) La Entidad Pública podrá establecer la cantidad que deben abonar los progenitores o tutores para contribuir, en concepto de alimentos y en función de sus posibilidades, a los gastos derivados del cuidado y atención del menor, así como los derivados de la responsabilidad civil que pudiera

imputarse a los menores por actos realizados por los mismos (art. 172 ter 4 CC).

4) La Entidad Pública y el Ministerio Fiscal podrán promover, si procediere, la privación de la patria potestad y la remoción de la tutela (art. 172.1.IV CC).

5) Durante los dos años siguientes a la declaración de desamparo, la Entidad Pública, ponderando la situación y poniéndola en conocimiento del Ministerio Fiscal, podrá adoptar cualquier medida de protección, incluida la propuesta de adopción, cuando exista un pronóstico fundado de imposibilidad definitiva de retorno a la familia de origen (art. 172.2.I CC)

6) Transcurridos los dos años, únicamente el Ministerio Fiscal estará legitimado para oponerse a la resolución de la Entidad Pública (art. 172.2.II CC).

D) Derechos de los progenitores o tutores suspendidos de sus funciones

a) Durante los dos años siguientes a la notificación de la declaración de desamparo:

1) Los progenitores que continúen ostentando la patria potestad, pero la tengan suspendida o los tutores que tengan suspendida la tutela, podrán solicitar a la Entidad Pública que cese la suspensión y quede revocada la declaración de situación de desamparo del menor, si, por cambio de las circunstancias que la motivaron, entienden que se encuentran en condiciones de asumir nuevamente la patria potestad o la tutela.

2) Podrán oponerse a las decisiones que se adopten respecto a la protección del menor.

b) Transcurridos dos años

1) Decaerá su derecho a solicitar u oponerse a las decisiones o medidas que se adopten para la protección del menor.

2) No obstante, podrán facilitar información a la Entidad Pública y al Ministerio Fiscal sobre cualquier cambio de las circunstancias que dieron lugar a la declaración de situación de desamparo.

E) Revocación de la declaración de desamparo

La Entidad Pública, de oficio o a instancia del Ministerio Fiscal o de persona o entidad interesada, podrá revocar la declaración de situación de desamparo y decidir el retorno del menor con su familia, siempre que se entienda que es lo más adecuado para su interés. Dicha decisión se notificará al Ministerio Fiscal (art. 172.3 CC)

F) Cese de la tutela legal

La Entidad Pública cesará en la tutela que ostente sobre los menores declarados en situación de desamparo cuando constate, mediante los correspondientes informes, la desaparición de las causas que motivaron su asunción, por alguno de los supuestos previstos en los art. 276 y 277.1[19], y cuando compruebe fehacientemente alguna de las siguientes circunstancias:

a) Que el menor se ha trasladado voluntariamente a otro país.

b) Que el menor se encuentra en el territorio de otra Comunidad Autónoma, en cuyo caso se procederá al traslado del expediente de protección y cuya Entidad Pública hubiere dictado resolución sobre declaración de situación de desamparo y asumido su tutela o medida de protección correspondiente, o entendiere que ya no es necesario adoptar medidas de protección a tenor de la situación del menor.

c) Que hayan transcurrido doce meses desde que el menor abandonó voluntariamente el centro de protección, encontrándose en paradero desconocido.

G) La guarda provisional

En cumplimiento de la obligación de prestar la atención inmediata, la Entidad Pública podrá asumir la guarda provisional de un menor mediante resolución administrativa, y lo comunicará al Ministerio Fiscal, procediendo simultáneamente a practicar las diligencias precisas para identificar al menor, investigar sus circunstancias y constatar, en su caso, la situación real de desamparo.

---

19 Mención que debe entenderse hecha al actual art.231 CC: La tutela se extingue:
1.º Por la mayoría de edad, emancipación o concesión del beneficio de la mayoría de edad al menor.
2.º Por la adopción del menor.
3.º Por muerte o declaración de fallecimiento del menor.
4.º Cuando, habiéndose originado por privación o suspensión de la patria potestad, el titular de esta la recupere, o cuando desaparezca la causa que impedía al titular de la patria potestad ejercitarla de hecho.

Tales diligencias se realizarán en el plazo más breve posible, durante el cual deberá procederse, en su caso, a la declaración de la situación de desamparo y consecuente asunción de la tutela o a la promoción de la medida de protección procedente. Si existieran personas que, por sus relaciones con el menor o por otras circunstancias, pudieran asumir la tutela en interés de éste, se promoverá el nombramiento de tutor conforme a las reglas ordinarias.

Transcurrido el plazo señalado, si no se hubiera formalizado la tutela o adoptado otra resolución, el Ministerio Fiscal promoverá las acciones procedentes para asegurar la adopción de la medida de protección más adecuada del menor por parte de la Entidad Pública (art. 172.4 CC), a través del procedimiento del art. 158 CC[20].

La guarda provisional cesará por las mismas causas que la tutela (art. 172.5 in fine CC).

H) La guarda temporal

Será asumida por la Entidad Pública a petición de los progenitores o tutores, cuando éstos por circunstancias graves y transitorias debidamente acreditadas, no puedan cuidar al menor. Se prolongará el tiempo necesario, que no podrá sobrepasar dos años, salvo que el interés superior del menor aconseje, excepcionalmente, la prórroga de las medidas. Transcurrido el plazo o la prórroga, en su caso, el menor deberá regresar con sus progenitores o tutores o, si no se dan las circunstancias adecuadas para ello, ser declarado en situación legal de desamparo, en cuyo caso será de aplicación lo dispuesto en el art. 172.

La resolución administrativa sobre la asunción de la guarda por la Entidad Pública, así como sobre cualquier variación posterior de su forma de ejercicio, será fundamentada y comunicada a los progenitores o tutores y al Ministerio Fiscal (art. 172 bis.1 CC).

I) Vigilancia del Ministerio Fiscal

Incumbe al Ministerio Fiscal la superior vigilancia de la tutela, acogimiento o guarda de la Entidad Pública.

---

20 Circular FGE 1/2001, de 5 de abril de 2001, relativa a la incidencia de la nueva Ley de Enjuiciamiento Civil en la intervención del Fiscal en los procesos civiles

A tal fin, la Entidad Pública le dará noticia inmediata de los nuevos ingresos de menores y le remitirá copia de las resoluciones administrativas de formalización de la constitución, variación y cesación de las tutelas, guardas y acogimientos, así como de cualquier novedad de interés en las circunstancias del menor.

El Ministerio Fiscal habrá de comprobar, al menos semestralmente, la situación del menor y promoverá ante la Entidad Pública o el Juez, según proceda, las medidas de protección que estime necesarias

La vigilancia del Ministerio Fiscal no eximirá a la Entidad Pública de su responsabilidad para con el menor y de su obligación de poner en conocimiento del Ministerio Fiscal las anomalías que observe.

Para el cumplimiento de su función podrá el Ministerio Fiscal, cuando sea necesario recabar la elaboración de informes por parte de los servicios correspondientes de las Administraciones Públicas competentes, quienes atenderán las solicitudes de información remitidas por el Ministerio Fiscal en el curso de las investigaciones tendentes a determinar la situación de riesgo o desamparo en la que pudiera encontrarse un menor (art. 174 CC).

3. La privación de la patria potestad

A) Fundamento

Como hemos visto, la Entidad Pública, con fundamento en el art. 172.1.IV CC podrá ejercitar determinadas pretensiones ante los órganos de la jurisdicción civil, ya sea para promover la privación de la patria potestad frente a quien la tuviere atribuida y no cumpliere adecuadamente sus funciones o la remoción del tutor en caso de cumplimiento inadecuado de funciones, cuando se suscite oposición en el expediente de jurisdicción voluntaria [arts. 49 Ley 15/2015, de 2 de julio, de Jurisdicción Voluntaria *(Tol 5189143)*].

B) Procedimiento

En tales supuestos (que pueden estimarse comprendidos en el art. 748.4.º LEC), el procedimiento adecuado sería el juicio verbal (art. 753) con las particularidades establecidas en los arts. 749 a 755 LEC, determinándose la competencia con arreglo a lo establecido en el art. 769.3. LEC y distinguiendo:

a) Si se trata de un procedimiento entre cónyuges (art. 92.3 CC), por el cauce del procedimiento matrimonial contencioso del art. 770 LEC

b) En otro caso, fuera del ámbito matrimonial y cuando la pretensión se funde en el art. 170 CC, por el procedimiento especial de juicio verbal especial y plenario del art. 753 LEC.

Hay, sin embargo, alguna práctica forense que considera que el procedimiento debiera ser el del juicio ordinario, con fundamento en el art. 249.2 LEC (pretensión de valor inestimable), pero este precepto se refiere a las pretensiones que representen un «interés económico —que— resulte imposible de calcular» y nada de ello es de apreciar en un proceso cuyo objeto consiste en la privación de la patria potestad por incumplimiento de los deberes inherentes a su ejercicio. No obstante, este es el criterio de la Fiscalía General del Estado[21], debido a la trascendencia de los efectos que la resolución recaída en estos procesos va a tener, en particular sobre la persona del menor, que aconseja extremar las garantías procesales, no existiendo disposición expresa en contrario, conforme a la regla del art. 249.2 LEC.

En SSTS 8/12/2024 (*Tol 10331216)* y 9/11/2015 *(Tol 5551640)* se parte del supuesto de que el proceso se tramitó por el cauce del juicio ordinario, pero no se cuestiona en el recurso ni existe tampoco ningún pronunciamiento acerca de cuál deba ser el procedimiento adecuado. Puede ser ilustrativa la SAP Coruña 23/7/2009 *(Tol 1603033)*, aunque acaba por no pronunciarse sobre la cuestión.

C) Resolución

Una medida tan excepcional como la privación por sentencia, de manera total o parcial, de la titularidad de la patria potestad, fundada en el incumplimiento de los deberes inherentes a la misma, debe adoptarse en interés del menor cuando la inobservancia de tales deberes tenga lugar de modo constante, grave y peligroso para el hijo o la hija [entre otras SSTS 18/12/2024 *(Tol 10331216)*, 31/1/2024 *(Tol 9864180* y 23/5/2019 *(Tol 7260577)*].

---

21 Circular FGE 1/2001, de 5 de abril de 2001, relativa a la incidencia de la nueva Ley de Enjuiciamiento Civil en la intervención del Fiscal en los procesos civiles

II. PROCESOS PARA LA PROTECCIÓN DE LA INFANCIA Y LA ADOLESCENCIA

El sistema jurídico para la protección de la infancia y la adolescencia, constituido básicamente por la LO 1/996, de Protección Jurídica del Menor *(Tol 301481)*, ha sido objeto de revisión y modificación por: 1) La Ley Orgánica 8/2015, de 22 de julio *(Tol 5208655)*, que introdujo en la LEC los arts. 778 bis y 778 ter; 2) La Ley 26/2015, de 28 de julio *(Tol 5214598)*, que dio nueva redacción a los arts. 779, 780 y 781 LEC; 3) La Ley 15/2015, de Jurisdicción Voluntaria *(Tol 5189143)* que introdujo en la LEC los arts. 778 quater a 778 sexies; y 4) La Ley Orgánica 8/2021, de 4 de junio, de protección integral a la infancia y la adolescencia frente a la violencia (con entrada en vigor el 25/06/2021) que modificó varios artículos y adicionó otros a la LO 1/1996 (concretamente modificó el primer párrafo y la letra c) del apartado 5 del artículo 2 y los artículos 12, 13, 17, 20, 27, 28, 29, 30, y adicionó los artículos 14 bis, 17 bis, 20 ter, 20 quater, 20 quinquies y 21 ter).

Sin perjuicio de la exposición más amplia realizada en el apartado séptimo del Capítulo I, Como garantías específicas que deben adoptarse en todos los procesos sobre estas materias el art. 2.5 de la LO 1/1996 establece que deberán asegurarse las siguientes:

1) Los derechos del menor a ser informado, oído y escuchado, y a participar en el proceso de acuerdo con la normativa vigente.

2) La intervención en el proceso de profesionales cualificados o expertos. En caso necesario, estos profesionales han de contar con la formación suficiente para determinar las específicas necesidades de los niños con discapacidad. En las decisiones especialmente relevantes que afecten al menor se contará con el informe colegiado de un grupo técnico y multidisciplinar especializado en los ámbitos adecuados.

3) La participación de progenitores, tutores o representantes legales del menor o de un defensor judicial si hubiera conflicto de interés o discrepancia con ellos y del Ministerio Fiscal en el proceso en defensa de sus intereses. Se presumirá que existe un conflicto de interés cuando la opinión de la persona menor de edad sea contraria a la medida que se adopte sobre ella o suponga una restricción de sus derechos.

4) La adopción de una decisión que incluya en su motivación los criterios utilizados, los elementos aplicados al ponderar los criterios entre sí y con otros intereses presentes y futuros, y las garantías procesales respetadas.

5) La existencia de recursos que permitan revisar la decisión adoptada que no haya considerado el interés superior del menor como primordial o en el caso en que el propio desarrollo del menor o cambios significativos en las circunstancias que motivaron dicha decisión hagan necesario revisarla. Los menores gozarán del derecho a la asistencia jurídica gratuita en los casos legalmente previstos.

En lo atinente al derecho del menor a ser oído y escuchado, el art. 9 de la LO 1/1996, preceptúa que:

1) El menor tiene derecho a ser oído y escuchado sin discriminación alguna por edad, discapacidad o cualquier otra circunstancia, tanto en el ámbito familiar como en cualquier procedimiento administrativo, judicial o de mediación en que esté afectado y que conduzca a una decisión que incida en su esfera personal, familiar o social, teniéndose debidamente en cuenta sus opiniones, en función de su edad y madurez. Para ello, el menor deberá recibir la información que le permita el ejercicio de este derecho en un lenguaje comprensible, en formatos accesibles y adaptados a sus circunstancias.

En los procedimientos judiciales o administrativos, las comparecencias o audiencias del menor tendrán carácter preferente, y se realizarán de forma adecuada a su situación y desarrollo evolutivo, con la asistencia, si fuera necesario, de profesionales cualificados o expertos, cuidando preservar su intimidad y utilizando un lenguaje que sea comprensible para él, en formatos accesibles y adaptados a sus circunstancias informándole tanto de lo que se le pregunta como de las consecuencias de su opinión, con pleno respeto a todas las garantías del procedimiento.

2) Se garantizará que el menor, cuando tenga suficiente madurez, pueda ejercitar este derecho por sí mismo o a través de la persona que designe para que le represente. La madurez habrá de valorarse por personal especializado, teniendo en cuenta tanto el desarrollo evolutivo del menor como su capacidad para comprender y evaluar el asunto concreto a tratar en cada caso. Se considera, en todo caso, que tiene suficiente madurez cuando tenga doce años cumplidos.

Para garantizar que el menor pueda ejercitar este derecho por sí mismo será asistido, en su caso, por intérpretes. El menor podrá expresar su opinión verbalmente o a través de formas no verbales de comunicación.

No obstante, cuando ello no sea posible o no convenga al interés del menor se podrá conocer la opinión del menor por medio de sus representantes legales, siempre que no tengan intereses contrapuestos a los suyos, o a través de otras personas que, por su profesión o relación de especial confianza con él, puedan transmitirla objetivamente.

3) Siempre que en vía administrativa o judicial se deniegue la comparecencia o audiencia de los menores directamente o por medio de persona que le represente, la resolución será motivada en el interés superior del menor y comunicada al Ministerio Fiscal, al menor y, en su caso, a su representante, indicando explícitamente los recursos existentes contra tal decisión. En las resoluciones sobre el fondo habrá de hacerse constar, en su caso, el resultado de la audiencia al menor, así como su valoración.

1. Ingreso de menores con problemas de conducta en centros de protección específicos

Este procedimiento tiene por objeto obtener la autorización judicial para el ingreso de un menor con problemas de conducta en un centro de protección específico conforme a lo establecido en el art. 26 de la LO 1/1996 de Protección Jurídica del Menor.

La regulación normativa de esta materia se contiene en el art. 778 bis de la LEC y en los arts. 25 y 26 de la LO 1/1996, de 15 de enero, de Protección Jurídica del Menor *(Tol 301481)*.

A) Competencia

La competencia se atribuye a los Tribunales de Instancia (y, en su caso, a la Sección con competencia específica en materia de familia) del lugar donde radique el Centro (art. 778 bis.2 y 3, II LEC; arts. 85 y 86.1 LOPJ).

B) Legitimación

La legitimación corresponde a la Entidad pública que ostente la tutela o guarda del menor y al Ministerio Fiscal (art. 778 bis.1 LEC).

C) Procedimiento

a) Ordinario: El procedimiento se inicia mediante solicitud de la Entidad pública o del Ministerio Fiscal a la que deberá acompañarse la valoración psicosocial que justifique el ingreso (art. 778 bis.1 LEC). La autorización judicial será obligatoria y deberá ser previa al ingreso, salvo que razones de urgencia hagan necesaria la inmediata adopción de la medida (art. 778 bis.3 LEC).

b) Urgente: Cuando concurran dichas razones de urgencia, la Entidad pública o el Ministerio Fiscal deberán comunicarlo al tribunal dentro de las veinticuatro horas siguientes al ingreso, a los efectos de que proceda a la preceptiva ratificación de la medida, que deberá efectuarse en el plazo máximo de setenta y dos horas (art. 778 bis.3 LEC).

c) Actuaciones a practicar: Para conceder la autorización o ratificar el ingreso ya efectuado el Juzgado deberá: 1) Examinar y oír al menor, que deberá ser informado de la situación en términos que le sean comprensibles; 2) Oír a la Entidad pública, a los progenitores o tutores que ostenten la patria potestad o la tutela y a cualquier persona cuya comparecencia estime conveniente o le sea solicitada; 3) Recabará el dictamen de un facultativo, sin perjuicio de practicar cualquier otra prueba que considere relevante o le sea solicitada; 4) Recabará informe del Ministerio Fiscal (art. 778 bis 4 LEC).

d) Decisión: La autorización o ratificación sólo procederá cuando no resulte posible atender al menor, de forma adecuada, en unas condiciones menos restrictivas (art. 778 bis 4, *in fine*). Frente a la resolución (auto) que dicte el Juzgado podrá interponerse recurso de apelación por el menor afectado, la Entidad pública, el Ministerio Fiscal o los progenitores o tutores que ostenten la patria potestad o la tutela (art. 778 bis 5 LEC).

D) Control periódico

La resolución que autorice o ratifique el ingreso expresará la obligación de la Entidad pública y la de la Dirección del centro de informar periódicamente (cada tres meses o en el plazo menor que se señale) al tribunal y al Ministerio Fiscal sobre las circunstancias del menor y la necesidad de mantener la medida. Recibidos los informes, la autoridad judicial, previa la práctica de las actuaciones que estime imprescindibles u oído el menor y el Ministerio Fiscal, acordará lo procedente sobre la continuación o no del ingreso. La competencia corresponderá al tribunal del lugar donde radique el centro en que el menor se encuentre ingresado (art. 778 bis.6 LEC).

E) Duración de la medida

Los menores no permanecerán en el centro más que el tiempo estrictamente necesario para atender sus necesidades específicas. El cese será acordado por el órgano judicial competente, de oficio o a propuesta de la Entidad pública o del Ministerio Fiscal que estará fundamentada en un informe psicológico, social y educativo (art. 778 bis 7 LEC).

F) Información al menor

El menor será informado de todas las resoluciones que se adopten (art. 778 bis 8 LEC).

2. Entrada en domicilios y lugares para la ejecución de medidas de protección menores

Cuando para la ejecución forzosa de una medida adoptada para la protección de un menor sea necesario entrar en el domicilio, edificio o lugar en el que se encuentre y cuyo acceso requiera el consentimiento de su titular u ocupante, se deberá solicitar la oportuna autorización del juez competente. El único objeto del procedimiento es la autorización de entrada en domicilio para la retirada del menor.

La regulación normativa de esta materia se contiene en el art. 778 ter de la LEC y en los arts. 25 y 26 de la LO 1/1996, de Protección Jurídica del Menor *(Tol 301481)*.

A) Competencia

Corresponderá al Tribunal de Instancia (y, en su caso, a la Sección con competencia específica en materia de familia) del lugar donde radique el domicilio en que se deba entrar o, cuando se trate de la ejecución de un acto confirmado por una resolución judicial, al órgano que la hubiere dictado (art. 778 ter.1 LEC).

B) Procedimiento

a) Solicitud: El procedimiento comienza por solicitud escrita de la Entidad pública que deba ejecutar la medida adoptada en interés del menor, en la que se harán constar los siguientes extremos: 1) La resolución administrativa o el expediente que haya dado lugar a dicha solicitud; 2) El concreto domicilio o lugar al que se pretende acceder y la identidad del titular u ocupante del mismo; 3) La justificación de que se ha intentado recabar el consentimiento sin resultado; 4) La justificación de la necesidad de la medida (art. 778 ter.2 LEC).

b) Audiencia al titular del domicilio: De la solicitud se dará traslado al titular del domicilio o edificio para que en el plazo de 24 horas alegue lo que a su derecho convenga, pero exclusivamente sobre la procedencia de conceder la autorización (art. 778 ter.3, I LEC).

c) Supuestos de urgencia: Si se acredita que concurren razones de urgencia, bien porque la demora pudiera provocar un riesgo para la seguridad del menor, bien porque exista afectación real e inmediata de sus derechos fundamentales, el juez podrá acordar la entrada de forma inmediata (art. 778 ter.3, II LEC).

d) Decisión: Presentado el escrito de alegaciones, o transcurrido el plazo sin hacerlo, o tras la presentación de la solicitud en los casos de urgencia, el juez acordará o denegará la entrada en el plazo máximo de 24 horas, previa audiencia del Ministerio Fiscal (art. 778 ter.3, II y 4 LEC). En el auto en que se autorice la entrada se harán constar los límites materiales y temporales para su realización, que serán los estrictamente necesarios para la ejecución de la medida de protección (art. 778 ter.5 LEC).

e) Práctica de la entrada: El testimonio del auto que autorice la entrada será entregado a la Entidad pública para que proceda a realizarla (art. 778 ter.6) con la intervención del letrado de la Administración de Justicia y, en su caso, el auxilio de la fuerza pública (art. 778 ter.8 LEC).

f´) Recursos: Contra el auto en que se acuerde o deniegue la autorización, aun cuando se hubiera dictado sin previa audiencia del interesado, cabrá recurso de apelación, sin efecto suspensivo, que deberá ser interpuesto en el plazo de los tres días siguientes, contados desde la notificación del auto, al que se dará una tramitación preferente (art. 778 ter.7 LEC).

3. Restitución o retorno de menores en supuestos de sustracción internacional

El art. 2 del Convenio sobre los Aspectos Civiles de la Sustracción de Menores, adoptado por la Conferencia de la Haya el 25 de octubre 1980, ratificado por España el 7 de febrero de 1986 y con entrada en vigor día el 1 de septiembre de 1987 *(Tol 48051)*, compromete a los Estados contratantes a adoptar todas las medidas apropiadas para garantizar que se cumplan en sus respectivos territorios los objetivos de la Convención, que no son otros que garantizar la restitución de los menores trasladados o retenidos de manera ilícita en cualquier Estado y velar por que los derechos de custodia y de visita vigentes en cada uno de los Estados contratantes se cumplan en los demás.

En los supuestos en que, siendo aplicables un convenio internacional o las disposiciones de la Unión Europea, se pretenda la restitución de un menor o su retorno al lugar de procedencia por haber sido objeto de un traslado o retención ilícito y se encuentre en España, se procederá de acuerdo con lo previsto en el Capítulo IV bis del Título I, Libro IV de la LEC (arts.

778 quater y 778 quinquies, introducidos por la Ley 15/2015, de Jurisdicción Voluntaria), sin perjuicio de la aplicación directa de las normas del Convenio de La Haya en todo aquello no previsto en tales preceptos, por el efecto directo y de primacía (art. 96 CE).. Este proceso no es de aplicación a los supuestos en los que el menor procediera de un Estado que no forma parte de la Unión Europea ni sea parte de algún convenio internacional. En el ámbito de la Unión Europea es de aplicación el Reglamento 2019/1111, del Consejo, de 25 de junio de 2019, relativo a la competencia, el reconocimiento y la ejecución de resoluciones judiciales en materia matrimonial y de responsabilidad parental y sobre la sustracción internacional de menores *(Tol 7336463)*. Nos encontramos así con dos sistemas para los países de la Unión, dependiendo de si la sustracción es intra o extracomunitaria, rigiendo en el primer caso el Reglamento 2019/1111 y en los demás, dependerá de qué convenios sean parte los Estados en cuestión.

A) Presupuestos procesales

a) Competencia: Se atribuye al Tribunal de Instancia (y, en su caso, a la Sección de Familia) de la capital de la provincia, de Ceuta o Melilla, con competencias en materia de derecho de familia, en cuya circunscripción se halle el menor que haya sido objeto de un traslado o retención ilícitos, si lo hubiere y, en su defecto, al que por turno de reparto corresponda. El Tribunal examinará de oficio su competencia (art. 778 quater.2 LEC y arts. 85 y 86.1 LOPJ).

b) Legitimación activa: Corresponde a la persona, institución u organismo que tenga atribuida la guarda y custodia o un régimen de estancia o visitas, relación o comunicación del menor, la Autoridad Central española encargada del cumplimiento de las obligaciones impuestas por el correspondiente convenio y, en su caso, la persona que ésta designe en su representación (art. 778 quater.3 LEC).

c) Postulación: Las partes deberán actuar con asistencia de Abogado y representadas por Procurador. La intervención de la Abogacía del Estado, cuando proceda a instancia de la Autoridad Central española, cesará desde el momento en que el solicitante de la restitución o del retorno comparezca en el proceso con su propio Abogado y Procurador (art. 778 quater.4 LEC).

d) Intervención del Ministerio Fiscal: será preceptiva conforme a lo establecido en el art. 749.2 LEC.

B) Disposiciones generales

1) El procedimiento tendrá carácter urgente y preferente, debiendo sustanciarse en ambas instancias, si las hubiere, en el inexcusable plazo de seis semanas; 2) En ningún caso se ordenará la suspensión de las actuaciones civiles por la existencia de prejudicialidad penal; 3) Se procurará y facilitará la comunicación judicial directa entre órganos jurisdiccionales de distintos países; 4) Las partes podrán solicitar la suspensión del proceso para someterse a mediación (art. 778 quater 5, 6, 7 y 12 LEC).

C) Medidas cautelares

El Juez podrá acordar, de oficio, a petición de quien promueva el procedimiento o del Ministerio Fiscal, las medidas cautelares oportunas y de aseguramiento del menor que estime pertinentes conforme al artículo 773, además de las previstas en el artículo 158 del Código Civil. Asimismo, podrá acordar que durante la tramitación del proceso se garanticen los derechos de estancia o visita, relación y comunicación del menor con el demandante (art. 778 quater.8 LEC).

D) Procedimiento

a) Demanda: Deberá cumplir los requisitos de contenido exigidos por el art. 778 quinquies.1 y acompañarse la documentación que en dicho precepto se menciona.

b) Requerimiento: Admitida la demanda, se requerirá a la persona a quien se impute la sustracción o retención ilícita del menor para que comparezca con el mismo en la fecha que se señale (dentro de los tres días siguientes) y manifieste si accede o se opone a su restitución o retorno (art, 778 quinquies.2 LEC).

c) Posible archivo o inhibición: Cuando el menor no fuere hallado en el lugar indicado en la demanda y las averiguaciones practicadas resultaren infructuosas, se archivará el procedimiento hasta que sea encontrado. Si fuere hallado en otra provincia, previa audiencia del fiscal y de las partes personadas, el tribunal remitirá las actuaciones al que resulte territorialmente competente (art. 778 quinquies.3 LEC). Cuando la autoridad judicial tenga razones para creer que el menor ha sido trasladado a otro Estado podrá suspender el procedimiento o rechazar la demanda de restitución del menor (art. 12.3 Convenio La Haya).

d) Comparecencia: 1) Si el requerido comparece y accede a la restitución o retorno del menor, se dictará auto acordándola y ordenando la conclusión del proceso (art. 778 quinquies.4 LEC).

2) Si no comparece, no lo hace en forma, ni presentara oposición, se le declara en rebeldía y se dispondrá la continuación del procedimiento sin él, citando únicamente al demandante y al fiscal al acto de la vista (art. 778 quinquies.5 LEC).

3) Si comparece y formula oposición (lo que debe hacer por escrito), se dará traslado a las demás partes y se les citará a todos al acto de la vista, que se celebrará dentro de los cinco días siguientes (art. 778 quinquies.6 LEC).

e) Vista: La vista no se suspenderá por incomparecencia del demandante. Si fuera el demandado que se hubiera opuesto quien no compareciere, el juez le tendrá por desistido de la oposición y continuará la vista. En ella se practicarán las pruebas útiles y pertinentes que propongan las partes o el Ministerio Fiscal y las que el Juez acuerde de oficio, debiendo proceder éste en todo caso, separadamente y en presencia del fiscal a la exploración del menor (art. 778 quinquies.7 y 8 LEC).

f) Sentencia: Dentro de los tres días siguientes a la conclusión de la vista el juez dictará sentencia en la que se pronunciará únicamente sobre si el traslado o la retención son ilícitos y acordará si procede o no la restitución del menor a la persona, institución u organismo que tenga atribuida la guarda y custodia o su retorno al lugar de procedencia para permitir al solicitante el ejercicio del régimen de estancia, comunicación o relación con el menor, teniendo en cuenta el interés superior de éste y los términos del correspondiente convenio o de las disposiciones de la Unión Europea en la materia; se pronunciará, además sobre las costas y los gastos de viaje y los que ocasiones la restitución o el retorno del menor (art. 778 quinquies.9 y 10 LEC). El art. 778 quinquies.9 obliga imperativamente al juez a pronunciarse únicamente sobre si el traslado o la retención son ilícitos y restaurar en tal caso el *statu quo* anterior, sin que quepa decidir sobre el fondo de la cuestión de la custodia del menor.

g) Restitución: la autoridad competente ordenará la restitución inmediata del menor (art. 12.1 y 2 Convenio La Haya):

1) Si hubiera transcurrido un período inferior a un año desde el momento en que se produjo el traslado o retención ilícitos a la fecha de iniciación del procedimiento ante la autoridad judicial donde se halle el menor.

2) Aunque se hubieren iniciado los procedimientos después de la expiración del plazo de un año, salvo que quede demostrado que el menor ha quedado integrado en su nuevo medio.

h) No restitución: La autoridad judicial no está obligada a ordenar la restitución del menor si la persona, Institución u otro Organismo que se opone a su restitución demuestra que (art. 13 Convenio La Haya):

1) La persona, Institución u Organismo que se hubiera hecho cargo del menor no ejercía de modo efectivo el derecho de custodia en el momento en que fue trasladado o retenido o había consentido o posteriormente aceptado el traslado o retención.

2) Existe un grave riesgo de que la restitución del menor lo exponga a un peligro físico o psíquico o de cualquier otra manera ponga al menor en una situación intolerable.

3) El propio menor se opone a su restitución, cuando haya alcanzado una edad y un grado de madurez en que resulta apropiado tener en cuenta sus opiniones.

Al examinar estas circunstancias la autoridad judicial tendrá en cuenta la información que sobre la situación social del menor proporcione la Autoridad central u otra autoridad competente del lugar de residencia habitual del menor.

Se trata de excepciones a la restitución del menor orientadas al interés superior del menor y relacionadas con su integridad física y psíquica.

i) Recursos: La sentencia es recurrible, con efectos suspensivos, sustanciándose la apelación con arreglo a lo establecido en el apartado número 11 del art. 778 quinquies LEC. Conforme a este precepto, la tramitación del recurso tendrá carácter preferente y deberá ser resuelto en el improrrogable plazo de treinta días.

En la ejecución de la sentencia en la que se acuerde la restitución del menor o su retorno al Estado de procedencia, la Autoridad Central prestará la necesaria asistencia al Juzgado para garantizar que se realice sin peligro, adoptando en cada caso las medidas administrativas precisas (art. 778 quinquies.13).

4. Declaración de ilicitud de un traslado o retención internacional

Cuando un menor con residencia habitual en España sea objeto de un traslado o retención internacional, conforme a lo establecido en el correspondiente convenio o norma internacional aplicable, cualquier persona interesada, al margen del proceso que se inicie para pedir su restitución internacional, podrá dirigirse en España a la autoridad judicial competente para conocer del fondo del asunto con la finalidad de obtener una resolución que especifique que el traslado o la retención han sido ilícitos.

La regulación normativa de esta materia se contiene en el art. 778 sexies de la LEC.

A) Objeto

Mediante este proceso se pretende obtener, normalmente con carácter previo e independientemente del proceso que se promueva para lograr la restitución internacional de un menor con residencia habitual en España que haya sido objeto de un traslado o retención internacional, una declaración judicial de un órgano jurisdiccional español en la que se especifique que dicho traslado o retención son ilícitos (art. 778 sexies, II LEC).

B) Competencia

La competencia se atribuye al mismo tribunal que sea competente para conocer del fondo del asunto, lo que supone que corresponderá: 1) Al Tribunal de Instancia que haya conocido en España del proceso sobre responsabilidad parental pronunciándose sobre la situación o medidas que afecten al menor y que hayan sido quebrantadas por el traslado o retención supuestamente ilícitos, y 2) En su defecto, al Tribunal de Instancia (y, en su caso a la Sección con competencia específica en materia de familia) del último domicilio del menor en España (art. 778 sexies, II LEC y arts. 85 y 86 LOPJ).

C) Legitimación

La legitimación activa se atribuye a cualquier persona interesada (art. 778 sexies, I LEC), debiendo entenderse que también alcanza al Ministerio Fiscal (art. 749 LEC).

D) Procedimiento

Nada se dice en el art. 778 sexies sobre el procedimiento, pero no ofrece duda que habrá de ser el del juicio verbal al que remite, en general, el art. 753 para la tramitación de los procesos comprendidos en el Título I del Libro IV de la LEC, con las demás especialidades contenidas en los arts. 749 a 755.

5. *Oposición a resoluciones administrativas en materia de protección de menores*

Las Administraciones Públicas (Estatal o Autonómica) con competencia específica sobre la materia, deben adoptar las resoluciones y llevar a cabo las actuaciones que resulten necesarias para cumplir la función de protección de los menores que les encomienda la LO 1/1996 de Protección Jurídica del Menor *(Tol 301481)*, especialmente en materias de protección social en general, en situaciones de riesgo, de desamparo, guarda, tutela, acogimiento familiar, acogimiento residencial, preparación para la vida independiente, adopción, ingreso en centros de protección específicos de menores con problemas de conducta, medidas de seguridad, de contención, de aislamiento, registros personales y materiales, régimen disciplinario, visitas, permisos, etc. Esta materia fue objeto de revisión por la Ley 26/2015, de 28 de julio, de modificación del sistema de protección a la infancia y a la adolescencia *(Tol 5214598)*, que dio nueva redacción a los arts. 779 y 780 LEC (así como a los arts. 172, 173 y 174 CC, adicionando a este último los arts. 172 bis, 172 ter y 173 bis), y también por la LO 8/2021, de 4 de junio, de protección integral a la infancia y a la adolescencia (Tol 8451578) y el RD-Ley 6/2023 *(Tol 9841185)*. Las resoluciones administrativas en materia de protección de menores adoptadas por la Entidad pública pueden ser objeto de oposición ante los tribunales civiles por el procedimiento establecido en los art. 779 y780 LEC.

Entre las resoluciones administrativas que pueden ser objeto de oposición por medio de este procedimiento se encuentran las relativas a la atribución de la guarda y custodia de los menores efectuada por la Administración competente en favor de determinada persona, pudiendo pretenderse por el padre o madre naturales la devolución de dichas facultades y la reintegración plena de la patria potestad [sobre esta cuestión puede verse la STS 740/2016, de 21 de diciembre *(Tol 5930618)*].

La regulación normativa de esta materia se encuentra en los arts. 779 y 780 de la LEC; en los arts. 172 a 174 del CC; y en la LO 1/1996 de Protección Jurídica del Menor *(Tol 301481)*, modificada por la Ley 26/2015, de 28 de julio, de modificación del sistema de protección a la infancia y a la adolescencia *(Tol 5214598)*.

A) Competencia

Se atribuye al Tribunal de Instancia (y, en su caso, a la Sección con competencia específica en materia de familia) del lugar del domicilio de la Entidad pública y, en su defecto o en los supuestos de los arts. 179 y 180 CC, el tribunal del domicilio del adoptante (art. 779, II LEC y arts. 85 y 86.1 LOP).

B) Legitimación

Estarán legitimados para formular oposición a las resoluciones administrativas en materia de protección de menores: los menores afectados por la resolución, los progenitores, tutores, acogedores y guardadores, siempre que tengan interés legítimo y directo, el Ministerio Fiscal y aquellas personas a las que expresamente la ley les reconozca tal legitimación. Todos los legitimados, aunque no fueren actores, podrán personarse en cualquier momento del procedimiento, sin que se retrotraigan las actuaciones (art. 780.1, II LEC). Esta regla, obviamente, no rige para el Ministerio Fiscal, que será parte en todo caso.

Los menores tendrán derecho a ser parte y a ser oídos y escuchados en el proceso conforme a lo establecido en la Ley Orgánica de Protección Jurídica del Menor. Ejercitarán sus pretensiones en relación a las resoluciones administrativas que les afecten a través de sus representantes legales, siempre que no tengan intereses contrapuestos a los suyos, o a través de la persona que se designe o que ellos mismos designen como su defensor para que les represente (art. 780.1, III LEC).

C) Postulación

Deberá estarse a la regla específica del art. 750 LEC.

D) Disposiciones generales

La tramitación del procedimiento tendrá carácter preferente y deberá realizarse en el plazo de tres meses desde la fecha en que se hubiere iniciado (art. 779, I LEC) aunque la tramitación más o menos dilatada no puede constituir motivo de impugnación de la sentencia de instancia que justifique su revocación total o parcial [en este sentido, SAP Guipúzcoa 15/2/2019 *(Tol 7259283)*]; no será necesaria la reclamación previa en vía administrativa para formular oposición a la resolución ante los tribunales civiles; y la oposición podrá formularse en el plazo de dos meses desde la notificación de la resolución (art. 780.1, I LEC), cualquiera que sea el contenido de ésta. Este plazo es de caducidad [p. ej. SAP Huesca 22/10/2019 *(Tol 7607500)*]. El objeto del proceso está constituido por la oposición al contenido de lo resuelto por la Entidad pública.

E) Procedimiento

El proceso de oposición a la resolución administrativa en materia de protección de menores se iniciará mediante la presentación de un escrito inicial en el que el actor, sucintamente, expresará la pretensión y la resolución a que se opone; en el escrito consignará expresamente la fecha de notificación de la resolución administrativa y manifestará si existen procedimientos relativos a ese menor; el Letrado de la Administración de Justicia reclamará a la entidad administrativa un testimonio completo del expediente, que deberá ser aportado en el plazo de diez días, pudiendo además ser requerida para aportar al tribunal, antes de la vista, las actualizaciones que se hayan producido en el expediente del menor; recibido el testimonio del expediente administrativo, el Letrado de la Administración de Justicia, en el plazo máximo de cinco días, emplazará al actor por diez días para que presente la demanda, que se tramitará con arreglo a lo previsto en el artículo 753 LEC (art. 780.2, 3 y 4 LEC).

El juez dictará sentencia dentro de los diez días siguientes a la terminación del juicio (art. 780.4, II LEC).

F) Acumulación

Si el Ministerio Fiscal, las partes o el Juez competente tuvieren conocimiento de la existencia de más de un procedimiento de oposición a resoluciones administrativas relativas a la protección de un mismo menor, pedirán los primeros y dispondrá el segundo, incluso de oficio, la acumulación ante el Juzgado que estuviera conociendo del procedimiento más antiguo.

Acordada la acumulación, se procederá según dispone el artículo 84 LEC, con la especialidad de que no se suspenderá la vista que ya estuviera señalada si fuera posible tramitar el resto de procesos acumulados dentro del plazo determinado por el señalamiento. En caso contrario, el letrado de la Administración de Justicia acordará la suspensión del que tuviera la vista ya fijada, hasta que los otros se hallen en el mismo estado, procediendo a realizar el nuevo señalamiento para todos con carácter preferente y, en todo caso, dentro de los diez días siguientes.

Contra el auto que deniegue la acumulación podrán interponerse los recursos de reposición y apelación sin efectos suspensivos. Contra el auto que acuerde la acumulación no se dará recurso alguno (art. 780.6 LEC).

III. PROCEDIMIENTO PARA DETERMINAR LA NECESIDAD DE ASENTIMIENTO EN LA ADOPCIÓN

En el procedimiento de jurisdicción voluntaria relativo a la adopción[22], el art. 177 CC establece qué personas deberán comparecer ante el juez que conozca del mismo para prestar su consentimiento (art. 177.1), para asentir a la adopción (art. 177.2) o simplemente para ser oídos (art. 177.3), especificándose en el art. 177.2.2.º los supuestos en que no es necesario el asentimiento de los progenitores. Pues bien, los progenitores que pretendan que se reconozca la necesidad de su asentimiento para la adopción, podrán comparecer ante el tribunal que esté conociendo del correspondiente expediente para obtener una declaración en tal sentido y poder, así, manifestar su opinión al respecto antes de que se resuelva sobre la adopción. El procedimiento para determinar la necesidad de asentimiento en la adopción, regulado en el art. 781 LEC, fue objeto de nueva redacción por la Ley 26/2015, de 28 de julio, de modificación del sistema de protección a la infancia y a la adolescencia *(Tol 5214598)*.

La regulación normativa de esta materia se contiene en el art. 781 LEC.

A) Competencia

Se atribuye al mismo tribunal que esté conociendo del correspondiente expediente de adopción (art. 781.1 LEC).

B) Solicitud y demanda

Los progenitores que pretendan que se reconozca la necesidad de su asentimiento para la adopción, pueden comparecer ante el mismo tribunal que esté conociendo del expediente y manifestarlo así (art. 781.1 LEC). No dice este precepto cómo deba formularse tal solicitud, por lo que podrá hacerse por escrito o mediante comparecencia. Formulada la solicitud, el letrado de la Administración de Justicia, con suspensión del expediente, otorgará el plazo de quince días para la presentación de la demanda ante

---

22 Véase el Epígrafe II del Capítulo Decimotercero.

el propio tribunal. La demanda deberá redactarse conforme a lo establecido en el art. 437 LEC, siendo preceptiva la postulación mediante abogado y procurador (art. 750 LEC).

Por razón de su tramitación en diferente tipo de juicio, no cabe la acumulación de la solicitud del reconocimiento de la exigibilidad de asentimiento en la adopción con la solicitud de cese de la suspensión de la patria potestad y revocación de la situación de desamparo del menor [p. ej. SAP Granada 29/5/2020 *(Tol 8101048)*].

C) Prosecución del procedimiento

Si no se presentare la demanda en el indicado plazo, el letrado de la Administración de Justicia dictará decreto dando por finalizado el trámite y alzando la suspensión acordada en el expediente, que continuará sustanciándose de conformidad con lo establecido en la legislación de jurisdicción voluntaria (art. 781.2 LEC).

Presentada la demanda dentro de plazo, si fuere admisible, el letrado de la Administración de Justicia dictará decreto declarando contencioso el expediente de adopción y acordará la tramitación de la demanda en el mismo procedimiento, como pieza separada, por los trámites del juicio verbal con arreglo a lo establecido en el art. 753 (art. 781.3 LEC).

D) Efectos de la sentencia estimatoria

Una vez firme la resolución que se dicte en la pieza separada sobre la necesidad del asentimiento de los progenitores del adoptando, el letrado de la Administración de Justicia acordará la citación ante el juez que conoce de la adopción de las personas que, conforme a dicha sentencia y a lo establecido en el art. 177 CC, deban prestar el consentimiento o el asentimiento a la adopción, así como ser oídos (sin que todavía lo hubieran hecho), reanudándose la tramitación del expediente de adopción hasta la resolución del mismo (art. 781.3, II LEC).

IV. PROCEDIMIENTO PARA CONTROVERSIAS EN MATERIA DE ADOPCIÓN INTERNACIONAL

La adopción internacional se regirá por las normas contenidas en la Ley de Adopción Internacional. Igualmente, las adopciones constituidas por autoridades extranjeras surtirán efectos en España con arreglo a las disposiciones de la citada Ley de Adopción Internacional (art. 9.5 CC).

En esto casos se estará a lo previsto en la Ley 54/2007, de 28 de diciembre, de Adopción Internacional *(Tol 1218144)*, así como a lo establecido al respecto en los Tratados y Convenios internacionales en que España sea parte y, en especial, en el Convenio de La Haya de 29 de mayo de 1993, relativo a la protección del niño y a la cooperación en materia de adopción internacional (art. 41 LJV).

Sin embargo, cuando surjan controversias en materia de modificación, revisión, declaración de nulidad o conversión en adopción plena de una adopción internacional que deban sustanciarse contradictoriamente en España conforme a lo previsto en el art. 15.1 de la Ley 54/2007, de 28 de diciembre, de Adopción internacional *(Tol 1218144)*, esta Ley no contiene ninguna previsión expresa al respecto. Su art. 16 remite a las normas de la jurisdicción voluntaria, pero no contempla los supuestos en los que, por existir controversia entre los interesados, deba acudirse a un proceso contradictorio. En tales supuestos, conforme al art. 33 LJV, la competencia corresponderá al Tribunal de Instancia, o en su caso Sección de Familia o Infancia del domicilio en que tenga su sede la Entidad Pública que tenga encomendada la protección del adoptando y, en su defecto, el del domicilio del adoptante; y el cauce procesal habrá de ser el del juicio verbal al que se refiere el art. 753 LEC, con las especialidades contenidas en los arts. 749 a 755 LEC.

Capítulo Décimo

Proceso sobre oposición a resoluciones de la Dirección General de Seguridad Jurídica y Fe Pública en materia de Registro Civil

La disposición Final 4.ª de la Ley 20/2011, de 21 de julio, del Registro Civil *(Tol 2166566)* introdujo en la LEC un nuevo art. 781 bis en el que se regula el procedimiento a seguir para sustanciar la "oposición", ante los órganos de la jurisdicción civil, a las resoluciones y actos de la Dirección General de Seguridad Jurídica y Fe Pública (antes de los Registros y del Notariado) en materia de Registro Civil.

Según la Ley de Registro Civil, contra las decisiones adoptadas por los Encargados de las Oficinas Central, Generales y Consulares del Registro Civil en el ámbito de las competencias atribuidas por dicha Ley, los interesados sólo podrán interponer recurso (administrativo, de alzada) ante la Dirección General de los Registros y del Notariado, en el plazo de un mes (art. 85.1 LRC). El recurso se dirigirá a la Dirección General de Seguridad Jurídica y Fe Pública y se formulará en los términos previstos en la Ley 39/2015, de 1 de octubre, del Procedimiento Administrativo Común de las Administraciones Públicas (art. 86.1 LRC). La Dirección General resolverá el recurso en el plazo de seis meses siguientes a la recepción del escrito de interposición. Transcurrido este plazo sin que la Dirección General de Seguridad Jurídica y Fe Pública haya dictado y notificado resolución expresa, se entenderá desestimada la pretensión, quedando expedita la vía jurisdiccional correspondiente (art. 86.2 LRC).

Las resoluciones y actos de la Dirección General de Seguridad Jurídica y Fe Pública podrán ser impugnados ante los tribunales civiles, de conformidad con lo previsto en el artículo 781 bis de la LEC (art. 87.1 LRC), a excepción de las relativas a la solicitud de nacionalidad por residencia que, en aplicación del artículo 22.5 del Código civil, se someten a la jurisdicción contencioso-administrativa (art. 87.2 LRC).

La regulación normativa de este procedimiento se contiene en el art. 781 bis de la LEC y también en los arts. 52.1. 17.º y 753 de la misma Ley.

I. PRESUPUESTOS PROCESALES Y REQUISITOS

A) Jurisdicción y competencia

La competencia objetiva para el conocimiento de la impugnación (según la LRC) o la oposición (según la LEC) a las resoluciones de la Dirección General de Seguridad Jurídica y Fe Pública, resolviendo el recurso administrativo que se interponga ante ella contra las decisiones adoptadas por los Encargados de los Registros Civiles en las materias propias de su competencia, se atribuye a los tribunales civiles y, en particular, a los Tribunales de Instancia (Sección de Familia, Infancia y Capacidad) (art. 86.5.i) LOPJ). De esta atribución de competencia están excluidas, lógicamente, las impugnaciones que se dirijan contra las resoluciones y actos de la Dirección General de Seguridad Jurídica y Fe Pública relativos a la solicitud de nacionalidad por residencia, cuyo conocimiento corresponde, conforme a lo establecido en el art. 22.5 del Código civil, a los tribunales de la jurisdicción contencioso-administrativa [art. 87.2 LRC; puede verse, p. ej., STS 25/1/2021 *(Tol 2.166.566)*].

La competencia territorial se atribuye al Tribunal de Instancia (Sección de Familia, Infancia y Capacidad) de la capital de provincia del domicilio de quien pretenda formular oposición a la resolución [art. 52.1. 17.º LEC y art. 86.5, i) LOPJ; puede verse, p. ej., SAP Cuenca 5/5/2020 *(Tol 7963466)*].

Esta atribución de competencia territorial que efectúa el apartado 17.º del art. 52.1, atendidos los términos que se utilizan en la redacción del precepto, pareciera tener carácter imperativo, pero no está comprendida entre las reglas que se mencionan en el art. 54.1, en relación con el art. 58 LEC. Por esta razón se ha entendido que la falta de competencia territorial no podría apreciarse de oficio, sino solamente en virtud de declinatoria propuesta en tiempo y forma por la parte demandada o quienes puedan ser parte legitima en el juicio [p. ej. AAP Vizcaya 6/10/2021 *(Tol 8.818.229)*].

B) Legitimación y postulación

La legitimación activa corresponderá a quien, habiendo sido parte en el previo recurso administrativo contra la decisión del Encargado del Registro Civil, se considere agraviado por la resolución adoptada por la Dirección General de Seguridad Jurídica y Fe Pública.

La Legitimación pasiva, a la mencionada Dirección General y a quienes pudieran resultar directamente afectados por la rectificación o modificación de la inscripción registral a la que se refiera la demanda.

Las partes actuarán con asistencia de Abogado y representadas por Procurador (art. 750.1 LEC). La Dirección General de Seguridad Jurídica y Fe Pública actuará dirigida y representada por el Abogado del Estado.

Será preceptiva la intervención del Ministerio Fiscal en los casos a que se refiere el art. 749.2 LEC.

C) Requisitos

a) Plazo: La oposición deberá formularse en el plazo de dos meses desde la notificación al interesado de la resolución dictada por la Dirección General de Seguridad Jurídica y Fe Pública (art. 781 bis.1 LEC). En caso de silencio administrativo (art. 86.2, II LRC), el día inicial para el cómputo del plazo será el siguiente a aquél en que, por haber transcurrido el plazo de seis meses establecido en el precepto últimamente citado para dictar la resolución, sin haberlo hecho, se entienda desestimada la petición del recurrente (art. 46.1 LJCA).

b) Reclamación previa: No será necesaria la reclamación administrativa previa (art. 781 bis.1, *in fine* LEC). Esta declaración resulta innecesaria, pues tal exigencia ya fue suprimida con carácter general desde la entrada en vigor de la Ley 39/2015, de Procedimiento Administrativo común, que eliminó el requisito de la previa reclamación administrativa que imponía el art. 120 de la derogada Ley 30/1992 para interponer demandas frente a la Administración.

c) Atendida la naturaleza de la pretensión y el carácter público de la entidad demandada, el proceso queda fuera del ámbito de la solución extrajudicial de controversias, no siendo exigible ningún requisito de procedibilidad en tal sentido.

II. RESOLUCIONES Y ACTOS IMPUGNABLES

Podrá acudirse a este procedimiento para proceder a la impugnación ante los tribunales civiles de las resoluciones de la Dirección General de Seguridad Jurídica y Fe Pública dictadas al resolver el recurso administrativo que se hubiere interpuesto contra las decisiones de los Encargados de los Registros Civiles en materia de su competencia, quedando exceptuadas, como ya se dijo, las resoluciones pronunciadas en materia de nacionalidad por residencia (art. 781 bis.1 LEC).

Serán impugnables tanto las resoluciones expresas como las presuntas, resultado del silencio de la Dirección General (art. 86.2, II LRC).

III. OBJETO DEL PROCESO

El art. 87.1 de la LRC establece que "Las resoluciones y actos de la Dirección General de los Registros y del Notariado podrán ser *impugnados* ante el Juzgado de Primera Instancia de la capital de provincia del domicilio del recurrente, de conformidad con lo previsto en el artículo 781 bis de la Ley 1/2000, de Enjuiciamiento civil". Este último precepto señala que se sujetará al procedimiento que en él se regula "La *oposición* a las resoluciones de la Dirección General de los Registros y del Notariado —actualmente de la Seguridad Jurídica y Fe Pública— en materia de Registro Civil…"

Los tribunales han considerado que el objeto de este proceso no está constituido por la impugnación en sí de la Resolución de la Dirección General, sino por la oposición al contenido de la misma. El matiz es importante, en cuanto que la "oposición" define un objeto procesal más amplio y directo que la simple "impugnación" que, a modo de recurso, debería limitarse a valorar exclusivamente los materiales aportados al expediente administrativo y a las razones expuestas en la resolución que se impugne. En ese proceso especial el tribunal civil no revisa simplemente la actuación administrativa (su actividad in procedendo), sino que decide directamente sobre la pretensión del demandante en orden a la modificación del Registro Civil, por lo que su objeto es la pretensión del demandante en cuanto se opone al acto administrativo denegatorio. El demandante podrá sostener sus tesis con plenitud ante la jurisdicción civil y con igual plenitud podrá oponerse la Administración demandada [véase la SAP Madrid, secc. 12.ª, de 3/12/2014 *(Tol 10.397.165)*].

En realidad, se trata de un nuevo proceso instado por el demandante para mostrar su oposición a lo resuelto por la Dirección General y tratar de lograr la estimación de su pretensión sobre el hecho en materia de Registro civil que le afecte y sobre los términos de la correspondiente inscripción que deba constar en dicho Registro. Esa pretensión estará basada en la infracción de las normas sustantivas que se consideren aplicables, no en la infracción de las normas del procedimiento administrativo [puede verse, por ejemplo, la SAP Navarra 10/5/2024 *(Tol 10.141.621)*]. Lo que no impide que puedan denunciarse las infracciones de normas de procedimiento que hayan sido determinantes del contenido desfavorable de la resolución.

En el ámbito de este proceso compete al tribunal civil la valoración de las pruebas aportadas al expediente administrativo con el fin de determinar si dicha documentación cumple o no con los requisitos legales exigidos [p. ej. STS 15/1/2025, F.J. 3.º *(Tol 10.348.863)*].

En cuanto a la decisión de fondo, el tribunal civil no está sujeto a las interpretaciones que haya podido efectuar la Administración a través de instrucciones o circulares, ya que solo son vinculantes para quienes estén subordinados a ella [arts. 2, 3 y 26. 2.ª LRC y STS 15/1/2025 *(Tol 10.349.002)*].

IV. PROCEDIMIENTO

A) Fase inicial

a) Solicitud: En su fase inicial, el procedimiento se asemeja a lo establecido para el procedimiento contencioso administrativo. Quien pretenda oponerse a la resolución dictada por la Dirección General de Seguridad Jurídica y Fe Pública en aquella materia que considere perjudicial, presentará ante el tribunal competente un escrito inicial en el que sucintamente expresará su pretensión y especificará la resolución de que se trate (art. 781 bis.2 LEC).

b) Reclamación del expediente: El letrado de la Administración de Justicia reclamará a la Dirección General de Seguridad Jurídica y Fe Pública un testimonio completo o copia auténtica del expediente, que deberá ser aportado en el plazo de veinte días (art. 781 bis.3 LEC).

c) Demanda: Recibido el testimonio o copia auténtica del expediente administrativo, el letrado de la Administración de Justicia emplazará al actor por veinte días para que presente la demanda (art. 781 bis.4 LEC), que deberá ajustarse, en cuanto a su forma y contenido, a lo establecido en el art. 437 LEC, siendo necesaria la postulación por medio de procurador y abogado (art. 750 LEC).

Si la demanda no se presentara en el indicado plazo se archivará el procedimiento.

B) Prosecución del procedimiento

Si, presentada la demanda, fuera admitida a trámite, el procedimiento continuará sustanciándose con arreglo a lo previsto en el artículo 753 (art. 781 bis. 4 LEC). Así pues, el letrado de la Administración de Justicia dará traslado de la demanda a la Dirección General de Seguridad Jurídica y Fe

Pública, al Ministerio Fiscal cuando proceda, y a aquellas personas que, por tener interés directo en el procedimiento deban ser parte en el mismo, hayan sido o no demandadas, emplazándoles a todos ellos para que la contesten en el plazo de veinte días, conforme a lo establecido en el art. 405 LEC.

A partir de aquí continuará sustanciándose por los trámites del juicio verbal (art. 753.1 LEC).

Segunda parte

PROCEDIMIENTOS DE JURISDICCIÓN VOLUNTARIA

"A mis padres"
Ana Rodrigo

Capítulo Undécimo

Disposiciones generales y normas comunes

I. CONSIDERACIONES PRELIMINARES

Tras la exposición, en la Parte primera de esta obra, de los procesos especiales que la Ley de Enjuiciamiento Civil dedica a la adopción de medidas judiciales de apoyo a las personas con discapacidad, a la filiación, al matrimonio y a los menores (Título I del Libro IV), en los que se debaten contradictoriamente ante los tribunales y se resuelven por ellos los conflictos que se suscitan entre partes determinadas que adoptan, por regla general, posiciones contrapuestas en la defensa de sus respectivos intereses (con la excepción del procedimiento "de mutuo acuerdo" que se regula en el art. 777 LEC, que no es propiamente un proceso), en esta Segunda parte se contiene la de los expedientes o procedimientos de jurisdicción voluntaria —confiados también a la decisión de los órganos de la Administración de Justicia— que nuestro ordenamiento jurídico establece para la protección de los intereses de determinadas personas, bien por razón de su situación de discapacidad, bien en lo que atañe a sus relaciones de filiación, matrimonio o familia, bien por su condición de menores de edad, en aquellos supuestos en los que la necesidad de establecer los instrumentos procedentes para su reconocimiento o la de adoptar las medidas adecuadas para su salvaguardia, no resulta, por lo general, discutida por los sujetos concernidos, aunque precisan para su instauración y eficacia una resolución judicial de carácter normalmente constitutivo.

A los efectos que aquí interesa destacar, la Ley 15/2015, de 2 de julio, de la Jurisdicción Voluntaria *(Tol 5189143)* considera expedientes de jurisdicción voluntaria todos aquellos que requieran la intervención de un órgano jurisdiccional para la tutela de derechos e intereses en materia de Derecho privado, sin que exista controversia que deba sustanciarse en un proceso contencioso (art. 1.2 LJV).

En el Título Preliminar y en el Título I de la Ley se comprenden las normas procesales de carácter general aplicables a todos los expedientes, salvo en aquellos aspectos que estén regulados de manera específica para cada uno de ellos en las normas particulares establecidas al efecto por la propia Ley en los Títulos II y III.

En el Título II se regulan los expedientes de jurisdicción voluntaria en materia de personas. Entre otros, los ordenados a obtener: 1) La autorización judicial del reconocimiento de la filiación no matrimonial (arts. 23 a 26); 2) La aprobación judicial de la modificación de la mención registral del sexo de personas mayores de doce años y menores de catorce (arts. 26 *bis* a 26 *nonies*; 3) La habilitación para comparecer en juicio y el nombramiento del defensor judicial (arts. 27 a 32); 4) La adopción (arts. 33 a 42); 5) La provisión de medidas judiciales de apoyo a personas con discapacidad (arts. 42 bis a, b y c); 6) La resolución de las cuestiones relativas a la tutela, la curatela y la guarda de hecho (arts. 43 a 52); 7) La concesión judicial de la emancipación y del beneficio de la mayoría de edad (arts. 53 a 55); 8) La adopción de medidas de protección del patrimonio de las personas con discapacidad (arts. 56 a 58); 9) La obtención de aprobación judicial del consentimiento prestado a las intromisiones legítimas en el derecho al honor, a la intimidad o la propia imagen de menores de edad o de personas con discapacidad con medidas de apoyo para el ejercicio de su capacidad jurídica (arts. 59 y 60); y 10) La autorización o aprobación judicial para realizar actos de disposición, gravamen u otros que se refieran a los bienes o derechos de menores o personas con discapacidad con medidas de apoyo para el ejercicio de su capacidad jurídica (arts. 61 a 66).

El Título III contiene la regulación de los expedientes de jurisdicción voluntaria en materia de familia y, dentro de ellos, los destinados a obtener: 1) La dispensa del impedimento matrimonial de muerte dolosa del cónyuge anterior (arts. 81 a 84); 2) La intervención judicial en relación con la adopción de medidas específicas para el caso de desacuerdo en el ejercicio de la patria potestad en relación con el ejercicio inadecuado de la potestad de guarda o de administración de los bienes del menor o persona con discapacidad con medidas de apoyo para el ejercicio de su capacidad jurídica (arts. 85 a 89); y 3) La intervención judicial en los casos de desacuerdo conyugal y en la administración de bienes gananciales.

El acogimiento de menores está regulado por separado en la Disposición Adicional Segunda de la Ley, en previsión de una posible desjudicialización futura del procedimiento.

Para la exposición sistemática de toda esta materia se seguirá en esta obra el mismo orden metodológico que se adoptó en la de los procesos especiales no dispositivos (el mismo de su regulación legal), dedicando este Capítulo Undécimo a las Disposiciones generales y comunes a todos los expedientes; el Capítulo Duodécimo a los procedimientos para la protección de personas con discapacidad y su patrimonio; el Capítulo Decimotercero, a los procedimientos en materia de filiación y adopción; el Capítulo Decimocuarto a los procedimientos en materia de matrimonio y familia; y el Capítulo Decimoquinto a los procedimientos para la protección de menores.

II. DISPOSICIONES GENERALES

La Ley de la Jurisdicción Voluntaria establece en su Título Preliminar y en su Título I una serie de normas comunes relativas a los presupuestos procesales y a la tramitación del expediente que conforman un modelo de procedimiento general de jurisdicción voluntaria. Esas normas serán de aplicación subsidiaria a los distintos expedientes que la Ley contempla en todo aquello que no esté específicamente establecido para cada uno de ellos por sus respectivas regulaciones particulares.

1. Presupuestos procesales

A) Relativos al tribunal

a) Competencia internacional: Los órganos judiciales españoles serán competentes para conocer los expedientes de jurisdicción voluntaria suscitados en los casos internacionales, cuando concurran los foros de competencia internacional recogidos en los Tratados y otras normas internacionales en vigor para España. En los supuestos no regulados por tales Tratados y otras normas internacionales, la competencia vendrá determinada por la concurrencia de los foros de competencia internacional recogidos en la Ley Orgánica del Poder Judicial (art. 9.1 LJV; art. 22 quater LOPJ).

En el caso de que, con arreglo a las normas de competencia internacional, los órganos judiciales españoles fueran competentes en relación con un expediente de jurisdicción voluntaria, pero no fuera posible concretar el territorialmente competente con arreglo a los criterios de la Ley 15/2015, lo será aquél correspondiente al lugar donde los actos de jurisdicción voluntaria deban producir sus efectos principales o el de su ejecución (art. 9.2 LJV). [Véase, p. ej. el AAP Valencia 14/1/2022 *(Tol 8969511)* o el AAP Guadalajara 20/2/2024 *(Tol 5189143)*].

b) Determinación de la competencia de los tribunales españoles y distribución de funciones: La competencia objetiva para conocer y resolver los expedientes de jurisdicción voluntaria corresponde a los Tribunales de Instancia y, en su caso, a las Secciones de Familia donde estén constituidas (art. 2.1 LJV y art. 86.1 LOPJ) y también, cuando así proceda, a las de Violencia sobre la Mujer (art. 49 bis LEC y art. 89.6 LOPJ).

La competencia territorial será la fijada en cada caso por el precepto correspondiente de la Ley para cada uno de los distintos expedientes, sin que quepa modificarla por sumisión expresa o tácita (art. 2.2 LJV). Deberá estarse, por tanto, en cada caso, a las reglas singulares de los arts. 24, 26 ter, 26 septies, 28, 33, 42 bis a), 43, 53, 57, 59, 62, 81, 86, 87 o 90 LJV.

El impulso y la dirección de los expedientes corresponderá a los letrados de la Administración de Justicia, atribuyéndose al juez o al letrado, según el caso, la decisión de fondo que recaiga sobre aquellos, conforme a lo específicamente previsto en la Ley (art. 2.3, I LJV). Cuando no venga atribuida la competencia expresamente a ninguno de ellos, el juez o magistrado decidirá los expedientes que afecten al interés público, al estado civil de las personas, los que precisen una específica actividad de tutela de normas sustantivas, los que puedan deparar actos de disposición, reconocimiento, creación o extinción de derechos subjetivos, así como cuando afecten a los derechos de menores o personas con discapacidad con medidas de apoyo para el ejercicio de su capacidad jurídica. El resto de expedientes serán resueltos por el letrado de la Administración de Justicia (art. 2.3, II LJV). Así pues, el juez o magistrado será el encargado de decidir, por regla general, los expedientes de jurisdicción voluntaria en materia de personas y de familia.

B) Relativos a los sujetos intervinientes

La ausencia de controversia que caracteriza a los actos de jurisdicción voluntaria excluye la aplicación del concepto de parte (en sentido propio) a los sujetos intervinientes en ellos. La Ley permite la personación de quienes, además del solicitante, tengan interés legítimo en el asunto y garantiza a todos ellos el principio de audiencia. Todos los intervinientes, sean promotores o interesados, deberán tener la necesaria capacidad para comparecer en juicio (art. 6 LEC).

a) Legitimación y postulación: Podrán promover expedientes de jurisdicción voluntaria e intervenir en ellos quienes sean titulares de derechos o intereses legítimos respecto de la materia que constituya su objeto, o cuya legitimación les venga conferida legalmente sobre dicha materia, sin perjuicio de los casos en que el expediente pueda iniciarse de oficio o a instancia del Ministerio Fiscal (art. 3.1 LJV).

Tanto los solicitantes como los interesados deberán actuar defendidos por Letrado y representados por Procurador en aquellos expedientes en que así se prevea expresamente por la Ley. No obstante, aun cuando no sea exigido por la ley, los interesados que lo deseen podrán actuar asistidos o representados por Abogado y Procurador, respectivamente.

En todo caso, será necesaria la actuación de Abogado y Procurador para la presentación de los recursos de revisión y apelación que en su caso se interpongan contra la resolución definitiva que se dicte en el expediente, así como a partir del momento en que se formulase oposición (art. 3 LJV).

b) La intervención del Ministerio fiscal: El Ministerio fiscal intervendrá en los expedientes de jurisdicción voluntaria cuando afecten al estado civil o condición de la persona o esté comprometido el interés de un menor o persona con discapacidad con medidas de apoyo para el ejercicio de su capacidad jurídica, y en aquellos otros casos en que la ley expresamente así lo declare (art. 4 LJV).

La actuación del Ministerio fiscal consistirá en intervenir, con legitimación propia, en defensa del interés general y en cumplimiento de la función que le atribuye el art. 3.6 EOMF, consistente en «tomar parte, en defensa de la legalidad y del interés público o social». Cuando alguno de los interesados en el procedimiento sea menor, persona con discapacidad o esté en situación de ausencia legal y carezca de representación, podrá actuar también el Ministerio Fiscal en representación y defensa de dichas personas para procurar la tutela de sus intereses, conforme a lo establecido en el art. 3.7 EOMF.

2. Reglas comunes

A) Ajustes para personas con discapacidad

En los procedimientos en que participen personas con discapacidad se deberán realizar las adaptaciones y los ajustes que sean necesarios para garantizar su participación en condiciones de igualdad.

Dichas adaptaciones y ajustes se realizarán, tanto a petición de cualquiera de los interesados o del Ministerio Fiscal, como de oficio por el propio tribunal, y en todas las fases y actuaciones procesales en las que resulte necesario, incluyendo los actos de comunicación. Las adaptaciones podrán venir referidas a la comunicación, la comprensión y la interacción con el entorno.

Las personas con discapacidad tienen el derecho a entender y ser entendidas en cualquier actuación que deba llevarse a cabo. A tal fin:

a) Todas las comunicaciones con las personas con discapacidad, orales o escritas, se harán en un lenguaje claro, sencillo y accesible, de un modo que tenga en cuenta sus características personales y sus necesidades, haciendo uso de medios como la lectura fácil. Si fuera necesario, la comunicación también se hará a la persona que preste apoyo a la persona con discapacidad para el ejercicio de su capacidad jurídica.

b) Se facilitará a la persona con discapacidad la asistencia o apoyos necesarios para que pueda hacerse entender, lo que incluirá la interpretación en las lenguas de signos reconocidas legalmente y los medios de apoyo a la comunicación oral de personas sordas, con discapacidad auditiva y sordo ciegas.

c) Se permitirá la participación de un profesional experto que, a modo de facilitador, realice tareas de adaptación y ajuste necesarias para que la persona con discapacidad pueda entender y ser entendida.

d) La persona con discapacidad podrá estar acompañada de una persona de su elección desde el primer contacto con las autoridades y funcionarios (art. 7 bis LJV).

De lo que se trata, en definitiva, con la adopción de estas medidas, ajustes o adaptaciones, es de que la persona que las precise actúe en el procedimiento en condiciones de igualdad con los demás interesados que intervengan en él, sin merma ninguna para su derecho constitucional a obtener una tutela judicial efectiva.

B) Reglas en materia de prueba

El juez o el letrado de la Administración de Justicia, según quien sea el competente para el conocimiento del expediente, decidirá sobre la admisión de los medios de prueba que se le propongan por los interesados, pudiendo ordenar prueba de oficio en los casos en que exista un interés público, se afecte a menores o personas con discapacidad con medidas de apoyo para el ejercicio de su capacidad jurídica, lo estime conveniente para clarificar algún elemento relevante y determinante de la cuestión o expresamente lo prevea la ley (art. 5 LJV).

El interés público presente en estos procedimientos de jurisdicción voluntaria comporta la sustitución del principio de aportación de parte, propio de los procesos dispositivos, por el de adquisición procesal y, también, el aumento de las facultades del órgano decisor, dando lugar, por una parte, a que el mismo tome en consideración los hechos esenciales que se hayan aportado al expediente independientemente de quién lo haya hecho y de la manera en que se hayan introducido en él, y, por otra, a que pueda acordar prueba de oficio.

Los medios de prueba serán los que se contemplan con carácter general en el art. 299 LEC y su práctica se ajustará, asimismo, a las reglas generales de dicha Ley.

No obstante, a diferencia del régimen general previsto en la LEC, la LJV exige aportar documentación específica junto con la solicitud de cada tipo de expediente. Dicha obligación se constituye como un requisito de procedibilidad, por lo que el letrado de la Administración de Justicia debe conceder al solicitante un plazo de 5 días para subsanar posibles defectos u omisiones en las solicitudes presentadas (art. 16.4 LJV). Si la subsanación no se lleva a cabo en el plazo señalado, se tiene por no presentada la solicitud y se procede directamente al archivo de las actuaciones, cuando el expediente es de la competencia del letrado de la Administración de Justicia, elevando la cuestión al juez cuando no sea así, para que acuerde lo que proceda (art. 17.1 LJV). Ello no impide al solicitante la posibilidad de solicitar el inicio de un nuevo expediente en un momento posterior.

C) Normas de derecho internacional privado

Aparte de las reglas sobre competencia internacional a las que se ha hecho referencia anteriormente, la Ley contiene las siguientes normas de derecho internacional privado:

a) Ley aplicable a los expedientes de jurisdicción voluntaria en los casos internacionales: Los órganos judiciales españoles aplicarán a los expedientes y actos de jurisdicción voluntaria respecto de los cuales resultaren competentes, la ley determinada por las normas de la Unión Europea o españolas de Derecho internacional privado (art. 10 LJV).

b) Inscripción de resoluciones extranjeras: Las resoluciones definitivas extranjeras de jurisdicción voluntaria emanadas de un órgano judicial podrán ser inscritas en los registros públicos españoles: 1) Previa superación del trámite de exequátur o de reconocimiento incidental en España. Hasta entonces sólo podrán ser objeto de anotación preventiva. 2) Por el Encargado del registro correspondiente, siempre que verifique la concurrencia de los requisitos exigidos para ello.

En el caso de que la resolución carezca de carácter definitivo, únicamente procederá su anotación preventiva.

El régimen jurídico contemplado en el presente artículo para las resoluciones dictadas por los órganos judiciales extranjeros será aplicable a las resoluciones pronunciadas por autoridades no pertenecientes a órganos judiciales extranjeros en materia de jurisdicción voluntaria cuya competencia corresponda, según esta Ley, al conocimiento de órganos judiciales (art. 11 LJV).

c) Efectos en España de los expedientes y actos de jurisdicción voluntaria acordados por autoridades extranjeras:

1) Los actos de jurisdicción voluntaria acordados por las autoridades extranjeras que sean firmes surtirán efectos en España y accederán a los registros públicos españoles previa superación de su reconocimiento conforme a lo dispuesto en la legislación vigente.

2) El órgano judicial español o el Encargado del registro público competente lo será también para otorgar, de modo incidental, el reconocimiento en España de los actos de jurisdicción voluntaria acordados por las autoridades extranjeras. No será necesario recurrir a ningún procedimiento específico previo.

3) El reconocimiento en España de los actos de jurisdicción voluntaria acordados por las autoridades extranjeras sólo se denegará en estos casos:

– Si el acto hubiera sido acordado por autoridad extranjera manifiestamente incompetente. Se considerará que la autoridad extranjera es competente si el supuesto presenta vínculos fundados con el Estado extranjero cuyas autoridades han otorgado dicho acto. Se considerará, en todo caso, que las autoridades extranjeras son manifiestamente incompetentes cuando el supuesto afecte a una materia cuya competencia exclusiva corresponda a los órganos judiciales o autoridades españolas.

– Si el acto hubiera sido acordado con manifiesta infracción de los derechos de defensa de cualquiera de los implicados.

– Si el reconocimiento del acto produjera efectos manifiestamente contrarios al orden público español.

– Si el reconocimiento del acto implicara la violación de un derecho fundamental o libertad pública de nuestro ordenamiento jurídico (art. 12 LJV).

D) Prioridad de la jurisdicción contenciosa

No se podrá iniciar o continuar con la tramitación de un expediente de jurisdicción voluntaria que verse sobre un objeto que esté siendo sustanciado en un proceso jurisdiccional. Una vez acreditada la presentación de la correspondiente demanda, se procederá al archivo del expediente, remitiéndose las actuaciones realizadas al tribunal que esté conociendo del proceso jurisdiccional para que lo incorpore a los autos (art. 6.2 LJV).

Se acordará la suspensión del expediente cuando se acredite la existencia de un proceso jurisdiccional contencioso cuya resolución pudiese afectarle, debiendo tramitarse el incidente de acuerdo con lo dispuesto en el artículo 43 de la Ley de Enjuiciamiento Civil (art. 6.3 LJV).

E) Unidad de tramitación

Cuando se tramiten simultáneamente dos o más expedientes con idéntico objeto, proseguirá la tramitación del que primero se hubiera iniciado y se acordará el archivo de los expedientes posteriormente incoados (art. 6.1 LJV).

F) Acumulación de expedientes

Cuando en un mismo órgano jurisdiccional se tramiten dos o más expedientes con conexión de objetos, de manera que la resolución de uno pudiera afectar a otro o dar lugar a resoluciones contradictorias, se acordará su acumulación, de oficio o a instancia del interesado o del Ministerio Fiscal (art. 15.1, I LJV), para continuar sustanciándose en un mismo procedimiento.

No se podrá acordar la acumulación de expedientes cuando su resolución corresponda a sujetos distintos (art. 15.1, II LJV), es decir, uno al juez y el otro al letrado de la Administración de Justicia, lo que no será probable que ocurra en los procedimientos de los que en esta obra se trata, pues es el juez el encargado de decidir, por regla general, los expedientes de jurisdicción voluntaria en materia de personas y de familia.

La acumulación de expedientes de jurisdicción voluntaria se regirá por lo previsto en la Ley de Enjuiciamiento Civil sobre la acumulación de procesos en el juicio verbal, con las siguientes especialidades:

a) Si se tratara de la acumulación de expedientes que pendan ante el mismo órgano judicial, la acumulación se solicitará por escrito antes de la comparecencia señalada, realizándose las alegaciones pertinentes y decidiéndose sobre la misma.

b) Si los expedientes estuvieran pendientes ante distintos órganos judiciales, los interesados deberán solicitar por escrito la acumulación ante el órgano que se estime competente en cualquier momento antes de la celebración de la comparecencia. Si el órgano requerido no accediese a la acumulación, la discrepancia será resuelta en todo caso por el Tribunal superior común (art. 15.2 LJV).

Los expedientes de jurisdicción voluntaria no serán acumulables a ningún proceso jurisdiccional contencioso (art. 15.3 LJV).

G) Oposición

Una de las notas que caracterizan a los procedimientos de jurisdicción voluntaria es la de que en ellos no existe controversia entre partes que mantengan posiciones enfrentadas. De existir tal controversia, la cuestión que constituya su objeto deberá debatirse contradictoriamente y resolverse en el correspondiente proceso declarativo (cfr. art. 1.2 LJV). Pero ello no excluye que, en determinados supuestos, alguno de los sujetos intervinientes en un expediente de jurisdicción voluntaria pueda manifestar su oposición a lo interesado por otro.

Con arreglo a lo establecido en el art. 17.3, II LJV, si alguno de los interesados formulara oposición a aquello que se pida por otro, no se hará contencioso el expediente, ni impedirá que continúe su tramitación hasta que sea resuelto, a no ser que la ley expresamente disponga lo contrario en la regulación específica de cada uno de los procedimientos que en ella se contemplan.

El régimen resultante de lo dispuesto en la LJV es el siguiente:

a) No cabrá formular oposición en los expedientes de jurisdicción voluntaria relativos a:

1) Adopción (art. 39.3 LJV);

2) Provisión de medidas judiciales de apoyo a personas con discapacidad (art. 42 bis b) 5, párrafo primero LJV), si bien no se considerará oposición la referida únicamente a la designación como curador de una persona concreta (párrafo segundo del mismo precepto);

3) Revisión posterior de las medidas judicialmente acordadas (art. 42 bis c) 3 LJV);

4) Remoción de la tutela (art. 49.1, II LJV);

5) Extinción de poderes preventivos (art. 51 bis 2 LJV);

6) En el expediente al que se refiere el art. 97 LJV, relativo al derecho de obligaciones.

En todos estos casos, si se formulare oposición por alguno de los interesados se pondrá fin al expediente, pudiendo darse, según los distintos supuestos, una de estas dos situaciones:

1') El interesado o, en su caso, el Ministerio Fiscal podrá interponer la correspondiente demanda promoviendo el proceso especial que corresponda, como se prevé en el art. 42 bis b) LJV, para la adopción judicial de medidas de apoyo a discapaces y en el art. 42 bis c) LJV para la revisión de dichas medidas;

2') El letrado de la Administración de Justicia citará a los interesados a una vista, continuando la tramitación del procedimiento ya contencioso con arreglo a lo previsto para el juicio verbal, como se prevé para los demás casos en los arts. 39.3., 49.1, II, 51 bis 2 y 97.3.

b) En los casos en que no esté expresamente excluida la posibilidad de oposición, del escrito en que se formule se dará traslado a la parte solicitante inmediatamente (art. 17.3, II LJV) y, tras debatirse en el acto de la comparecencia sobre todo cuanto sea objeto del expediente (art. 18 LJV), se decidirá acerca de ello en la resolución que le ponga fin (art. 19 LJV).

H) Costas

Los gastos ocasionados en los expedientes de jurisdicción voluntaria serán a cargo del solicitante, salvo que la ley disponga otra cosa.

Los gastos ocasionados por testigos y peritos serán a cargo de quien los proponga (art. 7 LJV).

I) Supletoriedad de la Ley de Enjuiciamiento Civil

Las disposiciones de la Ley de Enjuiciamiento Civil serán de aplicación supletoria a los expedientes de jurisdicción voluntaria en todo lo no regulado por la Ley 15/2015.

III. PROCEDIMIENTO

Las disposiciones generales sobre procedimiento contenidas en el Capítulo II del Título I de la Ley 15/2015 se aplicarán a todos los expedientes de jurisdicción voluntaria en lo que no se opongan a las normas que específicamente regulen las actuaciones de que se trate (art. 13 LJV).

1. Incoación

Los expedientes de jurisdicción voluntaria se iniciarán de oficio, a instancia del Ministerio fiscal o por solicitud formulada por persona legitimada.

En la solicitud por la que se promueva el expediente se deberán consignar los datos y circunstancias de identificación del solicitante, con indicación de un domicilio a efectos de notificaciones. Deberá incluirse también una dirección de correo electrónico en los casos de las personas que se hallan obligadas a intervenir con la Administración de Justicia por medios electrónicos conforme a lo previsto en el art. 273 LEC, siendo tal aportación voluntaria en los demás casos (art. 14.1 LJV).

A continuación del encabezamiento se expondrá con claridad y precisión lo que se pida, debiendo realizarse, además, una exposición de los hechos y de los fundamentos jurídicos en que se fundamente la pretensión. También se acompañarán, en su caso, los documentos y dictámenes que el solicitante considere de interés para el expediente (art. 14.1, II LJV).

Se deberán consignar también en la solicitud los datos y circunstancias de identificación de las personas que puedan estar interesados en el expediente, así como el domicilio o domicilios en que puedan ser citados o cualquier otro dato que permita la identificación de los mismos (art. 14.2 LJV).

Cuando por ley no sea preceptiva la intervención de Abogado y Procurador, se facilitará al interesado en la Oficina judicial o a través de sede electrónica un impreso normalizado o formulario para llevar a cabo la solicitud, no siendo en este caso necesario que se concrete la fundamentación jurídica de lo solicitado (art. 14.3 LJV).

La solicitud podrá presentarse por cualquier medio, incluyendo los previstos en la normativa de acceso electrónico de los ciudadanos a la Administración de Justicia. De presentarse en papel, habrán de acompañarse tantas copias cuantos sean los interesados. (art. 14.3, II LJV).

2. Examen sobre la admisibilidad de la solicitud

Presentada la solicitud de iniciación del expediente, el letrado de la Administración de Justicia examinará si se cumplen las normas en materia de competencia objetiva y territorial.

Si entendiese que no existe competencia objetiva para conocer, podrá acordar el archivo del expediente, previa audiencia del Ministerio Fiscal y del solicitante, en aquellos expedientes que sean de su competencia. En otro caso, dará cuenta al juez, quien acordará lo que proceda, tras haber oído al Ministerio Fiscal y al solicitante. En la resolución en que se aprecie la falta de competencia se habrá de indicar el órgano judicial que se estima competente para conocer del expediente.

Si el letrado de la Administración de Justicia entendiese que el órgano ante el que se haya presentado la solicitud carece de competencia territorial para conocer del asunto, podrá acordar la remisión al órgano que considere competente, previa audiencia del Ministerio Fiscal y del solicitante, en aquellos expedientes que sean de su competencia. En otro caso, dará cuenta al Juez, quien acordará lo procedente, tras haber oído al Ministerio Fiscal y al solicitante.

También se examinará por el letrado de la Administración de Justicia la existencia de posibles defectos u omisiones en la solicitud presentada y dará, en su caso, un plazo de cinco días para proceder a su subsanación. Si ésta no se llevara a cabo en el plazo señalado, tendrá por no presentada la solicitud y archivará las actuaciones en aquellos expedientes que sean de su competencia. En otro caso, se dará cuenta al Juez, quien acordará lo que proceda (art. 16 LJV).

Si el letrado entendiera que la solicitud no es admisible por cualquier otro motivo, dictará decreto archivando el expediente o dará cuenta al Juez, cuando éste sea el competente para que acuerde lo que proceda (art. 17.1 LJV).

En lo atinente al requisito de procedibilidad de carácter general establecido en el art. 5 de la L.O 1/2025, relativo al previo intento de solución extrajudicial, el párrafo número 3 del citado artículo dispone que "No será preciso acudir a un medio adecuado de solución de controversias ... para la iniciación de expedientes de jurisdicción voluntaria, con excepción de los expedientes de intervención judicial en los casos de desacuerdo conyugal y en la administración de bienes gananciales, así como de los de intervención judicial en caso de desacuerdo en el ejercicio de la patria potestad".

3. Citación y comparecencia

A) Citación

Admitida la solicitud, el letrado de la Administración de Justicia citará a una comparecencia a quienes hayan de intervenir en el expediente siempre que concurra alguna de las circunstancias siguientes:

a) Que, conforme a la ley, debieran ser oídos en el expediente interesados distintos del solicitante.

b) Que hubieran de practicarse pruebas ante el juez o, en su caso, ante el letrado de la Administración de Justicia.

c) Que el juez o el letrado de la Administración de Justicia, en los casos de su respectiva competencia, consideren necesaria la celebración de la comparecencia para la mejor resolución del expediente.

Si sólo hubiera que oír al Ministerio Fiscal y no fuera necesaria la realización de prueba, éste emitirá su informe por escrito en el plazo de diez días (art. 17.2 LJV).

Los interesados serán citados a la comparecencia con al menos quince días de antelación a su celebración, avisándoles de que deberán acudir a aquélla con los medios de prueba de que intenten valerse. La citación se practicará en la forma prevenida en la Ley de Enjuiciamiento Civil, con entrega de la copia de la resolución, de la solicitud y de los documentos que la acompañen.

Si alguno de los interesados fuera a formular oposición, deberá hacerlo en los 5 días siguientes a su citación, y no se hará contencioso el expediente, ni impedirá que continúe su tramitación hasta que sea resuelto, salvo que la ley expresamente lo prevea (véase sobre la oposición lo expuesto en el epígrafe 2 *G* del anterior apartado II de este mismo Capítulo). Del escrito de oposición se dará traslado a la parte solicitante inmediatamente (art. 17.3 LJV).

B) Celebración de la comparecencia

La comparecencia se celebrará ante el juez o ante el letrado de la Administración de Justicia, según quien tenga atribuida la competencia para conocer del expediente, dentro de los treinta días siguientes a la admisión de la solicitud.

La comparecencia se sustanciará por los trámites previstos en la Ley de Enjuiciamiento Civil para la vista del juicio verbal con las siguientes especialidades:

1.ª) Si el solicitante no asistiere a la comparecencia, el juez o el letrado de la Administración de Justicia, dependiendo de a quién corresponda la resolución del expediente, acordará el archivo del expediente, teniéndole por desistido del mismo. Si no asistiese alguno de los demás citados, se celebrará el acto y continuará el expediente, sin más citaciones ni notificaciones que las que la ley disponga.

2.ª) El juez o el letrado de la Administración de Justicia, según quien presida la comparecencia, oirá al solicitante, a los demás citados y a las personas que la ley disponga, y podrá acordar, de oficio o a instancia del solicitante o del Ministerio Fiscal en su caso, la audiencia de aquéllos cuyos derechos o intereses pudieran verse afectados por la resolución del expediente. Se garantizará, a través de los medios y apoyos necesarios, la intervención de las personas con discapacidad en términos que les sean accesibles y comprensibles.

3.ª) Si se plantearan cuestiones procesales, incluidas las relativas a la competencia, que puedan impedir la válida prosecución del expediente, el juez o el letrado de la Administración de Justicia, en el ámbito de su respectiva competencia, oídos los comparecientes, las resolverá oralmente en el propio acto.

4.ª) Cuando el expediente afecte a los intereses de un menor o persona con discapacidad con medidas de apoyo para el ejercicio de su capacidad jurídica, se practicarán también en el mismo acto o, si no fuere posible, en los diez días siguientes, las diligencias relativas a dichos intereses que se acuerden de oficio o a instancia del Ministerio Fiscal.

El juez o el letrado de la Administración de Justicia podrán acordar que la audiencia del menor se practique en acto separado, sin interferencias de otras personas, pudiendo asistir el Ministerio Fiscal. En todo caso se garantizará que puedan ser oídos en condiciones idóneas, en términos que les sean accesibles, comprensibles y adaptados a su edad, madurez y circunstancias, recabando el auxilio de especialistas cuando ello fuera necesario.

Del resultado de la exploración se extenderá acta detallada y, siempre que sea posible, será grabada en soporte audiovisual. Si ello tuviera lugar después de la comparecencia, se dará traslado del acta correspondiente a los interesados para que puedan efectuar alegaciones en el plazo de cinco días.

5.ª) En la celebración de la comparecencia, una vez practicadas las pruebas, se permitirá a los interesados formular oralmente sus conclusiones.

6.ª) El desarrollo de la comparecencia se registrará en soporte apto para la grabación y reproducción del sonido y de la imagen, de conformidad con lo dispuesto en la Ley de Enjuiciamiento Civil (art. 18 LJV).

4. Decisión del expediente. Efectos.

A) Resolución

El expediente se resolverá por medio de auto o de decreto, según corresponda la competencia al juez o al letrado de la Administración de Justicia, que se dictará en el plazo de cinco días a contar desde la terminación de la comparecencia o, si esta no se hubiera celebrado, desde la última diligencia practicada.

Cuando el expediente afecte a los intereses de un menor o persona con discapacidad con medidas de apoyo para el ejercicio de su capacidad jurídica, la decisión se podrá fundar en cualesquiera hechos de los que se hubiese tenido conocimiento como consecuencia de las alegaciones de los interesados, las pruebas o la celebración de la comparecencia, aunque no hubieran sido invocados por el solicitante ni por otros interesados (art. 19.1 y 2 LJV).

B) Efectos

a) Resuelto un expediente de jurisdicción voluntaria y una vez firme la resolución, no podrá iniciarse otro sobre idéntico objeto, salvo que cambien las circunstancias que dieron lugar a aquél. Lo allí decidido vinculará a cualquier otra actuación o expediente posterior que resulten conexos a aquél.

Esto será de aplicación también respecto a los expedientes tramitados por Notarios y Registradores en aquellas materias cuyo conocimiento sea concurrente con el de los letrados de la Administración de Justicia (art. 19.3 LJV).

b) La resolución de un expediente de jurisdicción voluntaria no impedirá la incoación de un proceso jurisdiccional posterior con el mismo objeto que aquél, debiendo pronunciarse la resolución que se dicte sobre la confirmación, modificación o revocación de lo acordado en el expediente de jurisdicción voluntaria (art. 19.4 LJV).

5. Recursos

Contra las resoluciones interlocutorias dictadas en los expedientes de jurisdicción voluntaria cabrá recurso de reposición, en los términos previstos en la Ley de Enjuiciamiento Civil. Si la resolución impugnada se hubiera acordado durante la celebración de la comparecencia, el recurso se tramitará y resolverá oralmente en ese mismo momento.

Las resoluciones definitivas dictadas por el juez en los expedientes de jurisdicción voluntaria podrán ser recurridas en apelación por cualquier interesado que se considere perjudicado por ella, conforme a lo dispuesto en la Ley de Enjuiciamiento Civil. Si la decisión proviene del letrado de la Administración de Justicia, contra la misma podrá interponerse recurso de revisión ante el juez competente, en los términos previstos en la Ley de Enjuiciamiento Civil.

El recurso de apelación no tendrá efectos suspensivos, salvo que la ley expresamente disponga lo contrario (art. 20 LJV).

6. *Cumplimiento y ejecución de la resolución que pone fin al expediente*

La ejecución de la resolución firme que pone fin al expediente de jurisdicción voluntaria se regirá por lo establecido en la Ley de Enjuiciamiento Civil, y en particular en los artículos 521 y 522, pudiéndose en todo caso instar de inmediato la realización de aquellos actos que resulten precisos para dar eficacia a lo decidido.

Si cualquiera de los expedientes diera lugar a un hecho o acto inscribible en el Registro Civil, se expedirá testimonio de la resolución que corresponda a los efectos de su inscripción o anotación.

Si la resolución fuera inscribible en el Registro de la Propiedad, Mercantil u otro registro público, deberá expedirse, a instancia de parte, mandamiento a los efectos de su constancia registral. La remisión se realizará por medios electrónicos. La calificación de los Registradores se limitará a la competencia del juez o letrado de la Administración de Justicia, a la congruencia del mandato con el expediente en que se hubiere dictado, a las formalidades extrínsecas de la resolución y a los obstáculos que surjan del Registro (art. 22 LJV).

7. *Caducidad del expediente*

Se tendrá por abandonado el expediente si, pese al impulso de oficio de las actuaciones, no se produce actividad promovida por los interesados en el plazo de seis meses desde la última notificación practicada.

Corresponderá declarar la caducidad del expediente al letrado de la Administración de Justicia.

Contra el decreto que declare la caducidad sólo cabrá recurso de revisión (art. 21 LJV).

Capítulo Duodécimo

Procedimientos para la protección de personas discapaces y de su patrimonio

I. EXPEDIENTE PARA LA PROVISIÓN JUDICIAL DE MEDIDAS DE APOYO A PERSONAS CON DISCAPACIDAD

En el Capítulo Segundo de la Parte Primera de esta obra, abordamos ampliamente el origen y contenido de la modificación operada por Ley 8/2021, de 2 de junio (con entrada en vigor el día 3 del siguiente mes de septiembre), de reforma a la legislación civil y procesal para el apoyo a las personas con discapacidad en el ejercicio de su capacidad jurídica *(Tol 8447402)*, y al que nos remitimos para la mejor comprensión de este capítulo

1. Las medidas posibles

A) Finalidad

Las medidas de apoyo a las personas mayores de edad o menores emancipadas que las precisen para el adecuado ejercicio de su capacidad jurídica tendrán por finalidad permitir el desarrollo pleno de su personalidad y su desenvolvimiento jurídico en condiciones de igualdad.

Estas medidas de apoyo deberán estar inspiradas en el respeto a la dignidad de la persona y en la tutela de sus derechos fundamentales (art. 249.I CC).

B) Principio de autonomía de la voluntad

Las personas con discapacidad son titulares del derecho a la toma de sus propias decisiones, que ha de ser respetado. Este es el principio rector en la configuración de las medidas de apoyo a las personas con discapacidad que determina el carácter preferente de las medidas de naturaleza voluntaria (poderes y mandatos preventivos y autocuratela) y el carácter excepcional de las medidas de representación de la persona discapacitada.

a) Preferencia de las medidas voluntarias

Las medidas de apoyo de naturaleza voluntaria son las establecidas por la persona con discapacidad, en las que designa quién debe prestarle apoyo y con qué alcance. Cualquier medida de apoyo voluntaria podrá ir acompañada de las salvaguardas necesarias para garantizar en todo momento y ante cualquier circunstancia el respeto a la voluntad, deseos y preferencias de la persona

Las medidas de origen legal o judicial solo procederán en defecto o insuficiencia de la voluntad de la persona de que se trate. Todas ellas deberán ajustarse a los principios de necesidad y proporcionalidad (art. 249.I in fine CC)

En consecuencia, las personas que presten apoyo:

1) Deberán actuar atendiendo a la voluntad, deseos y preferencias de quien lo requiera.

2) Procurarán que la persona con discapacidad pueda desarrollar su propio proceso de toma de decisiones, informándola, ayudándola en su comprensión y razonamiento y facilitando que pueda expresar sus preferencias.

3) Fomentarán que la persona con discapacidad pueda ejercer su capacidad jurídica con menos apoyo en el futuro (art. 249.II)

b) Excepcionalidad de la representación

Sólo cuando le resulte imposible a una persona, por sus graves deficiencias, tomar decisiones en determinadas esferas de su vida, podrá ser sustituida en el ejercicio de esa facultad por quien deba representarle, pero teniendo en cuenta la voluntad, los deseos y las preferencias de la persona sustituida.

En casos excepcionales, cuando, pese a haberse hecho un esfuerzo considerable, no sea posible determinar la voluntad, deseos y preferencias de la persona, las medidas de apoyo podrán incluir funciones representativas. En este caso, en el ejercicio de esas funciones se deberá tener en cuenta la trayectoria vital de la persona con discapacidad, sus creencias y valores, así como los factores que ella hubiera tomado en consideración, con el fin de tomar la decisión que habría adoptado la persona en caso de no requerir representación (art. 249.III CC).

C) Clases de medidas de apoyo

Existen así diferentes medidas encaminadas a dotar a una persona con discapacidad de los apoyos necesarios (art. 250 CC):

a) Los poderes y mandatos preventivos

b) La petición voluntaria de medidas para personas mayores de 16 años y menores de 18 cuya discapacidad se prevea razonablemente subsistirá tras la mayoría de edad.

a) La autocuratela

b) La guarda de hecho

c) La curatela

d) El defensor judicial

D) Función de las medidas de apoyo

Consistirá en asistir a la persona con discapacidad en el ejercicio de su capacidad jurídica en los ámbitos en los que sea preciso, respetando su voluntad, deseos y preferencias (art. 250.II CC):

3. El procedimiento

La persona interesada podrá acudir al otorgamiento de poderes y mandatos preventivos ante Notario y a la figura de la autocuratela mediante escritura pública, sin perjuicio de que su voluntad en este último caso pueda ser sustituida por la autoridad judicial si existen circunstancias graves desconocidas por la persona que las estableció o alteración de las causas expresadas por ella o que presumiblemente tuvo en cuenta en sus disposiciones (art. 272 CC).

Sólo en defecto o por insuficiencia de estas medidas de naturaleza voluntaria, y a falta de guarda de hecho que suponga apoyo suficiente, podrá la autoridad judicial, a petición de la persona con discapacidad, su cónyuge no separado de hecho o legalmente o quien se encuentre en una situación de hecho asimilable y sus descendientes, ascendientes o hermanos o del Ministerio Fiscal, adoptar otras supletorias o complementarias (art. 255, V CC) a través del procedimiento de jurisdicción voluntaria previsto en los arts. 42 bis y 43 a 52 de la Ley 15/2015, de 2 de julio *(Tol 5189143)* que desarrollamos en el apartado III A) del Capítulo Segundo de la Parte Primera de esta obra, al que nos remitimos y que finalizará con un auto estableciendo (o no) medidas judiciales de apoyo consistentes en una curatela, pudiendo ser necesario en algunos casos el nombramiento de un defensor judicial. También cabe la finalización del procedimiento mediante auto que reconozca la existencia de una guarda de hecho. En los siguientes apartados analizaremos con detalle las medidas que requieren para su adopción la tramitación de un procedimiento o expediente de jurisdicción voluntaria, esto es el nombramiento de curador y defensor judicial, el reconocimiento del guardador de hecho y la extinción de poderes y mandatos preventivos.

II. NOMBRAMIENTO DE DEFENSOR JUDICIAL A PERSONAS CON DISCAPACIDAD

1. *Previsión normativa y supuestos en los que procede*

El expediente para nombramiento de defensor judicial a personas con discapacidad está regulado dentro del capítulo segundo del Título II de la LJV, arts. 27 a 32, que deben complementarse con los art. 295 a 298 CC.

El nombramiento de defensor judicial como medida formal de apoyo procederá cuando la necesidad de apoyo se precise de forma ocasional, aunque sea recurrente (art. 250.VI CC). Se nombrará un defensor judicial de las personas con discapacidad:

A) En los casos previstos en el art. 295 CC (art. 27.1 LJV)

1.° Cuando, por cualquier causa, quien haya de prestar apoyo no pueda hacerlo, hasta que cese la causa determinante o se designe a otra persona.

2.° Cuando exista conflicto de intereses entre la persona con discapacidad y la que haya de prestarle apoyo.

3.° Cuando, durante la tramitación de la excusa alegada por el curador, la autoridad judicial lo considere necesario.

4.° Cuando se hubiere promovido la provisión de medidas judiciales de apoyo a la persona con discapacidad y la autoridad judicial considere necesario proveer a la administración de los bienes hasta que recaiga resolución judicial.

5.° Cuando la persona con discapacidad requiera el establecimiento de medidas de apoyo de carácter ocasional, aunque sea recurrente.

B) Cuando proceda la habilitación y ulterior nombramiento de defensor judicial

Por encontrase la persona con discapacidad demandada o seguirle gran perjuicio de no promover la demanda, en alguno de los casos siguientes (art. 27.2 LJV):

a) Hallarse la persona designada para ejercer el apoyo, ausente ignorándose su paradero, sin que haya motivo racional bastante para creer próximo su regreso.

b) Negarse la persona designada para ejercer el apoyo a representar o asistir en juicio a la persona con discapacidad.

c) Hallarse la persona designada para ejercer el apoyo en una situación de imposibilidad de hecho para la representación o asistencia en juicio.

C) Sin necesidad de habilitación previa (art. 27.3 LJV)

a) Para que la persona con discapacidad litigue contra sus progenitores o curador.

b) Para instar expedientes de jurisdicción voluntaria.

c) Cuando se inste por el Ministerio Fiscal un procedimiento para la adopción de medidas de apoyo respecto de la persona con discapacidad, salvo que su progenitor o tutor, si lo hubiere, no tuviera un interés opuesto a la persona con discapacidad

D) Exclusión

No se nombrará defensor judicial si el apoyo de la persona discapacitada se ha encomendado a más de una persona, salvo que ninguna pueda actuar o la autoridad judicial motivadamente considere necesario el nombramiento (art. 296 CC).

2. *Presupuestos procesales*

A) Competencia

Será competente para el conocimiento de este expediente el Letrado o la Letrada de la Administración de Justicia del Tribunal de Instancia o Sección de Familia y Capacidad (art. 2.1 LJV y art. 86.1 LOPJ) del domicilio o, en su defecto, de la residencia de la persona con discapacidad o, en su caso, aquél correspondiente al Tribunal de Instancia o Sección de Familia y Capacidad que esté conociendo del asunto que exija el nombramiento de defensor judicial (art. 28.1 LJV).

B) Legitimación

El expediente se iniciará de oficio, a petición del Ministerio Fiscal, o por iniciativa de la persona con capacidad modificada judicialmente o cualquier otra persona que actúe en interés de ésta (art. 28.2 LJV).

C) Postulación

En la tramitación del presente expediente no será preceptiva la intervención de Abogado ni Procurador (art. 28.3 LJV).

3. Procedimiento

A) Efectos de la solicitud

Desde que se solicite la habilitación y hasta que acepte su cargo el defensor judicial o se archive el expediente por resolución firme, quedará suspendido el transcurso de los plazos de prescripción o de caducidad que afecten a la acción de cuyo ejercicio se trate.

En el caso de que la persona con discapacidad haya de comparecer como demandado o haya quedado sin representación procesal durante el procedimiento, el Ministerio Fiscal asumirá su representación y defensa hasta que se produzca el nombramiento de defensor judicial.

B) Tramitación

En la mayor parte de supuestos aparece como pieza separada dimanante de un expediente principal:

a) Como pieza separada del expediente de provisión de medidas de apoyo del art. 42 bis a) de la LJV.

Se suele utilizar para salvar el conflicto de intereses que puede tener el Ministerio Fiscal cuando es el demandante del expediente. En ese caso, no puede ser, a la vez demandante y defensor judicial, pues iría en contra del principio de contradicción. Una forma de garantizar el principio de igualdad de armas consiste en el nombramiento de un defensor judicial que lo garantice. Se suele nombrar a un familiar o amigo de la persona discapacitada o de la familia, que en muchos casos es propuesta por el propio Ministerio Fiscal.

b) Como pieza separada del expediente de aprobación de herencia (arts. 93 y 94 LJV) cuando existe un conflicto de intereses entre la persona discapacitada que debe aceptar la herencia en concurrencia con el progenitor superviviente que es la persona que ejerce la guarda de hecho o curatela. También aquí se nombra un defensor judicial que vele por los intereses de la persona discapacitada.

C) Comparecencia

El Letrado o Letrada de la Administración de Justicia convocará a una comparecencia al solicitante, a los interesados que consten como tales en el expediente, a quienes estime pertinente su presencia, a la persona con discapacidad y al Ministerio Fiscal (art. 30.1 LJV y art. 295 CC).

D) Resolución

En la resolución en que se acceda a lo solicitado, el Letrado o Letrada de la Administración de Justicia nombrará defensor judicial a quien estime más idóneo para respetar, comprender e interpretar la voluntad, deseos y preferencias de la persona con discapacidad (art. 295.2 CC) y en consecuencia para ejercer el cargo, con determinación de las atribuciones que le confiera (art. 30.2 LJV).

Las posibilidades son abiertas. El Letrado de la Administración de Justicia debe atender al interés superior de la persona discapacitada, y escoger en cada caso atendiendo a las circunstancias, amplitud y disponibilidad del círculo de personas cercanas a la persona discapacitado [STS 8/11/2017 *(Tol 6427812)*].

En el nombramiento se podrá dispensar al defensor judicial de la venta en subasta pública, fijando un precio mínimo, y de la aprobación judicial posterior de los actos, pero una vez realizada su gestión, el defensor judicial deberá rendir cuentas de ella (art. 298 CC).

La falta de nombramiento de defensor judicial, cuando proceda, constituye un supuesto de indefensión para el presunto discapaz necesitado de medidas que es causa determinante de la nulidad de actuaciones [p. ej. SAP Barcelona 10/10/2018 *(Tol 6853006)*]. Si el discapaz necesitado de apoyo se personare en el proceso en un momento posterior, con abogado y procurador designados por el mismo, cesarán el defensor judicial y los profesionales designados por él. El nombramiento de un defensor judicial no debe excluir la comparecencia del discapaz con su propio abogado cuando esa sea su voluntad, pues en otro caso se vulnera su derecho de defensa y a la asistencia letrada, según ha declarado la STC 7/2011 *(Tol 2054040)*.

E) Inscripción en el Registro Civil

El testimonio de la resolución de nombramiento de defensor judicial se remitirá al Registro Civil competente para proceder a su inscripción cuando se haya procedido al nombramiento por hallarse la persona designada para ejercer el apoyo en una situación de imposibilidad de hecho para la representación o asistencia en juicio (art. 30.3, que por error material se refiere al art. 27.1 c), cuando es el art. 27.2 c) LJV).

4. Deberes del defensor judicial

A) Rendición de cuentas

Se exigirán al defensor judicial las obligaciones que se atribuyen al curador de conocer y respetar la voluntad, deseos y preferencias de la persona a la que se preste apoyo (art. 297 CC).

Serán aplicables al defensor judicial las disposiciones establecidas en su caso al curador para la formación de inventario y rendición de cuentas una vez concluida su gestión, que se tramitarán y decidirán por el Letrado o Letrada de la Administración de Justicia competente (art. 32 LJV).

B) Comunicación al órgano judicial de la causa de cesación

El defensor judicial deberá comunicar al órgano judicial:

a) la desaparición de la causa que motivó su nombramiento.

b) cuando el curador se preste a comparecer en juicio por el afectado

c) cuando se termine el procedimiento que motivó la habilitación (art. 31):

C) Causas de inhabilidad, excusa y remoción

Serán aplicables al defensor judicial las causas de inhabilidad, excusa y remoción del curador (art. 297.1 CC y art. 32 LJV), que se tramitarán por el procedimiento de jurisdicción voluntaria que analizaremos en el apartado III de este capítulo a propósito de la curatela.

III. NOMBRAMIENTO DE CURADOR

1. Previsión normativa, concepto y contenido

Se regula en los art. 268 a 294 del Código Civil y art. 43 a 51 LJV.

La curatela es una medida formal de apoyo que se aplicará a quienes precisen el apoyo de modo continuado. Su extensión vendrá determinada en la correspondiente resolución judicial en armonía con la situación y circunstancias de la persona con discapacidad y con sus necesidades de apoyo (art. 250.V CC). Constituye la principal medida de apoyo de origen judicial para las personas con discapacidad. El propio significado de la palabra curatela —cuidado—, revela la finalidad de la institución: asistencia, apoyo, ayuda en el ejercicio de la capacidad jurídica; por tanto, como principio de actuación y en la línea de excluir en lo posible las actuaciones de naturaleza representativa, la curatela será, primordialmente, de naturaleza asistencial. No obstante, en los casos en los que sea preciso, y solo de manera excepcional, podrá atribuirse al curador funciones representativas.

Conforme a lo establecido en el art. 269 CC:

1) La autoridad judicial constituirá la curatela mediante resolución motivada cuando no exista otra medida de apoyo suficiente para la persona con discapacidad.

2) La autoridad judicial determinará los actos para los que la persona requiere asistencia del curador en el ejercicio de su capacidad jurídica atendiendo a sus concretas necesidades de apoyo.

3) Sólo en los casos excepcionales en los que resulte imprescindible por las circunstancias de la persona con discapacidad, la autoridad judicial determinará en resolución motivada los actos concretos en los que el curador habrá de asumir la representación de la persona con discapacidad.

4) Los actos en los que el curador deba prestar el apoyo deberán fijarse de manera precisa, indicando, en su caso, cuáles son aquellos donde debe ejercer la representación.

5) El curador actuará bajo los criterios fijados en el artículo 249 CC.

6) En ningún caso podrá incluir la resolución judicial la mera privación de derechos.

En definitiva, las personas sobre las que haya recaído una resolución judicial de medidas de apoyo por razón de su discapacidad tendrán limitada su capacidad de obrar en los casos, con la extensión y en los términos que se determine en la sentencia recaída en el correspondiente proceso sobre medidas de apoyo. Así pues:

– En aquellos casos en los que sólo se precise de la asistencia, el curador complementará, en mayor o menor medida, la voluntad del sujeto sometido a curatela en atención al grado de discernimiento que posea y a lo fijado en la sentencia, precisándose la concurrencia de las dos voluntades (la del curador y la del sometido a curatela).

– Cuando la persona discapacitada lo precise y en la sentencia así se disponga, el curador asumirá la representación legal de aquélla, sustituyendo su voluntad, supliendo al representado y actuando como tal representante suyo en la toma de decisiones relativas a los actos determinados en la sentencia.

2. *Presupuestos procesales*

A) Competencia

Será competente para el conocimiento de este expediente el Tribunal de Instancia o en su caso, la Sección de Familia y Capacidad del domicilio o, en su defecto, de la residencia de la persona con discapacidad (art. 43.1 LJV y art. 86.1 LOPJ).

El órgano judicial que haya conocido de un expediente de curatela será competente para conocer de todas las incidencias, trámites y adopción de medidas o revisiones posteriores, siempre que la persona con discapacidad resida en la misma circunscripción. En caso contrario, para conocer de alguna de esas incidencias, será preciso que se pida testimonio completo del expediente al Tribunal o Sección que anteriormente conoció del mismo, el cual lo remitirá en los diez días siguientes a la solicitud (art. 43.2 LJV).

B) Postulación

En estos expedientes no será preceptiva la intervención de abogado y procurador, salvo en los relativos a la remoción del curador en los que será necesaria la intervención de abogado (art. 43.3 LJV).

3. *Procedimiento para el nombramiento de curador*

A) Procedimiento del art. 42 bis LJV

El procedimiento será el previsto en el art. 42 bis a), b) y c) de la Ley de Jurisdicción Voluntaria, para la adopción de medidas judiciales de apoyo a personas con discapacidad. Sin embargo, cuando posteriormente procede el nombramiento de un nuevo curador, en sustitución de otro removido o fallecido deberá acudirse al procedimiento previsto en el art.45 LJV (art. 44.2 LJV).

B) Procedimiento del art. 45 LJV

a) Legitimación: El expediente se iniciará mediante solicitud presentada por el Ministerio Fiscal o por cualquiera de las personas legalmente indicadas para promover la curatela.

b) Solicitud y documentos: En la solicitud deberá expresarse el hecho que dé lugar a la curatela, acompañando los documentos acreditativos de la legitimación para promover el expediente e indicando los parientes más próximos de la persona respecto a la que deba constituirse la curatela y sus domicilios. Igualmente deberá acompañarse certificado de nacimiento de esta y, en su caso, el certificado de últimas voluntades de los progenitores, el testamento o documento público notarial otorgado por estos en los que se disponga sobre la curatela de sus hijos discapaces, o el documento público notarial otorgado por la propia persona con discapacidad en el que se hubiera dispuesto en previsión sobre su propia curatela u otras medidas de apoyo voluntarias (art. 45.1).

c) Comparecencia: Admitida la solicitud, el Letrado o Letrada de la Administración de Justicia convocará una comparecencia (art. 17.2 LJV) en la que se oirá al promotor, a la persona cuya designación se proponga si fuera distinta al promotor, a aquel cuya curatela se pretenda constituir, a los parientes más próximos, al Ministerio Fiscal, y a cuantas personas se considere oportuno

Tanto el Juez como el Ministerio Fiscal actuarán de oficio en interés de la persona con discapacidad y respetando su voluntad, deseos y preferencias en lo que conste, adoptando y proponiendo las medidas, diligencias, informes periciales y pruebas que estimen oportunas (art. 45.2).

d) Resolución: El Juez designará curador a persona o personas determinadas, de conformidad con lo prevenido en el Código Civil y adoptará las medidas de fiscalización de la curatela establecidas por los progenitores en testamento o documento público notarial, o por el propio afectado en el documento público notarial otorgado al respecto salvo que sea otro el interés de la persona afectada (art. 45.3).

Cuando corresponda de acuerdo con la legislación civil aplicable, en la resolución por la que se constituya la curatela u otra posterior, el Juez podrá acordar las medidas de vigilancia y control oportunas, así como exigir al curador informe sobre la situación personal de la persona con discapacidad y el estado de la administración de sus bienes. Si se adoptaren en resolución posterior, se oirá previamente al curador, a la persona respecto a la que deba constituirse la curatela y al Ministerio Fiscal.

e) Fianza: El Juez, en la resolución por la que constituya la curatela o en otra posterior, podrá exigir al curador de modo excepcional la constitución de fianza que asegure el cumplimiento de sus obligaciones, debiendo determinar, en tal caso, la modalidad y cuantía de la misma.

Con posterioridad, el juez, de oficio o a instancia de parte interesada, podrá dejar sin efecto o modificar en todo o en parte la fianza que se hubiera prestado, tras haber oído al curador, a la persona con discapacidad que precise medidas de apoyo y al Ministerio Fiscal (art. 45.5).

f) Recurso: La resolución que se dicte será recurrible en apelación sin que produzca efectos suspensivos. Durante la sustanciación del recurso, e incluso si se instara un proceso ordinario posterior sobre el mismo objeto, quedará a cargo del curador electo, en su caso, el cuidado de la persona con discapacidad y la administración de su caudal, según proceda, bajo las garantías que parecieren suficientes al Juez (art. 45.6).

4. Actuación del curador. Deberes y derechos.

A) Prestación de fianza

Una vez firme la resolución por la que se constituya la curatela, se citará al designado para que comparezca en el plazo de quince días a fin de prestar la fianza establecida para garantizar el caudal del afectado, en su caso, y acepte el cargo o formule excusa.

Prestada la fianza, si se hubiera exigido, el Juez la declarará suficiente y acordará en la misma resolución las inscripciones, depósitos, medidas o diligencias que considere conveniente para la eficacia de la fianza y conservación de los bienes del menor o persona con discapacidad (art. 46.1 y 2)

B) Aceptación y posesión del cargo

Practicadas todas las diligencias acordadas, el nombrado aceptará en acta otorgada ante el letrado de la Administración de Justicia la obligación de cumplir los deberes de su cargo conforme a las leyes y éste acordará dar posesión del cargo, le conferirá las facultades establecidas en la resolución judicial que acordó su nombramiento y le entregará certificación de esta.

Cuando el nombrado lo fuera para el cargo de curador[1] o administrador de los bienes, le requerirá para que presente el inventario de los bienes de la persona afectada en el plazo de los sesenta días siguientes. Hasta que se apruebe el inventario de bienes, en su caso, la persona nombrada quedará a cargo del cuidado de la persona con discapacidad y de la administración de su caudal, según proceda, bajo las garantías que parecieren suficientes al Juez (art. 46.3 y 4).

C) Inscripción en el Registro Civil

La autoridad judicial que haya acordado la curatela remitirá testimonio al Registro Civil correspondiente tanto de la resolución dictada como del acta de la posesión del cargo, a los efectos oportunos (art. 46.5).

D) Formación de inventario

La persona designada para ejercer la curatela a la que se hubiera nombrado administradora del caudal presentará, dentro del plazo otorgado, el inventario de bienes, que contendrá la relación de los bienes del afectado, así como las escrituras, documentos y papeles de importancia que se encuentren. A continuación, el Letrado o Letrada de la Administración de Justicia judicial fijará día y hora para su formación y citará a los interesados, a las personas afectadas y al Ministerio Fiscal.

Si se suscitare controversia sobre la inclusión o exclusión de bienes en el inventario, el Letrado o Letrada de la Administración de Justicia citará a los interesados a una vista, continuando la tramitación con arreglo a lo previsto para el juicio verbal, suspendiéndose su formación hasta que la misma sea resuelta. La sentencia que se pronuncie sobre la inclusión o exclusión de bienes en el inventario dejará a salvo los derechos de terceros.

Si no hubiera oposición o resuelta ésta, el Letrado o Letrada de la Administración de Justicia aprobará el inventario, debiendo la persona de-

---

1 El art. 46.4 LJV cita sólo al tutor o administrador de los bienes, pero a continuación explicita que la persona nombrada quedará a cargo del cuidado de la persona con discapacidad, por lo que debemos entender que se trata de un olvido del legislador, conforme al art. 3.1 CC.

signada proceder a su administración en los términos establecidos en la resolución judicial (art. 47 LJV).

E) Retribución del cargo

El curador tiene derecho a una retribución, siempre que el patrimonio de la persona con discapacidad lo permita, así como al reembolso de los gastos justificados y a la indemnización de los daños sufridos sin culpa por su parte en el ejercicio de su función, cantidades que serán satisfechas con cargo a dicho patrimonio (art. 281.I CC)

Una vez firme la resolución por la que se constituya la curatela en el procedimiento de provisión de apoyos, si el curador solicitare la retribución a que tiene derecho, el Juez la acordará, fijando su importe y el modo de percibirla para lo cual tendrá en cuenta la complejidad y la extensión de las funciones encomendadas y el valor y la rentabilidad de los bienes del interesado (art. 281. II CC y 48.1 LJV).

La decisión se adoptará después de oír al solicitante, a la persona con discapacidad, al Ministerio Fiscal y a cuantas personas considere oportuno.

Tanto el Juez como los interesados o el Ministerio Fiscal podrán proponer las diligencias, informes periciales y pruebas que estimen oportunas.

El auto que se dicte se ejecutará sin perjuicio del recurso de apelación, que no producirá efectos suspensivos (art. 48.1 LJV).

El mismo procedimiento se seguirá para modificar o extinguir dicha retribución (art. 48.2 LJV).

F) Rendición de cuentas

El curador presentará, en su caso, informes sobre la situación personal de la persona con discapacidad, o de rendiciones de cuentas de acuerdo con la legislación civil aplicable o con la resolución judicial correspondiente.

Presentados los informes, el Letrado o Letrada de la Administración de Justicia los trasladará a la persona con discapacidad, a aquellos que aparecieran como interesados en el expediente y al Ministerio Fiscal. Si alguno de ellos lo solicitara en el plazo de diez días, se citará a todos ellos a una comparecencia, pudiéndose proponer de oficio o a instancia de parte las diligencias y pruebas que se estimen oportunas.

También podrá ordenar el Juez de oficio, a costa del patrimonio del asistido, una prueba pericial contable o de auditoría aun cuando nadie haya solicitado la comparecencia, si en el informe se describieran operaciones complejas o que requieran una justificación técnica.

Celebrada o no la comparecencia, el juez resolverá por medio de auto sobre los informes y la rendición de cuentas, previo informe del Ministerio Fiscal.

Se procederá igualmente en los supuestos de rendición final de cuentas por extinción de la curatela, debiendo ser presentada, en su caso, en el plazo de tres meses desde el cese del cargo, prorrogables por el tiempo que fuere necesario si concurre justa causa. En estos casos también se oirá, si procediera, al nuevo curador y a los herederos de la persona discapacitada, en su caso.

En todo caso, la aprobación judicial de las cuentas presentadas no impedirá el ejercicio de las acciones que recíprocamente puedan asistir al curador y al sujeto a curatela o a sus causahabientes por razón de la curatela (art. 51 LJV).

5. Procedimiento de remoción del curador

A) Previsión normativa

Está regulado como un expediente de jurisdicción voluntaria en los art. 49 LJV y art. 278 y 281.III CC.

B) Supuestos

Serán removidos de la curatela en los casos previstos por la legislación civil aplicable, los que después del nombramiento y conforme al art. 278.1 CC:

a) incurran en una causa legal de inhabilidad

b) se conduzcan mal en su desempeño por incumplimiento de los deberes propios del cargo, por notoria ineptitud de su ejercicio

c) surgieran problemas de convivencia graves y continuados con la persona a la que prestan apoyo.

C) Legitimación

La autoridad judicial podrá decretar la remoción del curador de oficio, o a solicitud de la persona a cuyo favor se estableció el apoyo o del Ministerio Fiscal, cuando conociere por sí o a través de cualquier interesado circunstancias que comprometan el desempeño correcto de la curatela (art. 278.2 CC y 49.1 LJV).

D) Comparecencia

Se tramitará mediante expediente de jurisdicción voluntaria con celebración de una comparecencia en la que se oirá al curador, a las personas que puedan sustituirle en el cargo, a la persona con discapacidad y al Ministerio Fiscal (art. 49.1 LJV)

La práctica real, sin embargo, suele consistir en comparecencias ante el Letrado de la Administración de Justicia que, si no existe oposición, y previo traslado al Ministerio Fiscal para informe, den lugar al auto judicial.

Si se suscitare oposición, el expediente se hará contencioso y el Letrado o Letrada de la Administración de Justicia citará a los interesados a una vista, continuando la tramitación con arreglo a lo previsto para el juicio verbal (art. 49.1 *in fine)*.

Durante la tramitación del expediente de remoción, la autoridad judicial podrá suspender al curador en sus funciones y el Letrado o Letrada de la Administración de Justicia nombrará al sujeto a curatela un defensor judicial (art. 278.3 CC y 49.2 LJV).

Declarada judicialmente la remoción, se procederá al nombramiento de nuevo curador en la forma establecida en la legislación civil, salvo que fuera pertinente otra medida de apoyo y se deberá remitir la correspondiente comunicación al Registro Civil (art. 278.4 CC y 49.3 LJV).

En ningún caso, la decisión de remoción de las personas físicas o jurídicas designadas para el desempeño de los apoyos podrá generar desprotección o indefensión a la persona que precisa dichos apoyos, debiendo la autoridad judicial actuar de oficio, mediante la colaboración necesaria de los llamados a ello, o bien, de no poder contar con estos, con la inexcusable colaboración de los organismos o entidades públicas competentes y del Ministerio Fiscal (art. 281.III CC).

6. Procedimiento de excusa del curador

A) Previsión normativa

Está regulado en los art. 50 LJV y art. 279 a 281 CC.

B) Supuestos

Para excusarse del ejercicio del cargo de curador debe concurrir alguna de las causas previstas en el art. 279 CC:

a) Personas físicas:

1) Resultar excesivamente gravoso o entraña grave dificultad para la persona nombrada el ejercicio del cargo.

2) Cuando durante el ejercicio de la curatela le sobrevengan los motivos de excusa.

b) Personas jurídicas privadas:

1) Carecer de medios suficientes para el adecuado desempeño de la curatela

2) Las condiciones de ejercicio de la curatela no sean acordes con sus fines estatutarios

Pero, no concurrirá causa de excusa cuando el desempeño de los apoyos haya sido encomendado a entidad pública (art. 281.IV CC)[2].

C) Plazo

El interesado deberá alegar la concurrencia de causa dentro del plazo de quince días a contar desde que tenga conocimiento del nombramiento.

Si el motivo de la excusa le sobreviniere durante su ejercicio, podrá alegarlo en cualquier momento, salvo las personas jurídicas, siempre que hubiera persona de parecidas condiciones para sustituirle (art. 50 LJV y 279 CC)

D) Comparecencia

Para resolver sobre la excusa planteada deberá celebrarse una comparecencia, en la que necesariamente se oirá a la persona que se excuse, a la que le vaya a sustituir en el cargo y al afectado si tuviere suficiente madurez y, en todo caso, al al Ministerio Fiscal.

Durante la tramitación del expediente, quien haya solicitado la renuncia estará obligado a ejercer la función y, de no hacerlo, se nombrará un

---

[2] Que en el caso de la Comunidad Valenciana se ejerce por el Instituto Valenciano de Servicios Sociales (IVASS).

defensor que le sustituya, quedando el sustituido responsable de todos los gastos ocasionados por la excusa si ésta fuera rechazada.

La excusa puede tramitarse en ocasiones como una pieza separada del expediente de revisión de medidas de apoyo (art 42 bis c) LJV), aprovechando dicho expediente para excusar a un curador mayor o que cuida bien de la persona asistida. Por ello, uno de los objetivos principales del expediente de revisión suele ser, además de comprobar el estado de la persona curatelada, la disposición del curador para seguir siéndolo

E) Efectos de la admisión de la excusa

En ningún caso, la admisión de causa de excusa de las personas físicas o jurídicas designadas para el desempeño de los apoyos podrá generar desprotección o indefensión a la persona que precisa dichos apoyos, debiendo la autoridad judicial actuar de oficio, mediante la colaboración necesaria de los llamados a ello, o bien, de no poder contar con estos, con la inexcusable colaboración de los organismos o entidades públicas competentes y del Ministerio Fiscal (art. 281.III CC).

Admitida la excusa se procederá al nombramiento de nuevo curador, debiendo remitir, en su caso, la correspondiente comunicación al Registro Civil (art. 50 LJV y 279 CC).

El curador nombrado en atención a una disposición testamentaria, excusado por cualquier causa, perderá lo que en consideración al nombramiento le hubiere dejado el testador (art. 280 CC).

IV. LA GUARDA DE HECHO

1. Previsión normativa y presupuestos procesales

Se regula en los arts. 43 y 52 LJV complementados con los art. 263 a 267 CC

A) Competencia

Será competente para el conocimiento de este expediente el Tribunal de Instancia o en su caso, la Sección de Familia y Capacidad del domicilio o, en su defecto, de la residencia de la persona con discapacidad (art. 43.1 LJV y art. 86.1 LOPJ).

El órgano judicial que haya conocido de un expediente de guarda de hecho, será competente para conocer de todas las incidencias, trámites y adopción de medidas o revisiones posteriores, siempre que la persona con discapacidad resida en la misma circunscripción. En caso contrario, para conocer de alguna de esas incidencias, será preciso que se pida testimonio completo del expediente al Tribunal o Sección que anteriormente conoció del mismo, el cual lo remitirá en los diez días siguientes a la solicitud (art. 43.2 LJV).

B) Postulación

En estos expedientes no será preceptiva la intervención de abogado y procurador, salvo en los relativos a la remoción del curador en los que será necesaria la intervención de abogado (art. 43.3 LJV).

2. *Intervención judicial*

A) Requerimiento

a) Supuestos: La autoridad judicial que tenga conocimiento de la existencia de un guardador de hecho podrá requerirle, a instancia del Ministerio Fiscal, de la persona que precise medidas de apoyo o de cualquiera que tenga un interés legítimo, para que informe de la situación de la persona y bienes de la persona con discapacidad y de su actuación en relación con los mismos (art. 52.1 LJV y 265 CC).

b) Procedimiento: Dicho requerimiento se realizará a través de un expediente de jurisdicción voluntaria (art. 265 CC) con la celebración de una comparecencia.

c) Resolución: Quien viniere ejerciendo adecuadamente la guarda de hecho de una persona con discapacidad continuará en el desempeño de su función incluso si existen medidas de apoyo de naturaleza voluntaria o judicial, siempre que estas no se estén aplicando eficazmente (art. 263 CC).

La autoridad judicial podrá establecer las salvaguardias que estime necesarias. Asimismo, podrá exigir que el guardador rinda cuentas de su actuación en cualquier momento.

B) Establecimiento de salvaguardas o medidas de control

El Juez podrá establecer las medidas de control y de vigilancia que estime oportunas. Tales medidas se adoptarán, previa comparecencia, citando a la persona a quien afecte la guarda de hecho, al guardador y al Ministerio Fiscal (art. 52.2 LJV).

C) Autorización judicial

a) Supuestos: El guardador de hecho habrá de obtener autorización judicial, (art. 264 CC):

1.º) Cuando, excepcionalmente, se requiera su actuación representativa. La autorización judicial se le podrá conceder, previa comprobación de su necesidad, en los términos y con los requisitos adecuados a las circunstancias del caso. La autorización podrá comprender uno o varios actos necesarios para el desarrollo de la función de apoyo y deberá ser ejercitada de conformidad con la voluntad, deseos y preferencias de la persona con discapacidad.

2.º) En todo caso, para prestar consentimiento en los actos enumerados en el artículo 287 CC.

b) No será necesaria autorización judicial: cuando el guardador solicite una prestación económica a favor de la persona con discapacidad, siempre que esta no suponga un cambio significativo en la forma de vida de la persona, o realice actos jurídicos sobre bienes de esta que tengan escasa relevancia económica y carezcan de especial significado personal o familiar (art. 264 III LJV).

c) Procedimiento: En los casos en que el guardador de hecho de una persona con discapacidad haya de solicitar autorización judicial deberá obtenerla a través del correspondiente expediente de jurisdicción voluntaria, en el que la autoridad judicial entrevistará por sí misma a la persona con discapacidad para escucharla, podrá solicitar un informe pericial para acreditar su situación y también podrá citar a la comparecencia a cuantas personas considere necesario oír en función del acto cuya autorización se solicite (art. 52.3 LJV)

D) Nombramiento de defensor judicial

La autoridad judicial podrá acordar el nombramiento de un defensor judicial a la persona discapacitada para aquellos asuntos que por su naturaleza lo exijan (art. 264 IV CC)

E) Rendición de cuentas

El guardador tiene derecho al reembolso de los gastos justificados y a la indemnización por los daños derivados de la guarda, a cargo de los bienes de la persona a la que presta apoyo (art. 266 CC).

3. Extinción de la guarda de hecho

La guarda de hecho se extingue, conforme al art. 267 CC:

1.º Cuando la persona a quien se preste apoyo solicite que este se organice de otro modo.

2.º Cuando desaparezcan las causas que la motivaron.

3.º Cuando el guardador desista de su actuación, en cuyo caso deberá ponerlo previamente en conocimiento de la entidad pública que en el respectivo territorio tenga encomendada las funciones de promoción de la autonomía y asistencia a las personas con discapacidad.

4.º Cuando, a solicitud del Ministerio Fiscal o de quien se interese por ejercer el apoyo de la persona bajo guarda, la autoridad judicial lo considere conveniente

V. REVISIÓN DE LAS MEDIDAS JUDICIALMENTE ACORDADAS

1. Previsión normativa y presupuestos procesales

La revisión de las medidas judiciales de apoyo se llevará a cabo por los trámites del expediente de Jurisdicción voluntaria previsto en el art. 42 bis c) LJV, analizado en el apartado IV del Capítulo Segundo de la Primera Parte de esta obra.

A) Competencia

Será competente para conocer de la citada revisión el Tribunal de Instancia o en su caso, Sección de Familia o Capacidad que dictó las medidas de apoyo, siempre que la persona con discapacidad permanezca residiendo en la misma circunscripción. En caso contrario, el Juzgado de la nueva residencia habrá de pedir un testimonio completo del expediente al Juzgado que anteriormente conoció del mismo, que lo remitirá en los diez días siguientes a la solicitud (art. 42 bis c) II LJV y art. 86.1 LOPJ).

B) Legitimación

Podrá solicitar la revisión de las medidas antes de que transcurra el plazo previsto en el auto, el Ministerio Fiscal, la propia persona con discapacidad, su cónyuge no separado de hecho o legalmente o quien se encuentre en una situación de hecho asimilable y sus descendientes, ascendientes o hermanos, así como la persona que ejerza el apoyo (art. 42 bis c) I y art. 42 bis a) III LJV).

2. *Procedimiento*

A) Pruebas

La autoridad judicial recabará un dictamen pericial cuando así lo considere necesario atendiendo a las circunstancias del caso, se entrevistará con la persona con discapacidad y ordenará aquellas otras actuaciones que considere necesarias. A estos efectos, la autoridad judicial podrá recabar informe de la entidad pública que, en el respectivo territorio, tenga encomendada la función de promoción de la autonomía y asistencia a las personas con discapacidad, o de una entidad del tercer sector de acción social debidamente habilitada como colaboradora de la Administración de Justicia

B) Alegaciones

Del resultado de dichas actuaciones se dará traslado a la persona con discapacidad, a quien ejerza las funciones de apoyo, al Ministerio Fiscal y a los interesados personados en el expediente previo, a fin de que puedan alegar lo que consideren pertinente en el plazo de diez días, así como aportar la prueba que estimen oportuna. Si alguno de los mencionados formulara oposición, se pondrá fin al expediente y se podrá instar la revisión de las medidas conforme a lo previsto en la Ley de Enjuiciamiento Civil (art. 42 bis c) III LJV).

C) Resolución

Recibidas las alegaciones y practicada la prueba, la autoridad judicial dictará nuevo auto con el contenido que proceda atendiendo a las circunstancias concurrentes.

VI. EXTINCIÓN DE PODERES PREVENTIVOS

1. *Los poderes preventivos*

A) Fundamento

Siguiendo los precedentes de otros ordenamientos europeos y las directrices del Consejo de Europa, a la hora de concretar los apoyos se otorga preferencia a las medidas voluntarias, esto es, a las que puede tomar la propia persona con discapacidad mediante el otorgamiento de poderes y mandatos preventivos.

B) Contenido

Conforme al principio de autonomía de la voluntad que rige en materia de discapacidad:

1) Cualquier persona mayor de edad o menor emancipada en previsión o apreciación de la concurrencia de circunstancias que puedan dificultarle el ejercicio de su capacidad jurídica en igualdad de condiciones con las demás, podrá prever o acordar en escritura pública medidas de apoyo relativas a su persona o bienes.

2) Podrá también establecer el régimen de actuación, el alcance de las facultades de la persona o personas que le hayan de prestar apoyo, o la forma de ejercicio del apoyo, que se prestará conforme a lo dispuesto en el art. 249 CC.

3) Asimismo, podrá prever las medidas u órganos de control que estime oportuno, las salvaguardas necesarias para evitar abusos, conflicto de intereses o influencia indebida y los mecanismos y plazos de revisión de las medidas de apoyo, con el fin de garantizar el respeto de su voluntad, deseos y preferencias.

4) El Notario autorizante comunicará de oficio y sin dilación el documento público que contenga las medidas de apoyo al Registro Civil para su constancia en el registro individual del otorgante (art. 255, I a IV CC).

La principal característica del poder preventivo es que subsiste y sigue siendo eficaz en el caso de que la persona que lo otorgue necesite medidas de apoyo.

C) Formalización

Los poderes preventivos habrán de otorgarse en escritura pública.

El Notario autorizante los comunicará de oficio y sin dilación al Registro Civil para su constancia en el registro individual del poderdante (art. 260 CC).

2. Procedimiento de extinción de los poderes preventivos

A) Previsión normativa

Los poderes preventivos otorgados podrán extinguirse mediante el procedimiento de jurisdicción voluntaria previsto en el art. 51 bis LJV

B) Competencia

Será competente para el conocimiento de este expediente el Tribunal de Instancia o en su caso, la Sección de Familia y Capacidad del domicilio o, en su defecto, de la residencia de la persona con discapacidad (art. 43.1 LJV y art. 86.1 LOPJ).

C) Legitimación

Podrán instar la extinción de los poderes preventivos otorgados por la persona con discapacidad cualquier persona legitimada para instar el procedimiento de provisión de apoyos y el curador, si lo hubiere (art. 51 bis I LJV)

D) Motivos

Cuando en el apoderado concurra alguna de las causas previstas para la remoción del curador (art. 51 bis I LJV). Esto es, que conforme al art. 278.1 CC:

a) incurran en una causa legal de inhabilidad

b) se conduzcan mal en su desempeño por incumplimiento de los deberes propios del cargo, por notoria ineptitud de su ejercicio

c) surgieran problemas de convivencia graves y continuados con la persona a la que prestan apoyo.

E) Comparecencia

Admitida la solicitud, se citará a la comparecencia al solicitante, al apoderado, a la persona con discapacidad que precise apoyo y al Ministerio Fiscal.

Si se suscitare oposición, el expediente se hará contencioso y el letrado de la Administración de Justicia citará a los interesados a una vista, continuando la tramitación con arreglo a lo previsto en el juicio verbal (art. 51 bis II LJV).

VII. EXPEDIENTE PARA LA PROTECCIÓN DEL PATRIMONIO DE PERSONAS CON DISCAPACIDAD

1. Previsión normativa y ámbito de aplicación

Arts. 56 a 58 LJV y 256 a 262 CC.

Este expediente será de aplicación, a las actuaciones judiciales previstas en el Capítulo I de la Ley 41/2003, de 18 de noviembre, sobre protección patrimonial de las personas con discapacidad *(Tol 318743)* y, en concreto, y conforme al art. 56 LJV para:

a) La constitución del patrimonio protegido de las personas con discapacidad o aprobación de las aportaciones al mismo cuando sus progenitores, tutor o curador se negaren injustificadamente a prestar el consentimiento o asentimiento a ello.

b) El nombramiento de su administrador cuando no se pudiera realizar conforme al título de constitución.

c) El establecimiento de exenciones a la exigencia de obtener por el administrador de la autorización o aprobación judicial para la realización de actos de disposición, gravamen u otros, que se refieran a los bienes y derechos integrantes del patrimonio protegido de las personas con discapacidad.

d) La sustitución del administrador, el cambio de las reglas de administración, el establecimiento de medidas especiales de fiscalización, la adopción de cautelas, la extinción del patrimonio protegido o cualquier otra medida de análoga naturaleza que sea necesaria tras la constitución del patrimonio protegido.

2. Presupuestos procesales

A) Competencia

Será competente para el conocimiento de este expediente los Tribunales de Instancia o en su caso las Secciones de Familia y Capacidad del domicilio o, en su defecto, de la residencia de la persona con discapacidad (art. 57.1 LJV y art. 86.1 LOPJ).

B) Legitimación

Para promover estos expedientes únicamente está legitimado el Ministerio Fiscal, quien actuará de oficio o a solicitud de cualquier persona, debiendo ser oído en todas las actuaciones judiciales relativas al patrimonio protegido (art. 57.2 LJV).

C) Postulación

Los interesados no precisarán de Abogado ni Procurador para intervenir en el expediente (art. 57.3 LJV).

3. Procedimiento

A) Solicitud

El expediente se iniciará mediante solicitud por escrito del Ministerio Fiscal en la que se consignarán los datos y circunstancias de identificación de la persona con discapacidad, de sus representantes o su curador, según proceda y de los demás interesados en el asunto, así como el domicilio o los domicilios en que pueden ser citados, y los hechos y demás alegaciones que procedan (art. 58.1 LJV).

B) Tramitación

Se ajustará a las normas generales previstas en la Ley de Jurisdicción Voluntaria (art. 1 a 22), conforme al art. 58.2 LJV.

C) Resolución

El Juez dictará la resolución en interés de la persona con discapacidad.

Si la resolución estableciera la constitución del patrimonio protegido de una persona con discapacidad, deberá contener, al menos, el inventario de los bienes y derechos que inicialmente lo constituyan; las reglas de su administración y, en su caso, de fiscalización, así como los procedimientos de designación de las personas que hayan de integrar los órganos de administración o, en su caso, de fiscalización (art. 58.3 LJV).

Si la resolución constituye un patrimonio protegido y el administrador designado no fuera el propio beneficiario del mismo, deberá comunicarse al Registro Civil para su inscripción, del mismo modo que las demás circunstancias relativas al patrimonio protegido y a la designación y modificación de administradores de dicho patrimonio.

Igualmente, deberá entregarse testimonio de la resolución a la parte para su inscripción en los registros respectivos cuando los bienes que integren el patrimonio protegido tengan el carácter de registrables para su inscripción o anotación, o a las gestoras de instituciones de inversión colectiva o de sociedades mercantiles si se tratara de participaciones o acciones de las mismas (art. 58.5 LJV)

D) Recursos

La resolución será recurrible en apelación con efectos suspensivos, salvo cuando se nombrare administrador del patrimonio protegido por no poderse designar conforme a las reglas establecidas en el documento público o la resolución judicial de constitución (art. 58.4 LJV).

VIII. AUTORIZACIÓN JUDICIAL DE INTROMISIONES LEGÍTIMAS EN EL ÁMBITO DEL DERECHO AL HONOR, A LA INTIMIDAD Y A LA PROPIA IMAGEN DE LA PERSONA CON DISCAPACIDAD CON MEDIDAS DE APOYO PARA EL EJERCICIO DE SU CAPACIDAD JURÍDICA

1. Previsión normativa

Procesalmente está regulada a través del expediente de jurisdicción voluntaria previsto en los art. 59 y 60 de la Ley de Jurisdicción Voluntaria y sustantivamente en el art. 18.1 CE que garantiza el derecho al honor, a la intimidad personal y familiar y a la propia imagen, desarrollado por la LO 1/1982, de 5 de mayo de protección civil del derecho al honor, a la intimidad personal y familiar y a la propia imagen *(Tol 585549)*, frente a todo tipo de injerencias o intromisiones ilegítimas y configura tales derechos como irrenunciables, inalienables e imprescriptibles (art. 13), si bien admite que su titular preste autorizaciones y consentimientos conforme a lo establecido en su art. 2 y 3.

2. Delimitación de la protección jurídica

A) Ámbito de protección jurídica

El art. 2.1 de la LO 1/1982 señala que el ámbito de protección de del derecho al honor, a la intimidad personal y familiar y a la propia imagen viene determinado por la ley y por los usos sociales de una parte, y por la conducta del interesado, de otra, quien con sus propios actos determina qué esfera de su vida personal y familiar reserva para sí mismo o su familia y en cuáles tolera actos de intromisión.

Con carácter general, no se reputarán intromisiones ilegítimas (art. 8.1):

a) las actuaciones expresamente autorizadas por la Ley

b) cuando el titular del derecho hubiere otorgado al efecto su consentimiento expreso (art. 2.2).

c) las actuaciones autorizadas o acordadas por la Autoridad competente de acuerdo con la ley

d) cuando predomine un interés histórico, científico o cultural relevante (art. 8.1)

B) Intromisiones ilegítimas

Conforme al art. 7 LO 1/82, tendrán la consideración de intromisiones ilegítimas en el ámbito de protección delimitado por el art. 2:

1. El emplazamiento en cualquier lugar de aparatos de escucha, de filmación, de dispositivos ópticos o de cualquier otro medio apto para grabar o reproducir la vida íntima de las personas.

2. La utilización de aparatos de escucha, dispositivos ópticos, o de cualquier otro medio para el conocimiento de la vida íntima de las personas o de manifestaciones o cartas privadas no destinadas a quien haga uso de tales medios, así como su grabación, registro o reproducción.

3. La divulgación de hechos relativos a la vida privada de una persona o familia que afecten a su reputación y buen nombre, así como la revelación o publicación del contenido de cartas, memorias u otros escritos personales de carácter íntimo.

4. La revelación de datos privados de una persona o familia conocidos a través de la actividad profesional u oficial de quien los revela.

5. La captación, reproducción o publicación por fotografía, filme, o cualquier otro procedimiento, de la imagen de una persona en lugares o momentos de su vida privada o fuera de ellos, salvo los casos previstos en el artículo octavo, dos.

6. La utilización del nombre, de la voz o de la imagen de una persona para fines publicitarios, comerciales o de naturaleza análoga.

7. La imputación de hechos o la manifestación de juicios de valor a través de acciones o expresiones que de cualquier modo lesionen la dignidad de otra persona, menoscabando su fama o atentando contra su propia estimación.

8. La utilización del delito por el condenado en sentencia penal firme para conseguir notoriedad pública u obtener provecho económico, o la divulgación de datos falsos sobre los hechos delictivos, cuando ello suponga el menoscabo de la dignidad de las víctimas.

Merece destacar la STC 208/2013, de 16 de diciembre *(Tol 4060061)* que estimó el recurso de amparo interpuesto por el Ministerio Fiscal por vulneración del derecho a la tutela judicial efectiva en relación con los derechos fundamentales al honor y a la propia imagen del art. 18.1 CE en conexión con el art. 49 CE[3], respecto de persona con discapacidad a la que el programa "Crónicas Marcianas" realizó una entrevista televisiva carente de interés informativo con el propósito de ridiculizarla.

C) Consentimiento del titular del derecho

El consentimiento del titular del derecho legitimará la intromisión en su honor, intimidad personal o familiar o imagen (art. 2.2). El consentimiento será revocable en cualquier momento, pero habrán de indemnizarse en su caso, los daños y perjuicios causados, incluyendo en ellos las expectativas justificadas (art. 2.3).

En el caso de las personas con discapacidad el consentimiento deberá prestarse por ellas mismas si sus condiciones de madurez lo permiten, de acuerdo con la legislación civil y en los restantes casos, habrá de otorgarse mediante escrito por su representante legal, quien estará obligado a poner en conocimiento previo del Ministerio Fiscal el consentimiento proyectado (art. 3 LO 1/82).

D) Informe del Ministerio Fiscal

Analizadas las circunstancias concurrentes, el Ministerio fiscal, en el plazo de ocho días, se pronunciará pudiendo:

a) Aceptar el proyecto del representante legal por considerar que respeta el interés superior de la persona discapacitada, así como su voluntad, deseos y preferencias.

---

[3] El art. 49 CE contiene un mandato de protección de las personas con discapacidad, al establecer que *"los poderes públicos realizarán una política de previsión, tratamiento, rehabilitación e integración de los disminuidos físicos, sensoriales y psíquicos, a los que prestarán la atención especializada que requieran y los ampararán especialmente para el disfrute de los derechos que este Título otorga a todos los ciudadanos"*.

b) Oponerse, en cuyo caso la discrepancia deberá ser resuelta por el Juez

Para obtener dicha resolución deberá acudirse al expediente de jurisdicción voluntaria regulado en los art. 59 y 60 LJV.

E) Ámbito de aplicación de los art. 59 y 60 LJV

Estas normas se aplicarán para la obtención de autorización judicial del consentimiento a las intromisiones legítimas en el ámbito de protección delimitado por el citado art. 3 de la LO 1/1982, cuando el Ministerio Fiscal se hubiera opuesto al consentimiento otorgado por el representante legal de una persona con discapacidad con medidas de apoyo para el ejercicio de su capacidad jurídica (art. 59.1 LJV).

3. Presupuestos procesales

A) Competencia

Será competente para el conocimiento de este expediente el Tribunal de Instancia o, en su caso, Sección de Familia o Capacidad, del domicilio o, en su defecto, de la residencia de la persona con discapacidad con medidas de apoyo para el ejercicio de su capacidad jurídica (art. 59.2 LJV).

B) Legitimación

Para promover este expediente está legitimado el representante legal de la persona con discapacidad con medidas de apoyo para el ejercicio de su capacidad jurídica.

C) Postulación

No es preceptiva la intervención de Abogado ni Procurador.

4. Procedimiento

A) Solicitud

El expediente se iniciará mediante solicitud que deberá acompañarse del proyecto de consentimiento, el documento en que conste la notificación de la oposición del Ministerio Fiscal y los que acrediten su representación legal (art. 60.1. LJV).

B) Comparecencia

Una vez admitida la solicitud por el Letrado o Letrada de la Administración de Justicia, éste señalará día y hora para la comparecencia, a la que se citará al Ministerio Fiscal, al representante legal de la persona con discapacidad con medidas de apoyo para el ejercicio de su capacidad jurídica y a éste, si el Juez lo creyera necesario. El Juez podrá acordar también, de oficio o a instancia del Ministerio Fiscal, la citación, en su caso, de otros interesados (art. 60.2. LJV).

C) Resolución

El Juez dictará resolución al término de la comparecencia o, si la complejidad del asunto lo justificare, dentro de los cinco días siguientes, en atención al interés superior de la persona con discapacidad con medidas de apoyo para el ejercicio de su capacidad jurídica (art. 60.3. LJV).

Contra esta resolución cabrá recurso de apelación, con efectos suspensivos, que se resolverá con carácter preferente (art. 60.4. LJV).

D) Revocación

Si los representantes legales de la persona con discapacidad con medidas de apoyo para el ejercicio de su capacidad jurídica quisieran que se revocara el consentimiento otorgado judicialmente, lo pondrán en conocimiento del Juez, quien dictará resolución dejándolo sin efecto (art. 60.5. LJV).

IX. AUTORIZACIÓN O APROBACIÓN JUDICIAL PARA REALIZAR ACTOS DE DISPOSICIÓN, GRAVAMEN U OTROS RELATIVOS A BIENES Y DERECHOS DE PERSONAS CON DISCAPACIDAD CON MEDIDAS DE APOYO PARA EL EJERCICIO DE SU CAPACIDAD JURÍDICA

1. Previsión normativa y ámbito de aplicación

Art. 61 a 66 de la Ley de Jurisdicción Voluntaria y art. 287 a 290 del Código Civil.

Este expediente se aplicará a todos los casos en que la persona que preste apoyo a la persona con discapacidad o el administrador de un patrimonio protegido necesite autorización o aprobación judicial para la validez de actos de disposición, gravamen u otros que se refieran a sus bienes o derechos o al patrimonio protegido, salvo que hubiera establecida una tramitación específica (art. 61 LJV).

Será necesario obtener autorización judicial para aquellos actos que determine la resolución judicial que establezca las medidas de apoyo y, en todo caso, para los que establece el art. 287:

1.° Para realizar actos de trascendencia personal o familiar, cuando la persona afectada no pueda hacerlo por sí misma, a salvo lo dispuesto legalmente en materia de internamiento, consentimiento informado en el ámbito de la salud o en otras leyes especiales[4].

2.° Enajenar o gravar bienes inmuebles, establecimientos mercantiles o industriales, bienes o derechos de especial significado personal o familiar, bienes muebles de extraordinario valor, objetos preciosos y valores mobiliarios no cotizados en mercados oficiales del menor. Se exceptúa la venta del derecho de suscripción preferente de acciones.

3.° Dar inmuebles en arrendamiento por término inicial que exceda de seis años, o celebrar contratos o realizar actos que tengan carácter dispositivo y sean susceptibles de inscripción.

4.° Disponer a título gratuito de bienes o derechos de la persona con medidas de apoyo, salvo los que tengan escasa relevancia económica y carezcan de especial significado personal o familiar.

5.° Renunciar derechos, así como transigir o someter a arbitraje cuestiones relativas a los intereses de la persona con apoyo, salvo que sean de escasa relevancia económica.

6.° Aceptar sin beneficio de inventario cualquier herencia o repudiar ésta o las liberalidades.

7.° Hacer gastos extraordinarios en los bienes de la persona a la que presta apoyo.

8.° Interponer demanda en nombre de la persona a la que presta apoyo, salvo en los asuntos urgentes o de escasa cuantía.

---

4 Se refieren a la esfera personal, no patrimonial, pero también precisarán autorización judicial.

9.° Dar y tomar dinero a préstamo y prestar aval o fianza.

10.° Celebrar contratos de seguro de vida, renta vitalicia y otros análogos, cuando estos requieran de inversiones o aportaciones de cuantía extraordinaria.

No precisará la autorización judicial:

1.°) Para el arbitraje de consumo (art. 287.4.° in fine)

2.°) Cuando la persona con discapacidad inste la revisión de la resolución judicial en que previamente se le hubiesen determinado los apoyos (art. 287.7.° in fine).

3.°) La partición de herencia o la división de cosa común realizada por el curador representativo, pero una vez practicadas requerirán aprobación judicial. Si hubiese sido nombrado un defensor judicial para la partición deberá obtener también la aprobación judicial, salvo que se hubiera dispuesto otra cosa al hacer el nombramiento (art. 289 CC).

3. Presupuestos procesales

A) Competencia

Será competente para el conocimiento de este expediente Tribunal de Instancia o en su caso, Sección de Familia y Capacidad, de la residencia de la persona con discapacidad. Si antes de la celebración de la comparecencia se produjera un cambio de su residencia habitual, se remitirán las actuaciones al Tribunal o Sección correspondiente en el estado en que se hallen (art. 62.1 LJV).

B) Legitimación

Podrán promover este expediente quienes ejerzan el apoyo a la persona con discapacidad a los fines de realizar el acto jurídico de que se trate, así como la propia persona con discapacidad de conformidad con las medidas de apoyo establecidas.

Cuando se trate de la administración de bienes o derechos determinados, con facultades concretas sobre los mismos, conferida por su transmitente a título gratuito a favor de quien no ostente la representación legal, o cuando se ejerzan separadamente la curatela de la persona y la de los bienes deberá solicitar la autorización, si fuere precisa, el administrador designado por el transmitente o el tutor de los bienes.

Si el acto fuera respecto a los bienes del patrimonio protegido, el legitimado será su administrador (art. 62.2 LJV).

C) Postulación

No será preceptiva la intervención de abogado ni procurador siempre que el valor del acto para el que se inste el expediente no supere los 6.000 euros. Cuando lo supere, la solicitud inicial podrá realizarse sin necesidad de ambos profesionales, sin perjuicio de que el Juez pueda ordenar la actuación de todos los interesados por medio de abogado cuando la complejidad de la operación así lo requiera o comparezcan sujetos con intereses enfrentados (art. 62.3 LJV).

4. Procedimiento

A) Solicitud

a) Necesidad o utilidad: En la solicitud deberá expresarse el motivo del acto o negocio de que se trate, y se razonará la necesidad, utilidad o conveniencia del mismo; se identificará con precisión el bien o derecho a que se refiera; y se expondrá, en su caso, la finalidad a que deba aplicarse la suma que se obtenga (art. 63.1 LJV).

b) Documentación: Con la petición que se deduzca se presentarán los documentos y antecedentes necesarios para poder formular juicio exacto sobre el negocio de que se trate y, en su caso, las operaciones particionales de la herencia o de la división de la cosa común realizada.

En el caso de autorización solicitada para transigir, se acompañará, además, el documento en que se hubieren formulado las bases de la transacción (art. 63.2 LJV)

c) Autorización para enajenación de bienes: La regla general es que la enajenación se realizará mediante venta directa, salvo que el Tribunal considere que es necesaria la enajenación en subasta judicial para mejor y plena garantía de los derechos e intereses de su titular (art. 287.2.º CC).

En estos casos, en la solicitud para realizar el acto de disposición podrá también incluirse la petición de que la autorización se extienda a la celebración de venta directa, sin necesidad de subasta ni intervención de persona o entidad especializada, debiendo acompañar dictamen pericial de valoración del precio de mercado del bien o derecho de que se trate y especificarse las demás condiciones del acto de disposición que se pretenda realizar (art. 63.3 LJV).

B) Comparecencia

Admitida a trámite la solicitud por el letrado de la Administración de Justicia, este citará a comparecencia al Ministerio Fiscal, así como a todas las personas que, según los distintos casos, exijan las leyes y, en todo caso, a la persona con discapacidad.

Cuando proceda dictamen pericial, se acordará de oficio o a instancia de parte, y se emitirá antes de celebrarse la comparecencia, debiendo citarse a ella al perito o peritos que lo hubiesen emitido, si así se acordara, para responder a las cuestiones que le planteen tanto los intervinientes como el Juez (art. 64 LJV).

C) Resolución

El Juez, teniendo en cuenta la justificación ofrecida y valorando su conveniencia a los intereses de la persona con discapacidad con medidas de apoyo para el ejercicio de su capacidad jurídica, resolverá concediendo o denegando la autorización o aprobación solicitada.

La concesión de autorización para transigir determinará la expedición de testimonio que se entregará al solicitante para el uso que corresponda.

Si se autorizare la realización de algún acto de gravamen sobre bienes o derechos que pertenezcan a la persona con discapacidad o la extinción de derechos reales que le perteneciesen, se ordenará seguir las mismas formalidades establecidas para la venta, con exclusión de la subasta (art. 65 LJV).

Si se considere adecuado para garantizar la voluntad, deseos y preferencias de la persona con discapacidad, podrá autorizar al curador la realización de una pluralidad de actos de la misma naturaleza o referidos a la misma actividad económica, especificando las circunstancias y características fundamentales de dichos actos (art. 288 CC).

La resolución será recurrible en apelación con efectos suspensivos.

D) Salvaguardas: destino de la cantidad obtenida

El Juez podrá adoptar las medidas necesarias para asegurar que la cantidad obtenida por el acto de enajenación o gravamen, así como por la realización del negocio o contrato autorizado se aplique a la finalidad en atención a la que se hubiere concedido la autorización (art. 66 LJV).

X. ACEPTACIÓN Y REPUDIACIÓN DE LA HERENCIA DE PERSONA DISCAPACITADA CON MEDIDAS DE APOYO

1. *Previsión normativa y ámbito de aplicación*

Art. 93 a 95 LJV, remitiéndose el art. 94.1 a las normas comunes contenidas en los art. 13 a 22 LJV, para su tramitación y completados con los art. 289 y 290 CC

Serán aplicables a todos los casos en que, conforme a la ley, la validez de la aceptación o repudiación de la herencia necesite autorización o aprobación judicial (art. 93.1 LJV)

A) Autorización judicial

En todo caso, precisarán autorización judicial los tutores, los curadores representativos y, en su caso, los defensores judiciales, para aceptar sin beneficio de inventario cualquier herencia o legado o para repudiar los mismos (art. 93.2 LJV).

B) Aprobación judicial

Será necesaria la aprobación judicial:

a) de la partición de herencia o la división de cosa común realizada por el curador representativo (art. 289 CC).

b) de la partición de herencia o la división de cosa común realizada por el defensor judicial nombrado para la partición, salvo que se hubiera dispuesto otra cosa al hacer el nombramiento (art. 289 CC).

2. *Presupuestos procesales*

A) Competencia

Será competente para conocer de estos expedientes, el Tribunal de Instancia, o en su caso, las Secciones de Familia y Capacidad del lugar en que resida la persona con discapacidad (art. 94.1 LJV modificado por DF 24 de la LO 1/25, de 2 de enero para poner fin a los conflictos de competencia que suscitaba la antigua redacción del art. 94 atribuyendo la competencia al tribunal del domicilio del finado cuando se acumulaba la petición de venta de bienes de la herencia cuya competencia era atribuida por el art. 62 LJV al tribunal del domicilio de la persona discapacitada y que venía resolviéndose a favor de este último por la doctrina jurisprudencial [ATS 7/6/2022 *(Tol 9049266)*])

B) Legitimación

Podrán promover este expediente quienes ostenten su representación y, en su defecto, el Ministerio Fiscal. También podrá el defensor judicial si no se le hubiera dado la autorización en el nombramiento (art. 94.2 LJV).

C) Postulación e intervención del Ministerio Fiscal

No será preceptiva la intervención de Abogado ni Procurador cuando la cuantía del haber hereditario sea inferior a 6.000 euros (art. 94.3 LJV).

Será necesaria la intervención del Ministerio Fiscal.

3. Procedimiento

A) Tramitación

Se ajustará a las normas comunes de esta ley (art. 13 a 22 LJV), por remisión del art. 94.1 LJV).

B) Resolución

Antes de resolver, la autoridad judicial oirá al Ministerio Fiscal y a la persona con medidas de apoyo y recabará los informes que le sean solicitados o estime pertinentes (art. 290 CC).

El Juez resolverá concediendo o denegando la autorización o aprobación solicitada teniendo en cuenta la justificación ofrecida y valorando su conveniencia a los intereses del menor (art. 95.1 LJV).

En caso de haberse solicitado autorización o aprobación para aceptar sin beneficio de inventario o repudiar la herencia, si no fuera concedida por el Juez, sólo podrá ser aceptada a beneficio de inventario (art. 95.2 LJV)

C) Recurso

La resolución será recurrible en apelación con efectos suspensivos (art. 95.3. LJV).

XI. MEDIDAS DE PROTECCIÓN RELATIVAS A LA ADOPCIÓN DE SALVAGUARDAS EN RELACIÓN CON LAS PERSONAS CON DISCAPACIDAD O SUS BIENES

1. *Previsión normativa y ámbito de aplicación*

Para la adopción de estas medidas o salvaguardas deberá acudirse al procedimiento de jurisdicción voluntaria previsto en los art. 85, 87, 88 y 89 (Sección III, Capítulo II, Título III, "De los expedientes en materia de familia") de la Ley de Jurisdicción Voluntaria, integrados sustantivamente con el art. 249 CC, en cuyo último párrafo se permite a la autoridad judicial dictar las salvaguardas que considere oportunas a fin de asegurar que el ejercicio de las medidas de apoyo se ajuste a los criterios resultantes de este precepto, y expuestos en el apartado I de este capítulo y, en particular, atienda a la voluntad, deseos y preferencias de la persona que las requiera.

Este expediente tiene por objeto la adopción de las medidas de protección o salvaguardas respecto de personas con discapacidad previstas en el art. 249 CC (art. 87.1 b) LJV).

2. *Presupuestos procesales*

A) Competencia

Será competente el Tribunal de Instancia, o en su caso las Secciones de Familia y Capacidad, del domicilio o, en su defecto, de la residencia de la persona con discapacidad. No obstante, será competente el Tribunal de Instancia, o en su caso las Secciones de Familia y Capacidad que hubiera conocido del procedimiento inicial cuando la medida de apoyo de la persona con discapacidad hubiera sido provista judicialmente (art. 87.2 LJV).

B) Legitimación

Estas medidas o salvaguardas se adoptarán de oficio o a instancia de la persona con discapacidad, de cualquier pariente, del Ministerio Fiscal o a instancia de cualquier interesado (art. 87.3 LJV).

C) Postulación

No será preceptiva la intervención de Abogado ni de Procurador para promover y actuar en estos expedientes (art. 85.2 LJV).

D) Intervención del Ministerio Fiscal

Será preceptiva la audiencia previa del Ministerio Público para que la autoridad judicial dicte la correspondiente resolución (art. 85.1 LJV)

3. Procedimiento

A) Comparecencia

Una vez admitida la solicitud por el Letrado o Letrada de la Administración de Justicia, éste citará a la comparecencia al solicitante, al Ministerio Fiscal, a los progenitores, guardadores o tutores cuando proceda y a la persona con discapacidad con medidas de apoyo para el ejercicio de su capacidad jurídica. Se podrá también acordar la citación de otros interesados (art. 85.1 LJV)

B) Prueba

El Juez podrá acordar, de oficio o a instancia del solicitante, de los demás interesados o del Ministerio Fiscal, la práctica durante la comparecencia de las diligencias que considere oportunas. Si estas actuaciones tuvieran lugar después de la comparecencia, se dará traslado del acta correspondiente a los interesados para que puedan efectuar alegaciones en el plazo de cinco días (art. 85.2 LJV).

C) Resolución

Si el Juez estimare procedente la adopción de estas medidas, resolverá lo que corresponda designando persona o institución que, en su caso, haya de encargarse del apoyo a la persona con discapacidad, adoptará las medidas procedentes conforme a lo establecido en la legislación civil aplicable y podrá nombrar, si procediere, un defensor judicial (art. 88 LJV).

En los casos de curatela de la persona con discapacidad, el Juez que haya conocido del expediente remitirá testimonio de la resolución definitiva al que hubiese conocido del nombramiento del curador, cuando sea uno distinto (art. 89).

Capítulo Decimotercero

Procedimientos en materia de filiación y adopción

En el Capítulo III del Título I del Libro IV de la LEC (arts. 764 a 768), bajo la rúbrica «De los procesos sobre filiación, paternidad y maternidad», se contiene un conjunto de normas relativas a tres tipos de pretensiones que pueden ejercitarse por determinadas personas con objeto de que se declare judicialmente en un proceso contradictorio (valga el pleonasmo) la existencia o la inexistencia de una relación de filiación, de paternidad o de maternidad por naturaleza, estableciendo, además, algunas especialidades en materia de procedimiento y de prueba, que analizamos en el Capítulo III de la Primera Parte de esta obra. Son las llamadas acciones de reclamación de filiación (art. 131 a 134 CC) y de impugnación de filiación (art. 136 a 141 CC) que tienen por objeto un pronunciamiento judicial en el que se constituya un estado jurídico consistente en ser una determinada persona hija de otra u otras, o en el que se declare que una persona que tenía una filiación determinada no es verdaderamente hija de otra u otras.

La filiación, y con ella la paternidad y la maternidad, se determinan legalmente conforme a las reglas establecidas en la legislación sustantiva (arts. 115 a 119 CC, para la filiación matrimonial, y arts. 120 a 126 CC para la filiación no matrimonial). No estando legalmente determinadas o estándolo erróneamente, podrá pedirse de los tribunales su correcta determinación por sentencia en los casos previstos ebn la legislación civil (art. 764.1 LEC, en relación con los arts. 115.2 y 120.3 CC).

En el caso de la filiación por naturaleza no matrimonial, también quedará determinada legalmente por el reconocimiento ante el Encargado del Registro Civil, en testamento o en otro documento público (art. 120.2 CC). El progenitor que hiciere el reconocimiento separadamente no podrá manifestar en él la identidad del otro a no ser que esté ya determinada legalmente (art. 122 CC). El reconocimiento de un hijo mayor de edad producirá efectos con su consentimiento expreso o tácito, que en el caso de la persona mayor de edad con discapacidad se prestará por ésta, con los apoyos que requiera para ello. En caso de que exista resolución judicial o escritura pública que haya establecido medidas de apoyo, se estará a lo allí dispuesto (art. 123 CC). El reconocimiento del ya fallecido sólo surtirá efecto si lo consintieren sus descendientes por sí o por sus representantes legales (art. 126).

Pero, en determinados supuestos, el reconocimiento ante el Encargado del Registro Civil, en testamento u otro documento público, precisará autorización o aprobación judicial, para cuya obtención será necesario tramitar el correspondiente procedimiento de jurisdicción voluntaria.

I. AUTORIZACIÓN O APROBACIÓN JUDICIAL DEL RECONOCIMIENTO DE LA FILIACIÓN NO MATRIMONIAL

1. Previsión normativa y ámbito de aplicación

Se regula dentro del Título II de la Ley de Jurisdicción Voluntaria *"De los expedientes de jurisdicción voluntaria en materia de personas"*, en el Capítulo I que lleva por rúbrica *"De la autorización o aprobación judicial del reconocimiento de la filiación no matrimonial"*, artículos 23 a 26. Estas normas deben complementarse con los art. 120 a 126 del Código Civil.

Comprenderá todos los casos en que, conforme a la ley, el reconocimiento de la filiación no matrimonial necesite para su validez autorización o aprobación judicial conforme al art. 23 LJV:

A) Autorización judicial

Será necesaria autorización judicial para el otorgamiento del reconocimiento de la filiación no matrimonial del menor o de la persona con discapacidad con medidas de apoyo para el ejercicio de su capacidad jurídica por quien sea hermano o consanguíneo en línea recta del progenitor cuya filiación esté determinada legalmente (art. 23.2 LJV y 125 CC).

B) Aprobación judicial

Será necesaria aprobación judicial:

a) Para la eficacia del reconocimiento de la filiación no matrimonial de un menor o persona con discapacidad con medidas de apoyo para el ejercicio de su capacidad jurídica otorgado:

1) Por quien no pueda contraer matrimonio por razón de edad o por menores no emancipados (art. 23 LJV y. 121 CC) No obstante, cuando la progenitora es menor de edad no requiere autorización o aprobación judicial con la intervención del Ministerio Fiscal si concurre el consentimiento para la inscripción del representante legal de la madre biológica menor [AAP Salamanca 21/3/2024 *(Tol 10142050)*]

2) Por quien no tenga el consentimiento expreso de su representante legal o la asistencia del curador del reconocido ni del progenitor legalmente conocido, siempre que no hubiera sido reconocido en testamento o dentro del plazo establecido para practicar la inscripción del nacimiento (art. 23 LJV y 124 CC).

3) Por el padre, cuando el reconocimiento se hubiera realizado dentro del plazo establecido para practicar la inscripción del nacimiento y cuando ésta se hubiera suspendido a petición de la madre.

b) Para la validez del reconocimiento no matrimonial otorgado por una persona con discapacidad con medidas de apoyo para el ejercicio de su capacidad jurídica (art. 23 LJV). No obstante, según el art.121.2 CC se estará a lo que resulte de la resolución judicial o escritura pública que estableciera las medidas de apoyo. Si nada se hubiese dispuesto y no hubiera medidas voluntarias de apoyo, se instruirá la correspondiente revisión de las medidas de apoyo judicialmente adoptadas para completarlas a este fin.

C) No necesidad de consentimiento ni de aprobación judicial

No será necesario el consentimiento del representante legal del menor o discapacitado, ni la aprobación judicial cuando el reconocimiento se hubiere efectuado en testamento o dentro del plazo establecido para practicar la inscripción del nacimiento. Pero, la inscripción de la filiación del padre o progenitor no gestante así practicada podrá suspenderse a simple petición de la madre o progenitor gestante durante el año siguiente al nacimiento, en cuyo caso, si el padre o progenitor no gestante solicitara la confirmación de la inscripción, será necesaria la aprobación judicial con audiencia del Ministerio Fiscal (art. 124.2 CC).

2. Presupuestos procesales

a) Competencia: Será competente para conocer de este expediente el Tribunal de Instancia, o en su caso, la Sección de Familia o Capacidad del domicilio del reconocido o, si no lo tuviera en territorio nacional, el de su residencia en dicho territorio. Si el reconocido no tuviera su residencia en España, lo será el del domicilio o residencia del progenitor autor del reconocimiento (art. 24.1 LJV).

b) Legitimación: Podrá promover este expediente el progenitor autor del reconocimiento, por sí mismo o asistido de su representante legal, tutor o curador, en su caso (art. 24.2 LJV).

c) Postulación: En la tramitación de este expediente no será preceptiva la intervención de Abogado ni Procurador (art. 24.3 LJV)

3. Procedimiento

A) Comparecencia

Admitida a trámite la solicitud por el Letrado o Letrada de la Administración de Justicia, éste citará a comparecencia al solicitante y, según proceda, al progenitor conocido, al representante legal o curador del reconocido y a éste si tuviera suficiente madurez, y en todo caso si fuera mayor de 12 años, así como a sus descendientes si hubiere fallecido y los hubiere, y a las personas que se estime oportuno, así como al Ministerio Fiscal (art. 25 LJV). El art. 124 CC exige

B) Audiencia del Ministerio Fiscal

La autoridad judicial resolverá previa audiencia del Ministerio Fiscal (art. 121 y 123 CC).

C) Resolución

El Juez resolverá lo que proceda sobre el reconocimiento de que se trate, atendiendo para ello al discernimiento del progenitor, la veracidad o autenticidad de su acto, la verosimilitud de la relación de procreación, sin necesidad de una prueba plena de la misma, y el interés del reconocido cuando sea menor o persona con discapacidad con medidas de apoyo para el ejercicio de su capacidad jurídica (art. 26 LJV).

La autorización judicial del reconocimiento realizado por hermano o consanguíneo en línea recta del progenitor cuya filiación esté determinada legalmente (art. 125 CC y 23.2 LJV) se otorgará cuando convenga al interés del menor. No obstante, el menor podrá, alcanzada la mayoría de edad, invalidar mediante declaración auténtica esta última determinación de su filiación, si no la hubiere consentido.

II. EL PROCEDIMIENTO DE ADOPCIÓN

1. Previsión normativa

La determinación de la filiación adoptiva se llevará a cabo a través de un procedimiento de jurisdicción voluntaria regulado en el Capítulo III, del Título Primero de la Ley de Jurisdicción Voluntaria, arts. 33 a 42, que se complementan en el aspecto sustantivo con los arts. 175 a 180 del Código Civil.

2. Requisitos

A) Del adoptante

La adopción requiere que el adoptante sea mayor de 25 años. Si son dos los adoptantes, bastará con que uno de ellos haya alcanzado dicha edad. En todo caso, la diferencia de edad entre adoptante y adoptando será de, al menos, 16 años y no podrá ser superior a 45 años, salvo en los casos previstos en el art. 176.2. Cuando fueran dos los adoptantes, será suficiente con que uno de ellos no tenga esa diferencia máxima de edad con el adoptando. Si los futuros adoptantes están en disposición de adoptar grupos de hermanos o menores con necesidades especiales, la diferencia máxima de edad podrá ser superior.

No pueden ser adoptantes los que no puedan ser tutores de acuerdo con lo previsto en los art. 216 y 217 CC (art. 175.1 CC).

B) Del adoptado

a) Regla general: *Únicamente podrán ser adoptados los menores no emancipados.*

b) Excepción: Será posible la adopción de un mayor de edad o de un menor emancipado cuando inmediatamente antes de la emancipación, hubiere existido una situación de acogimiento con los futuros adoptantes o de convivencia estable con ellos de, al menos, un año (art. 175.2 CC).

c) Exclusiones: No puede adoptarse (art. 175.3 CC):

1.º A un descendiente.

2.º A un pariente en segundo grado de la línea colateral por consanguinidad o afinidad.

3.º A un pupilo por su tutor hasta que haya sido aprobada definitivamente la cuenta general justificada de la tutela.

d) Límites: Nadie podrá ser adoptado por más de una persona, salvo que la adopción se realice conjunta o sucesivamente por ambos cónyuges o por una pareja unida por análoga relación de afectividad a la conyugal. El matrimonio celebrado con posterioridad a la adopción permitirá al cónyuge la adopción de los hijos de su consorte. Esta previsión será también de aplicación a las parejas que se constituyan con posterioridad.

No obstante, en caso de muerte del adoptante, o cuando el adoptante sufra la exclusión prevista en el art. 179 CC, será posible una nueva adopción del adoptado (art. 175.4 CC)

Cuando el adoptando se encontrara en acogimiento permanente o guarda con fines de adopción de dos cónyuges o de una pareja unida por análoga relación de afectividad a la conyugal, la separación o divorcio legal o ruptura de la relación de los mismos que conste fehacientemente con anterioridad a la propuesta de adopción no impedirá que pueda promoverse la adopción conjunta siempre y cuando se acredite la convivencia efectiva del adoptando con ambos cónyuges o con la pareja unida por análoga relación de naturaleza análoga a la conyugal durante al menos dos años anteriores a la propuesta de adopción.

3. Presupuestos procesales

a) Competencia: En los expedientes sobre adopción, será competente el Tribunal de Instancia o Sección de Familia correspondiente a la sede de la Entidad Pública que tenga encomendada la protección del adoptando y, en su defecto, el del domicilio del adoptante (art. 33 LJV).

b) Postulación: No será preceptiva la asistencia de Abogado ni Procurador (art. 34.2 LJV).

4. Procedimiento

A) Carácter preferente e intervención del Ministerio Fiscal

La tramitación del expediente de adopción tendrá carácter preferente (art. 34.1)

Se practicará con intervención del Ministerio Fiscal (art. 34.1 LJV)

B) Inicio

El expediente comenzará con el escrito de propuesta de adopción formulada por la Entidad Pública o por la solicitud del adoptante cuando estuviera legitimado para ello (art. 35.1 LJV).

a) Propuesta de la Entidad Pública (art. 176 CC): Será necesaria la propuesta previa de la Entidad Pública a favor del adoptante/s que dicha Entidad Pública haya declarado idóneos para el ejercicio de la patria potestad. La declaración de idoneidad deberá ser previa a la propuesta.

No obstante, no se requerirá tal propuesta cuando en el adoptando concurra alguna de las circunstancias siguientes:

1.ª Ser huérfano y pariente del adoptante en tercer grado por consanguinidad o afinidad.

2.ª Ser hijo del cónyuge o de la persona unida al adoptante por análoga relación de afectividad a la conyugal.

3.ª Llevar más de un año en guarda con fines de adopción o haber estado bajo tutela del adoptante por el mismo tiempo.

4.ª Ser mayor de edad o menor emancipado.

Se entiende por idoneidad la capacidad, aptitud y motivación adecuadas para ejercer la responsabilidad parental, atendiendo a las necesidades de los menores a adoptar, y para asumir las peculiaridades, consecuencias y responsabilidades que conlleva la adopción.

La declaración de idoneidad por la Entidad Pública requerirá una valoración psicosocial sobre la situación personal, familiar, relacional y social de los adoptantes, así como su capacidad para establecer vínculos estables y seguros, sus habilidades educativas y su aptitud para atender a un menor en función de sus singulares circunstancias. Dicha declaración de idoneidad se formalizará mediante la correspondiente resolución.

En la declaración de idoneidad deberá hacerse constar si las personas que se ofrecen a la adopción aceptarían adoptar a un menor que fuese a mantener la relación con la familia de origen (art. 178.4.III CC).

No podrán ser declarados idóneos para la adopción quienes se encuentren privados de la patria potestad o tengan suspendido su ejercicio, ni quienes tengan confiada la guarda de su hijo a la Entidad Pública.

Las personas que se ofrezcan para la adopción deberán asistir a las sesiones informativas y de preparación organizadas por la Entidad Pública o por Entidad colaboradora autorizada.

En la propuesta de adopción formulada por la Entidad Pública se expresarán especialmente (art. 35.2 LJV):

1) Las condiciones personales, familiares y sociales y los medios de vida del adoptante/s asignados y sus relaciones con el adoptando, con detalle de las razones que justifiquen la elección de aquél o aquéllos.

2) En su caso y cuando hayan de prestar su asentimiento o ser oídos, el último domicilio conocido del cónyuge del adoptante o de la persona a la que esté unida por análoga relación de afectividad a la conyugal, o el de los progenitores, tutor, familia acogedora o guardadores del adoptando.

3) Si unos y otros han formulado su asentimiento ante la Entidad Pública o en documento público.

Se garantizará que, en la valoración de la idoneidad, no exista discriminación por las causas establecidas en la Ley 4/2023, de 28 de febrero para la igualdad real y efectiva de las personas trans y para la garantía de los derechos de las personas LGTBI *(Tol 9421382)*.

En los centros de menores se trabajará la diversidad familiar con el fin de garantizar que los menores que sean susceptibles de ser adoptados sean conocedores de la diversidad familiar por razón de la diversidad sexual e identidad de género (art. 35 Ley Trans).

b) Solicitud del adoptante: Tendrá lugar en los supuestos en que no se requiera propuesta previa de la Entidad Pública conforme al art. 176 CC. Se presentará por escrito, expresando las indicaciones del art. 35.2 en cuanto fueren aplicables, y las alegaciones y pruebas conducentes a demostrar que en el adoptando concurre alguna de las circunstancias exigidas por dicha legislación (art. 35.3 LJV).

c) Documentación: Con la propuesta u ofrecimiento para la adopción se presentarán los documentos a que se refiere el art. 35.2 y 3, la declaración previa de idoneidad del adoptante para el ejercicio de la patria potestad emitida por la Entidad Pública, si procediere, y cuantos informes o documentos se juzguen oportunos (art. 35.4 LJV)

C) Consentimientos

El Letrado o Letrada de la Administración de Justicia citará, para manifestar su consentimiento en presencia del Juez, al adoptante/s y al adoptando si fuere mayor de 12 años (art 36 LJV y 177.1 CC). Los consentimientos deberán otorgarse libremente, en la forma legal requerida y por escrito, previa información de sus consecuencias.

D) Asentimientos

a) Necesario: También deberán ser citados, para prestar el asentimiento a la adopción ante el Juez, las personas indicadas en el art. 177.2 CC, esto es:

1.º El cónyuge o persona unida al adoptante por análoga relación de afectividad a la conyugal salvo que medie separación o divorcio legal o ruptura de la pareja que conste fehacientemente, excepto en los supuestos en los que la adopción se vaya a formalizar de forma conjunta.

2.º Los progenitores del adoptando que no se hallare emancipado. El asentimiento de la madre no podrá prestarse hasta que hayan transcurrido seis semanas desde el parto. En las adopciones que exijan propuesta previa no se admitirá que el asentimiento de los progenitores se refiera a adoptantes determinados.

Sin embargo, no serán citados aquellos que, siendo necesario su asentimiento, lo hubieran prestado con anterioridad a la iniciación del expediente ante la correspondiente Entidad Pública o en documento público, salvo que hubieran transcurrido más de seis meses desde que lo hicieron.

Los asentimientos deberán otorgarse libremente, en la forma legal requerida y por escrito, previa información de sus consecuencias.

b) No será necesario el asentimiento (art. 177.2.º):

1) Cuando los que deban prestarlo se encuentren imposibilitados para ello, imposibilidad que se apreciará motivadamente en la resolución judicial que constituya la adopción.

2) Cuando los progenitores del adoptando no emancipado tuvieren suspendida la patria potestad y hubieran transcurrido dos años desde la notificación de la declaración de situación de desamparo, en los términos previstos en el art. 172.2 CC, sin oposición a la misma o cuando, interpuesta en plazo, hubiera sido desestimada.

3) Cuando los progenitores del adoptando no emancipado estuvieran privados de la patria potestad por sentencia firme o incursos en causa legal para tal privación. Esta situación solo podrá apreciarse en el procedimien-

to judicial contradictorio que se tramitará conforme a la Ley de Enjuiciamiento Civil (art. 177.2.º in fine)

Los progenitores que pretendan que se les reconozca la necesidad de prestar su asentimiento a la adopción, deberán ponerlo de manifiesto en el expediente. En cuyo caso, el Letrado o Letrada de la Administración de Justicia acordará la suspensión del expediente y otorgará el plazo de 15 días para la presentación de la demanda, de la que conocerá el mismo Tribunal. Presentada la demanda dentro de plazo, el LAJ dictará decreto declarando contencioso el expediente de adopción y acordará seguir su tramitación conforme a lo dispuesto en el art. 781 LEC. Si no se presentara la demanda en el plazo fijado, dictará decreto dando por finalizado el trámite y alzando la suspensión del expediente de adopción. El decreto será recurrible directamente en revisión ante el Tribunal. Firme dicha resolución, no se admitirá ninguna reclamación posterior de los mismos sujetos sobre necesidad de asentimiento para la adopción de que se trate (art. 37.2 LJV).

E) Audiencia

Asimismo, deberán ser citados para ser oídos por el Juez en el expediente, conforme al art. 37.3 LJV, las personas señaladas en el art. 177.3 CC:

1.º Los progenitores que no hayan sido privados de la patria potestad, cuando su asentimiento no fuera necesario para la adopción.

2.º El tutor y, en su caso, la familia acogedora, y el guardador o guardadores

3.º El adoptando menor de 12 años de acuerdo con su edad y madurez.

F) Citaciones

a) Averiguación del domicilio y contenido de la citación: Si en la propuesta de adopción o en el ofrecimiento para la adopción no constare el domicilio de los que deban ser citados, el Letrado o Letrada de la Administración de Justicia practicará inmediatamente las diligencias oportunas para la averiguación del domicilio conforme a lo prevenido en el art.156 LEC y los citará ante el Juez dentro de los 15 días siguientes, debiendo garantizar la debida reserva. En la citación a los progenitores se hará constar, en su caso, la circunstancia por la cual basta su audiencia (art. 38.1 LJV).

b) Apercibimientos: En las citaciones que deban prestar su asentimiento o ser oídas se incluirá el apercibimiento de que si fueran citados personalmente y no comparecieran se seguirá el trámite sin más citaciones. Si no respondieran a la primera citación y no se hubiera realizado la citación en su persona, se les volverá a citar para dentro de los 15 días siguientes, con el apercibimiento de que, aunque no comparezcan el expediente seguirá su trámite (art. 38.2 LJV).

c) Domicilio o paradero desconocido: Cuando no haya podido conocerse el domicilio o paradero de alguna persona que deba ser citada, o si citada debidamente, con los apercibimientos oportunos, no compareciese, se prescindirá del trámite y la adopción acordada será válida, sin perjuicio, en su caso, del derecho de los progenitores que, sin culpa suya, no hubieran intervenido en el expediente en los términos del art. 177 CC (asentimiento o audiencia), a solicitar del Juez la extinción de la adopción dentro de los dos años siguientes cuando la extinción no perjudique gravemente al menor conforme al art. 180.2 CC (art. 38.3 LJV).

G) Tramitación

a) Comparecencia: Admitida la solicitud, el Letrado o Letrada de la Administración de Justicia convocará a la preceptiva comparecencia prevista en el art. 18 LJV (art. 17.2 LJV) en la que deberá oírse al promotor del expediente, al adoptante, si fuera persona distinta del promotor, al menor si tuviera suficiente madurez y en todo caso si fuera mayor de 12 años, a las personas que deban prestar su asentimiento conforme al art. 177.2 CC y las personas que deban ser oídas conforme al art. 177.3 CC y testigos que pudieren citarse. Así resulta igualmente de la Circular 9/2015, de 22 de diciembre, sobre la intervención del Ministerio Fiscal en la nueva Ley de la Jurisdicción Voluntaria *(Tol 5604023)*.

Sin embargo, es una práctica habitual los Tribunales prescindir de esta comparecencia y realizar comparecencias individuales a los distintos intervinientes (adoptante, adoptado mayor de 12 años o con suficiente juicio, cónyuge del adoptante, progenitor biológico...), de las que luego se da traslado al Ministerio Fiscal para informe por escrito, con la consiguiente merma del interés superior del menor por la dificultad de valorar todos las circunstancias concurrentes en el caso y los elementos necesarios para su ponderación sin la inmediatez que la comparecencia proporciona, precisamente en el expediente que más trascendencia va de tener en la vida de un menor, al separarlo de su familia de origen y extinguir en la mayoría de supuestos los vínculos jurídicos con aquélla.

Por el mismo motivo debemos insistir en la necesidad de que en la exploración del menor deba estar presente el Ministerio Fiscal, sin que sea suficiente con el traslado a éste de la exploración realizada por la autoridad judicial, para que emita el correspondiente dictamen, a modo de mero trámite, por cuanto la intervención inmediata y directa del fiscal en la exploración del menor es una garantía de que la resolución que se adopte sea la que mejor se ajuste al interés superior del menor.

Uno de los casos más comunes es el de la adopción del hijo del cónyuge o pareja ya sea mayor o menor de edad, en cuyo caso y tratándose de un menor deben extremarse igualmente las garantías de la comparecencia con exploración del menor por el Ministerio Fiscal.

b) Prueba: El Juez podrá ordenar la práctica de cuantas diligencias estime oportunas para asegurarse de que la adopción sea en interés del adoptando (art.39.1 LJV).

c) Carácter reservado de las actuaciones: Todas las actuaciones se llevarán a cabo con la conveniente reserva, evitando en particular que la familia de origen tenga conocimiento de cuál sea la adoptiva, excepto en los supuestos recogidos el art. 178.2 y 4 y sin perjuicio de lo establecido en el art. 180 CC.

d) Oposición: Si se suscitare oposición, el expediente se hará contencioso y el Letrado o Letrada de la Administración de Justicia citará a los interesados a una vista, continuando la tramitación con arreglo a lo previsto para el juicio verbal.

e) Resolución: La adopción se constituirá por resolución judicial, que tendrá en cuenta siempre el interés del adoptando y la idoneidad del adoptante/s para el ejercicio de la patria potestad (art. 176.1 CC).

En los casos de que el adoptado sea hijo del cónyuge o de la persona unida al adoptante por análoga relación de afectividad a la conyugal, lleve más de un año en guarda con fines de adopción o haya estado bajo tutela del adoptante por el mismo tiempo o sea mayor de edad o menor emancipado.(art. 176.2, 1.ª, 2.ª o 3.ª CC) podrá constituirse la adopción, aunque el adoptante hubiere fallecido, si éste hubiese prestado ya ante el Juez su consentimiento o el mismo hubiera sido otorgado mediante documento público o en testamento. En este caso, los efectos de la resolución judicial se retrotraerán a la fecha de prestación de tal consentimiento (art. 176.4 CC).

f) Recursos: Contra el auto que resuelva el expediente cabe recurso de apelación, que tendrá carácter preferente, sin que produzca efectos suspensivos.

g) Inscripción en el Registro Civil: El testimonio de la resolución firme en que se acuerde la adopción se remitirá al Registro Civil correspondiente, para que se practique su inscripción.

5. Efectos de la resolución judicial de adopción

A) Regla general

La adopción produce la extinción de los vínculos jurídicos entre el adoptado y su familia de origen.

B) Excepción

a) Subsistirán los vínculos jurídicos con la familia del progenitor que, según el caso, corresponda sin perjuicio de lo dispuesto sobre impedimentos matrimoniales:

1) Cuando el adoptado sea hijo del cónyuge o de la persona unida al adoptante por análoga relación de afectividad a la conyugal, aunque el consorte o la pareja hubiera fallecido.

2) Cuando sólo uno de los progenitores haya sido legalmente determinado, siempre que tal efecto hubiera sido solicitado por el adoptante, el adoptado mayor de 12 años y el progenitor cuyo vínculo haya de persistir.

b) Podrá acordarse el mantenimiento de alguna forma de relación o contacto a través de visitas o comunicaciones entre el menor, los miembros de la familia de origen que se considere y la adoptiva cuando el interés del menor así lo aconseje, en razón de su situación familiar, edad o cualquier otra circunstancia significativa valorada por la Entidad Pública, favoreciéndose especialmente, cuando ello sea posible, la relación entre los hermanos biológicos.

C) Requisitos para acordar el mantenimiento de la relación de origen

1) Propuesta de la Entidad Pública o del Ministerio Fiscal

2) Consentimiento de la familia adoptiva y del adoptando si tuviera suficiente madurez y siempre si fuere mayor de 12 años.

3) Será oído en todo caso el adoptando menor de 12 años de acuerdo a su edad y madurez.

4) El Juez, al constituir la adopción, determinará la periodicidad, duración y condiciones de los contactos con la familia de origen. Si fuere necesario, dicha relación se llevará a cabo con la intermediación de la Entidad Pública o entidades acreditadas a tal fin. El Juez podrá acordar, también, su modificación o finalización en atención al interés superior del menor.

5) La Entidad Pública remitirá al Juez informes periódicos sobre el desarrollo de las visitas y comunicaciones, así como propuestas de mantenimiento o modificación de las mismas durante los dos primeros años, y, transcurridos estos a petición del Juez.

D) Legitimación para solicitar la suspensión o supresión de dichas visitas o comunicaciones

Corresponde a la Entidad Pública, la familia adoptiva, la familia de origen y el menor si tuviere suficiente madurez y, en todo caso, si fuere mayor de doce años.

6. Procedimiento para la exclusión de funciones tutelares del adoptante y extinción de la adopción.

La adopción, una vez constituida por sentencia firme, es irrevocable (art. 180.1 CC). Sin embargo, en determinados supuestos cabe la exclusión de las funciones tuitivas del adoptante, e incluso acordar la extinción de la adopción.

A) Exclusión de las funciones tuitivas del adoptante

a) Legitimación: Podrá solicitarlo el Ministerio Fiscal, el adoptado o su representante legal. No obstante, una vez alcanzada la plena capacidad, la exclusión sólo podrá ser pedida por el adoptado, dentro de los dos años siguientes.

b) Motivo: Cuando el adoptante hubiere incurrido en causa de privación de la patria potestad conforme al art. 170 CC por incumplimiento de los deberes inherentes a patria potestad

c) Resolución: El Juez acordará la privación total o parcialmente de la potestad del adoptante

d) Recuperación de la patria potestad: El adoptante podrá recuperar la patria potestad de la que hubiera sido privado total o parcialmente, por resolución judicial cuando hubiere cesado la causa que motivó la privación (art. 170 CC).

Estas restricciones dejarán de tener efecto por determinación del propio hijo una vez alcanzada la plena capacidad.

B) Extinción de la adopción

a) Legitimación: Podrá solicitar la extinción de la adopción, cualquiera de los progenitores que, sin culpa suya, no hubieren intervenido en el expediente en los términos expresados en el art. 177 (asentimiento o audiencia) cuando la extinción solicitada no perjudique gravemente al menor.

b) Plazo: Dentro de los dos años siguientes a la adopción

c) Consentimiento del adoptado: Si el adoptado fuere mayor de edad, la extinción de la adopción requerirá su consentimiento expreso.

d) Efectos:

1) La extinción de la adopción no es causa de pérdida de la nacionalidad ni de la vecindad civil adquiridas, ni alcanza a los efectos patrimoniales anteriormente producidos.

2) La determinación de la filiación que por naturaleza corresponda al adoptado no afecta a la adopción.

3) Las Entidades Públicas asegurarán la conservación de la información de que dispongan relativa a los orígenes del menor, en particular la relativa a la identidad de sus progenitores, la historia médica del menor y de su familia, y se conservarán durante al menos 50 años con posterioridad al momento en que la adopción se haya hecho definitiva. La conservación se llevará a cabo a los solos efectos de que la persona adoptada pueda, una vez alcanzada la mayoría de edad o durante su minoría de edad a través de sus representantes legales, conocer los datos sobre sus orígenes biológicos. Las Entidades Públicas, previa notificación a las personas afectadas, prestarán a través de sus servicios especializados el asesoramiento y la ayuda que precisen para hacer efectivo este derecho. A estos efectos, cualquier entidad privada o pública tendrá obligación de facilitar a las Entidades Públicas y al Ministerio Fiscal, cuando les sean requeridos, los informes y antecedentes necesarios sobre el menor y su familia de origen.

C) Procedimiento

a) Regulación e inscripción en el Registro Civil: Las actuaciones judiciales para acordar la privación de las funciones tutelares del adoptante o la extinción de la adopción ex art. 179 y 180 CC respectivamente, se sustanciarán por los trámites del juicio que corresponda con arreglo a lo establecido en la Ley de Enjuiciamiento Civil y sus resoluciones serán remitidas al Registro Civil para su inscripción.

b) Medidas de protección: Durante la sustanciación del procedimiento, el Juez adoptará, incluso de oficio, y previa audiencia del Ministerio Fiscal, las medidas de protección oportunas sobre la persona y bienes del adoptado menor o persona con discapacidad con medidas de apoyo para el ejercicio de su capacidad jurídica.

c) Extinción de adopción con adoptado mayor de edad: Requerirá el consentimiento expreso del adoptado.

7. Adopción internacional

A) Regulación

En los casos de adopción internacional se estará a lo previsto en el art. 9.5 del Código Civil y en la Ley 54/2007, de 28 de diciembre, de Adopción Internacional *(Tol 1218144)*, así como a lo establecido al respecto en los Tratados y Convenios internacionales en que España sea parte y, en especial, en el Convenio de La Haya de 29 de mayo de 1993, relativo a la protección del niño y a la cooperación en materia de adopción internacional (art. 41 LJV).

La adopción internacional se regirá por las normas contenidas en la Ley de Adopción Internacional. Igualmente, las adopciones constituidas por autoridades extranjeras surtirán efectos en España con arreglo a las disposiciones de la citada Ley de Adopción Internacional (art. 9.5 CC).

B) Conversión de adopción simple o no plena en plena.

La adopción en España es plena por cuanto produce la ruptura con la familia de origen y la plena integración del menor en la familia del adoptante, incluso en aquellos casos excepcionales en que se permita cierto contacto con la familia de origen. Sin embargo, en otros países la adopción puede ser simple o menos plena, lo cual plantea el problema de su conversión en España, que debe resolverse a través del procedimiento previsto en el art. 42 LJV.

a) Requisitos

En el caso de una adopción simple o no plena constituida por autoridad extranjera competente, el adoptante podrá instar ante los Tribunales españoles su conversión en una adopción regulada por el derecho español cuando concurra uno de los siguientes supuestos:

a') Que el adoptando tenga su residencia habitual en España en el momento de constitución de la adopción.

b') Que el adoptando haya sido o vaya a ser trasladado a España con la finalidad de establecer su residencia habitual en España.

c') Que el adoptante tenga la nacionalidad española o tenga su residencia habitual en España (art. 42.1 LJV)

b) Procedimiento

a') Solicitud: El adoptante deberá presentar la solicitud ofreciéndose para la adopción plena, sin que precise propuesta previa de la Entidad Pública, expresando las indicaciones contenidas en el art. 35 LJV en cuanto fueren aplicables, esto es: i) las condiciones personales, familiares y sociales y los medios de vida del adoptante/es y sus relaciones con el adoptando; ii) cuando hayan de prestar su asentimiento o ser oídos, el último domicilio conocido del cónyuge del adoptante o de la persona a la que esté unida por análoga relación de afectividad a la conyugal(art. 42.2 LJV).

b') Documentación: A la solicitud se deberá acompañar el documento de constitución de la adopción por la autoridad extranjera y las pruebas conducentes a demostrar que en el adoptado concurren las circunstancias exigidas (art. 42.2 LJV).

c') Tramitación: Presentada la solicitud se seguirán los trámites establecidos en los art. 36 a 39 LJV, en cuanto sean aplicables, debiendo examinar el Juez la concurrencia de los extremos enumerados en la Ley de Adopción Internacional (art. 42.3 LJV)

En todo caso habrán de manifestar su consentimiento ante el Juez, el adoptante/s y el adoptado si fuere mayor de doce años. Si fuera menor de esa edad se le oirá de acuerdo con su edad y madurez

Deberá asentir el cónyuge del adoptante o la persona a la que esté unida por análoga relación de afectividad a la conyugal (art. 42.4 LJV).

d') Resolución: El testimonio del auto que declare la conversión de la adopción simple o no plena en plena se remitirá al Registro Civil correspondiente, para su inscripción (art. 42.5 LJV).

Capítulo Decimocuarto

Procedimientos en materia de familia

La Ley de Jurisdicción Voluntaria dedica su Título III a la regulación "de los expedientes de jurisdicción voluntaria en materia de familia" (arts. 81 a 90). Dicha regulación, dividida en tres capítulos, comprende la concerniente a los casos de dispensa de impedimentos matrimoniales (Capítulo I), a la intervención judicial en relación a la patria potestad (Capítulo II), incluyendo los desacuerdos en el ejercicio de la patria potestad (Sección I y II) y las medidas de protección relativas al ejercicio inadecuado de la potestad de guarda o de administración de los bienes del menor o persona con discapacidad (Sección I y III), y por último, a los casos de desacuerdo conyugal y en la administración de bienes gananciales (Capítulo III).

De todos ellos son, con mucho, más frecuentes en los tribunales, los procedimientos por conflictos en el ejercicio de la patria potestad (art. 156 CC), que, en ocasiones, ofrecen dificultades para deslindarlos del correspondiente procedimiento de modificación de medidas, y de los procedimientos de medidas de protección del art. 158 CC, que analizamos en profundidad dentro del Capítulo V de esta obra, dado que estas medidas pueden adoptarse en cualquier proceso civil o penal, dedicando este capítulo a su tramitación autónoma como expediente de jurisdicción voluntaria. Resalta el papel del Ministerio Fiscal en cuanto defensor de los menores para instar la aplicación de las medidas del art. 158 CC tanto por su singular importancia y frecuencia como por la complejidad de los asuntos.

Cabe señalar, también, que la regulación contenida en Ley de Jurisdicción Voluntaria fue modificada por la Ley Orgánica 8/2021, de 4 de junio de protección integral a la Infancia y Adolescencia frente a la violencia *(Tol 8451569)* y por la Ley 8/2021, de 2 de junio por la que se reforma la legislación civil y procesal para el apoyo a las personas con discapacidad en el ejercicio de su capacidad jurídica *(Tol 8447402)*, entrando en vigor dichas modificaciones, para la primera norma, el día 25 de junio de 2021, y para la segunda, el día 3 de septiembre de 2021.

I. DISPENSA DEL IMPEDIMENTO MATRIMONIAL

Este expediente se regula en los art. 81 a 84 de la Ley de Jurisdicción Voluntaria, que deben integrarse con las normas sustantivas recogidas en los art. 44 a 48 del Código Civil relativas al matrimonio.

1. Presupuesto: el derecho a contraer matrimonio

A) Regla general

Toda persona tiene derecho a contraer matrimonio conforme a las disposiciones del CC. El matrimonio tendrá los mismos requisitos y efectos cuando ambos contrayentes sean del mismo o de diferente sexo (art. 44 CC).

B) Prohibiciones o impedimentos

a) Absolutas (art. 46 CC). No podrán contraer matrimonio:

1.º Los menores de edad no emancipados

2.º Los que estén ligados con vínculo matrimonial

b) Relativas, entre determinadas personas (art. 47 CC). Tampoco pueden contraer matrimonio entre sí:

1. Los parientes en línea recta por consanguinidad o adopción.

2. Los colaterales por consanguinidad hasta el tercer grado.

3. Los condenados por haber tenido participación en la muerte dolosa del cónyuge o persona con la que hubiera estado unida por análoga relación de afectividad a la conyugal.

c) Dispensa (art. 48 CC): No obstante, el Juez podrá dispensar, con justa causa y a instancia de parte, mediante resolución previa dictada en expediente de jurisdicción voluntaria, los impedimentos de muerte dolosa del cónyuge o persona con la que hubiera estado unida por análoga relación de afectividad a la conyugal y de parentesco de grado tercero entre colaterales. La dispensa ulterior convalida, desde su celebración, el matrimonio cuya nulidad no haya sido instada judicialmente por alguna de las partes.

2. *Objeto del expediente*

No todos los impedimentos previstos en el Código Civil pueden ser objeto de este expediente de jurisdicción voluntaria, sino solamente la solicitud de dispensa de dos (art. 48 CC y art. 81 LJV):

a) El impedimento por muerte dolosa del cónyuge o persona con la que hubiera estado unida por análoga relación de afectividad a la conyugal.

b) El impedimento de parentesco para contraer matrimonio entre familiares del grado tercero entre colaterales

3. *Presupuestos procesales*

a) Competencia: Será competente el Tribunal de Instancia, o en su caso la Sección de Familia del domicilio o, en su defecto, de la residencia de cualquiera de los contrayentes (art. 81.1 LJV)

b) Legitimación: Deberá promover este expediente el contrayente en quien concurra el impedimento para el matrimonio. (art. 81.2 LJV)

c) Postulación: En la práctica de estas actuaciones no será preceptiva la intervención de Abogado ni Procurador. (art. 81.3 LJV)

4. *Procedimiento*

A) Solicitud

El expediente se iniciará mediante solicitud dirigida al Tribunal que expresará los motivos de índole particular, familiar o social en la que se basa, y a la que se acompañarán los documentos y antecedentes necesarios que acrediten la concurrencia de la justa causa exigida por el Código Civil para que proceda la dispensa y, en su caso, la proposición de prueba, cuya práctica se acordará por el Juez. Si se tratara del impedimento de parentesco, en la solicitud se expresará, con claridad el árbol genealógico de los contrayentes (art 82 LJV).

B) Comparecencia

Admitida a trámite la solicitud por Letrado o Letrada de la Administración de Justicia, éste citará a la comparecencia, a fin de ser oídos, a los contrayentes a aquellos que pudieran estar interesados. Para la dispensa del impedimento de muerte dolosa del cónyuge anterior deberá citarse, además, al Ministerio Fiscal.

Es criterio del Ministerio Público que el impedimento lo constituye haber sido "condenado por haber tenido participación en la muerte dolosa", no incluyendo ni las formas imperfectas de ejecución ni los supuestos de imprudencia[5]

En la comparecencia se practicarán las pruebas que hubieren sido propuestas y acordadas (art. 83.1 LJV).

C) Resolución

La concesión constituye una decisión racionalmente valorativa del Juez, quien teniendo en cuenta la justificación ofrecida, esto es, los motivos de índole particular, familiar o social, resolverá mediante auto, concediendo o denegando la dispensa del impedimento para el matrimonio (art. 83.2 LJV).

El auto dictado es susceptible de apelación en un solo efecto, conforme a la regla general del art. 20.2 LJV.

D) Inscripción en el Registro Civil

En el caso de concesión de la dispensa para el matrimonio, el Letrado o Letrada de la Administración de Justicia expedirá testimonio que se entregará al solicitante para el uso que corresponda (art. 84 LJV).

II. CONFLICTOS EN EL EJERCICIO DE LA PATRIA POTESTAD

Estos conflictos se regulan sustantivamente en los art. 156 y 157 del Código Civil y procesalmente en los art. 85 y 86 de la Ley de Jurisdicción Voluntaria,

1. Objeto

Será de aplicación este expediente en los casos siguientes (art. 86.1 LJV):

---

[5] Circular 9/2015, sobre la intervención del Ministerio Fiscal en la nueva Ley de Jurisdicción Voluntaria.

1) Desacuerdos en el ejercicio de la patria potestad ejercitada conjuntamente por los progenitores (art. 156 CC).

2) Imposibilidad o desacuerdos entre el menor no emancipado titular de la patria potestad y sus padres o tutor, que deberán asistirle en el ejercicio de la patria potestad sobre sus hijos (art. 157 CC)

A) Desacuerdos de los progenitores en el ejercicio de la patria potestad

La delimitación del objeto de este expediente exige conocer qué actos de ejercicio de la patria potestad corresponde realizar conjuntamente a ambos progenitores y cuáles a uno solo de ellos.

a) Reglas legales

El art. 156 CC proporciona las siguientes reglas:

1) La patria potestad se ejercerá conjuntamente por ambos progenitores o por uno solo con el consentimiento expreso o tácito del otro.

2) Serán válidos los actos que realice uno de ellos conforme al uso social y a las circunstancias o en situaciones de urgente necesidad.

3) Dictada una sentencia condenatoria y mientras no se extinga la responsabilidad penal o iniciado un procedimiento penal contra uno de los progenitores por atentar contra la vida, la integridad física, la libertad, la integridad moral o la libertad e indemnidad sexual de los hijos o hijas comunes menores de edad, o por atentar contra el otro progenitor, bastará el consentimiento de este para la atención y asistencia psicológica de los hijos e hijas menores de edad, debiendo el primero ser informado previamente. Será igualmente aplicable, aunque no se haya interpuesto denuncia previa, cuando la mujer esté recibiendo asistencia en un servicio especializado de violencia de género, siempre que medie informe emitido por dicho servicio que acredite dicha situación. Si la asistencia hubiera de prestarse a los hijos e hijas mayores de 16 años se precisará en todo caso el consentimiento expreso de estos.

4) En defecto o por ausencia o imposibilidad de uno de los progenitores, la patria potestad será ejercida exclusivamente por el otro.

5) Si los progenitores viven separados, la patria potestad se ejercerá por aquel con quien el hijo conviva. Sin embargo, la autoridad judicial, a solicitud fundada del otro progenitor, podrá, en interés del hijo, atribuir al solicitante la patria potestad para que la ejerza conjuntamente con el otro

progenitor o distribuir entre ambos las funciones inherentes a su ejercicio. Este es el supuesto normal en los procesos de ruptura matrimonial o de pareja en que no obstante la atribución en algunos casos de la guarda y custodia a un progenitor, se atribuye a ambos el ejercicio conjunto de la patria potestad

La regla general es el ejercicio conjunto y la excepción la atribución de todas o alguna de las facultades que comporta la patria potestad a uno solo de los progenitores [STS 27/9/2016 *(Tol 5834894)*].

b) Doctrina jurisprudencial

La jurisprudencia, acogiendo la doctrina civilista mayoritaria distingue, con base en lo preceptuado en el art. 156, párr.1.° y 3.° CC, entre actos de ejercicio ordinario de la patria potestad que puede realizar válidamente uno solo de los progenitores (el que ejerce la guarda y custodia de hecho o en virtud de resolución judicial) sin necesidad de recabar el consentimiento del otro, y actos de ejercicio extraordinario de la patria potestad, que precisan el consentimiento de ambos progenitores o, en su defecto, resolución judicial, entendiendo por tales actos extraordinarios los referidos a las decisiones más importantes que pueden adoptarse en la vida de un menor y no pueden calificarse como ordinarias o habituales en el seno de la familia por resultar excepcionales conforme a los usos sociales [entre otras, AAP Barcelona 27/6/2017 *(Tol 6.415.393)* y AAP Ciudad Real 3/10/2024 *(Tol 10370960)*].

La doctrina jurisprudencial distingue:

a') Actos de ejercicio ordinario: Entre los actos de ejercicio ordinario que correspondería decidir al progenitor que se encuentre conviviendo en cada momento con el menor, sin consentimiento del otro progenitor, incluiríamos, a tenor de lo preceptuado en el art. 156 párr. 1.°, "los que realice uno de ellos conforme al uso social y a las circunstancias o en situaciones de urgente necesidad", como serían los actos que conforman el contenido ordinario y habitual de ejercicio de la potestad parental, aquellas decisiones de menor rango que han de adoptarse en el curso de la vida cotidiana y en la *esfera* que puede considerarse normal u ordinaria en la educación y desarrollo del menor, como podrán ser autorizar al menor a excursiones o salidas, servicio de comedor, clase de ropa o calzado, actividades de ocio que no comporte riesgo [AAP Barcelona 27/6/2017 *(Tol 6.415.393)* y AAP Ciudad Real 3/10/2024 *(Tol 10370960)*].

b') Actos de ejercicio extraordinario: Entre los actos de ejercicio extraordinario que corresponden a ambos progenitores estarían los de la elección del lugar de residencia del *menor* y la de traslado de domicilio del mismo, la elección del colegio o institución de enseñanza en que el menor ha de cursar sus estudios o su posible cambio a otro distinto; la determinación de si el centro docente ha de ser público o privado, religioso o laico, situado en España o en el extranjero; en régimen ordinario o de internado, las decisiones relativas a la salud física o psíquica del menor, como el sometimiento o no del mismo a terapias o tratamientos médicos preventivos, paliativos o curativos agresivos (como la fisioterapia, la quimioterapia, rehabilitación, etc.) o alternativos (como la homeopatía); la aplicación al menor de tratamientos psiquiátricos o terapias psicológicas, o la práctica de una intervención quirúrgica, curativa o estética, las referidas a la educación o formación del menor en determinadas ideas o creencias religiosas y su participación en actos de iniciación o culto significados propios de una confesión religiosa: estudiar en un seminario diocesano; el bautismo; la primera comunión; la confirmación, etc. [AAP Barcelona 27/6/2017 *(Tol 6.415.393)* y AAP Ciudad Real 3/10/2024 *(Tol 10370960)*].

Estamos ante un expediente muy común en la práctica forense, que tiene por objeto cualquier motivo que suponga una discrepancia entre los progenitores (generalmente tras la ruptura matrimonial o de pareja) sobre las medidas que afectan a los hijos menores o con discapacidad, no ya sólo las enumeradas por las citadas resoluciones judiciales, sino también autorizaciones de viajes o salidas al extranjero u obtención del pasaporte [ATS 19/9/2023 *(Tol. 9.730.939)*]. Por otra parte, si bien es frecuente su utilización para solicitar autorización para cambio de domicilio o residencia del menor, en estos casos los tribunales vienen apreciando que deberá acudirse al proceso de modificación de medidas definitivas ex art. 775 LEC en tanto que suponga una modificación de una decisión adoptada por las partes y aprobada en sentencia [SAP Castellón 29/1/2025 *(Tol 10439423)*] o una afectación, con permanencia, del régimen de guarda o visitas establecido en la sentencia de medidas paterno-filiales y no algo meramente puntual [AAP Córdoba 20/1/2023 *(Tol 9481646)* y AAP Barcelona 9/10/2019 *(Tol 7566489)*], salvo excepciones por razones de urgencia [AAP Valencia 16/12/2024 *(Tol 10425881)*].

B) Desacuerdos entre el menor no emancipado titular de la patria potestad y sus padres o tutor

El menor no emancipado ejercerá la patria potestad sobre sus hijos con la asistencia de sus padres y, a falta de ambos, de su tutor; en casos de desacuerdo o imposibilidad, con la del Juez (art. 157 CC).

Por tanto, en este expediente se conocerá no sólo los supuestos de desacuerdos entre los progenitores y el hijo menor no emancipado que ejerza la patria potestad, sino también de los supuestos de imposibilidad, pero distinguiendo:

a) si la imposibilidad afecta un progenitor, el menor será asistido por el otro progenitor (art. 156.IV CC) y en caso de desacuerdo decidirá la autoridad judicial (art. 157 CC)

b) si la imposibilidad afecta a ambos progenitores, deberá procederse al nombramiento de tutor al menor (art. 157 y 199.2.° CC)

c) si la imposibilidad afectara al tutor o existiera desacuerdo con el menor, entonces será necesaria la intervención judicial (art. 157 CC)

2. Presupuestos procesales

A) Competencia

Será competente el Tribunal de Instancia, o en su caso Sección de Familia, del domicilio o, en su defecto, de la residencia del hijo. No obstante, si el ejercicio conjunto de la patria potestad por los progenitores hubiera sido establecido por resolución judicial, será competente para conocer del expediente el Tribunal o Sección que la hubiera dictado (art. 86.2 LJV):

Nada impide que conforme al art. 87 ter 2 y 3 LOPJ puedan conocer de este expediente de jurisdicción voluntaria las Secciones de Violencia sobre la mujer que hubieran adoptado en sentencia el ejercicio conjunto de la patria potestad, siempre y cuando al tiempo de interponer la solicitud, el procedimiento penal que estuviera conociendo no estuviera archivado, sobreseído o finalizado por extinción de la responsabilidad penal [ATS 19/9/2023 *(Tol. 9730939)*].

B) Legitimación

Están legitimados para promover este expediente ambos progenitores, individual o conjuntamente. Si el titular de la patria potestad fuese un menor no emancipado, también estarán legitimados sus progenitores y, a falta de éstos, su tutor (art. 86.3 LJV y 156.III CC).

C) Postulación

No será preceptiva la intervención de Abogado ni de Procurador para promover y actuar en estos expedientes (art. 85.2 LJV).

D) Preceptiva intervención del Ministerio Fiscal

Será preceptiva la audiencia del Ministerio Fiscal (art. 85.1 LJV).

3. Procedimiento

A) Solicitud y comparecencia

Una vez admitida la solicitud por el Letrado o Letrada de la Administración de Justicia, éste citará a la comparecencia al solicitante, al Ministerio Fiscal, a los progenitores, guardadores o tutores cuando proceda, a la persona con discapacidad con medidas de apoyo para el ejercicio de su capacidad jurídica, en su caso o al menor si tuviere suficiente madurez y, en todo caso, si fuere mayor de 12 años. Si el titular de la patria potestad fuese un menor no emancipado, se citará también a sus progenitores y, a falta de éstos, a su tutor. Se podrá también acordar la citación de otros interesados (art. 85.1 LJV)

B) Prueba

El Juez podrá acordar, de oficio o a instancia del solicitante, de los demás interesados o del Ministerio Fiscal, la práctica durante la comparecencia de las diligencias que considere oportunas. Si estas actuaciones tuvieran lugar después de la comparecencia, se dará traslado del acta correspondiente a los interesados para que puedan efectuar alegaciones en el plazo de cinco días (art. 85.2 LJV).

C) Resolución

La autoridad judicial, después de oír a ambos progenitores y al hijo si tuviera suficiente madurez y, en todo caso, si fuera mayor de doce años, atribuirá la facultad de decidir a uno de los dos progenitores (art. 156 CC).

Si los desacuerdos fueran reiterados o concurriera cualquier otra causa que entorpezca gravemente el ejercicio de la patria potestad, podrá atribuirla total o parcialmente a uno de los progenitores o distribuir entre ellos sus funciones. Esta medida tendrá vigencia durante el plazo que se fije, que no podrá nunca exceder de dos años [AAP Santander 11/03/2025 *(Tol 10477032)*].

III. PROCEDIMIENTO DE MEDIDAS DE PROTECCIÓN RELATIVAS AL EJERCICIO INADECUADO DE LA POTESTAD DE GUARDA O DE ADMINISTRACIÓN DE LOS BIENES DEL MENOR

Está regulado en los art. 85, 87, 88 y 89 de la Ley de Jurisdicción Voluntaria y complementados en el aspecto sustantivo con los art. 158, 164, 165, 167 y 200 del Código Civil

1. *Objeto*

Conforme al art. 87.1 LJV, este procedimiento tiene por objeto adoptar medidas en relación al ejercicio inadecuado de la potestad de guarda de menores o a la administración de sus bienes en los casos a que se refieren los art.158, 164, 165 y 167 del Código Civil o a las disposiciones análogas de la legislación civil aplicable. Y en concreto:

1) Para la adopción de las medidas de protección de los menores establecidas en el art.158 CC.

2) Para el nombramiento de un administrador judicial para la administración de los bienes adquiridos por el hijo por sucesión en la que el padre, la madre o ambos hubieran sido justamente desheredados o no hubieran podido heredar por causa de indignidad y no se hubiera designado por el causante persona para ello, ni pudiera tampoco desempeñar dicha función el otro progenitor (ex art. 164.2 CC).

4) Para atribuir a los progenitores que carecieren de medios la parte de los frutos que en equidad proceda de los bienes adquiridos por el hijo por título gratuito cuando el disponente hubiere ordenado de manera expresa que no fueran para los mismos, así como de los adquiridos por sucesión en que el padre, la madre o ambos hubieran sido justamente desheredados o no hubieran podido heredar por causa de indignidad y de aquellos donados o dejados a los hijos especialmente para su educación o carrera (ex art. 165 CC).

5) Para la adopción de las medidas necesarias para asegurar y proteger los bienes de los hijos, exigir caución o fianza para continuar los progenitores con su administración o incluso nombrar un administrador cuando la administración de los progenitores ponga en peligro el patrimonio del hijo (ex art. 167 CC).

2. Presupuestos procesales

a) Competencia: Será competente el Tribunal de Instancia, o en su caso Sección de Familia, del domicilio o, en su defecto, de la residencia del menor.

No obstante, si el ejercicio conjunto de la patria potestad por los progenitores o la atribución de la guarda y custodia de los hijos hubiera sido establecido por resolución judicial, así como cuando estuvieran sujetos a tutela, será competente el Tribunal de Instancia o Sección de Familia que hubiera conocido del procedimiento inicial (art. 87.2 LJV).

b) Legitimación: Estas medidas se adoptarán de oficio o a instancia del propio, de cualquier pariente o del Ministerio Fiscal.

c) Postulación: No será preceptiva la intervención de Abogado ni de Procurador para promover y actuar en estos expedientes (art. 85.2 LJV).

d) Intervención del Ministerio Fiscal: Será preceptiva la audiencia previa del Ministerio Público para que la autoridad judicial dicte la correspondiente resolución (art. 85.1 LJV)

3. Procedimiento

A) Solicitud y comparecencia

Una vez admitida la solicitud por el Letrado o Letrada de la Administración de Justicia, éste citará a la comparecencia al solicitante, al Ministerio Fiscal, a los progenitores, guardadores o tutores cuando proceda y al menor si tuviere suficiente madurez y, en todo caso, si fuere mayor de 12 años. Si el titular de la patria potestad fuese un menor no emancipado, se citará también a sus progenitores y, a falta de éstos, a su tutor. Se podrá también acordar la citación de otros interesados (art. 85.1 LJV)

B) Prueba

El Juez podrá acordar, de oficio o a instancia del solicitante, de los demás interesados o del Ministerio Fiscal, la práctica durante la comparecencia de las diligencias que considere oportunas. Si estas actuaciones tuvieran lugar después de la comparecencia, se dará traslado del acta correspondiente a los interesados para que puedan efectuar alegaciones en el plazo de cinco días (art. 85.2 LJV).

C) Resolución

Si el Juez estimare procedente la adopción de medidas, resolverá lo que corresponda designando persona o institución que, en su caso, haya de encargarse de la custodia del menor, adoptará las medidas procedentes conforme a lo establecido en la legislación civil aplicable y podrá nombrar, si procediere, un defensor judicial (art. 88)

En los casos de tutela del menor, el Juez remitirá testimonio de la resolución definitiva al órgano judicial que hubiese conocido del nombramiento de tutor, cuando sea uno distinto (art. 89 LJV).

No cabe la utilización de los expedientes de jurisdicción voluntaria del art. 87 para modificar las medidas provisionales o definitivas preexistentes, salvo casos de urgencia [AAP Barcelona 1/2/2018 *(Tol 6551248)* y AAP Barcelona 15/3/2018 (*Tol 6.561.000*)].

4. El procedimiento de medidas de protección del art. 158 CC

Las medidas de protección previstas en el art.158 CC podrán adoptarse dentro de cualquier proceso judicial civil o penal, iniciado o que pueda iniciarse o bien en un expediente de jurisdicción voluntaria. El contenido será siempre el mismo, tal y como analizamos ampliamente en el Capítulo V de esta obra, a propósito de los procesos especiales no dispositivos, al que nos remitimos. En este capítulo nos limitaremos a señalar las particularidades de la adopción de las citadas medidas de protección, de forma autónoma, a través del procedimiento de jurisdicción voluntaria respecto de menores, ya estén sujetos a la patria potestad de sus progenitores, o bajo tutela o guarda, de hecho o de derecho, en cuanto lo requiera el interés de los menores, ya sea para acordar una tutela judicial [AAP Málaga 12/4/2023 *(Tol 9807349*), para suspender el régimen visitas de un progenitor [AAP Málaga 22/6/2022 *(Tol 9638384)*], acordar tratamientos médicos a menores[6] [AAP Málaga 17/1/2023 *(Tol 9638663)*] o pretensiones de la escuela en casa [STC n.º 133/2010, de 2 de diciembre *(Tol 2007388)*].

---

[6] vid. Circular FGE 1/2012, de 3 de octubre, sobre el tratamiento sustantivo y procesal ante transfusiones de sangre y otras intervenciones médicas sobre menores de edad en caso de riesgo grave y el art. 9.6 de la Ley 41/2002, de 14 de noviembre, básica reguladora de la autonomía del paciente y de derechos y obligaciones en materia de información y documentación clínica *(Tol 215624),* tras la reforma operada por la DF 2.ª de la Ley 26/2015, de 28 de julio, de modificación del sistema de protección a la infancia y a la adolescencia).

A) Medidas de protección respecto menores sujetos a patria potestad

Cuando la situación de los hijos menores ya está regulada por una resolución judicial, el procedimiento del art. 87 LJV en relación con el art. 158 CC tiene como único objeto su protección ante peligros graves y en situaciones de urgencia de forma más flexible y menos formalista de lo que permiten las medidas provisionales a que se refiere el art. 775.3 LEC, pero no puede ser utilizado de manera indiscriminada para sustituir a ese procedimiento regular y mucho menos a los procedimientos especiales, principales y plenarios sobre separación, divorcio, relaciones paternofiliales o modificación de medidas [AAP Castellón 4/11/2024 *(Tol 10457577),* AAP Barcelona 1/2/2018 *(Tol 6551248)* y AAP Barcelona 15/3/2018 (*Tol 6561000*)].

B) Medidas de protección respecto de menores sujetos a tutela

Las medidas y disposiciones previstas en el art. 158 CC podrán ser acordadas también por la autoridad judicial en todos los supuestos de tutela de menores, en

cuanto lo requiera el interés de estos (art. 200.2 CC), pues las funciones tutelares constituyen un deber, se deben ejercer en beneficio del tutelado y bajo la salvaguarda de la autoridad judicial (art. 200.1 CC)

En el caso de menores bajo tutela de una entidad pública:

1) estas medidas sólo podrán ser acordadas por la autoridad judicial de oficio o a instancia de dicha entidad, del Ministerio Fiscal o del propio menor

2) la entidad pública será parte en el procedimiento

3) las medidas acordadas serán comunicadas a la entidad pública, que dará traslado de dicha comunicación al director del centro residencial o a la familia acogedora.

C) Vigencia temporal de las medidas del art. 158 CC

La resolución de este expediente no impedirá la incoación de un proceso jurisdiccional posterior con el mismo objeto, debiendo pronunciarse la resolución que se dicte sobre la confirmación, modificación o revocación de lo acordado en el expediente de jurisdicción voluntaria (art. 19.4 LJV). En consecuencia, las medidas de protección acordadas en el seno de un expediente de jurisdicción voluntaria del art. 87 LJV que modifiquen medidas anteriores firmes operan como medidas provisionales y conservarán eficacia hasta el dictado de la resolución que recaiga en el proceso jurisdiccional posterior[7].

Sin embargo, no faltan resoluciones que limitan la vigencia de las medidas de protección del art. 158 acordadas en un procedimiento de jurisdicción voluntaria a 30 días, dentro de los cuales se debería presentar la correspondiente demanda de modificación de modificación de medidas [AAP Valencia 15/7/2024 *(Tol 10.251.714)*, AAP Barcelona 1/2/2018 *(Tol 6551248)* y AAP Barcelona 15/3/2018 (*Tol 6561000*)].

IV. DESACUERDO CONYUGAL EN LA ADMINISTRACIÓN DE BIENES GANANCIALES

El procedimiento se regula en el art. 90 LJV, complementado sustantivamente con los art. 1375 a 1391 del Código Civil (Sección 4.ª, Capítulo IV, Título III del Libro IV “Del régimen económico matrimonial”).

1. Ámbito de aplicación

En los matrimonios sujetos al régimen económico de gananciales, salvo pacto en capitulaciones, la gestión y disposiciones de los bienes gananciales corresponde conjuntamente y de común acuerdo a los cónyuges, sin perjuicio de lo que se determina en los art. 1376 y siguientes del Código Civil (art. 1375 CC). De modo que sólo para casos extraordinarios o de escasa entidad podrá actuar individualmente uno de ellos. Sin embargo, pueden generarse conflictos entre los cónyuges o situaciones que impiden la actuación conjunta. De esta forma, cuando uno de los cónyuges se encuentre impedido para prestar consentimiento o se niegue a efectuarlo, cabe pedir la intervención judicial a través de este expediente de jurisdicción voluntaria.

2. Objeto

Podrá acudirse a este procedimiento cuando los cónyuges, individual o conjuntamente, soliciten la intervención o autorización judicial para:

---

7 Conclusión del Encuentro de magistrados de las Secciones de las AAPP especializadas en Familia y jueces/zas de familia, celebrado en Madrid los días 30 de septiembre a 2 de octubre de 2019.

a) Fijar el domicilio conyugal o disponer sobre la vivienda habitual y objetos de uso ordinario, si hubiere desacuerdo entre los cónyuges.

b) Fijar la contribución a las cargas del matrimonio, cuando uno de los cónyuges incumpliere tal deber.

c) Realizar un acto de administración respecto de bienes comunes por ser necesario el consentimiento de ambos cónyuges, o para la realización de un acto de disposición a título oneroso sobre los mismos, por hallarse el otro cónyuge impedido para prestarlo o se negare injustificadamente a ello.

d) Conferir la administración de los bienes comunes, cuando uno de los cónyuges se hallare impedido para prestar el consentimiento o hubiere abandonado la familia o existiere separación de hecho.

e) Realizar actos de disposición sobre inmuebles, establecimientos mercantiles, objetos preciosos o valores mobiliarios, salvo el derecho de suscripción preferente, si el cónyuge tuviera la administración y, en su caso, la disposición de los bienes comunes por ministerio de la ley o por resolución judicial (art. 90.1).

3. Presupuestos procesales

a) Competencia: Será competente el Tribunal de Instancia, o en su caso, Sección de Familia, del que sea o hubiera sido el último domicilio o residencia de los cónyuges (art. 90.3).

b) Postulación: No será preceptiva la intervención de Abogado ni de Procurador para promover y actuar en estos expedientes, salvo que la intervención judicial fuera para la realización de un acto de carácter patrimonial con un valor superior a 6.000 euros, en cuyo caso será necesario.

4. Procedimiento

a) Normas comunes: Se seguirán los trámites regulados en las normas comunes, art. 13 a 22, de la LJV (art. 90.1), que quedaron expuestos en el Capítulo undécimo de esta obra.

b) Comparecencia: El Juez oirá en la comparecencia al solicitante, al cónyuge no solicitante, en su caso, y a los demás interesados, sin perjuicio de la práctica de las demás diligencias de prueba que estime pertinentes (art. 90.4 LJV).

c) Audiencia del Ministerio Fiscal: Se dará audiencia al Ministerio Fiscal cuando estén comprometidos los intereses de los menores o personas con discapacidad con medidas de apoyo para el ejercicio de su capacidad jurídica (art. 90.5 LJV).

d) Resolución: En la resolución que se pronuncie sobre la atribución de la administración y disposición de los bienes comunes a uno sólo de los cónyuges, el Juez podrá acordar, asimismo, cautelas y limitaciones, de oficio o a instancia del Ministerio Fiscal cuando haya de intervenir en el expediente (art. 90.2 LJV).

Capítulo Decimoquinto

Procedimientos para la protección de menores

Los procedimientos de jurisdicción voluntaria de protección de menores se integran, junto con los procesos especiales del Título I del Libro IV de la LEC, analizados en el Capítulo Noveno, dentro del sistema judicial de protección de menores, con el fin de procurar la mayor y más eficaz protección a los menores que se encuentren en determinadas situaciones de peligro, desvalimiento o desamparo. A diferencia de los procesos contenciosos de la Parte Primera de este libro, los procedimientos o expedientes de este capítulo se caracterizan por su falta de contradicción y comprenden el nombramiento, excusa y remoción del defensor judicial del menor (art. 27 a 32 LJV), la constitución de tutela del menor (art. 43 a 51 LJV), la concesión judicial de la emancipación y el beneficio de la mayor edad (art. 53 a 55 LJV), la aprobación judicial del consentimiento de intromisiones ilegítimas del derecho al honor, a la intimidad o a la propia imagen de los menores (art. 59 y 60 LJV), la autorización o aprobación judicial para realizar actos de disposición o gravamen de bienes y derechos del menor (art. 61 a 66 LJV), la aprobación judicial de la modificación registral del sexo de los menores de más de 12 y menos de 14 años (art. 26 bis a 26 quinquies LJV), las medidas de control judicial de la guarda de hecho o de la administración de bienes del menor (art. 43 a 52 LJV), la autorización o aprobación judicial de la aceptación y repudiación de la herencia por un menor (art. 93 a 95 LJV) y el acogimiento de menores.

Cabe destacar que la regulación de estos expedientes, a excepción de los relativos a la emancipación y el beneficio de la mayor edad, la modificación registral de sexo y el acogimiento de menores, se realiza en la Ley de Jurisdicción Voluntaria de forma conjunta para la protección de personas menores y con discapacidad. Sin embargo, nosotros hemos preferido analizar separadamente esta normativa por razones de sistemática y para facilitar su utilización y comprensión al lector.

La ley aplicable a la protección de menores se determinará de acuerdo con el Convenio de La Haya, de 19 de octubre de 1996, conforme al art. 9.4

CC, esto es se aplicará la ley de la residencia habitual del menor. A falta de residencia habitual se aplicará la ley nacional del menor en ese momento. Si el menor careciere de residencia habitual y de nacionalidad, se aplicará la ley sustantiva española (art. 9.6 CC).

I. HABILITACIÓN PARA COMPARECER EN JUICIO Y NOMBRAMIENTO DE DEFENSOR JUDICIAL DEL MENOR

1. Previsión normativa y supuestos en los que procede

El expediente para el nombramiento de un defensor judicial al menor está regulado dentro del Capítulo 2 del Título II de la LJV, arts. 27 a 32, que deben complementarse, sustantivamente, con los art. 235 y 236 CC y art. 9 y 10 del CEDN.

El CEDN prevé la designación de un representante a los niños menores de 18 años (art. 1.1 y 9) en los procedimientos que le afecten y en los que, en virtud del derecho interno, se prive a los titulares de las responsabilidades parentales de la facultad de representar al niño como consecuencia de un conflicto de intereses entre aquéllos y éste. En estos casos, la autoridad judicial estará facultada para designar un representante especial para el niño en dichos procedimientos, que se denomina defensor judicial en nuestro ordenamiento y son los siguientes:

A) Casos previstos en el art. 235 CC

1.º Cuando en algún asunto exista conflicto de intereses entre los menores y sus representantes legales, salvo en los casos en que la ley prevea otra forma de salvarlo.

2.º Cuando, por cualquier causa, el tutor no desempeñare sus funciones, hasta que cese la causa determinante o se designe otra persona.

3.º Cuando el menor emancipado requiera el complemento de capacidad previsto en los art. 247 y 248 CC y a quienes corresponda prestarlo no puedan hacerlo o exista con ellos conflicto de intereses.

B) Ausencia, imposibilidad o negativa de los progenitores

Procederá la habilitación y ulterior nombramiento de defensor judicial cuando así se precise por encontrase el menor no emancipado demandado o seguirle gran perjuicio de no promover la demanda (art. 27.2 LJV), lo que se concreta en los supuestos siguientes:

a) Hallarse los progenitores ausentes ignorándose su paradero, sin que haya motivo racional bastante para creer próximo su regreso.

b) Negarse ambos progenitores a representar o asistir en juicio al menor

c) Hallarse los progenitores en una situación de imposibilidad de hecho para la representación o asistencia en juicio.

C) Sin necesidad de habilitación previa

a) Para que el menor litigue contra sus progenitores

b) Para instar expedientes de jurisdicción voluntaria.

En estos casos cabe que la autoridad judicial designe al menor un defensor judicial abogado para que el menor acuda al procedimiento con su propia representación, tal y como posibilita el art. 9.2 CEDN, por existir un conflicto de intereses con sus progenitores.

D) Prevención general

No se nombrará defensor judicial si la representación del menor corresponde a más de una persona, salvo que ninguna pueda actuar o la autoridad judicial motivadamente considere necesario el nombramiento (art. 296 por remisión del art. 236 CC).

3. Presupuestos procesales

A) Competencia

Será competente para el conocimiento de este expediente el Letrado o la Letrada de la Administración de Justicia del Tribunal de Instancia o Sección de Familia y Capacidad (art. 2.1 LJV y art. 86.1 LOPJ) del domicilio o, en su defecto, de la residencia del menor o, en su caso, aquél correspondiente al Tribunal de Instancia o Sección de Familia y Capacidad que esté conociendo del asunto que exija el nombramiento de defensor judicial (art. 28.1 LJV).

B) Legitimación

El expediente se iniciará de oficio, a petición del Ministerio Fiscal, o por iniciativa del menor o cualquier otra persona que actúe en interés de éste (art. 28.2 LJV). Quede claro que el propio menor tiene derecho a solicitar, personalmente o a través de otras personas u organismos, la designación de un representante especial en los procedimientos que le afecten ante una autoridad judicial, cuando el derecho interno prive a los titulares de las responsabilidades parentales de la facultad de representarle como consecuencia de un conflicto de intereses con él (art. 4 CEDN).

C) Postulación

En la tramitación del presente expediente no será preceptiva la intervención de Abogado ni Procurador (art. 28.3 LJV).

4. Procedimiento

A) Efectos de la solicitud

Desde que se solicite la habilitación y hasta que acepte su cargo el defensor judicial o se archive el expediente por resolución firme, quedará suspendido el transcurso de los plazos de prescripción o de caducidad que afecten a la acción de cuyo ejercicio se trate.

En el caso de que el menor haya de comparecer como demandado o haya quedado sin representación procesal durante el procedimiento, el Ministerio Fiscal asumirá su representación y defensa hasta que se produzca el nombramiento de defensor judicial (art. 28 LJV).

B) Tramitación

En la mayor parte de supuestos este expediente se sustanciará como pieza separada dimanante de un expediente principal (así, por ejemplo, como pieza separada del expediente de aprobación de herencia en los arts. 93 y 94 LJV) cuando se solicite o cuando se manifieste la existencia del conflicto de intereses o de la causa de necesidad que imponga el nombramiento del defensor judicial que deba velar por los intereses del menor.

C) Comparecencia y resolución

El Letrado o Letrada de la Administración de Justicia convocará a una comparecencia al solicitante, a los interesados que consten como tales en el expediente, a quienes estime pertinente su presencia, al menor si tuviere suficiente madurez, y en todo caso si tuviere más de 12 años, y al Ministerio Fiscal (art. 30.1 LJV y art. 295 CC).

En la resolución en que se acceda a lo solicitado, el Letrado o Letrada de la Administración de Justicia nombrará defensor judicial a quien el estime más idóneo para ejercer el cargo, con determinación de las atribuciones que le confiera (art. 30.2 LJV).

El Letrado de la Administración de Justicia deberá atender al interés superior del menor, y escoger en cada caso a la persona adecuada, atendiendo a las circunstancias, amplitud y disponibilidad del círculo de personas cercanas al menor [STS 8/11/2017 *(Tol 6427812)*].

D) Inscripción en el Registro Civil

El testimonio de la resolución de nombramiento de defensor judicial se remitirá al Registro Civil competente para proceder a su inscripción cuando se haya procedido al nombramiento por hallarse los progenitores en una situación de imposibilidad de hecho para la representación o asistencia en juicio (art. 30.3, que por error material se refiere al art. 27.1 c), cuando es el art. 27.2 c) LJV).

5. Contenido del cargo

El defensor judicial del menor deberá ejercer su cargo en interés del menor, de acuerdo con su personalidad y con respeto a sus derechos (art. 236 CC).

Serán aplicables al defensor judicial del menor las normas del defensor judicial de las personas con discapacidad (art. 236 CC).

A) Deberes en general

Nuestra legislación civil no concreta el contenido del cargo, pero sí el Convenio Europeo sobre el Ejercicio de los Derechos de los Niños que establece expresamente en su art. 10 cuál debe ser el papel del representante del menor, quien deberá:

1.º) Proporcionar toda la información pertinente al niño, si el derecho interno considera que éste posee el discernimiento suficiente;

2.º) Facilitar explicaciones al niño, si el derecho interno considera que éste posee el discernimiento suficiente, sobre las posibles consecuencias de actuar conforme a su opinión y las posibles consecuencias de cualquier acción del representante;

3.º) Determinar la opinión del niño y ponerla en conocimiento de la autoridad judicial.

No serán exigibles dichas obligaciones cuando resulte manifiestamente contrario a los intereses superiores del niño (art. 10 CEDN).

B) Formación de inventario y rendición de cuentas

Serán aplicables al defensor judicial las disposiciones establecidas al tutor para la formación de inventario, en su caso, y para la rendición de cuentas una vez concluida su gestión (art. 298, *in fine* CC), que se tramitarán y decidirán por el Letrado o Letrada de la Administración de Justicia competente (art. 32 LJV).

C) Cesación del defensor judicial y de la habilitación para comparecer en juicio

El defensor judicial deberá comunicar al órgano judicial:

a) la desaparición de la causa que motivó su nombramiento.

b) cuando el curador se preste a comparecer en juicio por el afectado

c) cuando se termine el procedimiento que motivó la habilitación (art. 31)

D) Causas de inhabilidad, excusa y remoción

Serán aplicables al defensor judicial del menor las causas de inhabilidad, excusa y remoción del curador (art. 297.1 CC por remisión del art. 236 CC y art. 32 LJV), que se tramitarán mediante los procedimientos de jurisdicción voluntaria que analizamos en el apartado siguiente.

II. EXCUSA Y REMOCIÓN DEL DEFENSOR JUDICIAL DEL MENOR

1. Procedimiento de excusa

A) Previsión normativa y supuestos en los que procede

Art. 50 LJV y art. 297, 279 y 280 CC por remisión del art. 236 CC y art. 32 LJV.

Para excusarse del ejercicio del cargo de defensor judicial debe concurrir alguna de las causas previstas en el art. 279 CC:

a) En caso de personas físicas:

1) El ejercicio del cargo resulte excesivamente gravoso o entrañe grave dificultad para la persona nombrada.

2) Le sobrevengan los motivos de excusa durante el ejercicio del cargo

b) Tratándose de personas jurídicas privadas:

1) Carecer de medios suficientes para el adecuado desempeño del cargo.

2) Las condiciones de ejercicio del cargo no sean acordes con sus fines estatutarios

B) Plazo

El interesado deberá alegar la concurrencia de causa dentro del plazo de quince días a contar desde que tenga conocimiento del nombramiento.

Si el motivo de la excusa le sobreviniere durante su ejercicio, podrá alegarlo en cualquier momento, salvo las personas jurídicas, siempre que hubiera persona de parecidas condiciones para sustituirle (art. 50 LJV y 279 CC)

C) Comparecencia y decisión

Para resolver sobre la excusa planteada deberá celebrarse una comparecencia, en la que necesariamente se oirá a la persona que se excuse, a la que le vaya a sustituir en el cargo y al afectado si tuviere suficiente madurez y, en todo caso, al menor si tuviere más de 12 años y al Ministerio Fiscal. El art. 32 LJV atribuye la competencia para decidir sobre la excusa al Letrado de la Administración de Justicia.

Durante la tramitación del expediente de jurisdicción voluntaria, quien haya solicitado la renuncia estará obligado a ejercer la función y, de no hacerlo, se nombrará un defensor que le sustituya, quedando el sustituido responsable de todos los gastos ocasionados por la excusa si ésta fuera rechazada.

D) Efectos de la admisión de la excusa

Admitida la excusa se procederá al nombramiento de nuevo defensor judicial, debiendo remitir, en su caso, la correspondiente comunicación al Registro Civil (art. 50 LJV y 279 CC).

El defensor judicial nombrado en atención a una disposición testamentaria, excusado por cualquier causa, perderá lo que en consideración al nombramiento le hubiere dejado el testador (art. 280 CC).

2. Procedimiento de remoción del defensor judicial

A) Previsión normativa y supuestos en los que procede

Está regulado como un expediente de jurisdicción voluntaria en los art. 49 LJV y art. 278 CC, por remisión del art. 297.1 CC y art. 32 LJV que establecen que será aplicable al defensor judicial las causas de inhabilidad, remoción y excusa del curador.

Será removido del cargo en los casos previstos por la legislación civil aplicable, el defensor judicial del menor que después del nombramiento y conforme al art. 278.1 CC:

a) incurra en una causa legal de inhabilidad

b) se conduzca mal en su desempeño por incumplimiento de los deberes propios del cargo, por notoria ineptitud de su ejercicio

c) surgieran problemas de convivencia graves y continuados con la persona a la que defiende.

B) Incoación del expediente

La incoación del expediente para la remoción podrá acordarse de oficio por autoridad judicial, o a solicitud de la persona a cuyo favor se estableció si tuviera suficiente madurez y en todo caso si fuere mayor de 12 años o del Ministerio Fiscal, cuando conociere por sí o a través de cualquier interesado circunstancias que comprometan el desempeño correcto de sus funciones (art. 278.2 CC y 49.1 LJV).

C) Comparecencia y decisión

La excusa se tramitará mediante expediente de jurisdicción voluntaria con celebración de una comparecencia en la que se oirá al curador, a las personas que puedan sustituirle en el cargo, al menor que tuviere suficiente madurez y en todo si fuere mayor de 12 años y al Ministerio Fiscal (art. 49.1 LJV)

La práctica real, sin embargo, suele consistir en comparecencias ante el Letrado de la Administración de Justicia que, si no existe oposición, y previo traslado al Ministerio Fiscal para informe, den lugar al auto judicial.

Si se suscitare oposición, el expediente se hará contencioso y el Letrado o Letrada de la Administración de Justicia citará al Ministerio Fiscal, al menor que tuviere suficiente juicio y en todo caso si fuere mayor de 12 años, a una vista, continuando la tramitación con arreglo a lo previsto para el juicio verbal (art. 49.1 *in fine).*

Durante la tramitación del expediente de remoción, la autoridad judicial podrá suspender al defensor judicial en sus funciones y el Letrado o Letrada de la Administración de Justicia nombrará otro defensor judicial (art. 278.3 CC y 49.2 LJV).

Declarada judicialmente la remoción, se procederá al nombramiento de nuevo defensor en la forma establecida en la legislación civil (art. 278.4 CC y 49.3 LJV).

III. EXPEDIENTE PARA EL NOMBRAMIENTO DE TUTOR

Este expediente se regula juntamente con el relativo a la curatela en los art. 43 a 51 de la Ley de Jurisdicción Voluntaria (art. 208 CC), complementándose para la tutela con los art. 199 a 234 del Código Civil.

1. Presupuestos procesales

A) Competencia

Será competente para el conocimiento de este expediente el Tribunal de Instancia o en su caso, la Sección de Familia del domicilio o, en su defecto, de la residencia del menor (art. 43.1 LJV y art. 86.1 LOPJ).

B) Legitimación

El expediente se iniciará mediante solicitud presentada por el Ministerio Fiscal o por cualquiera de las personas legalmente indicadas para promover la tutela, es decir, los parientes llamados a ella y la persona física o jurídica bajo cuya guarda se encuentre el menor (art. 206 CC). En todo caso, cualquier persona podrá poner en conocimiento de la autoridad judicial o del Ministerio Fiscal el hecho determinante de la tutela, a fin de que se dé inicio al oportuno expediente (arts. 207 y 208 CC).

C) Postulación

En estos expedientes no será preceptiva la intervención de abogado y procurador, salvo en los relativos a la remoción del tutor o curador en los que será necesaria la intervención de abogado (art. 43.3 LJV).

2. *Procedimiento para el nombramiento*

A) Solicitud y documentos

En la solicitud deberá expresarse el hecho que dé lugar a la tutela, acompañando los documentos acreditativos de la legitimación para promover el expediente e indicando los parientes más próximos de la persona respecto a la que deba constituirse la tutela y sus domicilios. Igualmente deberá acompañarse certificado de nacimiento de esta y, en su caso, el certificado de últimas voluntades de los progenitores, el testamento o documento público notarial otorgado por éstos en los que se disponga sobre la tutela de sus hijos menores (art. 45.1).

B) Comparecencia

Admitida la solicitud, el Letrado o Letrada de la Administración de Justicia convocará una comparecencia (art. 17.2 LJV) en la que se oirá al promotor, a la persona cuya designación se proponga si fuera distinta al promotor, a aquel cuya tutela se pretenda constituir si fuera mayor de 12 años o al menor de dicha edad que tuviere suficiente madurez, a los parientes más próximos, al Ministerio Fiscal, y a cuantas personas se considere oportuno.

Tanto el Juez como el Ministerio Fiscal actuarán de oficio en interés del menor, adoptando y proponiendo las medidas, diligencias, informes periciales y pruebas que estimen oportunas (art. 45.2).

C) Resolución

El Juez designará tutor a persona o personas determinadas, de conformidad con lo prevenido en el Código Civil y adoptará las medidas de fiscalización de la tutela establecidas por los progenitores en testamento o documento público notarial, salvo que sea otro el interés de la persona afectada (art. 45.3).

Cuando corresponda de acuerdo con la legislación civil aplicable, en la resolución por la que se constituya la tutela u otra posterior, el Juez podrá acordar las medidas de vigilancia y control oportunas, así como exigir al tutor informe sobre la situación personal del menor y el estado de la administración de sus bienes. Si se adoptaren en resolución posterior, se oirá previamente al tutor, al menor si tuviere suficiente madurez y, en todo caso, si fuera mayor de doce años y al Ministerio Fiscal.

El Juez, en la resolución por la que constituya la tutela o en otra posterior, podrá exigir al tutor de modo excepcional la constitución de fianza que asegure el cumplimiento de sus obligaciones, debiendo determinar, en tal caso, la modalidad y cuantía de la misma.

Con posterioridad, el juez, de oficio o a instancia de parte interesada, podrá dejar sin efecto o modificar en todo o en parte la fianza que se hubiera prestado, tras haber oído al tutor, al menor si tuviere suficiente madurez y, en todo caso, si tuviere más de doce años, y al Ministerio Fiscal (art. 45.5)

D) Recurso

La resolución que se dicte será recurrible en apelación sin que produzca efectos suspensivos. Durante la sustanciación del recurso, e incluso si se instara un proceso ordinario posterior sobre el mismo objeto, quedará a cargo del tutor electo, en su caso, el cuidado del menor y la administración de su caudal, según proceda, bajo las garantías que parecieren suficientes al Juez (art. 45.6).

3. Ejercicio del cargo

A) Prestación de fianza

Una vez firme la resolución por la que se constituya la tutela, se citará al designado para que comparezca en el plazo de quince días a fin de prestar la fianza establecida para garantizar el caudal del afectado, en su caso, y acepte el cargo o formule excusa.

Prestada la fianza, si se hubiera exigido, el Juez la declarará suficiente y acordará en la misma resolución las inscripciones, depósitos, medidas o diligencias que considere conveniente para la eficacia de la fianza y conservación de los bienes del menor (art. 46.1 y 2)

B) Aceptación y toma de posesión

Practicadas todas las diligencias acordadas, el nombrado aceptará en acta otorgada ante el letrado de la Administración de Justicia la obligación de cumplir los deberes de su cargo conforme a las leyes y éste acordará dar posesión del cargo, le conferirá las facultades establecidas en la resolución judicial que acordó su nombramiento y le entregará certificación de esta.

Cuando el nombrado lo fuera para el cargo de tutor o administrador de los bienes, le requerirá para que presente el inventario de los bienes de la persona afectada en el plazo de los sesenta días siguientes. Hasta que se apruebe el inventario de bienes, en su caso, la persona nombrada quedará a cargo del cuidado del menor y de la administración de su caudal, según proceda, bajo las garantías que parecieren suficientes al Juez (art. 46.3 y 4).

C) Inscripción en el Registro Civil

La autoridad judicial que haya acordado la tutela remitirá testimonio al Registro Civil correspondiente tanto de la resolución dictada como del acta de la posesión del cargo, a los efectos oportunos (art. 46.5).

D) Formación de inventario

La persona designada para ejercer la tutela a la que se hubiera nombrado administradora del caudal presentará, dentro del plazo otorgado, el inventario de bienes, que contendrá la relación de los bienes del afectado, así como las escrituras, documentos y papeles de importancia que se encuentren. A continuación, el Letrado o Letrada de la Administración de Justicia judicial fijará día y hora para su formación y citará a los interesados, a las personas afectadas y al Ministerio Fiscal.

Si se suscitare controversia sobre la inclusión o exclusión de bienes en el inventario, el Letrado o Letrada de la Administración de Justicia citará a los interesados a una vista, continuando la tramitación con arreglo a lo previsto para el juicio verbal, suspendiéndose su formación hasta que la misma sea resuelta. La sentencia que se pronuncie sobre la inclusión o exclusión de bienes en el inventario dejará a salvo los derechos de terceros.

Si no hubiera oposición o resuelta ésta, el Letrado o Letrada de la Administración de Justicia aprobará el inventario, debiendo la persona designada proceder a su administración en los términos establecidos en la resolución judicial (art. 47 LJV).

E) Retribución

El tutor/a tiene derecho a una retribución, siempre que el patrimonio de la persona con discapacidad lo permita, así como al reembolso de los gastos justificados y a la indemnización de los daños sufridos sin culpa por su parte en el ejercicio de su función, cantidades que serán satisfechas con cargo a dicho patrimonio (art. 281.I CC)

Una vez firme la resolución por la que se constituya la tutela, si el tutor/a solicitare la retribución a que tiene derecho, el Juez la acordará, fijando su importe y el modo de percibirla para lo cual tendrá en cuenta la complejidad y la extensión de las funciones encomendadas y el valor y la rentabilidad de los bienes del interesado (art. 281. II CC y 48.1 LJV).

La decisión se adoptará después de oír al solicitante, al menor si tuviera suficiente madurez y, en todo caso, si fuera mayor de doce años, al Ministerio Fiscal y a cuantas personas considere oportuno.

Tanto el Juez como los interesados o el Ministerio Fiscal podrán proponer las diligencias, informes periciales y pruebas que estimen oportunas.

El auto que se dicte se ejecutará sin perjuicio del recurso de apelación, que no producirá efectos suspensivos (art. 48.1 LJV).

El mismo procedimiento se seguirá para modificar o extinguir dicha retribución (art. 48.2 LJV).

F) Rendición de cuentas

a) Fundamento legal: A diferencia de los progenitores, que no están obligados a presentar informes ante la autoridad judicial, el tutor presentará ante ésta informes sobre la situación personal del menor, de rendición de cuentas de acuerdo con la legislación civil aplicable o con la resolución judicial correspondiente.

b) Comparecencia potestativa: Presentados los informes, el Letrado o Letrada de la Administración de Justicia los trasladará al menor si tuviera suficiente madurez y, en todo caso, si fuere mayor de doce años, a aquellos que aparecieran como interesados en el expediente y al Ministerio Fiscal. Si alguno de ellos lo solicitara en el plazo de diez días, se citará a todos ellos a una comparecencia, pudiéndose proponer de oficio o a instancia de parte las diligencias y pruebas que se estimen oportunas (art. 51.2 LJV).

c) Prueba pericial contable o auditoría: También podrá ordenar el Juez de oficio, a costa del patrimonio del tutelado, una prueba pericial contable o de auditoría aun cuando nadie haya solicitado la comparecencia, si en el informe se describieran operaciones complejas o que requieran una justificación técnica (art. 51.2, II LJV).

d) Resolución: Celebrada o no la comparecencia, el juez resolverá por medio de auto sobre los informes y la rendición de cuentas, previo informe del Ministerio Fiscal (art. 51.3 LJV).

Se procederá igualmente en los supuestos de rendición final de cuentas por extinción de la tutela, debiendo ser presentada, en su caso, en el plazo de tres meses desde el cese del cargo, prorrogables por el tiempo que fuere necesario si concurre justa causa. En estos casos también se oirá, si procediera, al nuevo tutor y a los herederos de la persona tutelada, en su caso (art. 51.4 LJV).

e) Acción de resarcimiento: En todo caso, la aprobación judicial de las cuentas presentadas no impedirá el ejercicio de las acciones que recíprocamente puedan asistir al tutor y al tutelado o a sus causahabientes por razón de la tutela (art. 51.5 LJV).

4. Procedimiento de remoción del tutor

A) Previsión normativa y supuestos

Está regulado como un expediente de jurisdicción voluntaria en los art. 49 LJV y art. 278 y 281.III CC (remoción del curador), a los que se remite el art. 223CC.

Serán removidos de la tutela en los casos previstos por la legislación civil aplicable, los que después del nombramiento y conforme al art. 278.1 CC:

a) incurran en una causa legal de inhabilidad

b) se conduzcan mal en su desempeño por incumplimiento de los deberes propios del cargo, por notoria ineptitud de su ejercicio

c) surgieran problemas de convivencia graves y continuados con el menor.

B) Incoación del expediente

La autoridad judicial podrá decretar la remoción del tutor de oficio, o a solicitud de la persona menor que tuviere suficiente madurez o en todo caso si fuera mayor de 12 años o del Ministerio Fiscal, cuando conociere por sí o a través de cualquier interesado circunstancias que comprometan el desempeño correcto de la tutela (art. 223 y 278.2 CC y 49.1 LJV).

C) Comparecencia y decisión

Se tramitará mediante un expediente de jurisdicción voluntaria con celebración de una comparecencia en la que se oirá al tutor/a, a las personas que puedan sustituirle en el cargo, al menor si tuviere suficiente madurez y, en todo caso, si fuera mayor de doce años y al Ministerio Fiscal (art. 49.1 LJV). En todo caso será tenida en cuenta la opinión del menor si fuere mayor de doce años (art. 223 CC).

La práctica real, sin embargo, suele consistir en comparecencias individuales ante el Letrado de la Administración de Justicia que, si no existe oposición, y previo traslado al Ministerio Fiscal para informe, den lugar al auto judicial, lo cual no se ajusta al espíritu de la ley y tendrá graves dificultades para apreciar el interés superior del menor tutelado por falta de inmediatez, principalmente cuando se realice la exploración del menor sin presencia del fiscal.

Si se suscitare oposición, el expediente se hará contencioso y el Letrado o Letrada de la Administración de Justicia citará a los interesados a una vista, continuando la tramitación con arreglo a lo previsto para el juicio verbal (art. 49.1 *in fine).*

Durante la tramitación del expediente de remoción, la autoridad judicial podrá suspender al tutor/a en sus funciones y el Letrado o Letrada de la Administración de Justicia nombrará al menor un defensor judicial (art. 278.3 CC y 49.2 LJV).

Declarada judicialmente la remoción, se procederá al nombramiento de nuevo tutor/a en la forma establecida en la legislación civil y se deberá remitir la correspondiente comunicación al Registro Civil (art. 223.III y 278.4 CC y 49.3 LJV).

En ningún caso, la decisión de remoción de las personas físicas o jurídicas designadas para el desempeño de los apoyos podrá generar desprotección o indefensión al menor, debiendo la autoridad judicial actuar de oficio, mediante la colaboración necesaria de los llamados a ello, o bien, de no poder contar con estos, con la inexcusable colaboración de los organismos o entidades públicas competentes y del Ministerio Fiscal (art. 281.III CC).

5. Procedimiento de excusa del tutor

A) Previsión normativa y supuestos en los que procede

Está regulado en los art. 50 LJV y art. 279 a 281 CC por remisión de lo dispuesto para la curatela conforme al art. 223 CC.

Para excusarse del ejercicio del cargo de tutor/a debe concurrir alguna de las causas previstas en el art. 279 CC:

a) Personas físicas:

1) Resultar excesivamente gravoso o entraña grave dificultad para la persona nombrada el ejercicio del cargo.

2) Cuando durante el ejercicio de la tutela le sobrevengan los motivos de excusa.

b) Personas jurídicas privadas:

1) Carecer de medios suficientes para el adecuado desempeño de la curatela.

2) Las condiciones de ejercicio de la curatela no sean acordes con sus fines estatutarios.

Pero, no concurrirá causa de excusa cuando el desempeño de la tutela haya sido encomendado a la entidad pública (art. 281.IV CC).

B) Plazo

El interesado deberá alegar la concurrencia de causa dentro del plazo de quince días a contar desde que tenga conocimiento del nombramiento.

Si el motivo de la excusa le sobreviniere durante su ejercicio, podrá alegarlo en cualquier momento, salvo las personas jurídicas, siempre que hubiera persona de parecidas condiciones para sustituirle (art. 50 LJV y 279 CC).

C) Comparecencia y decisión

Para resolver sobre la excusa planteada deberá celebrarse una comparecencia ante el juez, en la que necesariamente se oirá a la persona que se excuse, a la que le vaya a sustituir en el cargo y al menor si tuviere suficiente madurez y, en todo caso, si tuviere más de 12 años y al Ministerio Fiscal. Tras oírles dictará auto resolviendo lo procedente sobre la estimación o no de la excusa.

Durante la tramitación del expediente, quien haya solicitado la renuncia estará obligado a ejercer la función y, de no hacerlo, se nombrará un defensor que le sustituya, quedando el sustituido responsable de todos los gastos ocasionados por la excusa si ésta fuera rechazada.

D) Efectos de la admisión de la excusa

En ningún caso, la admisión de causa de excusa de las personas físicas o jurídicas designadas para el desempeño de los apoyos podrá generar desprotección o indefensión al menor, debiendo la autoridad judicial actuar de oficio, mediante la colaboración necesaria de los llamados a ello, o bien, de no poder contar con estos, con la inexcusable colaboración de los organismos o entidades públicas competentes y del Ministerio Fiscal (art. 281. III CC).

Admitida la excusa se procederá al nombramiento de nuevo tutor, debiendo remitir, en su caso, la correspondiente comunicación al Registro Civil (art. 50 LJV y 279 CC).

El tutor nombrado en atención a una disposición testamentaria, excusado por cualquier causa, perderá lo que en consideración al nombramiento le hubiere dejado el testador (art. 280 CC).

IV. CONCESIÓN JUDICIAL DE EMANCIPACIÓN Y DEL BENEFICIO DE LA MAYORÍA DE EDAD

1. *Mayoría de edad y emancipación*

La mayoría de edad empieza a los dieciocho años cumplidos, para cuyo cómputo se incluirá completo el día del nacimiento (art. 240 CC). El mayor de edad puede realizar todos los actos de la vida civil, salvo las excepciones establecidas en casos especiales por el Código Civil (art. 246 CC).

De este modo, la minoría de edad termina con la consiguiente emancipación jurídica del menor al cumplir éste 18 años. Sin embargo, también puede producirse por concesión de los que ejerzan la patria potestad, mediante escritura pública o por comparecencia ante el encargado del Registro Civil (art. 241 CC) y por concesión judicial, siempre que el menor tenga 16 años y la consienta.

Ya sea por concesión judicial o de quienes ejercen la patria potestad, la emancipación habrá de inscribirse en el Registro Civil, no produciendo, entre tanto, efectos contra terceros y una vez concedida la emancipación no podrá ser revocada (art. 242 CC).

Por ello, no será necesario acudir a los tribunales para obtener la emancipación por concesión paterno-materna y se reputará para todos los efectos como emancipado al hijo mayor de 16 años que, con el consentimiento de los progenitores, viviere independientemente de estos. En este último caso los progenitores podrán revocar este consentimiento (art. 243 CC).

En consecuencia, se debe acudir al procedimiento de jurisdicción voluntaria sólo para obtener la emancipación o beneficio de la mayor edad por concesión judicial, lo que suele suceder en casos de discrepancia entre el menor de 16 y alguno de sus progenitores o su tutor.

La regulación de contiene dentro del capítulo V, del Libro I de la Ley de Jurisdicción Voluntaria "De los expedientes de jurisdicción voluntaria en materia de personas", art. 53 a 55, que se complementan con las normas sustantivas contenidas en los art. 239 a 248 del Código Civil.

2. *Presupuestos procesales*

A) Competencia

Será competente para conocer de la solicitud de emancipación el Tribunal de Instancia o, en su caso, la Sección de Familia, del domicilio del menor (art. 53.1 y 2 LJV).

B) Legitimación

a) Emancipación: Podrá solicitar la emancipación el menor mayor de 16 años sujeto a patria potestad, por encontrarse en alguno de los supuestos previstos en el art. 320 CC; en concreto, según art. 53.1 LJV y 244 CC:

1) Cuando quien ejerciere la patria potestad contrajere nupcias o conviviere maritalmente con persona distinta del otro progenitor (AAP Almería 227/2019, de 14 de mayo).

2) Cuando los progenitores vivieren separados (SAP Murcia 529/2012 de 26 de julio).

3) Cuando concurra cualquier causa que entorpeciera gravemente el ejercicio de la patria potestad (AAP Pontevedra 177/ 2018, de 9 de noviembre).

b) Beneficio de la mayoría de edad: Podrá solicitarlo el menor de edad mayor de 16 años sujeto a tutela, de acuerdo con lo previsto en el art. 321 CC[8] (art. 53.2 LJV y 245 CC).

---

[8] El art. 321 CC fue derogado por la disposición derogatoria única.3 de la Ley 8/2021, de 2 de junio.

En ambos casos, la legitimación para incoar el expediente corresponde al menor no a los progenitores ni al tutor (AAP Pontevedra 125/2023, de 29 de mayo), aunque el menor deba estar asistido de alguno de los progenitores que ejerza la patria potestad (no privados ni suspendidos) o del tutor, y, en caso de que exista conflicto de intereses o cuando no pudiesen asistirlo, se le nombrará defensor judicial o, provisionalmente, le representará el Ministerio Fiscal hasta el nombramiento del defensor (art. 54.1 LJV).

C) Posible actuación del Ministerio Fiscal

El Ministerio Fiscal carece de legitimación para instar este procedimiento, sin embargo, dado que en algunas ocasiones los menores acuden a las Fiscalías para informarse sobre la posibilidad de concesión judicial de la emancipación, con el fin de detectar posibles situaciones de desprotección y constatar la madurez o no del menor, sus posibilidades de independencia económica, el potencial beneficio de la medida y en su caso, plantear soluciones alternativas a la judicialización, se recomienda que los miembros del Ministerio Público recaben el auxilio del Equipo Técnico adscrito a la Fiscalía, tras la apertura de las correspondientes diligencias preprocesales[9].

La concesión judicial de la emancipación o del beneficio de la mayor edad no forman parte del conjunto de medidas de protección del art. 158 CC, sino que se encuadran dentro de la materia de la capacidad de las personas. Por tanto, no existe legitimación autónoma del Ministerio Fiscal para promover la solicitud, pero nada obsta a que dé traslado de la petición del menor al Juzgado, lo que avala el art. 54.1 LJV. El beneficio de la mayor edad, en la medida en que es causa de extinción de la tutela, impone al Ministerio Fiscal una actuación todavía más activa, particularmente cuando se utiliza para evitar la acción protectora de la Administración en los supuestos de desamparo (Circular 9/2015 FGE sobre intervención del Ministerio Fiscal en los procedimientos de jurisdicción voluntaria).

D) Postulación

No será preceptiva la intervención de Abogado ni Procurador, salvo que se formule oposición, en cuyo caso sí será preceptiva la asistencia de letrado a partir de ese momento (art. 53.3 LJV).

---

9 Circular 9/2015 FGE sobre intervención del Ministerio Fiscal en los procedimientos de jurisdicción voluntaria.

3. Procedimiento

A) Solicitud

El expediente se iniciará mediante solicitud dirigida al órgano judicial por el menor mayor de 16 años, con la asistencia de alguno de sus progenitores, no privados o suspendidos de la patria potestad, o del tutor, o en su caso, del defensor judicial o Ministerio Fiscal (art. 54.1 LJV).

A la solicitud se acompañarán, en su caso, los documentos que acrediten la concurrencia de la causa exigida por el Código Civil para instar la emancipación o beneficio de mayoría de edad, así como la proposición de prueba que considere pertinente (art. 54.2 LJV).

B) Comparecencia

Admitida a trámite la solicitud por el Letrado o Letrada de la Administración de Justicia, convocará a la comparecencia ante el Juez al menor, a sus progenitores o, en su caso, a su tutor, al Ministerio Fiscal y a aquellos que pudieran estar interesados, quienes serán oídos por este orden. Posteriormente, se practicarán aquellas pruebas que hubieren sido propuestas y acordadas (art. 55.1 LJV).

C) Resolución y efectos

El Juez resolverá concediendo o denegando la emancipación o el beneficio de mayoría de edad solicitados, teniendo en cuenta la justificación ofrecida y valorando el interés del menor (art. 55.2 LJV).

La decisión de fondo debe adoptarse conforme a la concreta situación del menor. Resulta capital valorar la madurez del menor, sus posibilidades de independencia económica, el potencial beneficio de la medida, el planteamiento de medidas alternativas y la fijación de una cuantía de alimentos a su favor (Circular 9/2015 FGE sobre intervención del Ministerio Fiscal en los procedimientos de jurisdicción voluntaria). Y cabe además estar prevenidos frente a su utilización fraudulenta por parte de un progenitor para evitar las estancias con el otro, en caso de rupturas matrimoniales o de pareja estable con incumplimiento de medidas paterno-filiales.

El testimonio de la concesión de la emancipación o del beneficio de mayoría de edad se remitirá al Registro Civil para proceder a su inscripción (art. 55.3 LJV).

Efectos de la resolución:

1) La emancipación y el beneficio de la mayor edad concedidos habilitan al menor para regir su persona y bienes como si fuera mayor

2) El menor emancipado podrá por sí solo comparecer en juicio.

3) Hasta que llegue a la mayor edad no podrá tomar dinero a préstamo, gravar o enajenar bienes inmuebles y establecimientos mercantiles o industriales u objetos de extraordinario valor sin consentimiento de sus progenitores y, a falta de ambos, sin el de su defensor judicial (art. 247 CC).

4) Para que el casado menor de edad pueda enajenar o gravar bienes inmuebles, establecimientos mercantiles u objetos de extraordinario valor que sean comunes, basta, si es mayor el otro cónyuge, el consentimiento de los dos; si también es menor, se necesitará además el de los progenitores o defensor judicial de uno y otro (art. 248 CC).

V. APROBACIÓN JUDICIAL DEL CONSENTIMIENTO PRESTADO A INTROMINSIONES LEGÍTIMAS DEL DERECHO AL HONOR, A LA INTIMIDAD O A LA PROPIA IMAGEN DE MENORES

1. Previsión normativa

Se regula procesalmente a través del expediente de jurisdicción voluntaria previsto en los art. 59 y 60 de la Ley de Jurisdicción Voluntaria y sustantivamente en el art. 18.1 CE que garantiza el derecho al honor, a la intimidad personal y familiar y a la propia imagen, desarrollado por la LO 1/1982, de 5 de mayo de protección civil del derecho al honor, a la intimidad personal y familiar y a la propia imagen *(Tol 585549)*, frente a todo tipo de injerencias o intromisiones ilegítimas y configura tales derechos como irrenunciables, inalienables e imprescriptibles (art. 13), si bien admite que su titular preste autorizaciones y consentimientos conforme a lo establecido en su art. 2 y 3.

En el caso de los menores, hay que acudir también a la Convención sobre los derechos del Niño *(Tol 137099)*, que establece: 1. Ningún niño será objeto de injerencias arbitrarias o ilegales en su vida privada, su familia, su domicilio o su correspondencia, ni de ataques ilegales a su honra y a su reputación. 2. El niño tiene derecho a la protección de la ley contra esas injerencias o ataque (art. 16 CDN). Esta norma se plasma en el art. 4 de la Ley Orgánica de Protección Jurídica del Menor 1/96, de 15 de enero *(Tol 301481)*, que reconoce a los menores derecho al honor, a la intimidad personal y familiar y a la propia imagen y que comprende también la inviolabilidad del domicilio familiar y de la correspondencia, así como del secreto de las comunicaciones (art. 4.1 LOPJM)

2. *Delimitación de la protección jurídica*

A) Ámbito de protección jurídica

El art. 2.1 de la LO 1/1982 señala que el ámbito de protección de del derecho al honor, a la intimidad personal y familiar y a la propia imagen viene determinado por la ley y por los usos sociales de una parte, y por la conducta del interesado, de otra, quien con sus propios actos determina qué esfera de su vida personal y familiar reserva para sí mismo o su familia y en cuáles tolera actos de intromisión.

Con carácter general, no se reputarán intromisiones ilegítimas (art. 8.1):

1) las actuaciones expresamente autorizadas por la Ley

2) cuando el titular del derecho hubiere otorgado al efecto su consentimiento expreso (art. 2.2).

3) las actuaciones autorizadas o acordadas por la Autoridad competente de acuerdo con la ley

4) cuando predomine un interés histórico, científico o cultural relevante

B) Intromisiones ilegítimas

a) De carácter general

Conforme al art. 7 LO 1/82, tendrán la consideración de intromisiones ilegítimas en el ámbito de protección delimitado por el art. 2:

1. El emplazamiento en cualquier lugar de aparatos de escucha, de filmación, de dispositivos ópticos o de cualquier otro medio apto para grabar o reproducir la vida íntima de las personas.

2. La utilización de aparatos de escucha, dispositivos ópticos, o de cualquier otro medio para el conocimiento de la vida íntima de las personas o de manifestaciones o cartas privadas no destinadas a quien haga uso de tales medios, así como su grabación, registro o reproducción.

3. La divulgación de hechos relativos a la vida privada de una persona o familia que afecten a su reputación y buen nombre, así como la revelación o publicación del contenido de cartas, memorias u otros escritos personales de carácter íntimo.

4. La revelación de datos privados de una persona o familia conocidos a través de la actividad profesional u oficial de quien los revela.

5. La captación, reproducción o publicación por fotografía, filme, o cualquier otro procedimiento, de la imagen de una persona en lugares o momentos de su vida privada o fuera de ellos, salvo los casos previstos en el artículo octavo, dos.

6. La utilización del nombre, de la voz o de la imagen de una persona para fines publicitarios, comerciales o de naturaleza análoga.

7. La imputación de hechos o la manifestación de juicios de valor a través de acciones o expresiones que de cualquier modo lesionen la dignidad de otra persona, menoscabando su fama o atentando contra su propia estimación.

8. La utilización del delito por el condenado en sentencia penal firme para conseguir notoriedad pública u obtener provecho económico, o la divulgación de datos falsos sobre los hechos delictivos, cuando ello suponga el menoscabo de la dignidad de las víctimas.

b) Respecto de personas menores

Se considera intromisión ilegítima en el derecho al honor, a la intimidad personal y familiar y a la propia imagen del menor, cualquier utilización de su imagen o su nombre en los medios de comunicación que pueda implicar menoscabo de su honra o reputación, o que sea contraria a sus intereses incluso si consta el consentimiento del menor o de sus representantes legales (art. 4.3 LOPJM).

La difusión de información o la utilización de imágenes o nombre de los menores en los medios de comunicación que puedan implicar una intromisión ilegítima en su intimidad, honra o reputación, o que sea contraria a sus intereses, determinará la intervención del Ministerio Fiscal, que instará de inmediato las medidas cautelares y de protección previstas en la Ley (art. 158 CC) y solicitará las indemnizaciones que correspondan por los perjuicios causados.

La Instrucción 2/2006, apartado 6.°, de la Fiscalía General del Estado *(Tol 854792)*, partiendo de que se trata de una materia casuística a resolver en cada caso concreto mediante la técnica de ponderación, establece los siguientes criterios generales:

1) La Fiscalía no actuará de oficio ni apoyará la demanda de padres o tutores contra un medio que difunda imágenes de un menor cuando se trate de informaciones relativas al mundo infantil tales como inauguraciones del curso escolar, visitas de autoridades a centros infantiles, desfiles de moda infantil, estrenos de películas o presentaciones de libros para niños siempre que las propias circunstancias que rodeen al programa o a la información excluyan el perjuicio para los intereses de los menores y en tanto la imagen aparezca como accesoria de la información principal.

2) No se considera con carácter general antijurídica la difusión de imágenes de menores en lugares públicos, cuando aparezcan de manera meramente casual o accesoria de la información principal, por ejemplo, informaciones sobre lugares abiertos al público acompañadas de tomas generales en las que aparezcan los usuarios; o tomas de espectáculos públicos, conciertos o similares (siempre que tales lugares o actos no presenten aspectos negativos cuya asociación con la imagen del menor pudiera reportarle a éste perjuicios).

3) Si la difusión casual o accesoria de la imagen del menor se vincula a lugares, personas o actos con connotaciones negativas, habrán de utilizarse técnicas de distorsión de la imagen para evitar que el mismo pueda ser identificado (v.gr. reportaje sobre barriada en la que se vende droga, o sobre consumo de alcohol entre adolescentes, supuesto este último específicamente tratado en la STS n.º 677/2004, de 7 de julio o sobre prostitución masculina, abordado por el ATC n.º 5/1992, de 13 de enero).

4) La difusión de noticias veraces y de interés público que afecten a menores de edad y que pueda generarles un daño a su reputación, intimidad o intereses, estará amparada por el ordenamiento siempre que no sean éstos identificados (mediante sistemas de distorsión de imagen o voz, utilización de iniciales, y mediante la exclusión de datos que directa o indirectamente lleven a la identificación del menor).

C) Consentimiento del titular del derecho

El consentimiento del titular del derecho legitimará la intromisión en su honor, intimidad personal o familiar o imagen (art. 2.2). El consentimiento será revocable en cualquier momento, pero habrán de indemnizarse en su caso, los daños y perjuicios causados, incluyendo en ellos las expectativas justificadas (art. 2.3).

En el caso de las personas menores, el consentimiento deberá prestarse por ellas mismas si sus condiciones de madurez lo permiten, de acuerdo con la legislación civil, y en los restantes casos, habrá de otorgarse mediante escrito por su representante legal, quien estará obligado a poner en conocimiento previo del Ministerio Fiscal el consentimiento proyectado (art. 3 LO 1/82).

D) Informe del Ministerio Fiscal

Analizadas las circunstancias concurrentes, el Ministerio fiscal, en el plazo de ocho días, se pronunciará pudiendo:

a) Aceptar el proyecto del representante legal por considerar que respeta el interés superior del menor, atendiendo a sus deseos, sentimientos y opiniones (art. 2 LOPJM).

b) Oponerse, en cuyo caso la discrepancia deberá ser resuelta por el Juez

Para obtener dicha resolución deberá acudirse al expediente de jurisdicción voluntaria regulado en los art. 59 y 60 LJV.

E) Ámbito de aplicación de los art. 59 y 60 LJV

Estas normas se aplicarán para la obtención de autorización judicial del consentimiento a las intromisiones legítimas en el ámbito de protección delimitado por el citado art. 3 de la LO 1/1982 y art. 4 LOPJM, cuando el Ministerio Fiscal se hubiera opuesto al consentimiento otorgado por el representante legal del menor (art. 59.1 LJV).

3. Presupuestos procesales

A) Competencia

Será competente para el conocimiento de este expediente el Tribunal de Instancia o, en su caso, Sección de Familia del domicilio o, en su defecto, de la residencia del menor (art. 59.2 LJV).

B) Legitimación

Para promover este expediente está legitimado el representante legal del menor (art. 59.3 LJV).

C) Postulación

No es preceptiva la intervención de Abogado ni Procurador (art. 59.3 in fine LJV).

4. Procedimiento

A) Solicitud

El expediente se iniciará mediante solicitud que deberá acompañarse del proyecto de consentimiento, el documento en que conste la notificación de la oposición del Ministerio Fiscal y los que acrediten su representación legal (art. 60.1 LJV).

B) Comparecencia

Una vez admitida la solicitud por el Letrado o Letrada de la Administración de Justicia, éste señalará día y hora para la comparecencia, a la que se citará al Ministerio Fiscal, al representante legal del menor y a éste, si el Juez lo creyera necesario. El Juez podrá acordar también, de oficio o a instancia del Ministerio Fiscal, la citación, en su caso, de otros interesados (art. 60.2 LJV).

C) Resolución

El Juez dictará resolución al término de la comparecencia o, si la complejidad del asunto lo justificare, dentro de los cinco días siguientes, en atención al interés superior de la persona con discapacidad con medidas de apoyo para el ejercicio de su capacidad jurídica (art. 60.3 LJV).

Contra esta resolución cabrá recurso de apelación, con efectos suspensivos, que se resolverá con carácter preferente (art. 60.4 LJV).

D) Revocación

Si los representantes legales de la persona con discapacidad con medidas de apoyo para el ejercicio de su capacidad jurídica quisieran que se revocara el consentimiento otorgado judicialmente, lo pondrán en conocimiento del Juez, quien dictará resolución dejándolo sin efecto (art. 60.5 LJV).

VI. AUTORIZACIÓN O APROBACIÓN JUDICIAL PARA LA REALIZACIÓN DE ACTOS DE DISPOSICIÓN, GRAVAMEN U OTROS QUE SE REFIERAN A BIENES Y DERECHOS DE MENORES

1. Previsión normativa y supuestos comprendidos

Los arts. 61-66 de la Ley de Jurisdicción Voluntaria establecen el cauce procesal a fin de que los progenitores que ejercen la patria potestad (art. 166 a 168 CC) o los tutores (art. 287 a 290 CC por remisión supletoria del art. 224 CC a lo establecido para la curatela) puedan recabar autorización o aprobación judicial a fin de enajenar o gravar determinados bienes o derechos de los menores respecto de los cuales ejercen funciones tuitivas.

Este procedimiento se aplicará a todos aquellos supuestos en que el representante legal del menor necesite autorización o aprobación judicial para la validez de actos de disposición, gravamen u otros que se refieran a sus bienes o derechos, salvo que hubiera establecido una tramitación específica (art. 61 LJV).

Debemos distinguir según que la representación legal la ostenten los progenitores del menor o un tutor.

A) Progenitor o progenitores que ejercen la patria potestad

a) Supuestos: Los progenitores precisan autorización judicial para:

1) renunciar a los derechos de que los hijos sean titulares

2) enajenar o gravar sus bienes inmuebles, establecimientos mercantiles o industriales, objetos preciosos y valores mobiliarios, salvo el derecho de suscripción preferente de acciones,

3) repudiar la herencia o legado deferidos al hijo

b) Causa justificada: Para obtener dicha autorización deberán acreditar la concurrencia de causa justificada de utilidad o necesidad.

c) Exclusión: No será necesaria autorización judicial si el menor hubiese cumplido dieciséis años y consintiere en documento público, ni para la enajenación de valores mobiliarios siempre que su importe se reinvierta en bienes o valores seguros.

B) Tutor

El tutor necesitará obtener autorización judicial para aquellos actos que determine la resolución judicial que constituya la tutela y, en todo caso, para los actos que establece el art. 287. CC, por remisión del art. 224 CC:

1.° Para realizar actos de trascendencia personal o familiar, cuando la persona afectada no pueda hacerlo por sí misma, a salvo lo dispuesto legalmente en materia de internamiento, consentimiento informado en el ámbito de la salud o en otras leyes especiales.

2.° Enajenar o gravar bienes inmuebles, establecimientos mercantiles o industriales, bienes o derechos de especial significado personal o familiar, bienes muebles de extraordinario valor, objetos preciosos y valores mobiliarios no cotizados en mercados oficiales del menor. Se exceptúa la venta del derecho de suscripción preferente de acciones.

3.° Dar inmuebles en arrendamiento por término inicial que exceda de seis años, o celebrar contratos o realizar actos que tengan carácter dispositivo y sean susceptibles de inscripción.

4.° Disponer a título gratuito de bienes o derechos del menor, salvo los que tengan escasa relevancia económica y carezcan de especial significado personal o familiar.

5.° Renunciar derechos, así como transigir o someter a arbitraje cuestiones relativas a los intereses del menor, salvo que sean de escasa relevancia económica.

6.° Aceptar sin beneficio de inventario cualquier herencia o repudiar ésta o las liberalidades.

7.° Hacer gastos extraordinarios en los bienes del menor.

8.° Interponer demanda en nombre del menor, salvo asuntos urgentes o de escasa cuantía.

9.° Dar y tomar dinero a préstamo y prestar aval o fianza.

10.° Celebrar contratos de seguro de vida, renta vitalicia y otros análogos, cuando estos requieran de inversiones o aportaciones de cuantía extraordinaria.

No precisará la autorización judicial, igualmente por remisión del art. 224 CC:

1.°) Para el arbitraje de consumo (art. 287.4.° in fine)

2.°) La partición de herencia o la división de cosa común, pero una vez practicadas requerirán aprobación judicial. Si hubiese sido nombrado un defensor judicial para la partición deberá obtener también la aprobación judicial, salvo que se hubiera dispuesto otra cosa al hacer el nombramiento (art. 289 CC).

2. *Presupuestos procesales*

a) Competencia: Será competente para el conocimiento de este expediente Tribunal de Instancia o en su caso, Sección de Familia, del domicilio o residencia del menor. Si antes de la celebración de la comparecencia se produjera un cambio de su residencia habitual, se remitirán las actuaciones al Tribunal o Sección correspondiente en el estado en que se hallen (art. 62.1 LJV y 166 CC).

b) Legitimación: Podrán promover este expediente quienes ostenten la representación legal del menor a los fines de realizar el acto jurídico de que se trate.

Cuando se trate de la administración de bienes o derechos determinados, con facultades concretas sobre los mismos, conferida por su transmitente a título gratuito a favor de quien no ostente la representación legal, o cuando se ejerzan separadamente la tutela de la persona y la de los bienes deberá solicitar la autorización, si fuere precisa, el administrador designado por el transmitente o el tutor de los bienes.

c) Postulación: No será preceptiva la intervención de abogado ni procurador siempre que el valor del acto para el que se inste el expediente no supere los 6.000 euros. Cuando lo supere, la solicitud inicial podrá realizarse sin necesidad de ambos profesionales, sin perjuicio de que el Juez pueda ordenar la actuación de todos los interesados por medio de abogado cuando la complejidad de la operación así lo requiera o comparezcan sujetos con intereses enfrentados (art. 62.3 LJV).

d) Preceptiva intervención del Ministerio Fiscal: Al igual que en el resto de procedimientos que afecten a menores, será preceptiva la audiencia del Ministerio Fiscal previamente a resolver el expediente (art. 166 CC).

4. *Procedimiento*

A) Solicitud

a) Necesidad o utilidad: En la solicitud deberá expresarse el motivo del acto o negocio de que se trate, y se razonará la necesidad, utilidad o conveniencia del mismo; se identificará con precisión el bien o derecho a que se refiera; y se expondrá, en su caso, la finalidad a que deba aplicarse la suma que se obtenga (art. 63.1 LJV).

b) Documentación: Con la petición que se deduzca se presentarán los documentos y antecedentes necesarios para poder formular juicio exacto sobre el negocio de que se trate y, en su caso, las operaciones particionales de la herencia o de la división de la cosa común realizada.

En el caso de autorización solicitada para transigir, se acompañará, además, el documento en que se hubieren formulado las bases de la transacción (art. 63.2 LJV)

c) Autorización para enajenación de bienes: La regla general es que la enajenación se realizará mediante venta directa, salvo que el Tribunal considere que es necesaria la enajenación en subasta judicial para mejor y plena garantía de los derechos e intereses de su titular (art. 287.2.º CC)

En estos casos, en la solicitud para realizar el acto de disposición podrá también incluirse la petición de que la autorización se extienda a la celebración de venta directa, sin necesidad de subasta ni intervención de persona o entidad especializada, debiendo acompañar dictamen pericial de valoración del precio de mercado del bien o derecho de que se trate y especificarse las demás condiciones del acto de disposición que se pretenda realizar (art. 63.3 LJV).

B) Comparecencia

Admitida a trámite la solicitud por el letrado de la Administración de Justicia, este citará a comparecencia al Ministerio Fiscal, así como a todas las personas que, según los distintos casos, exijan las leyes y, en todo caso, a la persona con discapacidad.

Cuando proceda dictamen pericial, se acordará de oficio o a instancia de parte, y se emitirá antes de celebrarse la comparecencia, debiendo citarse a ella al perito/s que lo hubiesen emitido, si así se acordara, para responder a las cuestiones que le planteen tanto los intervinientes como el Juez (art. 64 LJV).

C) Resolución

El Juez, teniendo en cuenta la justificación ofrecida y valorando su conveniencia a los intereses del menor, resolverá concediendo o denegando la autorización o aprobación solicitada.

La concesión de autorización para transigir determinará la expedición de testimonio que se entregará al solicitante para el uso que corresponda.

Si se autorizare la realización de algún acto de gravamen sobre bienes o derechos que pertenezcan al menor o la extinción de derechos reales que le perteneciesen, se ordenará seguir las mismas formalidades establecidas para la venta, con exclusión de la subasta (art. 65 LJV).

Si se considere adecuado para garantizar el interés superior del menor, se podrá autorizar al tutor la realización de una pluralidad de actos de la misma naturaleza o referidos a la misma actividad económica, especificando las circunstancias y características fundamentales de dichos actos (art. 288 CC por remisión del art. 224 CC).

La resolución será recurrible en apelación con efectos suspensivos.

D) Salvaguardas

a) Destino de la cantidad obtenida: El Juez podrá adoptar las medidas necesarias para asegurar que la cantidad obtenida por el acto de enajenación o gravamen, así como por la realización del negocio o contrato autorizado se aplique a la finalidad en atención a la que se hubiere concedido la autorización (art. 66 LJV).

b) Medidas cautelares: Cuando la administración de los progenitores ponga en peligro el patrimonio del hijo, el Juez, a petición del propio hijo, del Ministerio Fiscal o de cualquier pariente del menor, podrá adoptar las medidas que estime necesarias para la seguridad y recaudo de los bienes, exigir caución o fianza para la continuación en la administración o incluso nombrar un Administrador (art. 167 CC).

5. Rendición de cuentas

A) De los progenitores

a) Objeto y legitimación: Al término de la patria potestad podrán los hijos exigir a los padres la rendición de cuentas de la administración que ejercieron sobre sus bienes hasta entonces.

b) Plazo: La acción para exigir el cumplimiento de esta obligación prescribirá a los tres años.

c) Pérdida o deterioro de los bienes: En caso de pérdida o deterioro de los bienes por dolo o culpa grave, responderán los padres de los daños y perjuicios sufridos.

B) De los tutores

a) Fundamento legal: A diferencia de los progenitores que no están obligados a presentar un informe, el tutor presentará informe de rendición de cuentas de acuerdo con la legislación civil aplicable o con la resolución judicial correspondiente.

b) Comparecencia potestativa: Presentados los informes, el Letrado o Letrada de la Administración de Justicia los trasladará al menor si tuviera suficiente madurez y, en todo caso, si fuere mayor de doce años, a aquellos que aparecieran como interesados en el expediente y al Ministerio Fiscal. Si alguno de ellos lo solicitara en el plazo de diez días, se citará a todos ellos a una comparecencia, pudiéndose proponer de oficio o a instancia de parte las diligencias y pruebas que se estimen oportunas.

c) Prueba pericial contable o auditoría: También podrá ordenar el Juez de oficio, a costa del patrimonio del tutelado, una prueba pericial contable o de auditoría aun cuando nadie haya solicitado la comparecencia, si en el informe se describieran operaciones complejas o que requieran una justificación técnica.

d) Resolución: Celebrada o no la comparecencia, el juez resolverá por medio de auto sobre los informes y la rendición de cuentas, previo informe del Ministerio Fiscal.

Se procederá igualmente en los supuestos de rendición final de cuentas por extinción de la tutela, debiendo ser presentada, en su caso, en el plazo de tres meses desde el cese del cargo, prorrogables por el tiempo que fuere necesario si concurre justa causa. En estos casos también se oirá, si procediera, al nuevo tutor y a los herederos de la persona tutelada, en su caso.

e) Acción de resarcimiento: En todo caso, la aprobación judicial de las cuentas presentadas no impedirá el ejercicio de las acciones que recíprocamente puedan asistir al tutor y al tutelado o a sus causahabientes por razón de la tutela.

VII. APROBACIÓN JUDICIAL DE LA MODIFICACIÓN DE LA MENCIÓN REGISTAL DEL SEXO DE MAYORES DE 12 Y MENORES DE 14 AÑOS

Se regula procesalmente en el Capítulo I Bis del Título II de la Ley de Jurisdicción Voluntaria, art. 26 bis a 26 quinquies introducidos por la disposición final 13.ª de la Ley 4/2023, de 28 de febrero para la igualdad real y efectiva de las personas trans y para la garantía de los derechos de las personas LGTBI *(Tol 9421382)*, conocida como Ley Trans. Esta normativa se complementa con la regulación sustantiva contenida en el art. 43 de la Ley Trans.

1. Derecho de rectificación de la mención registral relativa al sexo

Este derecho podrá ejercerse por las personas de nacionalidad española, pero dependiendo de su edad y situación, distingue el art. 43 Ley Trans:

a) Mayores de dieciséis años: Podrán por sí mismos comparecer ante el Registro Civil y solicitar la rectificación de la mención registral relativa al sexo.

b) Menores de dieciséis años y mayores de catorce: Podrán presentar la solicitud por sí mismas, asistidas en el procedimiento por sus representantes legales. En el supuesto de desacuerdo de las personas progenitoras o representantes legales, entre sí o con la persona menor de edad, se procederá al nombramiento de un defensor judicial de conformidad con lo previsto en los art. 235 y 236 del Código Civil.

c) Personas con discapacidad: Podrán solicitar, con las medidas de apoyo que en su caso precisen, la rectificación registral de la mención relativa al sexo.

d) Menores de catorce años y mayores de doce: Podrán solicitar la autorización judicial para la modificación de la mención registral del sexo en los términos del capítulo I bis del título II de la Ley 15/2015, de 2 de julio, de Jurisdicción Voluntaria, que analizaremos en este apartado.

2. Ámbito de aplicación

Se aplicarán las disposiciones de este Capítulo para recabar la aprobación judicial para la modificación de la mención registral del sexo por personas mayores de doce años y menores de catorce (art. 26 bis LJV).

3. Presupuestos procesales

A) Competencia: Será competente para conocer de este expediente el Tribunal de Instancia, o en su caso Sección de Familia, del domicilio de la persona cuya mención registral pretenda rectificarse o, si no lo tuviera en territorio nacional, el de su residencia en dicho territorio (art. 26 ter.1 LJV).

B) Legitimación: Podrán promover este expediente las personas mayores de 12 *años y menores de* 14, asistidas por sus representantes legales. En el supuesto de desacuerdo de los progenitores o representante legal, entre sí o con la persona menor de edad, se procederá al nombramiento de un defensor judicial de conformidad con lo previsto en los art. 235 y 236 del Código Civil (art. 26 ter.2 LJV). No se admitirá a trámite la solicitud cuando el menor tenga menos de 12 años [AAP Vizcaya 6/3/2024 *(Tol 10162483)*]

Si el expediente se insta por una persona menor con discapacidad, deberán disponerse en su favor las medidas de apoyo que pueda precisar (art. 26 ter.3 LJV).

C) Postulación: En la tramitación del presente expediente no será preceptiva la intervención de abogado ni procurador (art. 26 ter.4 LJV).

4. Procedimiento

A) Solicitud y documentación

Se iniciará mediante solicitud en la que la persona legitimada manifieste su disconformidad con el sexo mencionado en su inscripción de nacimiento y solicite autorización judicial para que se proceda a la correspondiente rectificación registral de la mención al sexo y, en su caso, al nombre que aparece en la inscripción (art. 26 quater.1 LJV)

La solicitud deberá ir acompañada de cualesquiera medios documentales o testificales acreditativos de que la persona que insta el expediente ha mantenido de forma estable dicha disconformidad (art. 26 quater.2. I LJV)

B) Tramitación

La tramitación de este procedimiento tendrá carácter preferente (art. 26 quater.1 LJV)

C) Comparecencia

a) Citaciones: Admitida a trámite la solicitud, el Juez citará a comparecer al solicitante y, en su caso, a sus representantes legales, a las demás personas que estime oportuno, así como al Ministerio Fiscal (art. 26 quater.2. II LJV).

b) Prueba: El Juez podrá solicitar la práctica de las pruebas que considere necesarias para acreditar la madurez necesaria del menor y la estabilidad de su voluntad de rectificar registralmente la mención a su sexo (art. 26 quater.3 inciso 1.º LJV).

Para su intervención como testigos serán idóneas todas las personas mayores de edad aun cuando estén ligadas a la persona solicitante por parentesco, consanguinidad o afinidad en cualquier grado, vínculos de adopción, tutela o análogos, o relación de amistad (art. 26 quater.4 LJV).

El juez tendrá en consideración en todo momento el interés superior de la persona menor de edad (art. 26 quater.3 LJV).

c) Derecho de información del menor: El juez facilitará al menor en un lenguaje claro, accesible y adaptado a sus necesidades información sobre:

1) las consecuencias jurídicas de la rectificación solicitada,

2) toda la información complementaria que proceda,

3) de la existencia de las medidas de asistencia e información que estén a disposición de la persona solicitante en los ámbitos sanitario, social, laboral, educativo y administrativo, incluyendo medidas de protección contra la discriminación, promoción del respeto y fomento de la igualdad de trato.

4) la existencia de asociaciones y otras organizaciones de protección de los derechos en este ámbito a las que puede acudir.

d) Audiencia al menor: El menor deberá ser escuchado en la comparecencia, previamente a dictar resolución (art. 26 quinquies.1 inciso 1.º LJV)

D) Resolución

Juez resolverá sobre la concesión o denegación de la aprobación judicial, considerando en todo caso el interés superior del menor de edad y previa comprobación de su voluntad estable de modificar la inscripción registral y de su madurez suficiente para comprender y evaluar de forma razonable e independiente las consecuencias de su decisión.

La concesión no podrá estar condicionada a la previa exhibición de informe médico o psicológico relativo a la identidad sexual, ni a la previa modificación de la apariencia o función corporal de la persona a través de procedimientos médicos, quirúrgicos o de otra índole (art. 26 quinquies.1 LJV)

E) Inscripción en el Registro Civil

El testimonio de dicha resolución se remitirá al Registro Civil competente para proceder, en su caso, a la inscripción de la rectificación aprobada judicialmente (art. 26 quinquies.2 LJV)

VIII. MEDIDAS DE CONTROL RELATIVAS AL EJERCICIO DE LA GUARDA DE HECHO O DE LA ADMINISTRACIÓN DE LOS BIENES DEL MENOR

Su regulación normativa se contiene en los arts. 43 y 52 LJV que deben complementarse con los art. 237 y 238 CC y supletoriamente con los art. 263 a 267 CC, por remisión del art. 238 CC a las normas del guardador de hecho de persona con discapacidad.

1. *Presupuestos procesales*

A) Competencia

Será competente para el conocimiento de este expediente el Tribunal de Instancia o en su caso, la Sección de Familia y Capacidad del domicilio o, en su defecto, de la residencia del menor (art. 43.1 LJV).

El órgano judicial que haya conocido de un expediente de guarda de hecho será competente para conocer de todas las incidencias, trámites y adopción de medidas o revisiones posteriores, siempre que el menor resida en la misma circunscripción. En caso contrario, para conocer de alguna de esas incidencias, será preciso que se pida testimonio completo del expediente al Tribunal o Sección que anteriormente conoció del mismo, el cual lo remitirá en los diez días siguientes a la solicitud (art. 43.2 LJV).

B) Postulación

En estos expedientes no será preceptiva la intervención de abogado y procurador, salvo en los relativos a la remoción del curador en los que será necesaria la intervención de abogado (art. 43.3 LJV).

2. *Procedimiento judicial*

A) Requerimiento

Cuando la autoridad judicial tenga conocimiento de la existencia de un guardador de hecho podrá requerirle, a instancia del Ministerio Fiscal o de cualquiera que tenga un interés legítimo, para que informe de la situación de la persona y bienes del menor y de su actuación en relación con los mismos (art. 52.1 LJV y 237.1 CC). Tras la entrada en vigor de la LO 8/21, de 4 de junio de Protección Integral a la infancia y adolescencia frente a la violencia *(Tol 8451569)* debemos entender que también podrá solicitar la actuación judicial el propio menor, como se reconoce expresamente a las personas que precisan medidas de apoyo, pues el art. 1.3 LOPIVI reconoce el derecho de los niños, niñas y adolescentes a igual protección de la ley y prohíbe su discriminación. También llegaríamos a la misma conclusión por aplicación del art. 238 CC que declara aplicables a la guarda de hecho del menor, con carácter supletorio, las normas de la guarda de hecho de las personas con discapacidad.

B) Posibles medidas a adoptar

a) De vigilancia y control: El Juez podrá establecer las medidas de control y de vigilancia que estime oportunas (art. 237.1 CC).

Tales medidas se adoptarán, previa comparecencia, citando a la persona a quien afecte la guarda de hecho, al guardador y al Ministerio Fiscal.

A pesar del establecimiento de medidas de vigilancia y control, el juez podrá promover expediente para la constitución de la tutela, si procediera (art. 52.2 LJV).

b) Medidas cautelares: Cautelarmente, mientras se mantenga la situación de guarda de hecho y hasta que se constituya la medida de protección adecuada, si procediera, se podrán otorgar judicialmente facultades tutelares a los guardadores y constituir un acogimiento temporal, siendo acogedores los guardadores (art. 237.1 II CC).

c) Declaración de desamparo: Procederá la declaración de situación de desamparo de los menores cuando, además de esta circunstancia, se den los presupuestos objetivos de falta de asistencia contemplados en el art. 172 CC (art. 237.2 I CC). Cuando no concurra situación de desamparo, el guardador de hecho podrá promover la privación o suspensión de la patria potestad, remoción de la tutela o el nombramiento de tutor (art. 237.2 II CC).

d) Nombramiento de defensor judicial: La autoridad judicial podrá acordar el nombramiento de un defensor judicial al menor para aquellos asuntos que por su naturaleza lo exijan (art. 264 IV CC por remisión del art. 238 CC)

3. Control judicial de las actuaciones del guardador

El guardador de hecho del menor habrá de obtener autorización judicial (art. 264 CC por remisión del art. 238):

1.º) Cuando se requiera su actuación representativa. La autorización judicial se le podrá conceder, previa comprobación de su necesidad, en los términos y con los requisitos adecuados a las circunstancias del caso. La autorización podrá comprender uno o varios actos necesarios y deberá ser ejercitada en el interés superior del menor.

2.º) En todo caso, para prestar consentimiento en los actos enumerados en el art. 287 CC.

El guardador deberá obtener la autorización judicial a través del correspondiente expediente de jurisdicción voluntaria, en el que la autoridad judicial escuchará por sí misma al menor si tuviera suficiente madurez y siempre que fuera mayor de 12 años, podrá solicitar un informe pericial para acreditar su situación y también podrá citar a la comparecencia a cuantas personas considere necesario oír en función del acto cuya autorización se solicite (art. 52.3 LJV[10] y art. 238 CC)

No será necesaria autorización judicial: cuando el guardador solicite una prestación económica a favor del menor, siempre que esta no suponga un cambio significativo en la forma de vida del menor, o realice actos jurídicos sobre bienes del menor que tengan escasa relevancia económica y carezcan de especial significado personal o familiar (art. 264 III LJV).

IX. AUTORIZACIÓN O APROBACIÓN JUDICIAL DE LA ACEPTACIÓN Y REPUDIACIÓN DE LA HERENCIA DEL MENOR

Su regulación de contempla en los arts. 93 a 95 LJV, remitiéndose el art. 94.1 a las normas comunes contenidas en los art. 13 a 22 LJV, para su tramitación y completados con los art. 289 y 290 CC

---

10 Se refiere sólo al guardador de hecho de persona con discapacidad, pero conforme al art. 238 serán aplicables a la guarda de hecho del menor, con carácter supletorio, las normas de la guarda de hecho de las personas con discapacidad y el art. 1.3 LOPIVI reconoce a los niños, niñas y adolescentes el derecho a igual protección de la ley y la prohibición de discriminación.

1. Ámbito de aplicación

Serán aplicables a todos los casos en que, conforme a la ley, la validez de la aceptación o repudiación de la herencia necesite autorización o aprobación judicial (art. 93.1 LJV).

A) Autorización judicial

En todo caso, precisarán autorización judicial conforme al art. 93.2 LJV:

a) Los progenitores que ejerzan la patria potestad para repudiar la herencia o legados en nombre de sus hijos menores de 16 años, o si aun siendo mayores de esa edad, sin llegar a la mayoría, no prestaren su consentimiento.

b) Los tutores, y en su caso, los defensores judiciales, para aceptar sin beneficio de inventario cualquier herencia o legado o para repudiar los mismos.

B) Aprobación judicial

Será necesaria la aprobación judicial de la partición de herencia o la división de cosa común realizada por el defensor judicial nombrado para la partición, salvo que se hubiera dispuesto otra cosa al hacer el nombramiento (art. 289 CC).

2. Presupuestos procesales

a) Competencia: Será competente para conocer de estos expedientes, el Tribunal de Instancia, o en su caso, las Secciones de Familia y Capacidad del lugar en que resida el menor (art. 94.1 LJV).

b) Legitimación: Podrán promover este expediente quienes ostenten su representación y, en su defecto, el Ministerio Fiscal. También podrá el defensor judicial si no se le hubiera dado la autorización en el nombramiento (art. 94.2 LJV).

c) Postulación e intervención del Ministerio Fiscal: No será preceptiva la intervención de Abogado ni Procurador cuando la cuantía del haber hereditario sea inferior a 6.000 euros (art. 94.3 LJV).

Será necesaria la intervención del Ministerio Fiscal

3. Procedimiento

a) Tramitación: Se ajustará a las normas comunes de esta ley (art. 13 a 22 LJV), por remisión del art. 94.1 LJV.

b) Resolución: El Juez resolverá concediendo o denegando la autorización o aprobación solicitada teniendo en cuenta la justificación ofrecida y valorando su conveniencia a los intereses del menor (art. 95.1 LJV).

En caso de haberse solicitado autorización o aprobación para aceptar sin beneficio de inventario o repudiar la herencia, si no fuera concedida por el Juez, sólo podrá ser aceptada a beneficio de inventario (art. 95.2 LJV y 166.II CC)

La resolución será recurrible en apelación con efectos suspensivos (art. 95.3).